中国社会科学院
老年科研基金资助

中国社会科学院老学者文库

印度近现代哲学史

朱明忠 ◎ 著

中国社会科学出版社

图书在版编目（CIP）数据

印度近现代哲学史／朱明忠著．—北京：中国社会科学出版社，2023.1
（中国社会科学院老学者文库）
ISBN 978 - 7 - 5227 - 1230 - 7

Ⅰ.①印…　Ⅱ.①朱…　Ⅲ.①哲学史—印度—近现代　Ⅳ.①B351

中国国家版本馆 CIP 数据核字（2023）第 021993 号

出 版 人	赵剑英
责任编辑	韩国茹
责任校对	谢　静
责任印制	戴　宽

出　　版	中国社会科学出版社
社　　址	北京鼓楼西大街甲 158 号
邮　　编	100720
网　　址	http://www.csspw.cn
发 行 部	010 - 84083685
门 市 部	010 - 84029450
经　　销	新华书店及其他书店

印　　刷	北京君升印刷有限公司
装　　订	廊坊市广阳区广增装订厂
版　　次	2023 年 1 月第 1 版
印　　次	2023 年 1 月第 1 次印刷

开　　本	710×1000　1/16
印　　张	33.5
插　　页	2
字　　数	441 千字
定　　价	188.00 元

凡购买中国社会科学出版社图书，如有质量问题请与本社营销中心联系调换
电话:010 - 84083683

目　　录

第一篇　近代宗教改革时期的哲学

绪　论

一　印度近现代哲学史的分期

印度近现代哲学发源于 19 世纪初的宗教改革运动，经历了 20 世纪上半叶的民族独立运动和 1947 年印度独立后的一系列社会变革，一直发展至今，已有 200 多年的历史。根据史学家对印度历史的分期以及印度哲学思想本身发展的特点，印度近现代哲学史大致可以分为三个阶段。

（一）近代宗教改革运动时期（19 世纪初—1885）

19 世纪初，英国殖民者占领了印度的大部分沿海地区，开始了残酷的殖民统治。此时，一批先进的印度思想家已经觉醒，他们意识到自己的民族面临着亡国亡教的危险。他们认为，英国人之所以能侵入印度，就是因为自己的民族太衰弱，要想使民族强盛起来，首先应当变革印度的宗教。因为当时的印度教不仅是印度最大的宗教，而且在思想领域一直占据主导地位，对民众的思想和精神有巨大的影响。只有消除印度教的腐朽和愚昧，振兴印度教的精神，才能提振印度的民族精神，增强民族自信心。

1828 年，以罗姆莫罕·罗易（Rammohan Roy）为代表的改革家们在加尔各答创办了近代印度教第一个改革社团——梵社，尔后各地不断涌现出新的改革社团，从而掀起了全国性的宗教和社会改革运动。这些改革社团的领袖们，不仅是宗教改革家，而且大部分也是哲学家和思想家，如梵社领袖罗姆莫罕·罗易和德宾德拉纳特·泰戈尔（Debendranath Tagore）、雅利安社的创始人达耶难陀（Dayananda）、罗摩克里希那传教会的创始人斯瓦米·维韦卡南达（Swami Vivekananda）和罗摩克里希那（Ramakrishna）本人等。这些思想家把改革印度传统哲学，尤其是吠檀多哲学，当作改革印度教的头等任务，把革新吠檀多哲学作为振兴民族精神、提高民族自信心的主要手段。

19 世纪初，罗姆莫罕·罗易就拉开了重新解释吠檀多、变革吠檀多的序幕，从此新吠檀多思潮开始兴起。罗易把许多《奥义书》从梵文翻译成孟加拉文和英文，并且从全新的视角进行了注释，目的是让广大民众都能读懂晦涩难解的古代吠檀多经典，并从中吸取民族文化之精华。另一位宗教改革家罗摩克里希那批判了传统吠檀多的"摩耶论"，指出现实世界不仅是真实的，而且是可以大有作为的，他竭力倡导"行动吠檀多"，鼓励人民积极参加社会活动。到了 19 世纪末，罗摩克里希那的弟子斯瓦米·维韦卡南达，在吸收西方哲学元素的同时，彻底改造了传统吠檀多，创立了一个完整的新吠檀多体系。他重新解释了梵与我、梵与世界的关系，人的本质，如何实现解脱等吠檀多重大理论问题，提出了一套崭新学说，从而从理论上奠定了新吠檀多哲学的基础。此外，他还在欧美各国宣讲新吠檀多哲学，并在纽约建立了"吠檀多研究会"，为新吠檀多在海外的传播铺平了道路。

（二）民族独立运动时期（1885—1947）

从 1885 年国大党的创立，印度人民掀起了反对英国殖民统治，争取"民族自治"的民族主义运动，经历了半个多世纪，一直到 1947 年获得独立。这段历史就是印度民族独立运动时期。此阶段的哲学思想与近代宗教改革时期的哲学有一个显著的区别：

民族运动的领袖们把哲学与民族斗争和民族主义理论紧密地联系在一起，从而产生了"政治吠檀多"学说。所谓"政治吠檀多"，就是从政治的角度重新解释传统吠檀多，用吠檀多原理为民族主义理论做论证，为政治斗争服务。在这方面，表现最突出的是提拉克（TiLak）、奥罗宾多（Aurobindo）和甘地（Gandhi）多等人。

20世纪初，印度人民迅速觉醒，掀起了民族主义运动的第一次高潮。在1905—1908年的"孟加拉人民反分治"的斗争中，国大党激进派的领袖提拉克和奥罗宾多等人站在斗争的第一线。他们不仅是政治家，而且也是改革吠檀多哲学的思想家。为了动员广大群众参加反英斗争，他们用一种全新的观点诠释吠檀多和《薄伽梵歌》经典，用传统的"达摩"观念论证印度必须走"自治"的道路，倡导"业瑜伽"和"积极行动"的哲学，提出了"为世界服务，就是为神服务"的口号。他们力图通过这种方式增强印度人民的民族自信心，鼓动民众用实际行动去参加民族独立运动。

1915年甘地从南非回到祖国，1920年他成为国大党的主要领导人和民族运动的领袖，此后他发动印度民众多次掀起非暴力不合作运动，直至1947年获得独立。甘地的思想也是以吠檀多哲学为理论基础的，因此他的非暴力学说也属于"政治吠檀多"的范畴。甘地根据吠檀多的"梵我同一"理论，认为神（或梵）就在每个人的内中，代表着人的善的本性；既然人的本性是善的，就可以通过非暴力的手段（包括爱、自我受苦、忍耐等），去感化犯错误者，使他们良心发现，本性恢复，从而改恶从善。甘地主张把这种理论应用于一切政治和社会斗争之中。他领导的非暴力不合作运动，就是力图通过广大民众的非暴力斗争，给英国殖民者施加压力，最终促使他们撤离印度。这种非暴力学说作为"政治吠檀多"的一种形式，在印度民族运动中起了十分重要的作用。

在民族独立运动时期，还有一批学院派哲学家加入到改革吠檀多的行列，成为新吠檀多哲学的代表人物。在这方面，比较突出的是薄伽万·达斯（Bhagavan Das）和 K. C. 薄泰恰里耶（Bhattacharya）等。薄伽万·达斯创立了一种新吠檀多学说，名为"关于'自我'的科学"；K. C. 薄泰恰里耶也建立了一个有关认识论的吠檀多体系。

（三）独立以后的哲学（1947 至今）

1947 年独立以后，印度的政治、经济和社会都发生了天翻地覆的变化。新宪法的制定、议会民主制度的确立、土地改革的实施以及尼赫鲁政府所实行的社会主义政策，大大地推进了社会和文化的进步。与此同时，马克思主义哲学和各种西方现代哲学流派也在印度得到迅速传播，并产生深刻影响。这些社会变化和思想进步，大大促进了印度哲学的发展。

印度独立后，印度哲学不仅涌现了许多新的学说，而且出现了一些新的特点和倾向。如，以吠檀多为基础的东西方哲学比较研究的倾向、哲学与科学进一步结合的倾向、吠檀多哲学世俗化的倾向等。在东西方哲学比较研究方面，有突出贡献的是 S. 拉达克里希南（S. Radhakrishnan），他写出了大量东西方哲学比较研究的著作，如《宗教中的东方和西方》《东方宗教和西方思想》等。此外，他还创建了"印度哲学大会"，这是一个固定的哲学研究组织，有常设机构，每年召开一次全国性的哲学大会，一直延续至今。该组织有力地促进了印度哲学的发展。

在哲学与科学结合方面，斯瓦米·吉纳那南达（Swami Jnanananda）是个典型。他是一位物理学家，他在从事科学研究的同时，也进行吠檀多哲学的研究，并且创立了新的吠檀多体系——"哲学的宗教"。在这个体系中，他把吠檀多哲学与自然科学结合起来，并且提出"哲学、宗教和科学是统一的"观点。另外，在宗教哲学的世俗化方面，斯瓦米·兰伽纳塔南达（Swami Ranga-nathananda）的学说很有代表性。在他创立的"综合的永恒达摩"体系中，他把人放在中心位置上，主张人生的理想就是实现人的自由、幸福和完善。他反对把人局限于瑜伽修行中，主张人应当参加社会实践，在社会活动中证悟自己的本性。另外，他还重视国家公务员在实现人类理想中的作用，认为各级国家公务员应当在思想和行动上都能为公众作出榜样，像灯塔一样，照亮群众前进的道路。

二　印度近现代哲学的思想渊源

印度近现代哲学是对印度古代传统哲学的继承和发展。但是，它不是简单地承袭和照搬，而是在继承古代哲学基本原理的基础上，大量摄取西方哲学之精华，吸收理性主义、人道主义和自然科学的内容，经过消化、改造和融合，而形成的一种新兴哲学。应当说，印度近现代哲学也是一种创新哲学。

其思想渊源有如下四个方面。

（一）奥义书和传统吠檀多哲学

奥义书是印度哲学的源头，它蕴含着各种积极向上的人生哲理和宇宙观点。吠檀多哲学就是在继承奥义书思想的基础上发展起来的，它属于印度教古代六派正统哲学之一。虽然吠檀多论比其他哲学派起源要晚一些，但是8世纪商羯罗的吠檀多不二论出现以后，吠檀多派哲学异军突起，逐渐超越其他派别，而成为印度意识形态中占据主导地位的派别，而其他的哲学流派，如数论、胜论、瑜伽论、弥曼差论等则渐渐走向衰退，或被吠檀多所融合。

到了近代，大多数印度哲学家都认为，吠檀多论在近代已经走向衰败，其原因就是它违背了奥义书的基本精神和原理。因此，他们主张，要想振兴印度哲学，就必须重新研究奥义书，重新诠释其思想，让奥义书的真理重返人间，用奥义书的精神重新武装人民的头脑。几乎没有一位近现代哲学家，在建立自己的哲学体系时不研究奥义书，不引证奥义书的。还有一些哲学家把奥义书从梵文翻译成英文或印度各地方语言，如印地语和孟加拉语，以使不懂梵文的老百姓能够理解和接受。

传统吠檀多经典《梵经》《薄伽梵歌》以及古代吠檀多不同流派的思想也是近现代哲学家学习和研究的对象。其中，以商羯罗为代表的吠檀多不二论和以罗摩奴阇为代表的吠檀多制限不二论，则是近现代哲学的重要源泉。但是，近现代哲学家并不是盲目地吸收古代吠檀多思想，而是有选择地、批判性地吸收。例如，他们在继承商羯罗"梵我同一"观点的同时，也批判了他的"摩耶论"（世界虚幻说）。他们主张梵所显现的世界是真实的存在，倡导人们不要逃避现实世界，而要积极参加社会活动。

（二）佛教、耆那教等宗教思想

近现代哲学家虽然大都是印度教徒，但是他们在哲学创造上却是包容大度的，而不是排外的；在思想教义上是兼容并蓄的，而不是孤立独行的。因此，他们大都注重向其他宗教学习，吸收其他宗教优秀的东西，以弥补印度教的缺陷和不足。在建立新的学说时，他们能主动汲取其他宗教的有益学说，以改造传统吠檀多。在这方面，许多近现代哲学家都有突出的表现。例如，甘地的哲学（属于"政治吠檀多"）不仅吸收了佛教、耆那教的"戒杀"思想（古代"非暴力"观念），而且吸收了基督教的"宽容""博爱"和伊斯兰教的"平等""兄弟情谊"等观念。据说，甘地在英国留学时，结识了许多基督教的朋友，认真地研究过《圣经》，并为耶稣高尚的人格而感动得流泪。

另外，著名宗教改革家罗摩克里希那虽然是一个文盲，但是他能虚心地向各种宗教学习，不仅向佛教、耆那教学习，而且向伊斯兰教学者求教《可兰经》，向基督教学者求教《圣经》。因此，他创立的新吠檀多体系兼容了各种宗教的思想。在他的吠檀多学说中，提出了"人类宗教"的思想：他力图打破一切宗教的界限，消除教派之间的分歧，通过建立"人类宗教"的方式，实现世界上各种宗教的联合和统一。按照罗摩克里希那的说法：上帝、安拉、佛陀、罗摩克里希那只是同一个实体的不同名称，世界上各种宗教所崇拜的神都是同一个实体，追求的目标也是同一的，只不过方法和道路不同，因此各种宗教应当打破门派之见，相互学习、和睦相处。

（三）西方哲学和人道主义思想

印度近现代哲学家几乎都是懂得英语、接受过西方教育的知识分子。他们有的在国内接受西方教育，有的长期留学英国，有的甚至从小在英国长大，这样的教育背景使他们对西方的哲学、政治学和人道主义思想都有深刻的了解。因此，他们在改革印度传统哲学的过程中很自然地吸收了西方哲学的内容和方法，摄取了自由、民主、平等、博爱的思想。无论是欧洲古典哲学，还是近现代西方哲学，都对印度哲学家产生过重要影响。

例如，印度新吠檀多哲学的理论奠基人斯瓦米·维韦卡南达，在青年时代就阅读过英国哲学家穆勒、边沁、斯宾塞，德国哲学家康德、黑格尔以及法国哲学家的著作，西方哲学家的思想为他创造新吠檀多体系提供了丰富的营养和全新的方法。另外，"整体吠檀多论"的倡导者——奥罗宾多·高士，七岁时就被父母送到英国，在英国读了小学、中学和大学，二十几岁才回到印度，他对欧洲的历史、政治、哲学、文学以及自然科学都有深刻的了解，所以他创立的"整体吠檀多"体系既包含着印度传统哲学的内容，也大量融入了西方哲学和人道主义的因素；既含有印度宗教哲学的神秘色彩，也充满着西方理性主和世俗主义的光芒，可以说是一种东西方哲学的综合。

（四）自然科学的影响

印度近现代哲学家在接受西方文化熏陶的同时，也受到自然科学的影响，他们之中有些人本身就是自然科学家。19 世纪后，随着自然科学的发展，这批哲学家越来越认识到科学技术的伟大成果给人类生活带来的巨大变化，以及对人们思想、意识、行为、观念产生的深刻影响。因此，他们在创立新的哲学学说时，都尽力吸收自然科学的内容，用自然科学的成果论证吠檀多的原理，使吠檀多哲学与科学相结合。有许多印度哲学家在这方面做得比较突出。

譬如，学院派哲学家薄伽万·达斯在研究了各种自然科学和社会科学的学科以后，最终把吠檀多哲学与西方现代自然科学和心理学的内容融合起来，建立了一个包括哲学、心理学、社会学和一切自然科学在内的庞大的吠檀多体系，名之为"关于'自我'的科学"。在这个体系中，他既论述了"自我"，也论述了"非我"；所谓"自我"的科学，就是指有关"梵"或"我"的科学；所谓"非我"的科学，就是指物质世界的科学。在论述"非我"（物质）的科学时，他把物理学、化学、数学、天文学、地质学、生物学等各种自然学科都统统包容进来，容纳在他的哲学体系中。此外，还有不少哲学家用物理学的"能量不灭"来说明吠檀多最高本体——梵的无所不在，用量子力学的观点来论证梵的整体性和永恒性等。

三 印度近现代哲学的思想特点

在绪论中有必要说明一个问题，即印度近现代哲学的思想特点。印度近现代哲学，既不像印度古代哲学那样，专门讨论世界观和人生观的问题，也不像西方近现代哲学那样，除了讨论世界观、人生观，还要讨论认识论等问题。应当说，这本印度近现代哲学史，不属于纯粹的哲学思想史，而是一部既包含哲学研究，又包含大量社会问题探讨的思想史。比如，本书阐述了许多印度哲学家的宗教改革观、社会发展观、民族主义理论、道德伦理观、教育思想等。为什么会出现这种情况？这完全是由印度近现代的时代特征，以及在这个时代所涌现的哲学家的思想特点所决定的。

（一）印度近现代的时代特征是大动荡、大变革和大发展

1885 年，英国议会公开宣布撤销东印度公司，印度的国家政权转入英国政府手中，英国维多利亚女王也摇身一变，成为印度的女王。自此，印度完全沦为大英帝国的殖民地。从那时起，印度经历了近百年的宗教和社会改革运动（19 世纪初至 19 世纪末）和半个世纪的民族独立运动（19 世纪末至 20 世纪中叶）。在这两场运动中，社会矛盾和冲突尖锐复杂，并且与民族矛盾和斗争紧密地交织在一起，因此在当时的意识形态斗争中，印度思想家的宗教改革、社会改革和民族主义思想一直占据主导地位。印度独立以后政治、经济和社会都发生了天翻地覆的变化，在这个时期封建保守派与社会革新派、教派主义势力与世俗正义势力在思想界也展开了激烈的斗争。

因此，在印度近现代历史的发展过程中，社会改革、宗教改革和民族主义等观点一直是这个时代的主导思想或主旋律。这就决定我们在写哲学史的同时，也不能忽视这些具有主旋律的思想。

（二）印度近现代有三类哲学家

印度近现代经历了三个历史阶段，每个阶段都涌现出许多著名的哲学家和思想家。这些哲学家大致可以分为如下三类。

第一类属于学院派哲学家。这些哲学家不是在大学哲学系任

教，就是在科研单位从事哲学研究工作，他们不仅培养出许多从事哲学研究的学生，而且写出大量哲学专著和论文。在这些人中，最著名的是薄泰恰里耶、薄伽万·达斯、拉达克里希南等，他们都是印度新吠檀多哲学思潮的代表人物，他们创立的新吠檀多体系代表了印度近现代哲学的精华和发展方向。但是，在社会影响力方面，这些哲学家却没有宗教和社会改革家或民族运动领袖的影响大。

第二类是宗教和社会改革家。这些改革家不仅提出了宗教和社会改革理论，而且也提出了一些新的哲学观点和思想。比如，梵社的创始人罗姆莫罕·罗易，他在阐述宗教和社会改革理论的同时，还倡导复兴和改革传统吠檀多思想，而成为新吠檀多哲学的首倡者。另一位宗教改革家罗摩克里希那，他在宣传自己的宗教改革理论——"人类宗教"的同时，还提出了"行动吠檀多"的理论，主张吠檀多哲学的精华不在于空谈理论，而在于把这些理论落实在实际行动中。

第三类是民族独立运动的领袖，如提拉克、甘地等。他们为了宣传民族主义思想，也利用传统吠檀多哲学为民族主义制造理论根据。他们的这种做法被人们称为"政治吠檀多"。譬如，提拉克就用传统的吠檀多"达摩"观念论证印度必须走"自治"的道路，以此鼓动民众用实际行动去参加民族独立运动。

除了以上三类人外，还有一批哲学家，他们既是著名哲学家，也是杰出的宗教改革家或民族运动领袖，如斯瓦米·维韦卡南达、奥罗宾多·高士等。维韦卡南达最早创立了一个新吠檀多体系，成为新吠檀多哲学的理论奠基人，在社会方面，他也提出许多有代表性的社会改革、宗教改革和民族主义理论。因此，为了全面准确地介绍这些哲学家，我们就不能不在阐述其哲学体系的同时，也要介绍他的社会改革和民族主义思想。

综上所述，印度近现代的时代特征和各类哲学家的思想特点，决定了我们这部印度近现代哲学史是一部既包含哲学思维，又包含社会研究的思想发展史。

四　研究印度近现代哲学的意义

今天，学习和研究印度近现代哲学，对于我们来说，具有重要的现实意义。简言之，有如下几点。

首先，有助于我们了解印度传统文化的现代转型。

印度和中国，同是世界四大文明古国之一，都有着世界上最古老的历史和最悠久的文明。印度和中国的传统文化既有辉煌灿烂的成就，也有一些沉重的包袱。特别是近代以后，由于欧洲文艺复兴和工业革命的成功，一些西方列强凭借坚船利炮不断地入侵亚洲，使古老的印度和中国相继沦为殖民地和半殖民地，两国传统文化也暴露出落后和衰败的一面。如何振兴自己的国家，如何振兴本民族的文化——这两个问题同样摆在中印两国人民面前。振兴民族文化，就包含着传统文化向现代化转型的问题。对于这个问题，印度人是如何解决的呢？我们在《印度近现代哲学史》一书中，将看到这个答案。

吠檀多哲学是印度最有代表性的意识形态，亦是印度传统文化之精华，因此，吠檀多哲学现代化转型的模式和特点，也在某种程度上代表了印度传统文化现代化转型的模式和特点。吠檀多现代化转型的基本特点在于，批判性地继承了古代吠檀多的优良传统，抛弃其阻碍社会进步的糟粕，大量摄取西方哲学中先进的方法和内容，并吸收人道主义和自然科学的元素，把东西方哲学有机地融合在一起。由于社会和历史条件相似，中国传统哲学的现代化转型与印度传统哲学的现代化转型也有许多相近之处。因此，了解印度传统文化的现代化过程，对于我们今天如何正确地对待自己的传统文化，如何促进传统文化的现代化也是大有裨益的。

其次，帮助我们认识现代印度人的思想观念和精神追求。

近现代哲学是印度近现代时代精神的结晶，它集中地体现了近现代印度人民的伟大心声和精神诉求。另外，在印度近现代哲学家中，几乎容括了印度近现代所有的先进思想家、政治家和宗教改革家，如罗姆莫罕·罗易、斯瓦米·维韦卡南达、提拉克、甘地、泰戈尔、奥罗宾多、拉达克里希南，等等。这些先进的思想家和政治家，无论是他们的哲学学说，还是政治和社会学说，都反映出近现代印度人民的思想愿望、理想追求，以及印度社会的发展方向等。从某种角度看，近现代哲学史也可以说是印度近现代的思想发展史。

因此，学习和研究这些近现代哲学家的思想，就可以帮助我们从理论的深度，更进一步地了解现代印度的各种意识形态和思想斗争、了解人民的心理状态和精神面貌、了解现代印度社会和文化的发展状态和方向等。总之，有益于我们对今日印度的深层次了解。

最后，促进中印人民的文化交流和相互了解。

印度是我们的伟大邻邦，中印两国自古以来就有友好交往的历史。尤其是公元前后佛教从印度传入我国以后，两国人民的文化交流和商贸往来就更加密切。许多高僧大德、佛教学者，如我国高僧法显（5世纪）、玄奘（7世纪）、义净（7世纪）和印度高僧摄摩腾（1世纪）、鸠摩罗什（5世纪）、菩提达摩（6世纪）等都成了两国友好交往的使者，为双方的文化交流做出了不可磨灭的贡献。到了近代，由于西方殖民主义的入侵，中印两国的交往大量减少。但是，双方独立以后，两国的传统友谊得以恢复，并日益增长。

特别是在21世纪的今天，中印两国都成为迅速崛起的世界大国。印度自1991年实行改革开放以来，经济高速发展，每年的GDP平均增长在6%以上，仅次于中国。到2017年，印度的GDP

已经达到了 2.59 万亿美元，超过法国，成为全球第六大经济体。印度的崛起引起了全世界的高度关注。

近年来，中印关系日益改善，两国的经贸和文化交往逐渐增多。印度也已经成为中国人旅游的目的国。无论从经贸文化交往，还是从旅游观光的目的出发，我国民众都有一种强烈的了解印度、认识印度的愿望。一般百姓对印度有一种很强的神秘感，只知道它是佛教之国，不了解印度教与佛教的关系，更不了解印度哲学对印度政治、经济和文化的深刻影响。因此，学习和研究印度近现代哲学对我国民众了解印度、认识印度的思想文化、增进中印人民的文化交流和传统友谊是大有裨益的。

第一篇

近代宗教改革时期的哲学

第一章 印度近代哲学产生的时代

从 18 世纪中期，伴随着英国殖民主义对印度的武装入侵，印度最后一个封建帝国——莫卧儿王朝日趋瓦解，印度逐渐沦为英国的殖民地。按照史学家的观点：从 18 世纪中期至 19 世纪末，这一段历史时期被称为"印度近代史"。进入近代以后，随着西方资本主义生产关系和思想的传入，以及封建制度的土崩瓦解，印度社会发生了巨大的动荡和变革。在一次次的社会变革中，印度传统文化与西方思想发生了激烈的碰撞与冲突。在这个过程中，印度传统哲学也不断地被改造和革新，大量吸收西方先进思想的营养，从而产生出一种新型的哲学——印度近代哲学。

一　西方殖民者对印度的入侵

西方殖民者对印度的入侵并最终将它变为殖民地，有一个长期的过程，经历了三百多年的时间。在西方殖民者中，最早侵入印度的是葡萄牙人。1498 年，葡萄牙航海家瓦斯科·达·伽马率领船队绕过非洲好望角，第一次到达南印度的卡利库特港，打开了印度封闭的大门。此后，葡萄牙王室不断地派遣商船来印度，一方面进行贸易，一方面寻衅占领港口，建立通商据点。整个 16 世纪，葡萄牙人垄断了欧洲与印度的贸易。葡萄牙人之后，来印度的是荷兰人，再后是英国人和法国人。

1600 年，英国东印度公司成立，它获得了英国女王的特许，享有对印度的贸易垄断权以及宣战、媾和、占领领土的特权。到了 18 世纪中期，英国人排除其他外国势力，完全控制了印度的贸易权之后，便开始了对印度的武力征服。当时的莫卧儿王朝已经瓦解，印度处于四分五裂的封建割据局面。1757 年，为了占领沿海地区，英国东印度公司与孟加拉王公在普拉西进行了一场战争，结果打败了印度人，占领了印度最富饶的地区——孟加拉。这就是印度近代史上有名的"普拉西战役"。从普拉西战役起，英国人不断地对印度发起军事侵略，一直到 1849 年最后占领西北印度的旁遮普为止，花了近百年的时间。在这近百年的时间内，英国人一方面进行武力征服，另一方面也采取政治阴谋、分化瓦解等手段，逐步占领印度各个地区，最终把这个幅员辽阔、人口众多的东方古国完全变为殖民地。1858 年 8 月 2 日，英国议会通过了《关于改善治理印度的法案》，公开宣布撤销东印度公司，把印度的国家政权归入英国女王手中，从此以后英国维多利亚女王也成了印度的女王。这标志着印度已经完全沦为大英帝国的殖民地。

从 1757 年占领孟加拉起，英国人就开始在印度建立了一套殖民统治体制。由于英国人的力量有限，他们在印度的殖民统治采用两种方式：一种是英国人直接军事占领、直接进行统治的地区，这些地区叫"英属印度"。例如，孟加拉、孟买和马德拉斯三大管区都属于英属印度。另一种是英国人采取各种分化瓦解、收买手段所征服的地区，属于附属国，又称为"印度土邦"，这些地区是通过英国人派驻当地的官员进行间接统治的。印度的土邦有几百个，遍布于印度各地，大约占印度总面积的 2/5。在英属印度，原来莫卧儿王朝的统治机构全部废除，英国人建立起自己的行政机构。孟加拉、孟买和马德拉斯三大商业管区变成了三个省，每个省都建立省政府，负责治安、司法、税收等事务。在官员的录用上，实行严格的种族歧视，政府官员一律由英国人担任，只有在税收部门可以雇用一些印度人。英国人还在英属印度建立了高等法院和司法制度，以此来维护殖民统治者的政治和经济利益。①

在经济方面，英国殖民者也对印度进行残酷的剥削和疯狂的掠夺。据统计，从1860年起，印度每年上交给英国的贡赋总额已经超过一亿英镑；1885—1891年，仅两项殖民地贡赋——英国在印度投资所得的红利和从印度国库汇往宗主国库存的款项，每年就达三千万英镑。② 英国人利用殖民地的一切国家机器对印度人民横征暴敛，残酷压榨，使他们的生活极度贫困化。19世纪70年代末，印度居民每人每年的收入不到40先令。③ 在歉收的年景，广大农村遭受严重饥荒，死亡的人数骇人听闻。1825—1850年，印度发生两次饥荒，有40万人死亡；1850—1875年，印度发生六次大的饥荒，饿死500万人；1875—1900年，发生十八次饥荒，死亡人口高达2600万。④ 从这些不断增长的数字可以看出，印度农村的贫困程度日趋严重。城市的居民也不例外，生活也是极端悲惨的。英国的殖民统治给印度人民带来了深重的灾难。

除政治经济领域外，英国殖民者对印度的文化侵略也不断加强。19世纪以前，英国人的注意力主要集中在对印度的武装入侵和经济掠夺上，对印度思想领域和社会生活的影响还比较小。最初他们对印度教采取既利用又打击的态度。他们乐于看到印度教陈腐的宗教体系禁锢着人们的头脑，保持愚昧和分裂的状态，使印度人无力进行反抗。有的时候，他们甚至不允许基督教传教士来印度传教，以避免引起印度人感情上的对立，妨碍他们对印度王公的拉拢。但是，另一方面，西方文明的优越感又使他们从内心中极端蔑视印度教，从而禁不住地经常对印度教加以攻击和指

---

① ［苏］安东诺娃、戈尔德别尔格、奥西波夫主编：《印度近代史》，北京编译社译，生活·读书·新知三联书店1978年版，第549页。

② 同上书，第548页。

③ 同上书，第549页。

④ 同上书，第550页。

责。到了 19 世纪，英国人改变了原来的态度，在进行武力征服的同时，也开始加紧对印度的精神和文化侵略。1813 年英国议会批准了印度基督教工作法案，随后派出大批传教士到印度。当时，英国一些著名的教会，如伦敦传教会、浸礼派教会、教堂传教会、苏格兰教会都来到孟加拉地区积极活动。英国有名的传教士亚历克山大·杜弗和约翰·威尔逊也先后来印度传教。传教士们通过建学校、办报刊、开设医院、创立慈善事业等手段吸引印度群众。在传教士的宣传下，大批低级种姓的印度教徒改信基督教。1850 年，南印度特里维尼亚地区的印度教改信者就达 4 万人。大城市中不少崇拜西方文化的知识分子以及在基督教教会学校学习过的青年人也纷纷改宗。在这种情况下，印度教徒一天比一天感到威胁，他们预感到在面对亡国危险的同时，也面临着亡种、亡教的可能。

英国的殖民统治、经济掠夺和文化渗透给印度人民带来深重灾难的同时，也促使了印度人民的逐步觉醒。许多印度人开始认识到：西方人之所以敢于侵略印度，其原因就在于印度自身的衰败和软弱，要想驱除西方人，就必须振兴印度，改革印度的社会与宗教。就是在这种背景下，19 世纪在印度掀起了一场轰轰烈烈的宗教与社会改革运动。

二 印度近代宗教改革运动

19 世纪初，印度教宗教神学体系仍然是印度社会占主导地位的意识形态。印度教徒的人口占全国的 3/4，印度教的教义、教规和道德习俗渗透于社会生活的各个领域。这种封闭、保守、僵化的宗教体系禁锢着人们的思想和行为。印度教流行偶像崇拜，崇信各种人格化的神祇，如毗湿奴、湿婆、罗摩、黑天等大神以及迦利、杜尔迦等女神。为了表示对神灵的虔诚，信徒们仍然进行种种烦琐的祭神活动。印度教教义中所宣扬的世界幻相论、业报轮回、灵魂解脱等观念，也像一把精神枷锁牢固地束缚着印度民众的头脑，使他们沉沦于悲观厌世、逃避现实的心态中。种姓制度是印度教徒必须遵守的社会等级制度，这种制度把教徒分为三六九等，高级与低级种姓之间互相对立、互不来往，使整个社会成为一片散沙。此外，印度教长期以来形成的各种陈规陋习，如多妻、童婚、庙妓、寡妇殉夫和陪送嫁妆等风俗也像一座座大山压在广大妇女身上，使她们处于最悲惨、最受歧视的境地。印度教的这种愚昧和落后状态，严重地束缚了人民的思想，阻碍了社会的进步。

印度教的陈腐和愚昧，是印度社会的一大弊病。要想复兴印度，就必须首先改革印度教。最先具有这种认识的是一批受西方文化影响的、具有爱国思想的印度知识分子。19世纪初，在印度沿海城市，如加尔各答、孟买和马德拉斯等，出现了一批掌握英文的知识分子。这些人懂得英文，有机会接受西方先进的科学文化。他们通过英文的报刊和书籍了解到西方文化，打破了孤陋寡闻的闭塞状态，呼吸到欧洲先进思想的新鲜空气。例如，他们对培根、洛克、边沁、孟德斯鸠等西方哲学家和政治思想家所宣扬的理性主义、自由主义、平等博爱的人道主义以及西方民主制度发生了极大的兴趣。其中一些具有爱国思想的知识分子，则开始用自由、平等和民主的观点来观察印度，逐步对印度宗教和社会的现状以及英国的殖民统治产生了强烈的不满。要求学习西方，变革宗教和社会，振兴印度民族的呼声越来越高涨。在这种形势下，以罗姆莫罕·罗易（Rammohan Roy，1772—1833）为代表的一批思想先驱者首先发起了印度教的改革运动。

近代印度教改革运动起源于19世纪20年代的孟加拉。1828年，罗姆莫罕·罗易在加尔各答创立了近代印度教第一个改革社团——"梵天斋会"，后更名为"梵社"（Brahmo Samaj）。以罗易为代表的梵社批判传统印度教的偶像崇拜和多神论，主张信仰唯一真神，非人格之神；反对劳民伤财的祭祀活动和名目繁多的仪礼，主张用简单的祈祷形式取代原来的烦琐祭仪；反对各种野蛮的封建陋习——童婚、寡妇殉夫等，主张妇女解放和平等。1830年，梵社建立起自己的庙堂，对外正式开放，任何人不论种姓、信仰和肤色，只要信仰唯一真神，就可以自由进入。在这里没有偶像崇拜和祭祀仪式，也不允许攻击和污蔑其他宗教信仰。梵社完全抛弃了印度教排他性的教规和习俗，使自身成为一个促进各种宗教和睦团结的组织。梵社的活动，为印度教树立了新的形象，并且开创了改革的新风。

1833年罗易逝世后，梵社由于受到印度教正统派的压力，曾一度处于涣散状态。19世纪40年代，德宾德拉纳特·泰戈尔（Debendranath Tagore，1817—1905）继任梵社领袖。他采取了一系列新的改革措施，把梵社运动向前推进了一步。他为梵社编纂了一部新的教典——《梵法教典》，制定了具体的行动纲领，规定了新的礼拜仪式，要求社员必须通过仪式才能入社，使梵社由一个松散的社团转变为一个比较严密的组织。另外，他还派出了一些青年梵社社员到印度各地，一方面鼓吹梵社主张，帮助和指导各个地方建立改革社团；另一方面也在各地设立梵社分会。1865年，梵社在孟加拉已有50个分会，在西北省有2个分会，在旁遮普和马德拉斯各有1个。

到了60年代，梵社的内部斗争异常激烈，出现了一个以凯沙布·钱德拉·森（Keshab Chandra Sen，1838—1884）为首的青年激进派。此派在宗教和社会改革方面坚持更激进的观点，譬如，他们弃绝所有的印度教崇拜，否定种姓制度和妇女闺阃制度，在信仰上更倾向于基督教，等等。以德宾德拉纳特·泰戈尔为首的老年成员在改革中比较谨慎温和，他们对青年人的激进观点和行为大为不满。在这种情况下，梵社分裂，青年激进派退出梵社，另立"印度梵社",而原来的老梵社更名为"真梵社"。在凯沙布·钱德拉·森的领导下,印度梵社进行了许多新的社会改革。1871 年,他们创建了"印度改革协会",开办妇女教育、工人教育、慈善事业,组织禁酒团体。1872 年,在他们的努力下,一部保护妇女权益的法律《婚姻法》被殖民当局政府正式通过。

19 世纪 60 年代,在梵社的影响下,马哈拉施特拉和马德拉斯地区的宗教改革运动也蓬勃发展起来。1867 年,在孟买成立了一个宗教改革组织,名为"祈祷社"。据说,这个组织是在凯沙布·钱德拉·森访问孟买后,在他的鼓动下建立起来的。因此,祈祷社很类似于梵社,他们反对传统印度教的多神论,信仰唯一真神,拒绝偶像崇拜,对吠陀和业报轮回持否定态度,采取与梵社相同的集体礼拜仪式。祈祷社也把宗教改革与社会改革紧密结合,主要关注种姓制度和妇女地位的不平等。这个组织是西印度最主要的宗教改革团体,它在浦那、艾哈迈达巴德、戈哈浦尔等地都设有分会。与此同时,在马德拉斯也建立起改革社团——"吠陀社",它也是在梵社影响下建立的,与梵社的性质基本相同。由此可见,六七十年代,梵社的改革运动已经扩展到加尔各答、孟买和马德拉斯三大管区,成为全国最有影响的宗教改革社团。

正当梵社运动迅速发展的时候,西北印度出现了一个著名的宗教改革家达耶难陀·萨拉斯瓦蒂(Dayananda Saraswati,1824—1883)。他于 1875 年在孟买创立了一个很有影响的改革社团——"雅利安社"(Arya Samaj),又称"圣社"。1877 年,该社的活动中心由孟买转移到旁遮普的首府拉合尔,此后它便成为西北印度宗教改革的一面大旗。雅利安社的改革主张虽然与梵社有许多相同之处,但是也有不少自己的特点。例如,雅利安社提出"回到吠陀去"的口号,比梵社更强调复兴古代宗教,强调以古代吠陀的精神来改造今天的印度教。雅利安社的民族主义倾向也比梵社更强烈,它反对英国殖民统治,曾提出"印度是印度人的印度"

的口号，深得群众拥护。另外，雅利安社比梵社更重视发动下层群众，梵社的成员多限于知识界，而雅利安社的成员则主要是商人和手工业劳动者。据统计，1891 年，梵社在全国的成员有 3000多人，而雅利安社则有 4 万余人。达耶难陀的社会组织能力十分出色，他使雅利安社的内部管理比较完善，具有很强的凝聚力量。因此，雅利安社发展迅速，成员不断增加。雅利安社虽比梵社成立得晚，但是影响却非常大。它是西北印度，乃至北印度最大的宗教改革组织。雅利安社成员的数量增长得相当快，19 世纪末已有大约 10 万人，1921 年猛增至 50 万人，1931 年又增至近 100 万人。[①] 直至今天，这个组织仍然是印度非常有影响力的改革团体。

　　19 世纪七八十年代，在宗教改革的发源地孟加拉，又涌现出一股新的改革潮流——新毗湿奴教运动。它是以班基姆·钱德拉·恰特吉（Bankim Chandra Chatterjee，1838—1894）为代表的，比梵社更具有群众性的一个宗教改革运动。班基姆是孟加拉著名的作家、思想家和民族主义者，他写出了许多反映印度人民光荣历史和反对外来侵略者的具有爱国主义思想的长篇小说，还主编孟加拉语杂志《孟加拉之镜》，进行广泛的宗教改革宣传，深受广大民众欢迎。他认为，只有通过印度教内部的改革，大大提高印度国民的素质，才能达到民族的真正复兴。因此，他主张改革孟加拉地区流行的毗湿奴教派。他把西方自由平等的人道主义思想与毗湿奴教对黑天的崇拜和孟加拉对女神的崇拜结合起来，进行重新诠释，以形成一种新的宗教学说。班基姆与梵社不同，他不反对偶像崇拜，主张崇拜有形象的各种神，如毗湿奴、黑天、迦利女神、杜尔迦女神，等等，认为只有这些形象之神才能给人以力量，才能成为人们学习的榜样。他提出新毗湿奴教的信仰基础是爱，爱包括四种：首先是爱自己，然后是爱家庭、爱祖国、爱

---

　　① ［澳］A. L. 巴沙姆主编：《印度文化史》，闵光沛等译，商务印书馆 1997 年版，第 559 页。

人类，其中爱祖国是人们最重要的义务。班基姆力图用这种带有神学色彩的人道主义和民族主义思想来改造印度教徒，提高国民素质，唤醒他们的民族自信心和爱国主义情感。由于班基姆的宣传，新毗湿奴教运动在孟加拉地区有广泛的群众基础，因而很快地传播开来。

在新毗湿奴教运动发展的同时，孟加拉还出现了一位大名鼎鼎的宗教改革领袖——罗摩克里希那（Ramakrishna Paramahamsa，1836—1886）。他在改革印度教的基础上，吸收其他宗教之精华，倡导一种"人类宗教"，想以此联合和统一印度的各种宗教。他还向信徒宣传"普遍之爱"和"为社会服务"的思想，克服消极遁世的观念，号召人们用实际行动来复兴自己的民族和宗教。1897年，在他去世之后，他的著名弟子斯瓦米·维韦卡南达（Swami Vivekananda，1863—1902）以他的名字建立了一个改革社团，名为"罗摩克里希那传教会"（Ramakrishna Mission）。该社团的基本宗旨是：宣传罗摩克里希那的遗训，与印度其他宗教建立真正的友谊，主张各宗教一律平等，为实现"人类宗教"的理想而努力。它还从事各种社会改革活动，开办学校，建立医院，设立出版和社会救济中心等。其总部设在加尔各答，在印度各地都建有分会，后来还在美国和其他　些国家建立了许多分支。到了20世纪，罗摩克里希那教会的影响远远超过梵社，成为印度最重要的一个宗教改革组织。

在印度教徒进行改革运动的同时，印度的穆斯林也开始了对自己宗教的改革。近代印度伊斯兰教改革运动的起步，要比印度教晚，大约晚半个世纪，它始于19世纪六七十年代。印度伊斯兰教改革运动的主要代表人物是赛义德·阿赫默德·汗（Syed Ahmad Khan），他既是宗教改革家，也是政治家、思想家和教育家。他的哲学与改革思想，以及他所领导的"阿里加改革运动"，不仅对印度伊斯兰教的发展，而且对整个伊斯兰世界的发展都产生了不可忽视的影响。

19世纪印度的宗教改革运动风起云涌，席卷了整个印度大地。这场运动并不单纯是宗教和社会改革运动，而且也是启蒙思想的运动。在这场运动中，梵社、雅利安社和罗摩克里希那传教会三大改革社团起了至关重要的作用。它们的社会改革主张与实践，对启蒙印度人民的思想、促进社会进步和推动民族主义运动的兴起都产生了巨大的影响。

三　宗教改革对社会的影响

从19世纪初，印度兴起了一场轰轰烈烈的宗教改革运动。这场运动席卷了整个印度大地，震撼了印度的各个阶层和印度社会的各个领域。由于当时印度教徒占印度总人口的四分之三以上，印度教正统思想一直是印度意识形态的主流，因此，印度教的改革对整个印度社会都产生了巨大而深远的影响。这种影响，概括地说，可以分为四个方面。

（一）批判中世纪的神学体系，解放人民思想

19世纪的印度教改革运动，从本质上说，也是一场思想启蒙运动。当时印度教的神学宗教体系是束缚人民思想、阻碍社会进步的主要障碍。要启蒙人民的思想，振奋民族的精神，就必须从批判宗教、变革宗教入手。要批判宗教，也必须首先批判它的神学思想体系。

印度教的改革家们批判了传统印度教盛行的多神论和偶像崇拜，也揭露了由偶像崇拜而产生的烦琐祭祀仪式给社会带来的各种危害。他们提出建立一种无人格的理性之神。梵社和雅利安社改革的主要内容，就是用抽象的一神论来取代偶像化的多神论。梵社会员把古代奥义书中宣扬的永恒无限的精神实体——梵，奉

为至高无上之神。雅利安社也把神视为无形、无限、无所不在的宇宙创造者，并且认为神是"真正的知识"，万物的"基本原因"。由于神是无形的，因此人们无须进行烦琐的祭仪和无休止的顶礼膜拜，只需在内心中祈祷和冥想，来表达对神的爱。于是，宗教仪式简化了，宗教崇拜也由外在的祭祀转化为内心的至爱。这种转变对于印度民众是非常重要的，它可以使人们从各种劳民伤财的宗教仪礼中解脱出来，节约大量的精力和财力，以发展社会的生产和文化。另外，宗教改革家们还批判了印度教教义中"世界虚幻论"和遁世苦修的思想，他们主张现实世界是真实的，对神的崇拜只有靠自己的善行和为社会献身的精神才能表达出来。例如，凯沙布·钱德拉·森曾提出"为上帝服务就是为人服务"的口号，以此号召人们通过为社会和人类的服务来表示自己对神的崇敬。罗摩克里希那和维韦卡南达也都反对印度教悲观厌世的哲学，提倡"行动的吠檀多"或"行动的宗教"。他们主张，宗教的最高目标是达到人类的"普遍之爱"和"美好的生活"，而这些目标不是靠别的，只有依靠信徒们自己的实际行动才能实现。改革家的这些观点大大地促进了人民的思想解放，使他们从印度教消极遁世、甘心忍耐的哲学中摆脱出来，积极地投入到各种变革社会的实践中。

（二）破除宗教的陈规陋习，提高妇女地位

歧视妇女不仅是印度教的痼疾，而且也是印度社会的一大弊病。童婚、多妻、寡妇殉夫、禁止寡妇改嫁等都是印度传统陈规陋习中最愚昧的表现。它严重地影响了妇女的身心健康，阻碍了社会的进步。改革家们首先从这里打破了改革印度教的缺口。罗姆莫罕·罗易早在梵社成立之前就发起反对童婚和寡妇殉夫的运动，终于迫使殖民当局于1829年宣布寡妇殉夫制为非法。梵社成立后，积极开展反对童婚的宣传，允许妇女加入梵社，同时开办

女子学校，提倡妇女参加社会活动。雅利安社、祈祷社也同样允许男女社员一起参加宗教活动，并专门建立女校，鼓励女子接受教育。19 世纪 80 年代，孟买的帕西人发起了一场从法律上制止童婚的运动，要求通过"承诺年龄法"，严禁各种童婚现象。这场运动影响很大，一直蔓延到全国。90 年代，在浦那，改革家们创办了"寡妇改嫁协会"和"寡妇之家"等组织，积极宣传男女平等，并推行妇女教育。

19 世纪，由于宗教改革家们的大力宣传和实践，在印度大大地提高了妇女的权利和地位。童婚和寡妇殉夫等陋习基本上得到制止，妇女开始享受到接受教育和参加社会活动的种种权利。在对待妇女的问题上，改革家们实际上是从西方人道主义的立场出发，力图把天赋人权、自由平等博爱的观念输入印度社会，以改造旧的传统和习俗。毫无疑问，这对妇女解放和社会进步起了巨大的推动作用。

（三）推广新式教育，传播现代科学文化

改革家们意识到要振兴印度，就必须吸收西方先进的科学与文化，因此他们主张废止印度教中世纪经院式的旧教育，采取西方的教育体制，开办新型学校，把学习西方自然科学、人文科学与学习印度传统文化结合起来。1817 年，罗姆莫罕·罗易在加尔各答创立了印度人自己办的第一所新式大学——印度教学院，学校既用英语又用印地语进行教学，课程包括各种自然科学和社会科学。同时，罗易还创办了印度最早的民族报刊——《明月报》和《镜报》，宣传改革思想和科学文化。在印度教学院的影响下，1828 年孟买也建立了同样类型的大学——艾尔芬斯顿学院。这一东一西两所大学，标志着印度现代教育的开始。雅利安社于 1886 年在拉合尔建立了达耶难陀—盎格罗吠陀学院，后又在哈德瓦尔建立了朱尔库拉大学。此外，该社亦开设了许多高级中学、中等

学校、小学、女子学校和夜校。马哈拉施特拉地区的改革社团——祈祷社，还开办了许多星期日学校、自由阅览室、图书馆以及各类夜校，专门向下层群众开放。

原来的印度教育基本上是印度教传统的经院式教育，弟子们聚集在宗教老师家里或在各种"阿室拉姆"（ashram，可译为"道院"或"书院"）中，用梵文讲课，传授的只是宗教经典与吠檀多哲学等。可以说，以前在印度根本没有现代意义上的学校，也不讲授现代科学文化知识。虽然英国人入侵后也开设了一些新式学校和教会学校，但是这些学校只是为英国殖民者和印度上层人士服务的，老百姓根本没有上学的机会。在19世纪的宗教改革中，改革社团建立了大量的新式学校，并且向广大下层群众开放，这应当说是一场教育革命。这场革命对于印度教育的现代化，对于传播和普及科学文化，培养具有先进思想的青年一代都起了十分重要的作用。

（四）打破种姓藩篱，促进社会平等

种姓制度不仅是印度教肌体中的一颗毒瘤，而且也是印度社会进步的重要障碍。正统印度教把低级种姓和贱民排斥在宗教活动之外，不许他们学习和诵读经典、参拜神庙、参加祭祀仪式。低级种姓者和贱民在社会生活的各个方面都受到极大的歧视，他们不能与高级种姓通婚、同桌进餐，甚至不能共饮同一口水井的水，等等。种姓的歧视和对立，是印度教千百年来遗留下来的一种病疾，严重地影响着民族的团结和社会的发展。由于种姓观念在印度教徒思想中根深蒂固，要改革这种观念，阻力相当大，是非常艰巨的事情。但是，宗教改革家们冲破了种种阻力，坚决批判了种姓制度给社会带来的危害，也从不同的角度对它进行了大胆的变革。例如，罗姆莫罕·罗易反对种姓的限制，他规定任何种姓的人都可以加入梵社，任何人只要行为端正、笃信宗教，都

可以出入于梵社会堂，不受歧视。以凯沙布·钱德拉·森为首的印度梵社批判种姓歧视，他们主张婆罗门不要佩戴圣线（高级种姓的一种重要标志），以促进不同种姓者的平等交往，并且积极吸收低级种姓者参加梵社工作。在批判种姓制方面，雅利安社表现得尤为突出。达耶难陀宣称，现行的种姓制度是与古代"瓦尔那"制度和吠陀精神相违背的，必须加以废除。他主张，不应当根据人们的出身和血统来划分种姓，而应当根据知识和品德来对人进行分类。因此，他在自己的社团中打破了种姓的界限，大量吸收低级种姓和贱民参加，致使雅利安社在广大群众中扎下了根。1900 年，雅利安社还有两个派别联合起来发动了一场改革种姓制度的运动，宣布低级种姓也可以佩戴圣线，可以与高级种姓相互通婚和一起进餐等。

印度教改革家对种姓制度的批判和变革，是对传统观念和封建等级制度的强烈反抗和冲击。虽然这种冲击才仅仅开始，还不足以动摇根深蒂固的种姓制度，但是它却在某种程度上提高了低级种姓的地位，促进了社会的平等和进步。

总之，19 世纪的印度教改革运动，不仅是一场宗教和社会改革运动，而且也是一场思想启蒙运动。它以西方的理性主义、自由主义和人道主义思想为指导，批判了印度中世纪的宗教神学体系，解放了人民的思想观念；破除了愚昧的风俗陋习，提高了妇女的平等权利；开办大量的新型学校，传播了现代科学文化知识；打破了种姓的藩篱和歧视，改善了低级种姓和贱民的地位等。所以，这场运动在改变印度社会陈腐落后的状态、促进社会平等与进步、振奋民族精神、提高人民的爱国情怀和民族自信等方面，都做出了不可磨灭的历史功绩。

四　印度近代哲学的特点

印度近代哲学产生于 19 世纪初，持续近百年的时间。它是与印度近代宗教改革运动的兴起和发展相伴相随的。因此，印度近代哲学家绝大多数都不是纯粹的专业哲学家，而是当时著名的宗教改革家或社会改革家。除了斯瓦米·维韦卡南达（罗摩克里希那传教会的创始人）创立了一个系统的哲学体系，算得上一位真正的哲学家之外，其他的人都没有一个完整的哲学体系。大多数近代哲学家都是以宗教改革社团创始人或社会改革家的身份出现的，在他们的著述中宗教和社会改革观点占据主要地位，而哲学思想则处于次要位置。这就给研究印度近代哲学思想带来一定的困难，即使找到了他们的原著，也很难发现较为系统的哲学阐述。当然，这种现象正反映出印度近代哲学的一大特点。

尽管多数近代哲学家没有系统的哲学体系，但是从他们有关宗教和社会改革的论述中，却可以发现大量有价值的哲学思维和哲学观点，这些观点正代表着那个时代对社会问题的最深邃的哲学思考和洞察，也反映出印度近代的时代精神和思想结晶。

从这些观点中，可以发现，印度近代哲学有以下几个共同特点。

（一）反对神学蒙昧主义，提倡科学与理性精神

到了近代，印度出现了一批既受过西方教育，又了解印度的爱国知识分子，他们认识到要想振兴印度，就必须从改革宗教入手，批判压抑印度民众思想的宗教愚昧与腐朽。印度教和伊斯兰教的一些陈腐教义教规、神学蒙昧主义、神秘主义、宿命论和厌世论长期桎梏、束缚着人们的思想，使他们不相信自己的力量，一切听命于神的安排和支配。为了推动社会发展，就必须冲破宗教的各种禁忌和束缚，解放人民的思想。因此，印度近代的改革家们都坚决批判各种宗教蒙昧主义，大力宣传科学和理性精神，以尽快把民众从宗教愚昧和迷信中解脱出来。

例如，印度近代第一位改革家——罗姆莫汉·罗易带头反对印度教劳民伤财的偶像崇拜和烦琐无聊的祭祀仪式，主张用最简化的形式从内心中祈祷和崇拜无形之神——梵。他不仅推广新式教育、倡导自然科学，而且主张每个人都有一种理性思维的能力，这种能力可以使人获得知识，辨别是非，故而使人比动物要高明。伊斯兰教改革家——赛义德·阿赫默德·汗也极力宣扬理性主义和科学精神。他不仅用理性主义和自然主义重新解释《古兰经》，而且主张人的理性是一种天赋能力，借助这种能力人们可以对各种客观现象进行思考并作出正确的判断，人的理性也是检验和判断一切宗教权威的准则。

（二）反对压迫和专制，宣传自由、平等、博爱的人道主义

印度近代哲学有一种强烈的人道主义精神，几乎每一个哲学家都竭力表述他们对自由、平等和博爱的热切追求。他们批判种姓分离和歧视，主张消除高低种姓之间的差异，改善低种姓和不可接触者的社会地位；反对童婚、一夫多妻、寡妇殉夫等野蛮习俗和歧视妇女的现象，大力提倡男女平等、妇女解放和妇女要接受教育的新思想；批判教派主义和教派冲突，提倡各宗教之间的平等和宽容，主张不同宗教的人联合起来，为印度的复兴而共同奋斗。

在这方面，达耶难陀做得比较突出，他不仅批判种姓制度给印度带来的危害，而且提出要彻底改革种姓制度，改变划分种姓的标准。他认为，以出身和血统关系来划分种姓是不合理的，应当以品德、行为、性格和知识四个方面的优劣来划分种姓，只有这样，才能打破靠血统关系而编制的种姓制度，才能鼓励人们通过自身的努力而改变自己的社会地位。罗摩克里希那为了促进宗教的宽容和团结，积极宣传"人类宗教"的思想。他认为，虽然各种宗教在信仰和礼仪方面是不同的，但是它们最终的目的是一

致的，都是要达到人与神结合，实现"普遍之爱"和"美好生活"。他所谓的"普遍之爱"，就是不分信仰、不分民族、不分种姓的一种博爱。

（三）唤醒民族自信心，激发爱国主义精神

英国人入侵印度以后，印度逐渐沦为殖民地，殖民主义的统治给印度人民带来深重的灾难。许多接受英语教育的印度人在西方文化的影响下，逐渐淡漠本国的传统文化，缺乏民族自尊心和自信心，甚至甘心忍受英国人的统治。针对这种现象，印度哲学最突出的一个特点，就是力求复兴传统文化的精华，唤醒人们对本国的热爱，提高他们的民族自信心，以激发国人为民族的复兴而献身。

例如，罗姆莫罕·罗易把大量奥义书从梵文翻译成孟加拉文或英文，其目的就是要使一般民众也能读懂奥义书，了解古代文化的精华，通过复兴传统文化，来提升印度人民的民族自豪感和自信心，以此来迎战西方文化和宗教的挑战。雅利安社的创始人达耶难陀，提出"回到吠陀去"的口号。他认为，印度古代的吠陀经典是"真正知识的经典"，它不仅是以往各个时代一切知识的"宝库"，而且还包含着现代科学的"种子"；它正如太阳或明灯一样，能够照亮地球一切地方。因此，人们应当承认吠陀经典的权威，认真地学习吠陀经典。他力图通过复兴古代印度文化的方式，来激发人们的爱国热情和民族自信心。

（四）为民族独立运动制造舆论和理论根据

澳大利亚籍国际知名学者 A. L. 巴沙姆主编的《印度文化史》一书，在评价 19 世纪印度教改革运动时指出：

19 世纪的宗教改革运动不同于以往的印度教改革，它具

有一系列新的特征。它与政治运动紧密结合，因而试图影响政治权力、行政和立法。这一政治运动迅即成为全印的民族主义运动，改革也就获得了一种民族主义气息和全印的规模。①

显然，19世纪的印度教改革运动绝不是单纯的宗教运动，而是与当时的社会政治紧密相连的。在英国殖民统治的背景下，印度的改革家和哲学家们还利用各种手段启发人民的爱国主义情感，增强民族的自尊心和自信心，从舆论和理论上为以后的民族主义运动制造根据。

在这方面，达耶难陀表现得最明显。他经常用隐喻的语言对殖民主义的统治进行批评，希望印度早日从外国的枷锁中解放出来。他还提出了"印度是印度人的印度"的口号，并且不止一次地告诫自己的信徒们：

不要让外国人统治我们的国家，不要使我们丧失我们的独立。②

新毗湿奴运动领导人班基姆·钱德拉·恰特吉，宣称爱就是毗湿奴教派信仰的基础，并且把"爱祖国"作为信徒最基本的义务，从而把爱国主义教育与宗教改革运动结合起来。维韦卡南达的民族主义与爱国主义宣传也对印度民众产生了很大的影响。他一再地宣传要建立一种"能给我们自信、给我们民族自尊"的宗教，批评英国殖民者大量掠夺印度财富，造成印度的贫困，号召印度人民要用战斗的行动去"反对罪恶"，等等。

---

① ［澳］A. L. 巴沙姆主编：《印度文化史》，闵光沛等译，商务印书馆1997年版，第538页。

② 转引自黄心川《印度近现代哲学》，商务印书馆1989年版，第45页。

　　总之，改革家们的这些宣传大大地激发了印度人民的民族自信心和爱国主义热情，为20世纪民族独立运动的兴起奠定了思想上的准备。

第二章 罗姆莫罕·罗易的 哲学与改革思想

　　罗姆莫罕·罗易（Rammohan Roy，1772—1833）是印度近代伟大的思想家和改革家，被人们尊称为"近代印度之父"或"印度复兴之父"。他在印度近代史上创造了许多个"第一"：建立了第一个改革印度教的社团——梵社，开创了宗教改革的新风；第一个谴责和批判"寡妇殉夫"制，掀起了社会平等和妇女解放运动；第一个倡导西方式教育，开办了印度第一所传授现代科学知识的大学；第一个用印度地方语言——孟加拉语创办报纸，开创了印度的民族报刊和新闻业；第一个宣传现代立法，并强烈要求殖民政府必须给予印度人民以合法的权利。总之，罗易在印度近代史上占有突出的地位，他为印度的复兴和民族的觉醒做出了巨大的贡献。

一　倡导改革的一生

　　1772年5月22日，罗姆莫罕·罗易出生于印度西孟加拉邦的胡格里地区。他的家庭是一个显赫的婆罗门家族，祖父曾在孟加拉穆尔希达巴德县政府任高官，父亲虽没任官职，但掌管家财，非常富有。罗易幼年接受的是印度教的传统教育。由于莫卧儿王朝时期波斯文和阿拉伯文是做官所必需的语言，因此他的父亲在其9岁时，就送他到当时印度伊斯兰文化中心——巴特那，学习波斯文和阿拉伯文。他很快掌握了这两种语言，并大量接触伊斯兰教经典。14岁时，他来到印度教文化中心——贝那勒斯，学习梵文，研读印度教经典。后来，他成为著名的梵文学者，不仅能用梵文阅读，而且也能用梵文写作。16岁至20岁期间，他为了探求宗教真理，开始周游南亚次大陆各地，向各地的民间学者学习佛教和印度教的思想精髓。其间，曾有一两年到我国西藏，学习藏传佛教的知识。此后，他定居于贝那勒斯（现称"瓦拉纳西"），专门研究印度教梵文文献。

1804—1815年，罗易出任英国东印度公司在印度的收税官。在与英国人的交往中，他不仅学习了英文，而且深入地研究了基督教教义与思想。他还接触到各种西方资产阶级哲学和社会政治理论，如英国人的世俗主义思想和杰里米·边沁的功利主义都对他产生了很大的影响。在此期间，罗易深刻地体会到殖民当局对印度人的蔑视和自己同胞的软弱，因此，他立志要改变现状，振兴印度民族。此后，他放弃了在东印度公司的官职，一心在加尔各答从事宗教和社会改革活动。

罗易熟知印度教和伊斯兰教，又研究过基督教、佛教和西方思想，广博的学识为他的宗教改革奠定了思想基础。早在1803—1804年，他就出版了自己第一本宣传宗教改革的书，题为《给自然神论者的赠品》，此书用波斯文写成，并用阿拉伯文写了前言。他在该书中批判了印度教的偶像崇拜和各种愚昧的宗教实践，鼓吹理性的信仰和个人努力的重要性。1815年，他与一些志同道合的朋友建立了一个宗教团体——"友好社"，其目的是要变革印度教落后的习俗，净化和提升印度教徒的精神生活。1821年，又建立了"唯一神教社"，宗旨是反对印度教的多神崇拜，宣扬唯一神论。1828年，他正式创建近代印度教第一个改革社团——"梵社"，从此在印度掀起了轰轰烈烈的宗教改革浪潮。

罗易谴责印度社会各种歧视妇女的现象，主张男女平等。1818 年，他发起了反对"寡妇殉夫"制度的运动。由于他的积极宣传和鼓动，迫使当时的孟加拉总督威廉·本廷克勋爵于 1829 年发布命令，宣布"寡妇殉夫制"是非法的，必须禁止。为了改革传统教育，传播现代科学知识，1817 年他在加尔各答创立了印度第一所现代型大学——印度教学院。该学院实行英语教育，开办了各种自然科学的新学科，对在印度传播科学知识和先进思想起了重要的作用。为了使印度公民享有言论和出版自由的权利，1821 年罗易创办了印度第一份民族报刊《明月报》（孟加拉文）。次年，又创办了《镜报》（波斯文）。他利用这些报刊宣传自己的宗教和社会改革主张，并且鼓吹自由、平等、民主和法制思想。

罗易广闻强记、知识渊博，可以用五种文字进行写作，包括英文、梵文、波斯文、孟加拉文和印地文。此外，他还懂得阿拉伯文、法文、拉丁文、希伯来文和希腊文。他的主要著作和论文有：

《吠檀多精髓》（*Vedantasara*）

《吠檀多圣典》（*Vedantagrantha*）

《吠檀多文献节选》（*Abridgment of the Vedanta*）

《给自然神论者的赠品》（该书用波斯文写成，名为 *Tuhfntul Muwahhiddin*，译成英文为 *A Gift to Deists*）

《捍卫印度教有神论》（*A Defence of Hindu Theism*）

《耶稣的教训：和平与幸福的导引》（*The Precepts of Jesus: The Guide to Peace and Happiness*）

二　复兴吠檀多不二论哲学

一般人以为，罗易只是个宗教改革家和政治思想家。其实，他还是一位著名的哲学家，一位吠檀多不二论的革新者。他 14 岁开始学习梵文，20 岁后专门在贝那勒斯研究奥义书等吠檀多文献十二年，对商羯罗的不二论和其他吠檀多哲学都有深刻的了解。为了复兴印度古代文化，罗易写了不少论述吠檀多哲学的著作，并阐述了自己新的哲学观点。为了使吠檀多梵文经典从婆罗门祭司的故纸堆里解放出来，让普通民众也能看得懂读得懂，他还花费许多时间把一些奥义书从梵文翻译成孟加拉文和英文，并做了大量的注解和评论，此举大大地推动了吠檀多哲学在民众中的普及。1815 年，他出版了自己第一部有关吠檀多哲学的著作，题为《吠檀多精髓》，用孟加拉文写成。同年，还出版了一本他与友好社同人共同撰写的《吠檀多圣典》。1816 年，出版了用英文撰写的《吠檀多文献节选》。此后，陆续发表了一些奥义书的孟加拉文译本和英文译本，如《由谁奥义书》（1816）、《伊莎奥义书》（1816）、《蛙式奥义书》（1817）、《迦塔奥义书》（1817）和《秃顶奥义书》（1819）等。

罗易不仅了解伊斯兰教、佛教和基督教的教义，而且也熟悉西方各种哲学，因此他能以更高、更广阔的视角重新审视印度古代吠檀多哲学。他吸收了伊斯兰教和基督教一神论思想，并且以西方理性主义和绝对一元论的观点来看待传统吠檀多。因此，他的吠檀多哲学一方面继承了传统吠檀多不二论的精华，另一方面又具有许多新的内容和特点，为现代新吠檀多哲学流派的产生奠定了理论和思想基础。

有关梵的论述，是吠檀多哲学一个永恒的主题。罗易也不例外，他关于梵的思想主要体现在他的《吠檀多精髓》一书和对五种奥义书的评注之中。在他看来，梵是宇宙的最高本体、世界万物的基础，世界上的一切现象都是从梵中产生出来的。梵本身是什么样呢？他认为，梵本身是绝对的、无限的、永恒的、纯粹的精神实体，是一种抽象的、不可描述的精神或意识。梵不具有任何差别和属性，也不具有运动和变化；它超越主观和客观，也超越时间和空间。

罗易这样写道：

> 梵是世界的根本；是自我存在的，又存在于万物之中，代表着万物的本质；是不可言说的，不可感知的，超越一切数字和形式；是无处不在的，又是纯真无瑕的。①

他还说：

> 梵是用眼睛看不见的，用语言无法描述的，用理智的力量无法确定的。我们不知道怎样说明这个最高的实在，它超越我们能够理解的范畴，也超越一切概念和性质。我们古代的精神之父就是对我们这样解释它的。②

从这种描述中可以看出，罗易关于梵的概念与古代吠檀多论的代表人物——商羯罗有关"上梵"的说明几乎没有什么差别，只不过罗易使用了许多现代西方哲学的概念和术语来加以解释而已。但是，罗易的新吠檀多哲学反对商羯罗的"摩耶论"（亦称"世界虚幻论"），主张梵创造的世界是真实的，而不是虚无缥缈的幻境。他说：

> 梵是世界的基础，世界的产生、存在和毁灭都靠梵来控制。③

---

① B. C. Robertson, *Raja Rammohan Roy – The Father of Modern India*, Oxford University Press, 1995, p. 168.

② Ibid., p. 114.

③ Ibid., p. 88.

梵具有双重作用，既是世界的能动因，又是世界的物质因。①

罗易相信自然科学和自然科学的成就，他承认我们存在的物质世界是实在的，承认物质世界有其固有的自然规律。因此，他反对古代圣贤把物质世界说成是虚幻的，并要求人们摆脱现实社会去追求虚无的彼岸世界的观点。他主张，人们应当生活在现实世界，通过自己的努力，最终达到与梵的结合。

实际上，在罗易眼里，梵不仅是宇宙的最高本体、一种抽象的精神，而且也是他所崇拜的非人格化的理性之神。那么，如何证悟这个纯精神的理性之神呢？这是一个宗教实践的问题，在这个问题上他与传统吠檀多论者发生了严重分歧。他反对传统吠檀多的等级观念和脱离社会实践的做法，力求把西方理性主义和人道主义思想引入吠檀多哲学中。其主要观点有以下几点。

首先，他反对古代吠檀多论把对梵的证悟或对神的敬拜分成许多等级。传统吠檀多论认为，只有高级种姓的人才能敬拜神灵，证悟梵，而低级种姓者根本没有资格敬拜神灵。即使在高级种姓中，也要看他生命的阶段和修炼的程度，只有那些到了林栖期或遁世期并长期进行修炼的圣者或游方僧才能证悟到梵。然而，罗易反对这种等级观念。他认为，不可言表的最高存在——梵是任何人都可以崇拜的，不依靠什么种姓，也不依靠什么生活阶段和修炼状态。不仅印度教徒可以崇拜，而且非印度教徒也可以崇拜。对梵的崇拜是一个人永恒的义务，证悟梵是每个人都应追求的最高境界。

其次，古代印度教非常重视集体祭神活动，而忽视个人体验的重要性。罗易认为大型的集体祭神活动只会劳民伤财，无助于

---

① B. C. Robertson, *Raja Rammohan Roy – The Father of Modern India*, Oxford University Press, 1995, p. 88.

对梵的证悟，只有个人长期的修炼，才能使其达到崇高的精神境界。因此，他主张，对梵的崇拜应由公共祭祀活动向个人的修炼和体验转变。

再次，古代吠檀多论把证悟梵的过程看成是非常神秘的，要求一个人必须脱离现实世界，抛弃世俗义务，到寂静的山林或某些特殊的地方去冥思证悟梵。罗易不赞成这种观点。他主张，一个真正崇拜梵的人，应该生活在现实世界中，必须履行他应尽的社会义务和职责。他不需要到静修林或特殊的地方，在任何地方都可以实现对梵的证悟和崇信。证悟最高精神——梵，也不需要靠崇拜某种物体或偶像来实现。

又次，虽然古代吠檀多也重视道德修养的作用，但是，罗易则比古代吠檀多论者更加强调道德在证悟梵的过程中的重要性。他认为，真正崇拜梵的人一定会严守道德法则，并不断地克制自己的私欲，进行道德和心理修炼。道德修炼的核心就是要认真履行自己的社会义务和职责。罗易以他的观点重新解释了吠檀多论的道德原则，他说：

> 吠檀多论主张，道德修炼是敬拜神灵过程中的重要内容。克制我们身体的内在情感和外在感官，履行吠陀所要求的各种善行，是我们心灵逐步接近神灵过程中所不可缺少的。因此，自我克制和多做善事在证悟最高精神存在的过程中，甚至在其前或其后，都应受到极大的重视。①

最后，在认识论方面，罗易也与古代吠檀多论者不同。一般来说，古代吠檀多者都否定人的感性和理性认识的作用，而格外强调一种神秘的直觉能力，认为只有靠直觉顿悟才能感受和体验

---

① B. C. Robertson, *Raja Rammohan Roy – The Father of Modern India*, Oxford University Press, 1995, p. 92.

到梵。因此，他们都排斥人的感性经验和理智判断。与此相反，罗易则非常重视人的感性知识和理性推理。他认为，每一个人都有感性认识和理性思维的能力，他们能利用这种能力来辨明宗教经典中和宗教先知所阐述的种种道理是否正确。

关于人的理智和感觉能力，他说：

> 神把理智思维和感觉能力赐予每一个人，这个事实就说明人不会像其他动物那样，只会效仿自己同类兄长的行动，他还会运用自己的理智能力，希望获得知识，辨明好坏和善恶。所以，神赐予人的这个珍贵礼品绝不会是无用的。①

罗易还用比较的方法研究了世界上的各种宗教，他的结论是一切宗教都有三个基本信条：信仰一个普遍的最高实体、承认灵魂的存在、相信人死后灵魂还活着。虽然他承认这三个基本信条，但是他主张，除此之外，无论吠檀多、印度教还是其他宗教都有许多错误的教义和荒谬的理论。因此，他提出，为了社会的公正和人类的幸福，必须把这些错误的教义和理论都彻底清除掉。他宣称：

> 如果人类继续生存下去的话，人类的本性就是享受社会的幸福和完美的思维欢乐，人类有理由反对任何有损于社会福祉、贬低人类理智的宗教制度、国家制度或政治制度。②

从上面的观点可以看出，罗易已经完全打破了传统吠檀多论

---

① D. H. Bishop ed. , *Thinkers of the Indian Renaissance*, New Delhi: East Willie Publishers, 1982, p. 11.

② Thomas Pantham, Kenneth L. Deutsch eds. , *Political Thought in Modern India*, New Delhi: Sage Publications, 1986, p. 39.

那种迷信权威、盲目崇拜的观念，他宣传西方的理性主义精神，相信人有一种判断是非的理性思维能力，通过这种能力来判断真理和谬误，以摆脱各种权威的束缚和控制。即使是宗教经典或先知先觉的话，也必须经过自己理智的检验和判断，才能做出是否相信的选择。

罗易复兴吠檀多哲学的目的是要振兴印度，试图通过复兴传统文化来提升印度人的民族自信心和自豪感，以此来抵御西方宗教和文化的挑战。他对吠檀多的复兴绝不是简单的重复，而是引入大量西方的先进思想对传统吠檀多的一种改革或再创造。换言之，这是一种"托古改制"。因此，罗易的新吠檀多一元论具有许多新的特点。

一是，他重视人的价值和生命的意义。传统吠檀多蔑视人生价值，认为人生存的世界是虚幻的，人只有脱离这个世界，摆脱现实生活，才能达到与梵的结合。罗易主张，现实世界是真实的，人不需要脱离世界，只要生活在现实社会中，通过自己的努力就可以证悟到梵。

二是，他强调人的世俗义务和社会职责的重要性。传统吠檀多认为，一个人要想达到梵的境界，就必须抛弃一切世俗义务和责任，到某种特殊的地方去冥思和追求最高精神。罗易与之相反，主张一个人只要真心崇信梵，并且履行好自己的社会职责，在任何地方都可以达到与梵的结合。

三是，他把"天赋人权"和自由、平等、博爱的人道主义观念引入新吠檀多哲学中。传统吠檀多把人分为许多等级，又把人生分为许多阶段，并且规定只有高级种姓并达到高级精神阶段的人才能证悟到梵的最高境界。罗易打破了传统吠檀多的等级观念，宣扬任何人，不分高低，只要真心敬拜梵，都可以实现与最高精神的结合。评论家苏拉马·达斯古普塔在评述罗易哲学时说：

　　罗易的吠檀多一元论有关人生论述的实际意义在于，他强调一切人在本质上都是平等的，无论高等的还是低等的人都与根本实体——梵是同一的。①

又说：

　　无论高级与低级，富与贫，聪智与愚笨，好与坏，所有的人，所有的生命，在本质上都是同一的。他们只是在个性上有差异和不同……②

三　批判宗教愚昧，提倡理性主义

　　在印度近代史上，罗易是宗教改革运动的先驱。他不仅创立了印度第一个宗教改革社团——梵社，而且在改革实践和建立现代新型印度教意识形态中做出了卓越的贡献。他批判了古代印度教的陈腐教义、不平等教规、烦琐的祭祀仪式和种种迷信愚昧的习俗，提出了许多新的宗教理论和实践方式，把提倡科学的理性主义、注重人生幸福的功利主义和自由平等的人道主义的光辉注入宗教思想中，使腐朽落后的印度教出现了新的生机和活力。

　　罗易反对印度教的多神崇拜，主张崇拜唯一理性之神。他对伊斯兰教、基督教和其他宗教都做过深刻的研究，认为伊斯兰教和基督教所崇拜的安拉和上帝都是非人格化的、唯一最高之神，这种崇拜比印度教的多神崇拜要高明。因为多神崇拜使印度教分成众多的派别，各个派别由于崇信的神灵不同，而发生分歧，并处于四分五裂状态。为了统一印度教，使不同教派的印度教徒联

---

①　苏拉马·达斯古普塔：《印度道德哲学的发展》，纽约：F. 翁伽出版公司1961版，第116页。
②　同上。

合起来，凝聚成一种强大的力量，罗易竭力提倡印度教徒应当崇拜一个非人格化的最高之神——梵。故此，他建立的印度教改革社团称为"梵社"，即把崇信梵作为最高宗旨。罗易所崇信的梵，是以他的吠檀多一元论为哲学基础的。在其吠檀多一元论中，梵被描述为"绝对、无限、永恒的精神实体"，"宇宙的基础，万物的创造者"。在他看来，这个梵不仅是哲学的最高本体，而且也是宗教信仰的最高神灵，只不过这种神不同于印度教众多的人格化神，而是一种抽象的理性之神。罗易在为梵社会员制定的信仰准则中写道：

> 本社赞美和崇拜的是一个永恒的、不可理解的和始终不变的实体，这个实体是万物的创造者和保护者，虽无任何名称，但它既可以代表任何物体，又可以代表任何个人和社会。①

这里所说的"永恒实体"就是指的梵——一个非人格化的精神实体。他还说：

> 我曾到世界上许多遥远的地方考察，在平原或山区，我发现那些地方的居民都信仰一个最高的实体，这个实体是创造宇宙和管理宇宙的源泉。②

在他看来，世界其他地区的居民都信仰一个统一的最高之神，只有印度教徒崇信多神论。因此，他力求用唯一至高之神——梵，

---

① 《罗姆莫罕·罗易英文著作选》，加尔各答：牛津大学出版社1947年版，第45页。

② Thomas Pantham, Kenneth L. Deutsch eds. , *Political Thought in Modern India*, New Delhi：Sage Pulications, 1986, p. 39.

来纠正印度教的多神崇拜。因为只有信仰一神论才能形成一种普遍的、唯一的道德秩序，才能促进人性的统一，教徒的团结；而且有利于精简祭祀仪式。印度教最大的特点是建造了各种各样的偶像并对偶像进行烦琐的祭拜仪式，早在吠陀时代印度人就把祭祀神灵看成是万能的。这种崇拜方式不仅劳民伤财，而且忽视了个人的精神修炼和社会职责。罗易在分析这种现象的根源时说：

> 许多有学问的婆罗门都非常清楚偶像崇拜是荒谬愚昧的，他们十分了解这种崇拜模式的性质。但是，当他们主持种种偶像崇拜仪式、庆典和节日时，他们能找到自己的欢乐并获得财富，因此他们才尽最大的努力提倡和鼓励偶像崇拜。①

正是由于婆罗门祭司们为了获取自身的欢乐、地位、尊严和财富，才使印度教的偶像崇拜之风屡禁不止，泛滥成灾。为了废止偶像崇拜，简化祭仪，他主张新型的印度教应当不设立偶像，不安排祭祀仪式，只有对神灵的冥想和证悟。他在为梵社撰写的成立宣言中宣布：

> 在梵社会堂中将不设立雕刻的偶像，这里没有说教，没有演讲，没有祷文和圣诗，只是制造一种气氛，以促进人们对宇宙的创造者和维护者的冥想，推进人们的慈善事业、道德进步、虔敬行为、仁爱之心和各种美德，加强一切宗教信仰者之间的联合和统一。②

罗易认为，要革新陈腐的印度教，还必须打破婆罗门祭司的

① Thomas Pantham, Kenneth L. Deutsch eds., *Political Thought in Modern India*, New Delhi: Sage Pulications, 1986, p. 36.

② Ibid. .

权威和他们对宗教经典的垄断权。印度教古典经典都是用梵文写成的，普通的老百姓根本不懂梵文，因此懂得梵文的婆罗门祭司们牢牢地控制着对经典的解释权。婆罗门祭司利用对经典的解释权，肆意为自己扩大权力和捞取利益。罗易为打破婆罗门对宗教圣书的垄断，花费了大量的时间和精力把许多古代奥义书和其他经典翻译成一般百姓都能看得懂的孟加拉文和英文，并做了详细的注解和评论。他说：

> 为阐明我自己的信仰和我们祖先的信仰，我必须竭尽全力向我的同胞说明我们印度教神圣经典的真正含义。①

罗易力求用西方理性主义、功利主义和社会福利的观点来解释印度教的经典。他认为，每一个人都有理性思维和感性认识能力，他们能够理解和辨明宗教经典的真理，以及宗教先知所阐述的种种道理。

对于印度教的种姓制度，罗易的态度是矛盾的。一方面，他谴责种姓之间的差异和歧视是不合理的，认为种姓制度是印度社会分裂的原因。他指出，神并没有制定各种种姓之间差别的法则，"我们自己分裂为许多种姓……就是我们缺乏统一的原因"②。在他创办的梵社会堂中，允许一切人，包括低种姓者进入，而不受歧视。但是，另一方面，他自己还实践着某些种姓制度的规则，比如他作为一个婆罗门，还一直戴着标志高级种姓的圣线等。印度教的种姓差别观念是几千年来遗留下来的一个根深蒂固的问题，要想一下子根除它，是绝对不可能的。罗易在自己生活的时代能

---

① 《罗姆莫罕·罗易英文著作选》，加尔各答：牛津大学出版社 1947 年版，第90 页。

② D. H. Bishop ed., *Thinkings of Indian Renai Ssanca*, New Delhi: Wiley Eastem Ltd., 1982, p. 21.

够批判种姓制度的不合理，并允许低级种姓的人进入梵社会堂敬拜神灵，这已经是一个很大的进步了。

四　社会改革思想

罗易不仅是印度近代宗教改革的先驱，而且是一位伟大的社会改革家。他利用西方的"天赋人权"观念，自由、平等的人道主义观念和现代法制思想重新审视印度社会，批判传统社会野蛮愚昧的习俗和不合理现象，提倡社会公正与平等；批判陈腐的经院式教育，倡导现代教育体制，宣传科学文化知识；主张新闻出版自由；等等。他的一系列改革主张和实践活动，开创了印度近代社会改革的新风，为以后的改革家们树立了光辉的典范。

罗易社会改革的第一炮，就是坚决反对各种歧视妇女的现象，主张男女平等，妇女解放。他与印度封建社会的各种野蛮愚昧习俗——寡妇殉夫制、童婚、多妻、大量索要嫁妆和女子无权上学等进行了长期的斗争。他第一个发起了反对寡妇殉夫制的宣传运动，并得到全国各地普遍的响应。歧视妇女是印度传统社会中的一种痼疾，它严重地摧残了妇女的身体、剥夺了她们的合法权益，阻碍了社会的发展。据不完全统计，1815 1829 年，印度几个地区就有 8000 多个妇女因寡妇殉夫制，而在丈夫死后活活被烧死。当时，童婚（女子七八岁就结婚）和多妻（富人可娶十个老婆）的现象就更加普遍。罗易从"天赋人权"的立场出发，谴责上述各种歧视妇女的现象。为了维护妇女的合法权利，他与那些支持"寡妇殉夫"的保守派进行辩论，批驳他们的荒谬言论。保守派认为，妇女先天能力差，遇事不坚决果断，不可信赖，经常背叛朋友……对此，罗易在《论寡妇殉夫对话录》中一一给予反驳。他说：妇女虽然生理上有弱点，但是能力并不比男人差，只不过她们得不到应有的受教育的机会；妇女在心灵上比男人更坚强、更果断，妇女敢于抱着死去的丈夫去自焚，而死亡却使男人吓得发抖；妇女比男人更可信赖，在现实生活中男人背叛朋友的行为，要比女子多十倍；妇女和男人在先天上就是平等的，她们应当得到接受教育和表现自己能力和美德的权利。罗易愤怒地斥责那些支持寡妇殉夫的保守分子：

> 如果一个人受到知识和智慧的教育后，仍不能理解和记住他所学的东西，我们可以认为他是个痴呆。你们从来不给妇女接受教育和学习的机会，你们就没有理由说她们能力低下。①

罗易维护妇女权益的《论寡妇殉夫对话录》一文，成为当时向腐朽传统势力发起进攻的最著名的檄文。

批判印度传统的教育方式，创办西方现代教育，推广科学文化知识是罗易社会改革的另一个重要方面。他是印度现代教育制度的开拓者和积极宣传者。他认为，西方国家之所以有强盛的国力，就是因为他们掌握了社会科学和自然科学的知识。所以，他极力主张印度应当抛弃中世纪经院式的教育制度，而采取以英语为媒介、以传授现代科学知识为主的新型教育体制。罗易强调，印度的出路就在于利用欧洲的知识和成就，学会控制和征服自然。他说：

> 如果要使英国处于无知的状态，那么就不允许用培根的哲学来取代中世纪经院哲学式的教育制度，因为这种制度能使无知永远保持下去。同样的道理，旧的梵文教育制度也将使我们这个国家永远处于黑暗之中，如果保持梵文教育制度成为英国立法院的方针的话。但是，政府的目标是改善印度

---

① 《罗姆莫罕·罗易英文著作选》，加尔各答：牛津大学出版社1947年版，第360页。

当地居民的生活，因此它就应当支持建立一种更加自由、更加开明的教育制度，包括讲授数学、自然哲学、化学、解剖学和其他各种有用的科学。①

正是在这种思想的指导下，1817 年罗易创立了印度第一所西方式的现代大学——印度教学院。这所大学不仅用孟加拉语，而且用英语讲课，不仅讲授哲学和社会科学，而且开办了各种自然科学的新学科，它对在印度传播科学知识和先进思想起了重要的作用。1823 年，他曾写信给孟加拉总督阿默斯特勋爵，反对建立梵文学院和梵文教育制度，对英国殖民当局企图与印度封建势力结合起来共同进行的文化复古运动做了坚决的斗争。

罗易酷爱平等自由，积极鼓吹"天赋人权论"。他认为一个人不仅应有生存、活动和财产的天生权利，而且应有道义上的各种权利。他赞扬英国民族享有公民和政治自由的权利，主张印度民族也应当享有这些权利。罗易特别强调印度公民应有言论和出版自由的权利。由于他的宣传和努力，殖民当局做了让步，印度人获得了某种言论和出版自由的权利。1821 年，罗易用孟加拉文出版了印度第一份民族报刊《明月报》（周刊）。1822 年，又用波斯文出版了《镜报》。他用这些报刊宣传自己的社会改革主张，鼓吹自由平等博爱的人道主义思想，并传播各种科学文化知识。1823 年，孟加拉总督约翰·亚当发布命令，声称未得到政府允许，不得出版新闻报刊和其他定期刊物。闻此消息，罗易代表印度社会向英国高等法院和国王参议室提出请愿书，强烈抗议这种报刊限制法。在信中，他庄严宣布，言论自由是"国家法律赋予我们的无法估价的特权"，"绝不能因为它有弊病而改变它"。在罗易和印度民众的坚决抗议和斗争下，1835 年殖民当局终于取消了对新

① Thomas Pantham, Kenneth L. Deutsch eds., *Political Thought in Modern India*, New Delhi: Sage Pulications, 1986, p. 42.

闻报刊的各种禁令，使印度人民获得了出版和言论的自由。

对于英国的殖民统治，罗易具有一种矛盾的心态。起初他厌恶英国人的统治，讨厌他们的趾高气扬，后来在与英国人的交往中他逐步改变了这种态度，开始赞扬英国的政治体制是理性的、具有法制的，认为在这种体制下印度社会能够取得进步。

他自己谈到这种心理变化时说：

当我十六岁的时候……我开始了旅行生活，到过许多不同的地方，主要在印度境内，有时也经常越过边境，当时我非常厌恶英国人在印度建立的机构。到了二十岁的时候……我第一次会见并与欧洲人交往，此后不久我就抱着宽容之心，学习他们的法律和政治结构，等等。我发现他们的法律和政治结构一般都具有理性，并很有规律……我便抛弃了我反对它们的偏见，变得喜欢这些法律和政治结构，并相信英国人的统治，虽然是一种外国人的管辖，但是它能使印度本地居民很快地、确实地得到改善。①

为什么罗易会发生这种变化呢？第一，他相信英国人的政治制度具有理性，比较开明，不会像莫卧儿帝国那样专制、独裁和掠夺，英国人的统治能给印度人提供公民的自由和安全。第二，他认为英国人的资本主义经济原则和理论比较先进，印度人把这种经济原则和理论引进来，可以大大促进社会与经济的发展。

罗易是印度近代最早一批资产阶级的思想家和代言人，他们是在英国殖民统治下，并且在接受英语教育和英国思想文化的影响下成长起来的，因此无论在人数和力量上都相当弱小，在思想上也具有先天的软弱性。在当时的历史条件下，罗易赞美英国人

① Thomas Pantham, Kenneth L. Deutsch eds. , *Political Thought in Modern India*, New Delhi: Sage Pulications, 1986, p. 43.

的统治，对英国人的统治抱有幻想，这丝毫不令人奇怪，因为当时的印度资产阶级还没有强大到可以提出独立的政治宣言或"印度自治"的主张。所以，像罗易这样的第一批印度资产阶级改革家，基本上都是温和的改良主义者，即主张在保留英国殖民统治的前提下，通过批评、请愿等合法手段，去实现社会上的某种改革或改良。这正表现出这批印度思想家的历史局限性。

　　总之，罗易不仅是新吠檀多哲学的倡导者，而且是近代宗教和社会改革的先驱者。他对印度的复兴和民族的觉醒做出了不可磨灭的贡献，在印度近代史上占有绝对重要的地位。在他的哲学、宗教与社会改革思想中闪烁着理性主义、人道主义、世俗主义和功利主义的光辉，他宣传的科学和理性观念、"天赋人权"和自由平等博爱的思想、注重人生价值和生命意义的思想、渴望社会公正、民族团结和人民福祉的思想，都对以后一代又一代的印度思想家产生了直接和深远的影响。

第三章　德宾德拉纳特·泰戈尔的自然神论

　　德宾德拉纳特·泰戈尔（Debendranath Tagore，1817—1905）是近代印度教第一个改革社团——梵社的第二代领导人。他肩负起承上启下、继往开来的历史重任，不仅继承了罗易改革宗教、变革社会和启蒙大众的理想，而且还制定了梵社的纲领、巩固和发展了梵社的阵地，并把梵社的改革思想推广到全国。德宾德拉纳特·泰戈尔虽然是一个温和的改革家，但是他在十分艰难的条件下能够坚持罗易的改革事业，并且巩固和扩大了第一个改革社团在全印度的影响。因此，他对梵社的发展做出了重要的贡献。

　　1817 年，泰戈尔出身于孟加拉一个富有的婆罗门家族。其父德瓦卡纳特·泰戈尔（Dwarkanath Tagore）是印度新兴资产阶级的代表，不仅有大片的庄园，而且经营蓝靛、茶、糖生意及煤和硝石等矿业生产，并拥有自己的船队。他也是罗姆莫罕·罗易的好友，思想开明，积极支持梵社的改革活动，并热心捐助教育、文化和慈善事业。其子拉宾德拉纳特·泰戈尔就是现代印度最著名的诗人和思想家。因而，此家族的三代人都在印度近现代史上赫赫有名。德宾德拉纳特·泰戈尔早年就读于罗易创办的启蒙学院。毕业后，热衷于宗教和社会改革运动，并研究印度教梵文文献和西方哲学思想。1839 年，他创立了"通梵协会"，不久改名为"知梵协会"，其宗旨是反对印度教的偶像崇拜和烦琐祭祀仪式，提倡崇拜非人格化的理性之神——梵。当时，梵社正面临着内外危机。罗易逝世后，它一方面受到外部保守势力的巨大压力和反击，另一方面其内部又有一些不坚定的分子纷纷退出，处境十分艰难。在这种情况下（即1843年），德宾德拉纳特·泰戈尔为了坚持罗易的宗教改革事业，毅然决然地将自己的"知梵协会"与罗易创立的梵社合并起来，名称仍叫"梵社"，他自己也正式成为梵社的第二代领导人。为了巩固梵社，他采取了一系列改革措施：为梵社编纂了一部新的教典——《梵法教典》，为梵社会员制定了行动原则，要求会员必须通过正式仪式才能入社，使梵社由松散的社团变为一个组织严密的团体。此外，他还创办了一所真理觉知学院和一些刊物，宣传梵社改革思想，并派出许多有朝气的青年会员到印度各地鼓吹梵社主张，帮助和指导各地建立梵社分会，等等。在德宾德拉纳特·泰戈尔的努力下，梵社不仅得到了巩固，而且取得了迅速的发展。

德宾德拉纳特·泰戈尔一生留下来的著作不多，主要是《自传》一书。

一 吠檀多哲学与自然神论的结合

德宾德拉纳特·泰戈尔在从事宗教改革的过程中，花费了大量的时间和精力对印度教哲学和梵文文献进行了深入的研究。他甚至不关心对家庭财产的管理，而专心于对哲学、宗教和人生命运的思考。他自己承认：

> 我的父亲在英国，他把管理家庭事务的任务交给了我。我不能置身于商业事务之中，一切工作都由我的下属人员来做，而我只关心吠陀、吠檀多、宗教、神以及人生的最终目

的……我不想成为这一切财产的所有者。抛弃凡事，独自漫游——这种愿望一直支配我的心。[1]

在研究印度教哲学的同时，他还努力学习英文和现代科学知识，并阅读了许多西方哲学著作。因此，他力求运用西方哲学术语和现代科学知识来解释自己的哲学思想，使自己的哲学适应时代的需要。

和罗易一样，德宾德拉纳特·泰戈尔一方面继承了印度传统吠檀多不二论思想；另一方面又对它进行改造，融入一些西方哲学和科学的内容，从而形成自己的吠檀多哲学体系。他的新吠檀多哲学，最大的特点就是把传统吠檀多与西方自然神论思想融合在一起。

德宾德拉纳特·泰戈尔继承了古代吠檀多不二论"梵我同一"的理论。他认为，宇宙最高本体——梵是一种无法言表的纯精神实体，它超越于时间空间，又弥漫于时间空间之中。梵不仅是世界的基础、万物的创造者，而且代表着最高的真理、无穷的智慧和无限的欢乐。个体灵魂——我，是梵在人体中的显现，也是一种纯精神意识。梵与我在本质上是同一不二的，两者同源、同本、同性。因为梵是宇宙的最高精神，离我们甚远，要想证悟梵，就必须首先证悟人体内的精神实体——我。我是梵在世界上的代表，只要证悟到我，就可以达到"梵我合一"的最高境界。在此境界中，人就可以摆脱业报轮回，达到无限的智慧和欢乐。在描述"梵我合一"境界时，他说：

人体中寓居着个体灵魂（我），在个体灵魂中，即在这种纯精神意识中，能够证悟到纯粹的、无形的最高灵魂（梵）。

---

[1] 德宾德拉纳特·泰戈尔：《自传》，加尔各答：雅利安出版社1909年版，第41页。

只要抑制心思和肉体，不迷恋外界事务，不关心苦乐，自我克制，最高灵魂肯定能被证悟到。这乃是一种精神的结合。你一旦在这种精神境界中能与爱相结合，你就将从一切罪孽中解放出来，并获得解脱。①

还说：

> 梵教（梵社信仰的宗教）是一种精神宗教，其根本真理就是：通过个体灵魂（我），你将证悟到最高灵魂（梵）。只要在自己灵魂中证悟到最高之神（梵），那么你就能在任何地方证悟到他，因为他是万物的根本，整个宇宙的唯一君主，人的灵魂乃是他的高贵寓所。如果你不去认识自己的灵魂，那么则一切皆为空无。②

虽然德宾德拉纳特·泰戈尔在"梵我同一"的问题上与古代吠檀多论者商羯罗的观点几乎没有什么差异，但是在对物质世界的说明上，两者却截然不同。商羯罗认为物质世界是一种"摩耶"，是虚幻不实的，人们必须抛弃它，才能获得解脱。与此相反，德宾德拉纳特·泰戈尔主张物质世界是真实的，既然梵是最高的实在，那么它所创造的现象世界也不可能是虚幻的。物质世界不仅是真实的，而且它的运动与发展也是有自身规律的。比如，太阳和月亮的升落有其时间规律，风雨的形成随季节而变化，等等。商羯罗不仅认为世界是虚幻的，而且认为世界上的各种现象作用于人的感官所产生的认识也是虚幻不实的。但是，德宾德拉纳特·泰戈尔反对这种观点，他认为物质世界是真实的，物质世界通过人的感官所产生的认识也必然是真实的。他说：

---

① 德宾德拉纳特·泰戈尔：《自传》，加尔各答：雅利安出版社 1909 年版，第 191 页。
② 同上。

正如各种事物能通过阳光反射到相片的底片上一样，一切物质事物也能够通过人的感官显现到心灵之中，这就是所谓的知识。……这些乃是西方哲学对我心灵的启示。①

在他看来，一切物质现象作用于我们的感官所产生的认识和知识都是真实可靠的。

德宾德拉纳特·泰戈尔承认自然界万物不仅是真实的，而且它们都按照自身的规律运动和发展着，非常和谐有序。为什么自然万物如此和谐有序呢？在这个问题上，他则采用西方自然神论的方式来加以解释。在他看来，宇宙最高本体——梵是一种有无限智慧的精神力量，正是这种有智慧的精神力量创造了世界，才使世界万物和谐有序。他说：

> 我明白了，关于物质世界的认识是由感官和视、听、嗅、触、味等感觉的对象而产生的。我也明白，与这种认识在一起的我，就是认识者。在视、触、嗅、想这些事实的同时，我知道正是我去视、触、嗅、想。随着对客体的认识，就产生了对主体的认识；随着对身体的认识，就产生了对内在精神的认识……于是我体会到，在认识外在世界的同时，我们也能逐步认识自己的自我。从此以后，我越是思考这个问题，就越发承认有一种支配整个世界的智慧的力量。对我们来说，日月的升降是有时间规律的，风雨是在适当的季节而运动的。所以这一切都是为了实现维持我们生命的计划。这是谁的计划呢？它不可能是物质的计划，肯定是精神的计划。因此，这个宇宙是由一种有理智的存在的力量所驱策的。②

① 德宾德拉纳特·泰戈尔：《自传》，加尔各答：雅利安出版社1909年版，第9页。
② 同上书，第10页。

在这里，这种有理智的精神力量就是指他所崇拜的理性之神——梵。

此外，泰戈尔还用"婴儿吸母乳"的例子加以说明：

> 我知道，婴儿刚一出生，就会吸他妈妈的奶，是谁教会他做这个？正是那个赋予他生命的"他"。又是谁把爱塞进母亲的心房里？也是那个把奶放入母亲乳房的"他"。"他"就是了解我们一切需要的最高之神，宇宙也服从"他"的支配。①

毫无疑问，这里的"最高之神"就是指的梵。在泰戈尔看来，婴儿生下来就会吸奶的本能，母亲的乳汁和对婴儿的爱，都是梵赋予的。正因为梵是有理智的，所以它所创造的万物才能和谐相处，井然有序。

从以上的说明中，可以明显地看出德宾德拉纳特·泰戈尔受到西方自然神论者的影响。17—18 世纪欧洲产生的自然神论者，是一些具有唯物主义倾向的思想家。他们反对正统的基督教神学，认为上帝不是一种有人格的存在，而是无限的、永恒的"智慧的实体"或"世界理性"。上帝是世界这架机器的设计师和制造者，但是在创造完这个世界后，就不再干预世界事务了。德宾德拉纳特·泰戈尔虽然继承了古代吠檀多不二论的唯心主义思想，但是在说明现实世界时却吸收了许多自然神论者的观点。他认为，创造这个世界的不是人格化的神，而是一个"有无限智慧的精神实体"或"世界理性"；由于创造和设计这个世界的精神实体是有理智的，所以世界万物才和谐有序；世界被创造出来之后，它则按照自己的规律运动和发展着。泰戈尔把吠檀多不二论与自然神

---

① 德宾德拉纳特·泰戈尔：《自传》，加尔各答：雅利安出版社 1909 年版，第10 页。

论融合在一起来解释世界，虽然是矛盾的，但是这也说明他的哲学中包含着许多唯物主义的成分和因素。无论如何，这种新吠檀多哲学在当时的印度社会中是一种思想进步。

二 道德伦理思想

在德宾德拉纳特·泰戈尔的哲学中，道德伦理思想占有重要的位置。他作为梵社的第二代领袖，为了巩固和扩大梵社的影响，对梵社社员提出了严格的要求，并为他们制定出十八条行动原则。在这些行动原则中，他非常重视道德修养的作用。他提出的许多道德原则与古代吠檀多的伦理思想是不同的，从这些新的道德原则中可以看出他对人生价值的关注，对人的社会实践的重视和对自由、平等和博爱的追求。

其道德伦理原则主要包括：

第一，强调人的社会实践活动的重要性。古代吠檀多论认为，世界是虚幻不实的，人要获得解脱，就必须脱离现实世界，脱离社会活动，到远离人世的山林或一些特殊的地方去静修才行。德宾德拉纳特·泰戈尔反对这种观点，他主张我们生活的现实世界是真实的，一个人要想达到与梵结合的崇高境界，不必脱离现实社会，只要在社会上努力工作，把证悟梵的行动与履行自己的社会职责结合起来就可以了。他说：

> 自我克制（证悟梵的行动之一），不是抛弃世俗，不是居住在荒原或变成隐士，而是居住在家里、生活在世俗中，将自己内心的一切欲望驱除掉。①
>
> 他（至高之神——梵）从不把什么留给自己。他总是给

---

① 德宾德拉纳特·泰戈尔：《自传》，加尔各答：雅利安出版社1909年版，第194页。

予万物，却从不要报偿。你们应当在这种榜样的启示下忘掉自己，立誓为世界的完善而工作。只有与他相结合，你们才能履行生活的职责。①

在这里，德宾德拉纳特·泰戈尔强调梵社社员应当生活在世俗中，应当以神为榜样，忘我无私地为世界的完善而工作。

第二，强调人与人之间必须充满爱。古代吠檀多论者要求一个想获得解脱的人，必须抛弃儿女常情、抛弃私欲，到远离世俗的地方，去追求个人的极乐和幸福。泰戈尔不赞同这种观点，他试图把西方平等博爱的人道主义精神引入自己的道德学说中，要求梵社社员必须无私地爱他人、怜悯他人、帮助他人。他认为，只有无私地爱他人和帮助他人，才能真正从私欲中摆脱出来，才能获得解脱。他写道：

> 只有崇拜神又爱他人的人，才是圣人。这样的人从来不会挑剔别人的毛病，因为他爱别人。他看到别人的错误会感到痛苦，出于爱他会尽力帮助别人改正。他爱别人，正是由于这种爱，他才能乐他人之所乐，忧他人之所忧。因此，他不会对别人的错误而幸灾乐祸。②
>
> 你们要尽一切努力爱自己的妻子、孩子和亲友。只有从欲望中解放出来，不考虑自己的业果，那时你们才能一步一步达到解脱。神自己的爱就为你们提供了一个最好的楷模，他是多么关心世界的利益呀。他甚至从来不会忘记给一个蚯蚓或昆虫提供食物。③

---

① 德宾德拉纳特·泰戈尔：《自传》，加尔各答：雅利安出版社 1909 年版，第 194 页。
② 同上书，第 193 页。
③ 同上书，第 194 页。

第三，强调宽容，对待他人就像对待自己一样。泰戈尔在强调爱的同时，还强调宽容待人。他要求每个梵社社员都学会克制自己，不与他人争斗，公正地对待一切人。他说：

> 一个渴望人类幸福的人，对待他人应当像对待自己一样。你应当爱自己周围的人，因为使他人高兴的事也会使你高兴；你应当回避仇恨所带来的痛苦，因为使他人仇恨的事也会使你痛苦。①
>
> 不要与任何人争斗。要克制愤怒，充满爱和宽容，公正地对待所有的人。让爱作为你对待他人的行动准则。②

第四，强调积极行善，善良终能战胜邪恶。他要求梵社社员：

> 要做善事，不要以恶报恶。任何人做了恶事，也不要以恶报恶。永远做善事。恶最终会被善所战胜，非正义会被正义所战胜。③
>
> 你们应尽最大的努力去行善事。即使竭尽全力尚未达到目的，你们也会从中得到益处。④

第五，反对禁欲，强调一个人应坚持正确的思想、语言和行动。古代吠檀多论者主张，只有禁欲者才能真正获得解脱。泰戈尔不同意这种观点，他认为一个人只要保持正确的思想、语言和行为，生活上进行节制，就可以成为圣者。他告诫梵社会员：

---

① 德宾德拉纳特·泰戈尔：《自传》，加尔各答：雅利安出版社 1909 年版，第 192 页。
② 同上。
③ 同上。
④ 同上书，第 193 页。

你们要抛弃邪恶的思想、邪恶的语言和邪恶的行动。神圣者就是那些在思想、语言、行动和观点上皆无过错，生活节制的人，而不是那些禁欲者。①

尽管德宾德拉纳特·泰戈尔在给梵社社员提出的行动原则中还包含不少传统的道德观念，如"业报轮回""永生""达摩"和"自制"等，但是他确实提出了许多新的道德原则或者用新的思想来重新解释传统伦理观念。这些新的道德原则反映出他极力变革印度教的传统道德，也反映出他注重人的价值，追求社会公正、平等和博爱的强烈愿望。

三 温和的改革思想

在宗教改革方面，德宾德拉纳特·泰戈尔继承和发展了罗易的改革路线。他反对印度教的多神论，提倡崇拜唯一、至高的理性之神——梵；批判印度教的偶像崇拜，主张取消各种烦琐的祭祀仪式，净化印度教的礼节和仪式，使之适应社会的需要。他说：

我们梵社教义的否定方面，就是禁止把任何被创造出来的东西当作创造者来崇拜。这一点使我们不同于那些崇拜化身，或者相信必须有各种各样的中介物、象征和偶像的人。②

我们首先是梵社社员，然后才是印度人和印度教徒。我们决不能违背我们放弃偶像崇拜和化身崇拜的誓言，这是我们宗教的精髓。就我们而言，撇开一些次要的分歧是一种明

---

① 德宾德拉纳特·泰戈尔：《自传》，加尔各答：雅利安出版社1909年版，第195页。
② 同上书，第152页。

智的策略，但是在原则问题上却不能妥协。①

他还反对印度教的种姓歧视和地域差别，倡导宽容精神，允许各种种姓和地区的人加入梵社；谴责印度教歧视妇女的习俗，主张男女平等、妇女解放等。他特别强调梵社的信仰是以理性主义为基础的，其最终目的是实现人的灵魂与宇宙精神——梵的结合。他指出：

> 我们把自己的信仰建立在理性和良知所证明的宗教根本真理之上，不允许任何人、书籍或偶像来妨碍我们的灵魂与无上的精神的直接结合。②

虽然德宾德拉纳特·泰戈尔坚持罗易的改革思想，但是在改革的方法上却反对过激手段，主张采取渐进的、温和的方式。他认为，如果采取过激的改革方法，就会脱离广大印度教群众的接受能力，就会影响改革的效果。他告诫梵社社员：

> 我们生活在伟大的印度教社会之中，属于印度教社会的一员。社会所赋予我们的使命，就是以自身的榜样和口头的教诲高举起印度教经典中最高真理的火炬。在最高真理的光辉照耀下，我们应当净化我们的风俗、习惯、礼节和仪式，使它们适应我们的良知和社会需要。不过，我们必须防止在社会改革方面进行得过快，以免脱离我们所指导和带领的大众。③

---

① 德宾德拉纳特·泰戈尔：《自传》，加尔各答：雅利安出版社1909年版，第153页。
② 同上书，第152页。
③ 同上。

德宾德拉纳特·泰戈尔是一个温和的改革家，以他为代表的老梵社会员在改革中比较谨慎温良。他们的保守温和态度与以凯沙布·钱德拉·森为首的一批青年会员的过激观点和行为发生了分歧，从而导致了后来梵社的分裂。1886 年，由于不满德宾德拉纳特·泰戈尔的保守温和观点，凯沙布·钱德拉·森带领一些思想过激的青年会员退出梵社，创立了一个新梵社，名为"印度梵社"。此后，原来的梵社依然存在，但是其影响有所下降。

从总体上看，作为一个宗教改革家，德宾德拉纳特·泰戈尔起到了承上启下的作用，尽管他的温和观点受到一些激进分子的反对，但是他能高举罗易的改革大旗，继承罗易的思想路线，把梵社的改革事业发展起来并推向全国，因而在近代宗教改革史上占有重要地位。作为一个吠檀多哲学家，他力图利用西方哲学和自然科学的观点与知识重新解释古代吠檀多，把注重科学的理性主义精神、注重人的价值的人道主义思想融进了传统吠檀多的哲学和伦理道德之中，使传统吠檀多焕发出新生和活力。尤其是在19 世纪中叶，为了振兴印度的民族精神，他紧跟罗易，沿着罗易的足迹，开始探索和研究印度民族意识形态的主要形式——吠檀多的改革和振兴事业，并做出了杰出的成绩，这是后人所无法比拟的。因此，他在印度近代哲学发展史上也具有不可替代的作用。

第四章　凯沙布·钱德拉·森的 "新天道" 思想

　　凯沙布·钱德拉·森（Keshab Chandra Sen，1838—1884）是梵社的第三代领导人，他的改革思想对梵社的发展曾起过重要的作用。在19世纪60年代，凯沙布·钱德拉·森是梵社内部青年激进派的代表，以他为首的青年激进派与以泰戈尔为首的温和派在改革的观点上发生了严重分歧。钱德拉·森思想的最大特点，乃是他提出了一些激进的宗教改革观点，并且创立了一个融合印度教、佛教、伊斯兰教和基督教特点的新型宗教——"新天道教"。他的这些新思想和观点给后人留下深刻的印象。

　　1838年，钱德拉·森出身于孟加拉一个显贵的婆罗门家庭。其祖父是一个著名的学者，曾任当时英印皇家亚细亚学会的秘书。他的家庭是最早接受西方文化的印度家庭之一，他从小就开始学习英文，接受西方文化，其英文水平远远超出其他孟加拉人。青年时代，就读于罗易创立的印度教学院，此学院不仅讲授印度教传统文化，而且讲授自然科学和社会科学的知识。由于对宗教改革有浓厚的兴趣，钱德拉·森19岁就参加了梵社，并且很快成为德宾德拉纳特·泰戈尔最喜欢的弟子。因为带自己的妻子参加梵社仪式，他被家庭开除，不得不在宗教导师家里避难。此后，他全身心地投入梵社的宗教改革活动：建立讨论小组、组织救灾行动、倡导寡妇再嫁和年轻女子上学、撰写宗教传单、到处演讲，宣传梵社教义。他富有演讲天才，其流畅的英语和激情的言辞曾打动各地民众，为梵社运动向全国的扩展做出了巨大贡献。1876年，由于不满泰戈尔的保守观点，钱德拉·森带领一批思想激进的青年会员退出梵社，建立了一个新梵社，名为"印度梵社"。1881年，他又宣布建立一个融合世界上各种宗教思想的新型宗教——"新天道教"。新天道教虽然有许多新的特点，但是脱离了印度广大民众的接受能力，因此在他去世后不久很快就销声匿迹了。

钱德拉·森的主要著作有：

《为梵社申辩》

《耶稣基督：欧洲与亚洲》

《新本集：新天道中的雅利安人圣律》

《凯沙布·钱德拉·森在印度的讲演集》

一 宗教改革观

钱德拉·森作为梵社青年激进派的代表，无论在宗教改革和社会改革领域都表现出大胆与激进的态度。他从小受到英语教育，接受西方文化和基督教思想的影响，因此成年以后，总是以西方的思想和观点观察印度，强烈地批判印度教陈腐的教义和愚昧的习俗，提出了许多激进的改革主张和措施。钱德拉·森在性格上就有一种火一般的激情，喜欢火热激动，厌恶冷清平淡，一生都在追求新的东西，追求"新的思想、新的成就和新的欢乐"。他承认自己是"火"的崇拜者：

我是一个火的宗教的崇拜者，我偏爱火的教义。对我来说，站在火上就是解脱状态。……我生活在火之中，我热爱火，拥抱火，赞颂火。火的每一种征兆都使我充满欢乐、希望和热情。我一旦感觉到火失去了它的热，就好像是跳入大海，淹没了自己。①

在我生命的周围，在我生存社会的周围，我总要保留着燃烧的、热烫的火焰。在我成功地为人类的一个团体服务时，我总是寻找我能为之服务的另一个团体。在我成功地为生活的一个部门工作时，我总是渴望着也为另一个部门工作。在我从一套经典中收集真理时，我总是想着另一套经典；在这一套尚未读完时，我已经找到另一套。我唯恐任何东西变成陈旧的或冷的。我的一生就是不断追求新的思想、新的成就和新的欢乐。②

有关印度教内部的改革问题，钱德拉·森继承并发展了他的前辈——罗易和泰戈尔的许多思想。他反对印度教的多神论和偶像崇拜，主张崇拜唯一、至上、无人格的理性之神——梵；批判印度教复杂烦琐的祭祀仪礼和婆罗门祭司的权威，倡导简化祭祀方式、削弱婆罗门祭司的作用；谴责印度教种种歧视妇女的现象，大力宣传寡妇再嫁、禁止童婚和女子接受教育的思想，并努力推动政府通过一部保护妇女权益的《婚姻法》，等等。除此之外，钱德拉·森还提出了许多新的思想和观点，这些思想突出地表现在他对印度教与其他宗教之间关系的表述上。

在印度教与伊斯兰教的关系上，他主张这两种宗教应当联合，

----

① P. C. 莫乔姆达尔：《凯沙布·钱德拉·森的生平与说教》，加尔各答：那瓦维坦出版社 1931 年版，第 15 页。

② 同上书，第 16 页。

印度教徒与穆斯林应当结束长期以来的对立，相互尊重、和睦相处。他强烈地批判了那些认为"伊斯兰教是荒谬的"和"印度教是虚假的"一类观点，主张这两大宗教虽然都有一些迷信和偏见，但是它们皆拥有伟大的真理，具有强大的生命力，必须受到尊重。他说：

> 我要强调，那种把印度教和伊斯兰教看成是一堆谎言或令人厌恶之物，它们只配被踩在脚下的观点是错误的。只要排除它们之中一切荒谬的东西，剩下的便是你们为之感到光荣的真理和纯净。你们将在这两大体系中发现一些重要的真理，尽管它们被错误所包围着。这些真理使两大体系保持着生命力，使它们在遭受反对的情况下仍维持数个世纪，许多善良的人从这些真理中寻觅到生命的食粮。甚至在今天，这些真理仍然是印度教和伊斯兰教的强大支柱，受到普遍的赞美和尊重。①

在谈到这两大宗教的真理时，他指出：

> 印度教中神的概念是崇高的。最早的印度教经典把神描绘成无限的精神寓居在天国并遍及一切空间，充满着宁静和欢乐。另一方面，伊斯兰教把神视为具有无限力量和至高权力的，支配宇宙的君主。印度教的主要特点是静观，而伊斯兰教的主要特点是持续不断的激情和积极的奉献。一个是与静寂之神处于秘密的交往之中，而另一个是为全能之神效力，为反对邪恶而进行圣战的勇士。这乃是两种宗教教义最初、最本质的因素，倘若两者结合在一起，将构成一幅真正神学

①《凯沙布·钱德拉·森在印度的讲演集》，伦敦：卡塞尔出版社1904年版，第155页。

的美丽图画。①

钱德拉·森认为，这两种宗教都有各自的特点和长处，因此不应当诬蔑和攻击它们，而应当挖掘和发展它们的优点，融合它们的真理，以使它们发挥更大的作用。他呼吁：

> 在今天这个自由探索和大胆批评的时代，所有针对印度教和伊斯兰教的攻击都不应当是毁灭它们，而应当是净化它们，发展它们的真理原则。时代的趋势已经表明这种净化和发展的过程。我认为，这一过程将逐步使迄今一直敌对的印度教和伊斯兰教趋于紧密的结合，直到两者达到最终的融汇，以形成印度未来的宗教。②

在对待基督教的态度上，钱德拉·森一方面批判和反击基督教传教士对印度教的诬蔑和诽谤，另一方面又承认基督教有许多长处，基督教的精神正在对印度社会产生巨大的影响，并且号召印度教徒去学习基督教。他说：

> 至于基督教和印度未来宗教的关系，我毫不怀疑，它对未来教派的形成和发展将产生巨大的影响。基督教的精神已经渗透整个印度社会，我们是在一种基督教的气氛中呼吸、思想、感觉和行动着。本地社会正是在基督教教育的影响下发生着启蒙和改革。③

---

① 《凯沙布·钱德拉·森在印度的讲演集》，伦敦：卡塞尔出版社 1904 年版，第156 页。
② 同上。
③ 同上书，第 157 页。

在批判基督教传教士对印度人和亚洲人的诬蔑时，他提出了一个大胆的观点：耶稣就是亚洲人，基督教也是亚洲人创立的宗教。他说：

> 如果我们的基督教朋友坚持诽谤我们的民族性和民族特点，怀疑并憎恶东方的风俗，我可以向他们保证，我没有因为这种诬蔑而感到羞耻。相反，我高兴，我骄傲，因为我是一个亚洲人。耶稣基督是不是亚洲人？对，耶稣就是亚洲人，他的弟子也是亚洲人，而且最初宣传基督福音的一切机构都是在亚洲。事实上，是亚洲人在亚洲建立和发展了基督教。①

按照钱德拉·森的逻辑，既然基督教的教主——耶稣是亚洲人，基督教本身就是亚洲人创造的，那么你们这些欧洲传教士有什么理由和资格看不起亚洲人，看不起亚洲人就等于看不起耶稣！因此，他提出欧洲人应当减少对东方人的诬蔑，亚洲人也应当增加对基督教学习的兴趣。他说：

> 在基督的身上，我们不仅看到人性的崇高，而且看到富于情感的亚洲人本性的伟大。我们亚洲人对基督有着双倍的兴趣，他的宗教完全是东方人的宗教，有理由受到我们特殊的看待。对这个伟大的事实想得越多，我就越希望欧洲基督教徒对东方民族性的厌恶和憎恨减少，希望亚洲人学习基督教诲的兴趣增加。欧洲人和亚洲人，东方和西方可以通过基督教寻找到和谐和统一。②

---

① 《凯沙布·钱德拉·森在印度的讲演集》，伦敦：卡塞尔出版社1904年版，第33页。

② 同上书，第34页。

从钱德拉·森对伊斯兰教和基督教的态度可以看出，他主张不同宗教信仰者不应当相互攻击和诬蔑，而应当相互尊重、相互学习、取长补短、和睦相处。在谈到宗教的发展前景时，他提出一种设想：未来的宗教将是世界上各种宗教的融合和统一，这种宗教将信仰唯一至上之神，遵循一神论的教义和准则，但是各国的信徒仍然保持各自民族的特点，保持各自的风格和习惯。他强调：

> 整个人类将统一于一种世界宗教，但同时它也适用于每个民族的特殊环境，表现为一种民族形式。没有一个国家会借用或机械地模仿另一个国家的宗教，每个国家的未来宗教都是从各自的生活中自然产生的……既然德国人不会采用中国人的宗教生活，那么印度人也不会盲目地接受英国或任何其他欧洲国家的宗教生活。印度跟其他国家一样也具有自己的宗教传统、社团、风俗和爱好，这些对她来说特别神圣和可贵，希望印度抛弃它们是徒劳的；她是不会抛弃的，因为它们和她的生活紧密结合在一起。①

钱德拉·森的宗教改革思想有两个特点：第一，他强调印度教徒和穆斯林应当结束对立，加强团结，充分发挥自己的特点与优势；第二，世界上各种宗教信仰者都应当相互尊重，相互学习，最终形成一种统一的宗教，这种统一的宗教仍然保持不同信仰者的民族风格和特点。

印度一直是一个多宗教的国度，各种宗教信徒之间的矛盾和冲突持续不断，自莫卧儿王朝以来印度教与伊斯兰教的矛盾尤为突出。在这种形势下，他倡导印度教徒与穆斯林结束对立，加强

---

① 《凯沙布·钱德拉·森在印度的讲演集》，伦敦：卡塞尔出版社 1904 年版，第 158 页。

团结的主张，显然具有重要的现实意义。当时，印度社会由于信仰、民族和种姓的差异而处于四分五裂之中，钱德拉·森在这个时候提出不同宗教信徒相互尊重和学习，最终建立一个融合和统一的宗教的观点，对推动社会进步也有积极的意义。钱德拉·森作为资产阶级的启蒙思想家，他的这种观点也是当时印度新兴资产阶级在精神上要求联合和统一愿望的一种反映。当然，在英国殖民当局的统治下，他号召印度教徒向基督教学习，这是广大印度教群众所难以接受的。

二　新天道教

到了晚年，钱德拉·森在其宗教改革思想的基础上，创立了一种新型宗教——新天道教（New Dispensation）。他宣布该教是在改革印度教的基础上，吸收基督教、佛教、伊斯兰教和中国儒教的教义，试图成为一种包罗世界上一切信仰的万能宗教。新天道教除了崇拜梵社的唯一至高之神——梵外，也崇拜基督教的上帝、伊斯兰教的安拉等。在公共仪式上，信徒不仅诵读《吠陀》，也读《圣经》《可兰经》和其他宗教经典。这种新宗教把印度教的三叉戟、基督教的十字架与伊斯兰教的新月结合起来作为自身的标志，还把基督教的洗礼、圣餐等仪式吸收进来，甚至把印度教庙宇、基督教教堂和伊斯兰教清真寺的建筑样式混合起来建设自己的庙堂。

新天道教虽然表面上也吸收了其他宗教的一些内容，但是实质上它是以基督教思想为基础的一种改良宗教。钱德拉·森在解释"新天道"时明确指出：

> 我们所说的新天道就是基督教天道的继续……如果按照逻辑发展顺序，新约是遵循旧约的，那么新天道也必然遵循

以前的旧天道。①

这表明，他的新天道教并不是什么新的东西，而是以基督教为基础，对梵社的改革思想与基督教教义的一种综合。

新天道教有什么特点呢？钱德拉·森强调了三点。

首先，新天道教要把神圣的良知与现代科学相结合。他说，在基督教旧天道中"摩西是神圣良知的化身"，但是在摩西的教导中却没有受人尊重的现代科学。新天道则要把良知与现代科学结合起来。

其次，新天道教要消除一切种族、民族和种姓的差别，消除人与人之间的高低贵贱之分。他说：

> 在上帝的天国中没有令人讨厌的差别，因此我们的新天道就是把一切人和民族，一切种族和部落，无论高低都聚在一起，以求在崇高上帝的孩子们中间建立起一种最广泛的兄弟情谊。一切民族都是上帝用同一种血液创造的。②
>
> 新天道的现代保罗们正在印度开展一次类似的、反对等级的运动。新的爱的福音将彻底消灭婆罗门与首陀罗之间、印度人与耶瓦那人之间、亚洲人与欧洲人之间令人厌恶的差别。③

最后，新天道教主张不同宗教和民族相互学习，相互汲取，以使世界主义的真理和博爱精神进入亿万人之心，使人类达到一种完美而崇高的宗教和道德境界。他说：

---

① 凯沙布·钱德拉·森：《我是新天道的使者》，转引自《凯沙布·钱德拉·森在印度的讲演集》，伦敦：卡塞尔出版社1904年版，第159页。

② 同上。

③ 同上。

印度教要吸收基督教，基督教也要吸收印度教！我的兄弟们，培植这种交流吧，让我们继续汲取那一切属于崇高和善良的东西吧！不要像教派主义者那样嫉妒和排斥其他的人，要容纳和汲取一切人性和一切真理。让世界主义真理的洪水冲垮那些由一个宗教、一个民族筑起的堤坝，让我们拆毁那些分裂人与人关系的栅栏和隔墙，以使真理、爱和纯洁能够自由地流入亿万人的心，世世代代地流传下去，从一个国家到另一个国家，从一个时代到另一个时代。这样，个人和民族性格中的不足将得以完善，人性将会达到一种更丰富、更完美的宗教和道德生活的境界。①

1883 年 1 月 1 日，新天道教向全世界发表公告，宣布钱德拉·森就是上帝的公仆，受上帝之命传播新天道，号召印度教徒、伊斯兰教徒、基督教徒、佛教徒、锡克教徒和拜火教徒等为实现上帝的父格和人类的友爱而努力。钱德拉·森在描绘新天道教时说：

全人类将信奉同一种宗教，整个世界将崇拜同一个上帝；同一的信仰和爱的精神将渗透全人类的心；所有的民族将居住在上帝的大家庭中，而每一个民族又有自己特殊的自由的行动方式。简言之，这将是一种精神的统一，而形式却是多样的；躯体是同一的，而肢翼却不同；一个巨大的社会，它的劳动成员以不同的方式，依据各自的资源和特殊的爱好来推动他们的共同事业。印度将以印度的声音和印度的乐器来歌唱至高上帝的赞歌，而英国、美国以及世界上不同的种族、民族、部落都将以自己特殊的声音和音乐来吟唱上帝的颂歌；

---

① 凯沙布·钱德拉·森：《我是新天道的使者》，转引自《凯沙布·钱德拉·森在印度的讲演集》，伦敦：卡塞尔出版社 1904 年版，第 159 页。

所有不同的声音和独特的赞颂方式将混合成一个甜美而自豪
的大合唱，无论地上的世界还是上方天国，都将以庄严激昂
的曲调高唱一支宇宙颂歌——"上帝的父性和人类的兄弟情
谊。"仁慈的上帝将会很快注意到这种真正的宗教，在他的孩
子中间建立起安宁与和谐。①

应当说，钱德拉·森的新天道教是一种大胆的宗教革新，它
畅想着世界最美好的未来——人类的统一和普遍之爱。但是，由
于这种新宗教以基督教为基础，过多地吸收基督教的思想与形式，
而完全脱离了印度的基本文化传统。尽管它也采取了某些印度教
的教义和仪式，但是仍然得不到广大印度教民众的认可和拥护。
因此，在凯沙布·钱德拉·森去世后不久，新天道教就逐渐失去
了影响。

---

① 凯沙布·钱德拉·森：《我是新天道的使者》，转引自《凯沙布·钱德拉·森在
印度的讲演集》，伦敦：卡塞尔出版社 1904 年版，第 159—160 页。

第五章 达耶难陀的哲学与改革思想

达耶难陀·萨拉斯瓦蒂（Dayananda Saraswati，1824—1883）是印度近代著名的宗教改革家、印度教改革社团——雅利安社的创始人。他创立的雅利安社虽然比梵社晚一些，但是发展迅速，很快就成为西北印度最大的改革团体，深受广大民众的拥护。因此，达耶难陀的哲学和改革思想也在印度民众中广泛流传，产生了很大的影响。

达耶难陀出身于古吉拉特邦一个富有的婆罗门家庭。其父想把他培养成一个宗教祭司，从5岁起，他就开始学习梵文和印度教经典。22岁时，他为了逃避家庭包办的婚姻，离家出走，成为一个托钵僧。他浪迹天涯十五年，漫游印度北方的各个圣地，向印度教民间学者学习。后来，他专门拜师于盲人学者毗罗舍难陀，学习梵文和古代吠陀经典。学成后，他开始以一个传教师的身份四处游说，宣传吠陀经典的绝对权威。他富有演说天才，尤其喜欢辩论，经常就宗教理论向其他派别的学者提出挑战，几乎没有人能抵挡住他的进攻。1869年，在贝那勒斯他曾和主张吠檀多不二论的三百多名学者展开一场大辩论。1872年，他在加尔各答会见了梵社领袖凯沙布·钱德拉·森，深受梵社改革的启发和鼓舞。另外，他还接受了凯沙布给他提出的两个建议：一是，放弃他那苦行僧式的半裸衣衫，穿上城里人的服装；二是，传教时不要用梵文，要用老百姓听得懂的地方语言。此后，他按照凯沙布的建议，在西北印度到处宣讲改革思想，颇受民众的欢迎。1875 年，达耶难陀在孟买创立了自己的改革组织——雅利安社，又名"圣社"。1877 年，雅利安社的活动中心由孟买转移到旁遮普的首府拉合尔，在那里迅速发展壮大，成为西北印度最重要的改革社团。达耶难陀的激进而大胆的改革主张受到印度教正统派的敌视和反对，1883 年，他在贾特浦尔游说时，被宗教敌手用毒药害死。

其主要著作有：

《真理之光》（*Satyarth Prakasa*）

《吠陀注》（*Veda Bhasya*）

《梨俱吠陀注序》（*Rgevedadi Bhasya Bhumika*）

一　以吠陀为中心的新经典主义

吠陀经典在达耶难陀的思想中占有中心的地位。吠陀是其思想的主要源泉，是他观察事物、审视社会所依据的主要标准，也是他宗教改革的主要原则。他说自己的职责就是宣传吠陀精神，按照吠陀原则改革印度教的旧传统旧体制，建立一个新的社会秩序。

达耶难陀自幼学习吠陀，后来又拜盲人学者为师，专门研究吠陀经典，对吠陀具有无限的崇敬之情。在他传教的过程中，他一直宣讲吠陀的权威，为了维护吠陀权威他与印度教其他派别的学者进行过无数次的辩论。创立雅利安社后，他提出了一个响亮的口号——"回到吠陀去。"1877 年，他在拉合尔为雅利安社社员制定了"十大行动纲领"，其中最重要的一条是：

> 吠陀是真正知识的经典，读吠陀、教吠陀、背吠陀、听人读吠陀，这是雅利安社社员的首要义务。[①]

为什么达耶难陀如此推崇吠陀呢？吠陀是印度教最古老的经典，产生于公元前 1500 年至公元前 500 年的吠陀时代。它包括两重含义：从狭义上说，专指最早出现的四部吠陀本集，即《梨俱吠陀》《娑摩吠陀》《耶柔吠陀》和《阿闼婆吠陀》；从广义上讲，不仅包括四部吠陀本集，而且包括后来由吠陀本集逐渐演化出来的各种《梵书》《森林书》和《奥义书》等。达耶难陀所说的"吠陀"，主要指四部吠陀本集。在他看来，以《梨俱吠陀》为主的吠陀经典代表着印度教的真正精神和宗教真理，正因为那个时候有吠陀的指导，才产生出繁荣而昌盛的吠陀时代。而以后产生的各种教义教规皆违背了吠陀真理和原则，因此才逐步导致印度教变得腐朽、堕落和无能。如偶像崇拜、种姓对立、烦琐祭祀、歧视妇女等，皆不符合吠陀精神，都是后人所杜撰的。因此，要振兴印度教，就必须"回到吠陀去"，恢复吠陀的伟大真理。

达耶难陀高举"吠陀"的旗帜，并不是简单地重复或恢复，而是竭力用现代的哲学术语和科学知识对吠陀进行重新阐释和包装，以使它跟上时代步伐，符合其宗教改革的需要。换言之，达耶难陀推崇吠陀、重新解释吠陀的目的，就是要使它变成指导宗教改革的"新经典"。因此，有人称这种改革模式为"新经典主义"。被誉为"宗教研究之父"的加利福尼亚大学教授尼尼安·斯马特，在评述达耶难陀的新经典主义时说：

---

① Thomas Pantham, Kenneth L. Deutsch eds., *Political Thought in Modern India*, New Delhi: Sage Publications, 1986, p. 64.

首先要回归到经典的过去，然后再用现代术语对它进行诠释——这就是应付西方挑战的最成功的方式，无论在印度还是在锡兰，都是如此。在这种方式中，都是一方面坚持传统，另一方面又进行必要的改革，以使它在现代世界中茁壮地生存下去。①

首先，达耶难陀从科学和理性的角度对吠陀加以解释。他认为，吠陀是"真正知识的经典"，它不仅是以往各个时代一切知识的"宝库"，而且包含着现代科学——物理学、化学、心理学的"种子"，与"科学事实的发展是完全吻合的"。在他看来，吠陀经典既包括全部神圣智慧的启示，又是科学真理的表现，是其他宗教经典所无法比拟的。达耶难陀赞颂吠陀说：

> 四吠陀（引者按：指四部吠陀本集）是知识和宗教真理的储藏库，是神的启示……它们是绝对没有错误的，它们本身就是权威。换言之，它们不需要任何其他书籍来维持这种权威。正如太阳或一盏明灯能放射光明，照亮地球一样，四吠陀也是如此。②
>
> 神给予的知识是最可信的，因此在这些神的书籍（引者按：指四吠陀）中一切教诲都是最可靠的……它们之中没有任何东西与自然规律或逻辑法则相违背。《圣经》和《可兰经》则经不起自然规律和逻辑法则的检验，所以它们不是神的书籍。③

其次，达耶难陀还把西方功利主义的某些观点引入对吠陀的

---

① ［英］尼尼安·斯马特：《世界宗教》，高师宁等译，北京大学出版社2004年版，第438页。
② 达耶难陀·萨拉斯瓦蒂：《真理之光》（英译本），印度：阿尔雅帕拉蒂尼提·萨帕出版社1915年版，第678页。
③ 同上书，第284页。

阐释中。他认为，既然吠陀代表着神的智慧和科学的真理，那么它也必然能给人类带来公正、幸福和繁荣。因此，他号召人们学习吠陀，按照吠陀原则行事，这样就可以获得幸福和繁荣。他写道：

> ……神在吠陀中给我们指出了通往幸福的道路……正如伟大的吠陀时代所表现出来的那样。为什么今天我们雅利安人变化得如此大呢？……就是因为我们违背了吠陀。要恢复古代繁荣的唯一方法，就是按照吠陀的原则去行动。[①]

他在雅利安社"十大行动纲领"和《真理之光》中，又进一步阐述了这种观点，雅利安社成立的目的就是：

> 要对全世界做出有益的事情，关注人类物质的、精神的和社会的进步。[②]
> 要竭力保护正直的人，促进他们的利益，即使他们极端贫穷、孱弱、缺乏物质的来源，而另一方面又应当摧毁、遏制、反对作恶者，哪怕他们是全地球最高的统治者，是拥有巨大权势的人。[③]

此外，为了说明吠陀是指导当时宗教改革的最高圣书，达耶难陀特别强调吠陀知识不是属于某个时代的，而是永恒的知识。他说：

---

① Thomas Pantham, Kenneth L. Deutsch eds. , *Political Thought in Modern India*, New Delhi: Sage Publications, 1986, p. 56.

② Ibid. , p. 65.

③ 达耶难陀·萨拉斯瓦蒂：《真理之光》（英译本），印度：阿尔雅帕拉蒂尼提·萨帕出版社 1915 年版，第 677 页。

> 神是永恒的，那么神给予的知识也必然是永恒的……四吠陀是神的书籍。所有的人都必须按照吠陀的教导去行动。①

19 世纪中叶，印度教由于陈腐的教义教规和严重的种姓对立而处于极度衰败的状态。面对西方文化的进攻，大量的低种姓印度教徒和许多知识分子改信了基督教。在这种形势下，达耶难陀对印度教的前途充满了危机感。为了复兴印度教和抵制基督教的威胁，他力图找到某种新的思想武器，但是在当时历史条件下这批资产阶级改革家自己不可能创造出什么全新的思想体系，因此只好到古代传统文化中去寻觅能够抵御西方文化的东西，找来找去，吠陀便是他最好的选择。为了使吠陀成为新的思想武器，他则尽力用现代科学和哲学的术语重新解释和包装它，以使它适应时代需要，真正成为能够指导宗教改革、并为民众所接受的"新经典"。从达耶难陀"回到吠陀去"的口号中，我们可以明显地看到印度教复兴主义的种子。他相信吠陀是各种知识的总和，包括精神的、政治的、社会的、道德的，甚至是科学的知识，而且他还不断地告诫自己的同胞，要想恢复吠陀的黄金时代，就必须回到吠陀经典中去。然而，另一方面，我们从达耶难陀对吠陀的过度赞誉中，也可以看出这批资产阶级思想家的历史局限性和他们缺乏对现代科学的了解。

尼尼安·斯马特教授在评论这种新经典主义时说：

> 达耶难陀·萨拉斯瓦蒂一向认为自己是绝对正确的，却不能很好地理解现代科学方法的本质。他认为印度古代经典中就已经具有现代科学知识的要旨，这种观点本身就丧失了

---

① 达耶难陀·萨拉斯瓦蒂：《真理之光》（英译本），印度：阿尔雅帕拉蒂尼提·萨帕出版社 1915 年版，第 287—288 页。

科学发展的辩证观和批判观。①

二　宗教改革思想

达耶难陀达领导的雅利安社发展很快，受到广大下层教徒的拥护，在印度的影响比梵社要大。究其原因，一方面是由于达耶难陀具有出色的组织才能，使雅利安社管理完善，具有凝聚力；另一方面也是因为他提出了许多大胆的改革主张，深受民众欢迎。例如，他敢于批判种姓制度，提出了确定种姓身份的新标准；敢于反击基督教对印度教的诬蔑，坚决抵制异教徒的进攻——这些都获得了广大下层民众的拥护。因此，就达耶难陀对近代印度教改革运动的贡献而言，许多评论家把他称为"印度的马丁·路德"。

> 达耶难陀是 19 世纪印度社会与宗教改革运动的主要设计师。他就是印度的马丁·路德，因为他力求把印度教社会从僵死的传统、习俗、迷信和偶像崇拜的束缚中解放出来，他反对普遍流行的种姓制度，倡导新型的社会秩序。②

达耶难陀反对印度教的多神论，主张崇拜唯一至高之神。他认为世界上只有一个神，其他的神都是不存在的，印度教万神殿中众多的神灵都是人想象出来的。他说：

---

① ［英］尼尼安·斯马特：《世界宗教》，高师宁等译，北京大学出版社 2004 年版，第 439 页。

② Thomas Pantham, Kenneth L. Deutsch eds., *Political Thought in Modern India*, New Delhi：Sage Publications, 1986, p. 53.

　　　　世上只有一个至高的神，唯有他是可以崇拜的。对于这个至高之神，只需从精神上崇拜，不需要用什么偶像。①

　　他所说的最高之神是什么呢？在这一点上，他与罗姆莫罕·罗易的观点是一致的，他崇信的唯一之神就是古代奥义书中的梵。在奥义书中，梵不仅是宇宙的本体，而且是人们崇拜的最高神灵。梵是"真、智、乐"三位一体，即"真实存在""无限智慧"和"无限欢乐"三者合一的精神实体。这种精神实体弥漫于宇宙，无处不在，无处不有，而且是万能的、智慧的、仁慈的、公正的和欢乐的。达耶难陀极力把奥义书中的梵搬出来，作为印度教徒唯一的崇拜对象，以取代传统印度教众多的人格化的神灵。他在雅利安社"十大行动纲领"中这样描绘至高之神——梵：

　　　　神是实在的、智慧的、欢乐的、无形的、全能的、公正的、慈悲的、不生的、无限的、不变的、无始的、无比的、支持一切的、主宰一切的、无所不在的、无所不知的、不灭的、不朽的、无畏的、永恒的、神圣的宇宙创造者。对于他只有崇拜。②

　　达耶难陀要求雅利安社成员必须放弃原来的多神崇拜，一心崇拜唯一至高之神——梵。他之所以如此推崇一神论，道理很简单，就是想借用一神论的力量来改变印度教的分裂状态。他早已认识到印度教的各个派别，正是由于信仰的神灵不同，而相互矛盾和冲突，长期处于分裂和不统一的状态。为了改变这种状态，他极力想用一种最高之神来统一印度教徒，团结印度教徒，消除

---

　　①　Thomas Pantham, Kenneth L. Deutsch eds. , *Political Thought in Modern India* , New Delhi: Sage Publications, 1986, p. 55.

　　②　Ibid. , p. 64.

各派之间的差别和分歧，以使他们能统一到最高神灵之下。

反对偶像崇拜、批判婆罗门祭司的权威和虚伪性，也是达耶难陀宗教改革的重要内容。早在 14 岁的时候，他就对印度教的偶像崇拜产生怀疑。据他回忆：一次父亲要他参加祭祀湿婆大神的守夜活动，在夜里他看到许多老鼠蹿到湿婆大神的偶像上乱跑乱动，由此在心中产生出种种对偶像崇拜的疑问：一个在经典中被描绘成神圣大英雄的湿婆，怎么能和眼前的这座死呆呆的偶像联系在一起呢？一个全能的、活生生的大神怎么会让老鼠蹿到身上，毫不反抗地忍受着老鼠的玷污呢？[1]从那时起，他开始对偶像崇拜失去兴趣。后来，随着年龄的增长，达耶难陀坚决批判偶像崇拜，认为偶像崇拜和由之而来的烦琐祭祀活动都是违背吠陀精神的，"在吠陀中根本找不到一个字是支持偶像崇拜的"。此外，他还批判和谴责婆罗门祭司阶层。他指出，偶像崇拜和许多毫无意义的祭祀活动都是婆罗门祭司故意制造出来的，他们就是靠祭祀活动来提高自己的权威，并谋取经济利益。他主张这种劳民伤财的祭祀制度和偶像崇拜必须废除，在神和崇拜者之间根本不需要什么中介者，因此也不需要婆罗门祭司的存在。他号召印度教社会应当从婆罗门祭司的控制中解放出来。这些勇敢的主张，使他一直处于当时宗教改革浪潮的前列和先锋位置。

批判和改革印度教的种姓制度，是达耶难陀宗教改革思想中最突出的方面。在他看来，种姓歧视和对立是印度教的一大弊病，是不符合吠陀精神的。种姓之间的各种禁忌和规定都是婆罗门高级种姓为了抬高自己，控制其他种姓而故意编造出来的，并赋予它们以某种宗教的神圣性。其实，这些禁忌和规定根本不具有宗教的意义，而是一堆累赘，长期以来对印度教本身造成极大的危害。例如，按照种姓制度，高级种姓与低级种姓之间不能相互通

---

① 哈尔·毕拉斯·萨尔达：《达耶难陀·萨拉斯瓦蒂的生平》，印度：阿杰梅尔出版社 1946 年版，第 5—6 页。

婚，不能同桌而食、同室而居，甚至不能同饮一井水，并且不允许低种姓者进入庙宇拜神，也不允许他们学吠陀经典——这些规定导致高级种姓对低级种姓的严重歧视，也造成教徒之间的仇恨、分裂和冲突。达耶难陀主张，要振兴印度教，就必须消除这些具有歧视性的禁忌和规定。

为了改革现有的种姓制度，达耶难陀主张必须改变划分种姓的标准，提出应当按照每个人的道德和才能来重新划分种姓。他认为，现行的种姓制度是违背吠陀精神的，是吠陀时代"瓦尔那制度"的全面蜕变。吠陀时代的"瓦尔那"并不是根据一个人的出身和血统，而是根据他的品德、行为、性格和知识划分的。而在现行种姓制度中，不管一个人的品质和行为好坏，只要他出身于婆罗门家庭和血统，他就是婆罗门，他的子女也永远是婆罗门。为了改变这种制度，他提出了划分种姓的新标准：一个人的种姓不应按照出身，而应根据他的品德、行为、性格和知识四个方面的优劣来确定。他明确指出：

> 那些天生的婆罗门，如果积德行善，就属于婆罗门。那些出身低下的人，如果做了许多善事，其职业和品德都是高尚的，他也属于高级种姓。同样的道理，出身高贵的人，假如做了低级的事情，那么他就应被划为低级种姓……这就是说，一个人应当属于他的行为所适应的种姓。①

达耶难陀这样做的目的有两个：一是要否定婆罗门天生的特权，如果他的品德行为不正，知识贫乏，就应当下降为低种姓；二是要改变印度教社会的僵死状态，鼓励那些出身低下的人通过自己的努力，通过自己的行为、智慧和品德来改变自己的社会地

---

① 达耶难陀·萨拉斯瓦蒂：《真理之光》（英译本），印度：阿尔雅帕拉蒂尼提·萨帕出版社 1915 年版，第 128 页。

位，以增加社会的活力和人们的上进心。他说：

> 高级种姓的人要在心里记住，如果他的子女是无知的，那么这些子女就要下降为首陀罗……只有这样，低级种姓者才有上升到高级种姓的动力。[①]

在批判种姓制度的同时，达耶难陀也对"不可接触制"进行了批判。所谓"不可接触制"，又称"贱民制度"，是印度教对那些处于最底层的贱民所制定的各种禁忌和规定。所谓"贱民"，都是那些由于违反种姓规定而被开除出自己种姓的"种姓之外的人"，他们受到极悲惨的待遇，不允许他们与其他种姓接触，又被称为"不可接触者"。达耶难陀早已认识到贱民制度对印度教的严重危害。他指出贱民制度是非人道的，是与吠陀宗教的原则相违背的，必须要改变。他认为，"不可接触制"并不是神规定的，不可接触者也不是命中注定的，这种制度的出现完全是由于印度教主流社会对违反道德和习俗者的排斥和惩罚。不可接触者的悲惨命运是社会环境造成的，要改变他们的处境，就必须改变社会环境，应当给予他们以正常人的待遇，应当加强对他们的教育和训练。达耶难陀打破常规，允许贱民和低种姓者加入他创办的雅利安社，也允许他们进入雅利安社会堂敬拜神灵和学习吠陀经典，承认他们像其他种姓一样也有再生的权利。在当时的历史条件下，达耶难陀这些大胆的改革主张和实践确实具有划时代的意义，为以后的改革家树立了光辉的榜样。现代贱民运动的领袖——圣雄甘地在评价达耶难陀时说：

> 在达耶难陀给我们留下的丰富遗产中，他毫不含糊地反

[①]　达耶难陀·萨拉斯瓦蒂：《真理之光》（英译本），印度：阿尔雅帕拉蒂尼提·萨帕出版社 1915 年版，第 134 页。

对不可接触制度无疑是最重要的一项。①

除了坚持印度教内部的改革外，达耶难陀还对基督教和伊斯兰教的挑战进行了坚决的还击。在这方面，他比梵社领导人罗姆莫罕·罗易和凯沙布·钱德拉·森要激进得多，他几乎完全排斥外来的宗教，对基督教传教士对印度教的诬蔑进行强有力的反驳。在宗教理论问题上，他还经常与基督教传教士和伊斯兰教学者进行辩论，竭力维护印度教的学说，而严厉批判各种异教理论。例如，在一次辩论中，他批判了基督教的"原罪说"和"上帝万能说"。他认为，按照印度教的理论，痛苦是犯罪的必然结果，一个人只要避免犯罪，就能解除痛苦。但是，基督教却宣扬：一个人生下来就有罪，就应当受苦；人生下来就有罪，是因为他们的祖先亚当犯了罪，亚当犯罪，是因为他受了魔鬼的欺骗。达耶难陀认为这种理论是不可信的，他批驳说：

> 基督教相信上帝的权威，但是他们又相信魔鬼欺骗亚当去犯罪，这就等于不相信上帝的权威。因为如果上帝是威力无比的，那么魔鬼就欺骗不了上帝创造出来的纯洁的亚当了。没有一个聪明的人会相信亚当犯了罪，他所有的子孙都成了罪人。②
>
> 你说魔鬼欺骗了所有的人，那么我问你，是谁欺骗了魔鬼呢？如果你说没有人欺骗魔鬼，那么就是魔鬼自己欺骗自己，亚当也必然是自己欺骗自己了。为什么要相信魔鬼呢？如果你说肯定有人欺骗了魔鬼，那么唯一能欺骗魔鬼的就是

---

① Thomas Pantham, Kenneth L. Deutsch eds. , *Political Thought in Modern India*, New Delhi: Sage Publications, 1986, p. 60.

② 哈尔·毕拉斯·萨尔达：《达耶难陀·萨拉斯瓦蒂的生平》，印度：阿杰梅尔出版社1946年版，第169页。

上帝。这样一来，就是上帝自己欺骗别人去犯罪，那他又如何能拯救人类来摆脱罪恶呢？既然是魔鬼捣乱，弄坏了上帝的创造物，但是上帝既没有惩罚他，也没有监禁他，更没有把他处死。这就证明，上帝根本无力这样做。[①]

达耶难陀的这两段话，非常生动地从内在逻辑上批驳了基督教的"原罪说"和"上帝万能说"是不可信的。此外，他还批评伊斯兰教的"先知者说"。伊斯兰教主张神是万能的，他可以拯救任何人，但另一方面又主张神需要通过地上的"先知者"才能拯救人。他认为这种理论在逻辑上讲不通，他说：

> 神是永恒的统治者。如果他因为别人的劝告才去拯救人类，那么他不就有所依赖了？要知道，神是无所不能的。既然穆斯林相信神是独一无二的，但是他们又让先知者与神一起去拯救他们，这岂不令人奇怪！

从这些辩论中，可以看出达耶难陀对基督教和伊斯兰教的排斥态度，表现出一种强硬的民族主义精神。

三 社会改革思想

达耶难陀主张，宗教改革的根本目的是"要促进人类物质的、精神的和社会的进步"。因此，他不仅关心宗教改革，而且也关心社会改革，把促进社会的进步作为他一切行动的出发点。正因为如此，他在社会改革方面也提出了许多新的思想和主张，对促进社会平等、妇女解放和教育制度的改革做出了卓越的贡献。

---

① 哈尔·毕拉斯·萨尔达：《达耶难陀·萨拉斯瓦蒂的生平》，印度：阿杰梅尔出版社1946年版，第169页。

达耶难陀反对印度社会各种歧视妇女的现象，主张男女应当享有同等的权利。在歧视妇女的现象中，他尤其强烈谴责童婚和不许寡妇再嫁的现象。当时的印度仍然盛行着童婚，许多儿童七八岁就已经结婚，这不仅严重摧残了儿童的身心健康，而且出现了许多的儿童或少年寡妇。按照宗教规定或习俗，这些寡妇不能再嫁，只能终身守寡，从而过着最悲惨、最受歧视的生活。达耶难陀认为，童婚和强迫寡妇守寡是违反吠陀原则的，在伟大的吠陀时代根本不存在这样的现象。要建立一个健康的社会，就必须废止童婚，允许寡妇再嫁，让她们也过上正常人的生活。为了废止童婚，他甚至提出具体的结婚年龄：女子应当在 16—24 岁之间，男子应当在 24—48 岁之间。由于他长期的宣传和努力，雅利安社制定了一部《雅利安社婚姻法案》，此法案严格禁止童婚和强迫寡妇守寡。后来，这部法案被政府所接受，而正式变成印度法律的一部分。达耶难陀还主张男女平等，女子应当接受教育，参加社会活动等。他非常重视妇女教育，专门开办了许多女子中学和小学，并且允许妇女参加雅利安社组织的各种活动。他的这些主张对提高妇女的文化素质和社会地位、推动社会的平等和进步都起了重要的作用。

改革传统教育，倡导新的教育体制，是达耶难陀社会改革思想最重要的方面。他积极宣传教育改革的重要性，认为教育是印度复兴和觉醒的关键，只有推行新的现代教育才能使印度振兴起来。印度传统的经院式教育体制传授的只是悲观主义、消极厌世、迷信和愚昧，必须废止传统教育模式，实行新的西方式教育，传授人文科学和自然科学的知识，才能使人树立积极向上的人生态度，才能使社会健康发展。另外，教育也是道德的基石，良好的教育制度可以培养青年人高尚和优秀的道德品质，可以改变社会的不良风气和习俗。由于达耶难陀重视教育的作用，所以他在《真理之光》的第三章中专门阐述了自己的教育思想和规划。他的教育思想具有许多新的亮点，其中重要者有三。

　　首先，他提出要对全国的儿童实行义务教育。他认为，印度是个贫穷的国家，要让穷人的孩子也能上学，必须实行义务教育。他说：

　　　　安排男孩子和女孩子都过梵行生活（独身生活）并接受教育——这是一个国王的职责。不服从这种规定的父母，必须受到惩罚。在国家的管辖下，任何人都不能让自己八岁以上的子女留在家中。①

　　达耶难陀在当时的历史条件下能提出实行义务教育的思想显然具有突破性的意义，在这个问题上他比梵社思想家和其他改革家更具有超前意识。

　　其次，他还把"天赋人权"和人人平等的人道主义观念引入教育改革中。他主张在教育问题上必须打破种姓制度，消除种姓歧视，允许四个种姓的人都能接受教育。另外，他也主张消除男女差别，废除女子不能上学的习俗，允许妇女与男子接受同样的教育。他还宣传接受教育是每个人应尽的社会义务，每个人都必须履行这个义务，以促进"雅利安社会的繁荣与幸福"。在改革实践中，达耶难陀真正做到了这一点，在他创办的各类学校中不仅招收低级种姓者，而且招收最下层的贱民。

　　最后，为了贯彻自己的教育理想，达耶难陀还亲自制定了教育方案，甚至为学校设置了具体的课程。他主张，在各类学校中除了设置哲学、语法、吠陀等文科课程外，还必须设置物理、化学、医学等自然学科以及音乐、艺术等美学的课程。他认为只有这样做，才能保证一个学生的全面健康发展。

　　在对待英国殖民统治的问题上，达耶难陀比同时代的思想家表现出一种更强烈的反英态度。他不像罗姆莫罕·罗易，对英国

━━━━━━━━━━

　　①　达耶难陀·萨拉斯瓦蒂：《真理之光》（英译本），印度：阿尔雅帕拉蒂尼提·萨帕出版社1915年版，第114页。

人抱有幻想。他认为，英国在印度的统治就是一个外国政府对印度人民的奴役，政治上和经济上的奴役给印度民族带来了灾难。他深切地体会到在英国殖民政府奴役下，印度人民所承受的苦难和分裂。因此，他提出了一个响亮的口号"印度是印度人的印度"，他的理想是印度人自己管理自己。达耶难陀在《真理之光》的结论部分写道：

> 你想说的是，本国人的统治是最好的。一个外国人的政府即使摆脱宗教的偏见，对所有当地人都是公正、仁慈和有利的，就像他们的父母对待他们一样，假使这是可能的话，这个政府也绝对不会使这里的人民完全幸福。[①]

虽然这句话说得比较婉转，但是也明确地表达出达耶难陀厌恶外国统治，渴望印度人自己管理国家的愿望。许多评论家认为，达耶难陀的这种主张是印度人最早的"自治理论"，它比后来提拉克明确提出的"司瓦拉吉"（"印度自治"）要早一二十年。毫无疑问，达耶难陀提出的"印度是印度人的印度"的口号，已经成为以后印度民族主义的种子。

总之，达耶难陀的新经典主义和改革思想代表着印度复兴主义和民族的觉醒，这些思想一旦与雅利安社改革实践相结合就会产生巨大的动力，从而推动印度社会的发展。达耶难陀对后世的影响是多方面的，其中最突出的一点是：他提出的"印度是印度人的印度"的思想，对以后印度民族主义的产生和发展有不可忽视的影响。他对英国殖民统治不抱任何幻想，主张印度人自己管理自己的主张，被许多印度民族主义者继承和发扬，并演化成争取"完全自治"的民族主义运动。

---

① Thomas Pantham, Kenneth L. Deutsch eds. , *Political Thought in Modern India*, New Delhi: Sage Publications, 1986, p. 64.

第六章 罗摩克里希那的
"人类宗教"说

罗摩克里希那·巴罗摩汉萨（Ramakrishna Paramahamsa，1836—1886）是印度近代著名的思想家和宗教改革家。印度思想史学家 V. S. 纳拉瓦尼在《印度近代思想》一书中这样评价他：

> 罗摩克里希那在印度近代思想史上占有重要的地位，正如同 2500 年前苏格拉底在希腊思想发展史上所占有的地位一样。①

他认为，虽然苏格拉底与罗摩克里希那生活的时代和地区相差甚远，但是他们有一个共同点：就是苏格拉底有一个著名的弟子柏拉图，罗摩克里希那有一个著名的弟子斯瓦米·维韦卡南达，两个人不仅因自己的思想而出名，更是由于弟子的名气而闻名于世，因此他们在各自国家的思想史上占有重要的地位。

1836 年 2 月 18 日，罗摩克里希那出生于印度西孟加拉邦胡格利地区一个名为"卡马普卡尔"的小村庄。其父库迪拉姆·查特吉是一个农村的婆罗门祭司。罗摩克里希那家境贫寒，从小没有

---

① Vishwanath S. Naravane, *Modern Indian Thought*, New Delhi: Orient Longman Limited, 1978, p. 58.

读过书，但受到较深的宗教熏陶。他 17 岁时来到加尔各答附近的达克希尼斯瓦尔，与他的哥哥生活在一起。其兄罗摩库马尔，当时任达克希尼斯瓦尔一座著名的迦利女神庙的主持。在这里，罗摩克里希那努力向其兄学习宗教知识，进步很快。三年后，他哥哥因病去世，他继承哥哥的位置，开始担任该庙的主持。虽然没有读过书，但是他刻苦钻研，聪明好学，打破宗派限制，虚心地向各种宗教的学者学习。1864 年，他曾向印度教毗湿奴派学者学习毗湿奴派的虔信思想，后又拜一位吠檀多派苦行僧多塔布里为师，学习吠檀多不二论和智瑜伽理论。此后，他又向伊斯兰教学者学习《可兰经》和伊斯兰教义，向基督教学者学习《圣经》等。另外，他还紧跟形势，积极与当时的宗教改革领袖和社会名人交往。他曾经常与梵社领袖泰戈尔、钱德拉·森，雅利安社领袖达耶难陀，以及文学名家班基姆·钱德拉·恰特吉、伊斯瓦尔·钱德拉·维迪耶萨伽尔交往，讨论哲学和宗教问题。这些同时代的人都把罗摩克里希那视为宗教圣者，对他有很高的评价。

罗摩克里希那死后没有留下系统的著作，只有一本《罗摩克里希那福音》（*The Gospel of Shri Ramakrishna*），此书是他的弟子根据他生前的谈话记录下来的。

一　革新传统吠檀多

研究罗摩克里希那的哲学是比较困难的，因为他不是一个学者型的思想家，而是一个实践型的宗教改革家。他未受过正规教育，但是掌握了丰富的知识，并富有想象力和创造力，因而建立起自己的思想体系。他没有系统的哲学著作，只有一部《罗摩克里希那福音》，是他生前各种谈话的记录。他善于用幽默的寓言和谚语来阐述自己的哲学和宗教思想，但是这些寓言和谚语都比较简短，互相没有联系，因此在研究他的思想时，必须经过全面综合的分析，以从中找出其思想的发展脉络和内在联系。

罗摩克里希那虽然受到印度教许多哲学派别的影响，但是他基本上是一个吠檀多论者。他继承了传统吠檀多不二论的根本原理，并用现代思想对吠檀多哲学加以改造，以使传统哲学焕发出新的活力。

同传统吠檀多论者一样，罗摩克里希那承认宇宙的最高本体是梵，梵是一种无限、永恒、绝对的存在，是世界万物的创造者，世界上的各种现象都是它的显现。但是，在世界的真实性方面，他与传统吠檀多论者发生了分歧。传统吠檀多的代表——商羯罗认为，梵在显现（或创造）世界时，是通过一种"幻力"，又称"摩耶"，因此梵所显现的世界是不真实的、虚幻的。这种理论在印度哲学史上被称为"摩耶论"或"世界虚幻论"。传统吠檀多创造这种理论的目的，是说明世界是虚幻不实的，人必须逃避世界，远离人间，才能获得真正的解脱。罗摩克里希那坚决反对传统吠檀多的这种"摩耶论"，他认为梵是绝对真实的，梵所创造的世界万物也必然是真实的。梵在创造世界时，它本身和它发出的力量没有差别，只是同一个事物的两个方面，如同火与其燃烧的火苗、太阳与其发出的光芒一样。他把梵分为两种状态：静止的状态，即不创造的状态；运动的状态，即梵创造世界的状态，运动的梵也可称为"萨克提"（Sakti，指女神的性力或创造力）。静止的梵与运动的梵只是同一事物的两个方面，没有根本的差别，因此梵创造的世界不可能是虚幻的。正如罗摩克里希那所说：

> 当我把最高存在看成是静止的——既不创造，也不维持或毁灭时，我称它为梵或神我。当我把它看成是活动的——作为世界的创造者、维持者和毁灭者时，我则称它为萨克提（力）、摩耶或自性。这两者没有最终的差别。它们是同一种

存在，正像钻石和它的光泽、蟒蛇和它的波浪形状一样。它的一个方面不能离开另一个方面。梵和神圣母亲①是完全同一的。②

他还比喻说：

> 水就是水，无论它是在静止状态，还是在流动状态。③
> 蛇就是蛇，无论它在蠕动中，还是在盘卷中。④

罗摩克里希那这些比喻的目的，就是要说明静止的梵和运动的梵是同一的，因此梵创造的世界是真实的。他强调世界的真实性，是因为他主张，人为了解脱，没有必要逃离现实世界，只要生活在这个世界上，通过自己的努力工作和虔诚信仰，也可以达到"梵我同一"境界，即真正的解脱。

罗摩克里希那认为，梵是唯一的，世界万物都是它的显现。这就是所谓的"一切是一"或"一切皆梵"。在他看来，梵是独立自存的，是"一"；现象世界各种事物是"多"，但都是梵的显现物而已。一般人站在有限的、相对的、经验的观点上看，世界上的各种事物是千差万别的；但是当你站在无限的、绝对的或超验的观点上看，一切事物没有差别，都是一，皆为梵。罗摩克里希那既是哲学家，又是宗教圣者，因此在他那里，哲学本体——梵和宗教中的神几乎是同义词。为了说明"一与多"的关系，他

① 罗摩克里希那的家乡——孟加拉地区的民众属于印度教性力派，他们崇拜迦利女神，一般把迦利女神称为"神圣母亲"。在这里，罗摩克里希那把迦利女神（神圣母亲）看成是具有创造力的梵。

② Ramakrishna, *The Gospel of Shri Ramakrishna*, Calcutta: Ramakrishna Mission Press, 1936, p. 64.

③ Ibid., p. 783.

④ Ibid., p. 820.

有一个生动的比喻：

> 神是一，而多是神在各方面的表现，正像一个房间的主人在不同的场合出现一样。他一方面是父亲，另一方面是兄弟，在第三方面又是丈夫。①

从以上的表述中可以看出，罗摩克里希那是一个客观唯心主义者。他所说的"梵"就像黑格尔哲学中的"绝对精神"一样，是一种绝对的超自然的精神实体，是自然界一切事物的本源和基础。

罗摩克里希那的哲学是矛盾的。虽然他较多的时候是站在客观唯心主义立场看问题，但是有的时候又表现出典型的主观唯心主义倾向。在一次拜访梵社领袖凯沙布·钱德拉·森及其弟子时，凯沙布向罗摩克里希那请教：为了实现解脱，如何培养心中的精神力量？罗摩克里希那回答说：

> 万物就在你的心中，束缚和自由也在你的心中……假如你让邪恶与你的心做伴，那么你的思想、观念和语言就会被邪恶所染；但是，如果你让虔信与你的心做伴的话，你的思想、观念和语言也会忠诚于神。心是万物。一方面，心是妻子；另一方面，心又是儿子。心爱妻子是一种方式，心爱儿子又是一种方式，然而心还是同一个心。②

为了强调心的作用，他又说：

---

① Ramakrishna, *The Gospel of Shri Ramakrishna*, Calcutta: Ramakrishna Mission Press, 1936, p. 10.

② Ibid. , pp. 158 – 160.

　　人被心所束缚，人也依靠心来解脱。如果我想我是绝对自由的，无论我住在世间还是住在森林里，哪里还会有什么束缚？我是上帝的儿子——神之子，那谁能束缚我呢？当你被毒蛇咬了的时候，如果你坚定地想："我心中无毒"，那你就会安然无恙。同样，一个人以坚定的信心想："我不受束缚，我已经解脱了"，那么他就解脱了。①

　　在这里，罗摩克里希那把心的作用抬升到至高无上的地步。他认为，心就是万物，心决定着一切，心想到妻子，你就是妻子；心想到儿子，你就是儿子；即使你被毒蛇咬了，只要你心想着无毒，也可安然无恙。这当然是一种典型的主观唯心主义或主观决定一切论。

　　其实，作为一个宗教圣者，罗摩克里希那的思想是摇摆在客观唯心主义和主观唯心主义之间的。当他强调信仰的对象时，他必然突出一个超越自然、无所不能的至高本体或神的作用，表现为客观唯心主义；但是，当他强调信仰者必须通过主观努力来信仰神的时候，他又不得不提高人心和主观精神的作用，则表现为主观唯心主义。

二　"人类宗教"说

　　在罗摩克里希那的思想中，"人类宗教"（Human Religion）的学说是最有影响的。在印度近代思想史上，是罗摩克里希那第一个提出"人类宗教"的观念，他试图打破各种宗教的界限，消除宗教派别的分歧和差异，以实现世界上各种宗教的联合和统一。这种思想不仅影响了他的弟子们，而且影响了以后印度的许多思

---

　　① Ramakrishna, *The Gospel of Shri Ramakrishna*, Calcutta: Ramakrishna Mission Press, 1936, pp. 158 - 160.

想家。在这种"人类宗教"的启迪下，斯瓦米·维韦卡南达提出
了"普遍宗教"的思想，奥罗宾多·高士提出了"人类统一"的
理想，泰戈尔提出了"人的宗教"，拉达克里希南提出了"精神
宗教"，等等。

罗摩克里希那除了研究印度教的各个教派外，还研究了基督
教、伊斯兰教、佛教和其他宗教。他以一种宽宏大度的胸怀广泛
地接触和学习各种宗教，努力吸收其他宗教的思想精华，也批评
其他宗教的缺点和不足。他在批评基督教的"原罪说"时，指出：

> 一个人给了我一本基督教的书，我请他给我念。在这本
> 书中自始至终只有一个题目——罪恶、罪恶……如果一个人
> 日日夜夜地重复"我是一个罪人""我是一个罪人"，那么他
> 会真正变成一个罪人。[1]

从这段话中可以看出，他显然不同意基督教的"原罪说"，他
认为一个人只要充满生活的信心，通过自己的努力和工作，就一
定能够获得神的恩惠的。

在研究了世界上的各种宗教以后，罗摩克里希那认为，不同
宗教之间虽然有各种各样的分歧和矛盾，但是它们有许多共同点，
这些共同点是根本的，只要突出这些共同点，就可以使它们消除
分歧，走向联合和统一。因此，在这种思想的指导下，他提出了
"人类宗教"观念。他主张，世界上各种宗教所信仰的神都是同一
个实体，只不过名称不同，有的称他为"上帝"，有的称他为
"安拉"，有的称他为"佛陀"，有的称他为"罗摩"或"克里希
那"等。各种宗教虽然信仰的方式和礼仪有很大的差别，但是最
终目的是一致的，都是要达到人与神的结合，实现人类的"普遍

---

① Ramakrishna, *The Gospel of Shri Ramakrishna*, Calcutta: Ramakrishna Mission
Press, 1936, p. 160.

之爱”和“美好生活”。正如他所说：

> 印度教徒、穆斯林、基督教徒、性力派信徒、湿婆派信徒、毗湿奴派信徒、古代的梵智论者和今天的梵智论者——所有的人都追求的是同一个神，但是他们的方法是有差别的。①

罗摩克里希那指出，不同宗教在信仰方式和生活习俗上的差异必须承认，但是也不要夸大。只要不同信仰者承认大家追求的是同一个至高之神，并且承认最终的目标是一致的，那么他们必然能走向统一。至于信仰的方法有一些差异，那无关大局。他有一个非常生动的比喻：

> 就像你们吃冰棍一样，直着吃或斜着吃，都一样甜。②

因此，罗摩克里希那号召世界上的各种宗教信仰者应该消除分歧，在“人类宗教”的旗帜下联合起来，共同为人类的“普遍之爱”和“美好生活”而努力。

罗摩克里希那之所以提出“人类宗教”的思想，是与他所处的时代和社会背景息息相关的。我们知道，印度自古以来就是一个多宗教、多教派、多种姓的国度。到了近代，由于英国殖民当局实施“分而治之”的政策，印度各大教派之间的矛盾和分歧日益尖锐，印度教徒与穆斯林之间的冲突尤为激烈。在印度教内部，高级种姓和低级种姓之间的矛盾和斗争也十分突出，大量的低种姓者和贱民在西方传教士的诱惑下，由于不满种姓歧视而纷纷改

---

① Vishwanath S. Naravane, *Modern Indian Thought*, New Delhi: Orient Longman Limited, 1978, p. 66.

② Ibid. , p. 66.

信基督教。在这种形势下，罗摩克里希那深切地意识到，印度的教派冲突和种姓分立严重地阻碍着民族的团结和社会发展。为了振兴印度、促进各种势力的联合，他认为必须消除教派和种姓之间的分歧，找到一种各种信仰者都能接受的、包容一切的普遍宗教，因而提出了"人类宗教"的观念。实质上，"人类宗教"的观念也代表着印度新兴资产阶级的利益和要求。19 世纪后期，印度民族资产阶级迅速兴起，他们十分渴望印度各种社会力量，包括不同宗教和种姓的人联合起来，为民族的复兴和统一而共同奋斗。

三　道德伦理思想

作为一个宗教圣者，罗摩克里希那在追求解脱的道路上，非常重视道德伦理的作用。他虽然继承了印度教的许多传统伦理观念，但是又用现代思想和人道主义观念对传统的东西加以改造或重新解说，力图使传统道德焕发出新的活力和生气。此外，他还提出一些新的、与传统完全不同的道德和伦理观念。因此，道德学说在他的整个思想中也占有较重要的地位。

在罗摩克里希那的道德思想中，他非常强调世俗生活的重要性。以往的印度教圣贤都贬低世俗生活，蔑视对物质的追求，他们竭力鼓励人们摆脱现实社会，抛弃对物质的追求，到远离人世的深山老林去静修禅思，以尽早实现精神的解脱或人与神的结合。罗摩克里希那反对舍弃世俗、悲观厌世的传统观念，认为世俗生活是重要的，不需要抛弃，主张一个人生活在现实世界上，只要一边努力工作，一边保持对神的虔信，就可以获得解脱。有一次，有人问他：不舍弃这个世界，真能证悟到神吗？他坚决地回答：

你用不着舍弃任何东西。你最好就生活在原来的地方，生活在这个世界上，你既能品尝到纯粹冰糖的滋味，也能品尝到糖浆和其他杂质相混合的味道。这对你似乎更好些。我真诚地对你说，你生活在这个世界上，对你没有损害。但是，你一定要把心思盯住神，否则你不能亲证到它。你应当一只手工作，另一只手紧抓住神的双脚。当你做完工作时，要用你的双手把神的脚搂在自己的心头。①

这段话生动地表明罗摩克里希那对世俗生活的态度，"一只手工作，另一只手紧抓住神的双脚"的比喻也说明他对参加社会生产活动的重视，一个人即使在证悟神的过程中也不应忘记自己的工作。

罗摩克里希那反对人与人之间的嫉妒、仇恨、敌视和暴力，主张人世间应当充满爱，一个人应当爱世上所有的人。他极力宣传这种"普遍之爱"，即对一切人的爱。他认为，根据吠檀多哲学的"梵我同一"原理，世界上每一个人的内心都有一个"自我"或称"灵魂"，这个"自我"与宇宙最高本体"梵"在本质上是同一不二的。既然每个人的"自我"都与"梵"在本质上相同，那么人与人之间的"自我"也必然在本质上是相同的。换言之，你的、我的、他的"自我"或本性不仅是相同的，而且是相通的。于是，最终推导出"人与人在本质上相同"的结论。那么，如何解释社会上出现的坏人和坏事呢？他认为，虽然人在内在本质上是好的或善的，但是由于人的外在肉体和感官在各种物质刺激下而产生许多自私的欲望，在这些私欲的驱使下一些人便干出了坏事。即使一些坏人或恶人干了坏事或犯了罪，但是他内在的"自我"还是纯洁善良的，和好人的"自我"是一样的，因此我们应当爱他们，感化他们，启迪他们内在的"善性"或"神性"（类

---

① Ramakrishna, *The Gospel of Shri Ramakrishna*, Calcutta: Ramakrishna Mission Press, 1936, p. 158.

似于中国人说的"良心"或"良知"），最终使他们改邪归正，重
新做人。这就是罗摩克里希那宣传"普遍之爱"的理论根据或哲
学基础。

有一次，罗摩克里希那的一个弟子对他说：

> 世尊，当我讨厌一个人的时候，我感到非常痛苦。我觉
> 得我不能够同样地爱所有的人。

他回答：

> 当你有这个想法时，你应当找那个人攀谈，尽量与他言
> 归于好。即使你的意图失败了，你也不必再想这件事。要依
> 靠神去回避它，冥思神吧。不要让其他的事干扰你的心。

弟子又问：

> 基督和查伊塔尼亚都教导我们要爱全人类？

他回答说：

> 你应当爱每一个人，因为神性就在一切人之中。即使是
> 恶人，你也应当在远处向他鞠躬致意。[1]

从这段对话中可以看出，罗摩克里希那虽然竭力鼓吹"普
遍之爱"或博爱的人道主义精神，但是他又力求在印度传统哲
学中寻找理论根据，吠檀多的"梵我同一"以及"神性在一

---

[1] Ramakrishna, *The Gospel of Shri Ramakrishna*, Calcutta: Ramakrishna Mission Press, 1936, p. 42.

切人之中"的理论就成了他的哲学依据。他把"博爱"的思想与"神性在一切人之中"的思想结合起来，即把西方人道主义和印度传统哲学融合在一起。他认为，只有让"普遍之爱"的人道主义与印度传统文化相结合，才能真正使它在印度广泛传播和扎下根来。

罗摩克里希那主张，一个人要想做到"爱别人"，就必须消除私欲，不断地克服自己的各种自私情感。因此，他经常用一些生动的比喻或寓言告诫自己的弟子要加强修养，克服私欲。他说：

> 下棋时，旁观者往往能想出比下棋者更高明的棋步。世俗的人以为自己是聪明的，但是他们只迷恋于世间俗事——钱财、荣誉、喜乐，等等……只有抛弃私欲的圣洁的人，才不沉迷于这些世间俗事。因为他们就像看棋的旁观者一样。他们能正确地观察事物，做出比世俗的人更高明的判断。①

又说：

> 四五个农村少女每个人头上顶着一罐水，她们一边走，一边谈论自己的欢乐和烦恼，但是却不让一滴水溢出来。在道德道路上行走的旅行者，也应当这样做。无论在什么情况下，他都要小心谨慎，不要让自己背离了这条真正的大道。②

为了实现人类的"普遍之爱"，罗摩克里希那要求他的弟子们多参加社会实践活动，在社会实践中磨炼自己，并通过自己的行动去为周围的人服务，为穷苦的人服务。他说：

---

① Muller ed. , *Teachings of Sri Ramakrishna*, Almora: Advaita Ashram Press, 1934, p. 68.

② Ibid. , p. 177.

一个人会游泳，肯定练过许多日子。没有一个人只练一天，就敢到大海中去游泳。因此，如果你想到梵的海洋中去游泳，就必须先进行许多无效的尝试，然后才能到大海中游泳。①

如果你要使自己的心平静，就去为邻人服务……如果你要寻找到神，就去为人们服务。②

罗摩克里希那认为，社会是复杂的，既有真理又有谎言，既有好人又有坏人，因此一个人必须树立正确的观点，培养分辨是非的能力。他对他的弟子说：

应当像蚂蚁那样生活，因为它能从沙滩中分辨出糖粒。世界既有真理又有谎言，必须把两者区分开。应当像水鸟那样生活，因为它能甩掉落在翅膀上的水珠并展翅飞翔。应当像泥鳅那样生活，因为它生活在泥水中，而它的皮肤却是明亮而发光的。③

虽然罗摩克里希那的道德伦理说教比较零散，不成体系，但却包含着许多深刻的令人回味的道理。这些道理深入浅出、通俗易懂，不仅对下层民众有广泛的影响，而且对有文化的上层人士也产生了很大的影响。

总之，罗摩克里希那的宗教和吠檀多改革思想在印度社会中具有广泛的影响，其本人对印度近代思想的发展做出了不平凡的贡献，因而他在印度近代哲学思想史上占有重要的地位。罗摩克

---

① Muller ed. , *Teachings of Sri Ramakrishna* , Almora：Advaita Ashram Press，1934，p. 175.

② Ramakrishna, *The Gospel of Shri Ramakrishna*, Calcutta：Ramakrishna Mission Press，1936，p. 132.

③ Ibid. , p. 427.

里希那之所以能产生如此大的影响，概括起来，有如下几个特点。

一是，他与那些出身名门、受过西方教育的印度近代改革家不同，他家境贫寒，从未受过正规教育，几乎是个文盲，但是他聪慧好学，打破成见，虚心向各教派学者求教，掌握了丰富知识，并且勇于创新，大胆改革，提出了许多令人耳目一新的主张和见解，受到了同时代人的尊重和信服，也受到后代人的普遍敬仰。

二是，作为一个思想家，他虽然没有系统的体系，也没有留下大批的著作，但是他却善于用民众喜闻乐见的方式，以幽默的寓言和通俗的谚语，来阐述自己的哲学和宗教思想，因而深受广大下层民众的喜爱和尊重。

三是，由于享有崇高的威望，因而在他的门下，在罗摩克里希那传教会里，聚集了一批又一批具有改革思想、富于创新精神的弟子。在这些弟子中出现了许多著名的宗教改革家和新吠檀多论者，如斯瓦米·维韦卡南达、斯瓦米·阿贝德南达（Swami Abhedananda）、斯瓦米·兰伽纳塔南达（Swami Ranganathananda），等等，他们都为印度近代哲学的发展和创新建立了不朽的功勋。最为突出的斯瓦米·维韦卡南达，其名声远远地超过他的导师，而成为近代最有影响的改革家和新吠檀多主义哲学的奠基人和开创者。

对于罗摩克里希那的历史功绩，后人给予了高度的评价。法国著名作家罗曼·罗兰为了纪念罗摩克里希那，专门为他撰写了传记。印度前总理尼赫鲁在《印度的发现》一书中这样评价他：

他（引者按：指罗摩克里希那）好像我们阅读过的欧亚两洲过去史册中所记载的某些圣哲一样；把他摆在现代生活的组织中固然是难于理解，但他却与丰富多彩的印度生活样式配合得上，得到许多印度人的承认和崇敬，并且认为他是一个具有神的灵感的人。凡是见过他的人都为他的人格所感动，许多未见过他的人也受到他生平事迹的影响。①

印度思想史学家 V. S. 纳拉瓦尼则给他以更高的评价：

　　罗摩克里希那在印度近代思想史上占有极为重要的地位，正如同 2500 年前苏格拉底在希腊思想发展史上所占的地位一样。②

---

①　[印] 贾瓦哈拉尔·尼赫鲁:《印度的发现》，齐文译，世界知识出版社 1956 年版，第 441 页。

②　Vishwanath S. Naravane, *Modern Indian Thought*, New Delhi: Orient Longman Limited, 1978, p. 58.

第七章　斯瓦米·维韦卡南达的
新吠檀多哲学

斯瓦米·维韦卡南达（Swami Vivekananda，1863—1902）[①] 是印度近代最著名的哲学家、新吠檀多理论的奠基人。在印度近代哲学史上，虽然有许多宗教改革家、社会活动家和政治家，他们也有对各种哲学问题的思考和论述，但是大都不够系统，不成体系。真正具有自己的完整哲学体系，对哲学问题研究最多，对哲学发展贡献最大的，还要数斯瓦米·维韦卡南达。有人称他为"印度新吠檀多哲学的首创者"，新吠檀多哲学乃是印度近现代哲学中最重要的、占主导地位的学派。除了哲学思想之外，维韦卡南达还对印度的宗教改革、社会改革以及民族主义理论的形成做出了杰出的贡献。

一　致力吠檀多改革的一生

维韦卡南达之所以被称为新吠檀多哲学的奠基人，是因为他

---

① 维韦卡南达在我国又称为"辨喜"。维韦卡南达是 Vivekananda 的音译，按其词义，可译为"辨喜"（Viveka——辨别，ananda——欢喜）。我国印度哲学史专家黄心川先生曾写过《印度近代哲学家辨喜研究》一书，他所说的辨喜就是指维韦卡南达。为了统一起见，本书对印度近现代哲学家的名字一律采取音译，特此说明。

把一生的精力都奉献给了吠檀多的改革、创新和推广事业上。他不仅写了大量阐述吠檀多理论的著作，创立了自己的新吠檀多体系，而且在印度创建了"不二论书院"，培养了大批热心研究和推广新吠檀多哲学的青年学者，并且还在美国建立了"吠檀多研究会"，在欧美各地讲授吠檀多哲学，为吠檀多在世界的传播也做出了特殊的贡献。

1863年1月2日，维韦卡南达出生于加尔各答的一个贵族家庭。他青少年时代受到良好的教育，后考入当时著名的学府——加尔各答省立学院，于1893年毕业。大学期间，他勤奋好学，酷爱体育运动，经常参加骑马、游泳和拳击等活动，并且喜欢哲学，对西方的理性主义哲学和自然科学倍感兴趣。此外，他十分关心当时的印度宗教改革运动，经常与改革社团——梵社的成员交往。

1881年，还在大学读书期间，维韦卡南达就与加尔各答著名的宗教改革家罗摩克里希那相识，此次相识成为他一生的转折点。原来他的理想是当一名法官，但是他与罗摩克里希那认识之后，逐渐被他的思想和事迹所吸引，因而拜他为宗教导师，决心追随他为宗教和吠檀多的改革事业而奋斗。1886年罗摩克里希那去世时，维韦卡南达已成为其最重要的弟子。1888—1893年，他以托钵僧的身份漫游印度各地，从北部的喜马拉雅山到南边的科摩棱角，几乎走遍印度，了解各地的民情并向各地的民间学者学习。

1893年回到加尔各答后，听说美国要召开世界宗教大会，他冲破了各种阻挠，立即赶赴美国芝加哥参加。在大会上，他的发言受到各国代表的好评。会后，他没有回国，应邀走访美国各地，并在美国作了数十场有关吠檀多哲学的讲演，颇受美国学术界的欢迎。此间，他曾在哈佛大学和哥伦比亚大学担任讲授印度哲学和梵文的教师。1896年，他还在纽约创办了一个"吠檀多研究会"（Vedanta Society），该学会唤起了许多美国人研究吠檀多的兴趣，使吠檀多哲学在美国有较大的传播。同年，他又应邀访问了英国、德国等欧洲国家，在欧洲各国作吠檀多哲学的演讲，并受到西方著名印度学家马克斯·缪勒（Max Müller）和保罗·多伊生（Paul Deussen）的接待。

维韦卡南达在欧美生活了四年，直到 1897 年，他才满载盛誉回到印度。当时，他已经成为一位世界知名的学者。同年 5 月，为了弘扬其导师的宗教改革思想，他在加尔各答创办了以导师名字命名的宗教改革团体——罗摩克里希那传教会。1899 年，又在喜马拉雅山山麓创办了"不二论书院"（Advaita Ashram），其宗旨是研究和传播印度古代文化的精华——吠檀多不二论哲学。同年 6 月，维韦卡南达再度应邀到美国讲学，后又到法国巴黎参加在那里举行的世界宗教大会。1902 年因病逝世，年仅 39 岁。

维韦卡南达的哲学，其思想渊源主要有四个方面。

——传统吠檀多思想。他认真钻研过古代奥义书和各种吠檀多经典，并花五年时间遍游各地，虚心向各派民间学者学习，但是对他思想影响最大的，还是吠檀多不二论哲学。其哲学体系中的绝对一元论和"万物在本质上统一"的思想都是出自吠檀多不二论。此外，他还考察和研究了吠檀多各派的瑜伽思想，写出了许多论述瑜伽的著作。

——西方理性主义哲学和自然科学知识。在大学读书时期，他就广泛阅读西方哲学家的著作，研究过英国哲学家穆勒、边沁的思想，德国哲学家康德、黑格尔的学说以及许多法国哲学家的著作。他甚至还与英国社会学家和哲学家赫伯特·斯宾塞通过信，并对斯宾塞的理论提出过批评。另外，他也努力学习各种自然科学知识，对西方的民主政治和人道主义思想也十分感兴趣。因此，他在以后的创造活动中，能大量吸收西方理性主义、人道主义和自然科学的内容，力求把这些思想与印度传统哲学相结合，以创造出新的理论体系。

——佛教和基督教思想。从某种意义上说，维韦卡南达也受到佛教思想的很大影响。他对释迦牟尼的思想和人格都非常赞赏，他认为释迦牟尼关心世界并不是为了自己的解脱，而是为了给世界找到一条解脱痛苦的道路。他赞扬佛陀说：

> 我非常喜欢像乔达摩·佛陀这样有道德的人，他不信仰人格化的神和人格化的灵魂，也从来不祈祷他们，但是他是一个非常好争斗的人，他准备为了别人而奉献自己的生命，为了人类的利益而全心全意地工作，为了人类的利益而全身心地思考。①

维韦卡南提出的"大众解脱"观念，显然与大乘佛教的"菩萨"和"普度众生"观念相类似。另外，基督教的"博爱"和"神的天国"的观念也对他有一定影响。

——梵社与他导师罗摩克里希那的改革思想。维韦卡南达青年时代就有一种强烈的爱国主义和忧国忧民意识，他渴望振兴印度，因此他对当时梵社提倡的各种宗教和社会改革思想非常感兴趣，经常与梵社会员联系。后来，他结识了宗教改革家罗摩克里希那，并拜他为师，在各方面更多地受到导师的影响。在他的哲学体系中，有许多东西是继承其老师的思想，诸如"灵魂具有神性""神性就在一切人之中""万物的统一性""宗教的普遍性"和"人类宗教"等。他不但继承了这些思想，而且把它们进一步发扬光大。

维韦卡南达的一生虽然比较短暂，但是他却写了大量阐述哲学、宗教理论、宗教与哲学、宗教与科学等关系的著作，这些著作构成了他的新吠檀多体系的理论基础。其主要代表作品有：

---

① Swami Vivekananda, *Practical Vedanta*, Calcutta: Advaita Ashram Press, 1958, Part IV, p. 105.

《吠檀多哲学》（*The Vedanta Philosophy*）

《吠檀多的精神与影响》（*The Spirit and Influence of Vedanta*）

《实践的吠檀多》（*Practical Vedanta*）

《佛教与吠檀多》（*Buddhism and Vedanta*）

《宗教与科学》（*Religion and Science*）

《印度宗教》（*Indian Religions*）

《业瑜伽》（*Karma Yoga*）

《智瑜伽》（*Jnana Yoga*）

《信瑜伽》（*Bhakti Yoga*）

另外，还有《斯瓦米·维韦卡南达英文著作全集》，共八集，1962—1964 年出版。

二　创立新吠檀多哲学体系

斯瓦米·维韦卡南达是印度新吠檀多哲学的首倡者和主要代表人物。所谓"新吠檀多哲学"，就是一些近现代印度哲学家在继承传统吠檀多基本原理的同时，大量吸收西方理性主义、人道主义和自然科学等内容，对传统吠檀多加以改造和革新，而创立出来的一批新的哲学体系。新吠檀多哲学的代表人物，除斯瓦米·维韦卡南达之外，还有现代的奥罗宾多、薄泰恰里耶、拉达克里希南等。此学派是印度近现代哲学中最主要的学派，它为近现代哲学的发展做出了突出的贡献。

由于维韦卡南达是新吠檀多哲学的首倡者，因此人们给他以极高的评价：

作为一个哲学家，维韦卡南达主要的贡献在于，他利用理性的、具体的、科学的和实用的方式重新把吠檀多不二论呈现在我们面前……维韦卡南达是印度近代第一个最有效地阐释吠檀多哲学的人，他深信只有吠檀多哲学能够使印度在世界思想中重新占据她曾经占有过的重要地位。但是，他希望超越民族荣誉的狭隘局限性，力求在吠檀多的基础上创立出一种更强大的哲学，以解决世界上的一切冲突，并且把人类提高到其应有的、在一切方面都完美的水平。①

维韦卡南达创立新吠檀多哲学的一个主要目的，就是力求把传统吠檀多从那些所谓高贵的人，即脱离社会生活的婆罗门僧侣手中、从封闭的学术躯壳中解放出来，使之成为普通教徒也能学习，也能掌握的大众哲学。他说：

吠檀多的知识被封闭在洞穴或森林中的时间太长久了。我一直想把它从封闭中拯救出来，把它带到我们的家庭和社会生活之中……吠檀多不二论的声音将在每一个地方鸣响，在集市中、在山顶上、在平原上。②

还说：

吠檀多纯粹不二论必须变成我们日常生活中活生生的、有诗意的东西。必须从这些无望的、难懂的神话中产生出具体的道德形式，必须从令人迷惑的瑜伽学中产生出最科学、

---

① Vishwanath S. Naravane, *Modern Indian Thought*, New Delhi: Orient Longman Limited, 1978, p. 86.

② Ibid. , p. 87.

最实用的心理学。①

维韦卡南达的新吠檀多哲学继承了传统吠檀多不二论的基本原理。他也像商羯罗一样，把梵看作宇宙的最高本体、万物的始基和创造者。他认为，梵是一种纯存在，在它之中既没有时间、空间和因果关系，也没有属性、方位、数量和质量的差异。但是，梵又是整个宇宙的基础，世界任何现象，无论自然界、人类社会和人的精神活动都是它的表现，都是由它派生出来的。有的时候，他也像传统吠檀多论者那样，把梵描绘成"真·智·喜"三位一体的。传统吠檀多所谓的"真·智·喜"（Sat-Cit-Ananda），是说梵是"真实存在""无限智慧"和"永恒欢喜"三者合一的。换言之，梵不仅是绝对真实的存在，而且还具有无限的智慧和永恒的欢乐。从本体论上看，它是"绝对真实的存在"；从宗教追求上看，它又是充满"无限智慧和欢乐"的理想境界；一旦人能够与梵相结合，就可以达到这种至高、极乐的完美境界。为了宣传人道主义，维韦卡南达还把"爱"的观念加入"喜"的概念中，认为"喜"和"爱"是分不开的，只有爱，才会产生"喜"，"喜"存在于"爱"之中。他还十分强调梵的遍在性，认为梵存在于任何地方和任何事物之中。他说：

> 天空由于他（引者按：指梵）的控制而开展，空气由于他的控制而飘动，太阳由于他的控制而发光，万物由于他的控制而生存。他是大自然中的"实在者"，他是你灵魂中的灵魂。②

---

① Vishwanath S. Naravane, *Modern Indian Thought*, New Delhi: Orient Longman Limited, 1978, p. 87.

② Swami Vivekananda, *Complete Works in English*, Calcutta: Advaita Ashram Press, 1962 - 1964, Vol. Ⅱ, p. 236.

维韦卡南达除了把宇宙最高本体称为"梵"外，还把它称为"神""绝对""实在"和"宇宙理性"等。因为他在哲学上是绝对一元论者，在宗教上又是一神论者，所以在他的哲学中，"神"与"梵""绝对""实在"或"宇宙理性"往往是同义语，没有什么差别。只不过他借用了一些西方现代哲学的术语，如"绝对""宇宙理性"等来称呼"梵"，从而使传统吠檀多增加了某种新意。

在世界的形成问题上，维韦卡南达反对传统吠檀多的"摩耶论"或"世界虚幻论"。他认为，世界是真实的，是梵或"绝对"的真实显现。为了说明梵与世界的关系，他曾画过一张图：在图的上边是"绝对"（a），下边是"宇宙"（b），两者的中间是时间、空间和因果（c）。他解释此图说：

> 在左图中绝对是（a），宇宙还用意味（b），绝对变成了宇宙。这宇宙不仅意味着物理世界——天与地，也意味着心理世界、精神世界，并且意味着事实上存在着的每一种东西……绝对（a）是通过时间、空间和因果（c）变成了宇宙（b）。这就是吠檀多不二论的中心概念。时间、空间和因果就像一面镜子，通过这面镜子绝对就被看见了……它就显现为宇宙。①

从这段话中可以看出，维韦卡南达是把时间、空间和因果关系（c）当作绝对（a）和宇宙（b）之间的媒介，时间、空间和因果关系就好像一面镜子，梵或绝对是借助这面镜子的映射才显现为世界万物的。他所谓的"宇宙"，不仅包括物质世界，而且包括心理世界和精神世界。物质世界和精神世界不是第一性和第二

---

① Swami Vivekananda, *Complete Works in English*, Calcutta: Advaita Ashram Press, 1962 – 1964, Vol. II, p. 131.

性的关系，而是平行并列的关系，两者都起源于梵。在这里，维韦卡南达显然改变了传统吠檀多中的"摩耶"概念。传统吠檀多把"摩耶"看作一种幻力，因此梵通过"摩耶"所显现的世界就是虚幻的。但是，维韦卡南达认为，"摩耶"不是什么幻力或魔术师，而就是时间、空间和因果关系。时间、空间和因果是实在的，梵以时间、空间和因果为媒介所显现的世界，也必然是真实的。因此，他说："时间、空间和因果，我们就叫作摩耶。"① 维韦卡南达对"摩耶"的这种解释，就使他的新吠檀多哲学彻底摆脱了传统吠檀多那种认为世界是虚幻不实的困境，从而能够比较科学地说明世界的各种现象。

维韦卡南达的哲学是矛盾的。他在继承传统吠檀多不二论客观唯心主义立场的同时，又从西方近现代哲学中吸收了不少唯物主义思想和自然科学的内容。因此，他在探讨物质世界的意义时，提出了许多唯物主义的观点。他认为，世界就是一种不断变化的物质，千差万别的事物都是这种物质的表现。他说：

　　整个宇宙只不过是一个物质的海洋，而你和我好像是这个海洋中微小的漩涡，大块的物质进入每一个漩涡，取得了漩涡的形式，再作为物质离开漩涡，在我身上的物质，在若干年以前曾经是你身上的物质，或者是太阳中的物质，或者也曾经是一种植物中的物质，等等，它是在一种继续流变的状态中。②

他强调物质是发展变化的：

---

① Swami Vivekananda, *Complete Works in English*, Calcutta: Advaita Ashram Press, 1962 – 1964, Vol. Ⅵ, p. 59.

② Ibid. , p. 372.

　　总之，物质是经常变化的，没有一个物体是经常不变的……在物质的大块中，某一点称之为月亮，另一点称之为太阳，为人，为大地，为植物，为矿物，没有一个物体是经常不变的，每一种事物都在变化着，物质永远在凝聚着和分散着。①

他还认为自然界一切事物的发展变化都是有规律的，皆按自身的规律而运动着，没有一种事物可以例外。他说：

　　规律就是在事物的现实状态中……如果火并不燃烧或者水并不潮湿，那或许更好，但是火是要燃烧的，水是要潮湿的，因为这是它们的规律。如果火不燃烧或者水不潮湿真是规律的话，那么火就不是火，水也不是水了。②

那么，什么是事物的规律呢？维韦卡南达认为事物的规律有两个特点：第一，规律存在于事物的内部，存在于事物的发展变化之中，是事物内在的一种力量；第二，规律是人对事物的一种认识，没有人对事物的认识，就不会有规律，因此规律是人对事物认识或观念的一部分。正如他所说：

　　我们从事物变化的集中和结合中获得对规律的认识。我们从未在这些变化之外看到过规律。把规律作为离开事物的观念是人的一种心理抽象，一种措辞的方便，而不是别的。规律是宇宙范围以内每一种变化的一部分……寓居于某种事物内部的力量是我们对这个事物认识的一部分—— 这种力量

---

　　①　Swami Vivekananda, *Complete Works in English*, Calcutta: Advaita Ashram Press, 1962 - 1964, Vol. I, p. 151.

　　②　Ibid., Vol. V, pp. 333 - 334.

又以一定方式作用于其他的事物——这就是我们所称的
规律。①

在维韦卡南达的哲学中，还包含着许多辩证法的因素。他在
分析自然界和社会的各种现象时，经常谈到事物的对立统一和矛
盾。他认为人们感官所感觉到的或心灵所想象到的一切事物都包
含着作用和反作用两种力量，一种力量作用于另一种力量，从而
产生错综复杂的现象。这些相反的力量在外部世界表现为引力和
斥力或向心力和离心力；在内心世界表现为爱与恨，好与坏等。
对立的现象只是从不同立场所看到的同一事物的不同表现，是一
个整体的两种形式。有关辩证法的话题，他有很多生动的论述：

> 好与坏并不是两种割裂的、分立的存在……同一个现象
> 现在表现为好的，明天就可以表现为坏的。同一个东西对一
> 个人可以产生痛苦，对另一个人可以产生快乐。火可以烧坏
> 孩子，也可以为一个饥饿者烹调一顿好饭。同一根神经可以
> 带来痛苦的感觉，也可以带来快乐的感觉。因此，阻止坏事，
> 也是阻止好事的唯一方法，此外别无他法。阻止死，我们也
> 必将阻止生；没有死的生，没有痛苦的快乐，乃是一种自相
> 矛盾。生死苦乐，都不能单独存在，因为它们中间的某个方
> 面只不过是同一个事物的不同表现。昨天我认为好的，现在
> 我就不认为好了。②
>
> 因为生的概念中就已包含着死，快乐的概念中就已包含
> 着痛苦。一盏灯经常地燃烧着，这就是它的生命。如果你要
> 生，就必须每一刻为生而死，生与死不过是从不同立场所看

---

① Swami Vivekananda, *Complete Works in English*, Calcutta: Advaita Ashram Press,
1962-1964, Vol. Ⅴ, p. 333.

② Ibid., Vol. Ⅱ, pp. 97-98.

到的同一事物的不同表现，它们都是同一波浪的起伏，一个整体的两种形式。①

尽管维韦卡南达谈论了许多有关事物的对立统一和矛盾转化，但是他最终认为矛盾双方的对立和转化只是相对的、暂时的，而它们的和谐和统一才是绝对的、永恒的，从而又陷入了形而上学。

同本体论一样，维韦卡南达的认识论也具有矛盾。他认为人类认识有两种途径：一种是感觉经验的道路，一种是内省或直觉的道路。在他看来，人类的认识产生于经验，我们称之为理性的认识，即从部分到一般或从一般到部分的认识，也是以经验为基础的，离开了经验就不能认识任何东西。科学研究就是以人的经验为基础的一种认识。他说：

> 在我们称之为具体的科学中，由于它诉诸每个人的特殊经验，人们则易于发现真理。科学家并不告诉你相信什么东西，但是他具有从他自己的经验和研究中得出的某种结果，并且当他要求我们相信他的结果时，他诉诸人类的某些普遍经验。②

从这方面看，维韦卡南达的认识论具有很强的唯物主义成分，他肯定人的正确认识来自社会实践和经验，离开了实践和经验就不会有正确的认识。但是，另一方面，作为一个宗教领袖，他还经常从宗教认识的角度来谈论这个问题。他认为，人类还具有一种天赋的认识能力，这种能力叫"自明性"；人们可以利用这种天生的"自明性"，通过内省或直觉的方式来获得宗教的真理，即科

---

① Swami Vivekananda, *Complete Works in English*, Calcutta: Advaita Ashram Press, 1962 - 1964, Vol. Ⅰ, pp. 110 - 111.

② Ibid., p. 124.

学方式无法认识的真理，如对宇宙最高本体——"梵"或"梵我同一"真理的认识等。印度教徒就是具有这种"自明性"的人，他们能够在各种瑜伽实践中通过直觉和冥想，最终证悟到自身内在的"我"和宇宙本体"梵"是同一的，从而认识到"梵我同一"的最高真理。

维韦卡南达的新吠檀多哲学，一方面继承了传统吠檀多的基本原理，另一方面又大量吸收西方哲学中唯物主义和自然科学的内容，并把两者融合在一起。因此，在他的哲学体系中，无论本体论还是认识论，都充满矛盾。他的思想经常摇摆于客观唯心主义与唯物主义之间、辩证法与形而上学之间。正如他所说：

> 我在某种意义上是一个唯物主义者，因为我相信只有一个统一者（One），这个统一者是唯物主义者所要你相信的，只不过他们称它为物质，而我称它为上帝。唯物主义者承认所有的希望、宗教和一切事物都是从这个统一者——物质中产生的。而我认为，所有这些都是从梵中产生的……①

维韦卡南达哲学体系中的这种矛盾，正是他所代表的印度民族资产阶级矛盾世界观的一种反映。

三　关于人的学说

作为一个新吠檀多论者，维韦卡南达最关心的仍然是人的问题，即人的本质是什么，人怎样活着，人最终的命运和归宿是什么，人应当通过什么方式或途径实现精神的解脱等问题。吠檀多

---

① Swami Vivekananda, *Complete Works in English*, Calcutta: Advaita Ashram Press, 1962 – 1964, Vol. Ⅱ, p. 138.

论者一切有关本体论或宇宙问题的论述或回答，最终都是为了解决人的问题。在这方面，维韦卡南达也不例外。

维韦卡南达继承了传统吠檀多"梵我同一"的基本理论。从内容上看，这个理论是很庞大的，它既包含着对宇宙成因和世界本质等有关本体论问题的讨论，也包含着对人的本性与最终命运等有关人生观问题的解说。维韦卡南达在承袭传统"梵我同一论"有关人生问题的某些内容的同时，他又用西方理性主义、人道主义思想和现代科学对这些内容重新加以解释，并提出一些新的观点，从而建立起自己的一套有关人生观的学说。

如何看待人呢？他认为，人是物质和精神的有机统一体。人有两个方面：物质方面和精神方面。物质方面指人的肉体、人的各种生理和心理活动等。精神方面指人内在的、永恒的精神本性——"我"，它与宇宙本体——"梵"在本质上是同一不二的。维韦卡南达经常把人的这种精神本性称为"灵魂—力"（Soul-force）、"阿特曼"（Atman）或"自我"（Self）等。他认为，人的物质方面只代表人的低级性质，而人的精神方面——"我"或"灵魂—力"才代表人的真正本性。他也按照传统吠檀多的方式这样描述"我"：

> 它是超越一切思维的、不生不灭的自我；尖刀刺不穿它，烈火烧不灭它。风吹不干它，水融不化它；它是无始无终、不动不变、无形无色、全知全能的存在；它既不是肉体，也不是心灵，而是超越这两者。①

为了说明"我"与"梵"在本质上是同一的，他还借用传统吠檀多论的"倒影"比喻，把"梵"比喻成太阳，把"我"比喻

---

① Swami Vivekananda, *Complete Works in English*, Calcutta: Advaita Ashram Press, 1962－1964, Vol. I, p. 141.

成太阳在水中的倒影。他说：同一个太阳可以影射在各种不同瓦罐的水面上，出现了许多影子，影子虽多，但都是同一个太阳的倒影。因此，太阳与其影子在本质上是相同的，影子与影子之间在本质上也是相同的。

尽管维韦卡南达把"我"看作人的真正本性和无限方面的代表，但是他不像传统吠檀多论者那样贬低人的肉体或物质方面。他认为，人的肉体能力大大地高于其他生物，这并不是说人的力气比其他动物大，也不是说人的感觉比动物灵敏，只是因为人的肉体方面（包括他的生理、心理和思维等方面）比动物更有机地组织在一起，表现出一种强大的统一性。人对外界刺激的反应不像生物那样，只是单纯直觉的或机械的反应。人对外界环境所做出的各种行为总是遵循某种计划，带有强烈的目的性和选择性。大脑系统在人体的出现，使人与动物从根本上区分开来，使人在世界上具有特殊的地位。他说：

> 人的身体是宇宙中最伟大的身体，人的存在是宇宙中最伟大的存在。人高于一切动物，也高于一切天使，没有任何东西比人更伟大。[1]

为了突出人的作用，维韦卡南达甚至把人内在的"我"或灵魂视为"神"或"神性"，把人的身体看作"神的庙宇"。他指出：

> 在我们的身体之外，不可能寻找到神。我们自己内部的灵魂代表着体外的一切神性，我们的身体就是最大的神庙。[2]

---

[1]　Swami Vivekananda, *Complete Works in English*, Calcutta: Advaita Ashram Press, 1962–1964, Vol. I, p. 142.

[2]　Ibid., Vol. VII, p. 59.

　　传统吠檀多认为，表面的肉体具有各种欲望和自私性，是痛苦和罪恶之源，表面的肉体掩盖了人内部那个欢乐而智慧的精神本质——"我"，使其无法显现。为了实现人的精神解脱，就必须断灭肉体或肉体性，使人内在的精神本性显现出来。但是，维韦卡南达与传统吠檀多不同，他不主张断灭人的肉体，而主张转化和提升人的肉体性质。他认为，尽管肉体感官在物质世界的刺激下产生了各种自私欲望，但是只要经过人的努力，通过瑜伽修行，是完全可以转化自私的肉体性质，使之升华为精神性。因此，他提倡一种"有生解脱"（Jivan-mukti）。所谓"有生解脱"，简言之，是在人活着的时候就可以达到解脱，即在人活着时，人内在具有"真·智·喜"的精神本性"我"被启迪或揭示出来，它取代自私的肉体性，控制人的一切行为，从而使人达到一种无限欢喜的崇高境界。

　　维韦卡南达在人的本质和人生问题上，虽然继承传统吠檀多的许多东西，但是他的新吠檀多哲学与传统吠檀多有着本质的不同：一是，他不贬低人的身体，而把人的身体看作"神性居住的庙宇"；二是，他主张"有生解脱"，主张在人活着的时候就可获得解脱，强调现实生活的重要性。传统吠檀多，尤其是以商羯罗为代表的中世纪吠檀多哲学，一般都否定人的肉体性质，否定现实生活的意义，主张逃离现实世界，到远离人世的深山老林中静修冥思，以求精神的解脱。维韦卡南达的这些新观点改变了传统吠檀多的方向，引导人们重视人身体的作用，重视人的价值和人生的意义。在 19 世纪末的印度社会中，维韦卡南达宣传这些观点显然是具有进步意义的。

四　瑜伽的道路

　　在如何实现解脱的问题上，维韦卡南达也像传统吠檀多论者那样，主张通过瑜伽修行来实现解脱。但是，他与传统吠檀多所不同的是，他对古代各种瑜伽理论和方法重新进行了解释，并且特别重视业瑜伽，强调人的社会行为的重要性。为了研究瑜伽，他考察了印度古代许许多多的瑜伽学说，并且撰写了四部专著——《智瑜伽》《信瑜伽》《业瑜伽》和《王瑜伽》，专门评述了这几种瑜伽在人生道路上、在实现解脱过程中所起的作用和功效。概括地说，他把印度的瑜伽修行方法基本上分为四种类型：智瑜伽、信瑜伽、业瑜伽和王瑜伽。

智瑜伽（Jāna-Yoga），亦称"知识瑜伽"。它是主张通过学习宗教知识和真理，即增长智慧的途径来实现解脱。吠檀多不二论者是提倡这种瑜伽的主要代表，他们认为人的自私、烦恼和痛苦都是由于自己的无明（无知），只有修习智瑜伽，认真学习吠檀多的"梵我同一"的至高真理，真正懂得和把握这个真理，才能从无知的状态中摆脱出来，最终实现精神的解脱。当然，在学习"梵我同一"真理的同时，还必须实践或证悟这个真理。证悟真理的过程并不是一件容易的事情，它包括"自制"（renunciation）、"专心一处"、"三昧地"（Samadhi）等实践活动。

信瑜伽（Bhakti-Yoga），亦称"虔信瑜伽"。它是主张通过对神的无限忠诚和崇信，以及各种虔诚崇拜的方法来实现解脱。印度教毗湿奴派的各个支派和虔信派改革运动出现的各个派别都提倡这种瑜伽，他们认为学习宗教知识不是主要的，最重要的是培养对神灵的无限忠诚和深厚感情，其方法是多种多样的：对偶像的绝对崇拜、一天多次向神祈祷、为神供奉祭品、不断地复诵神的名字等，以此加深对神的情感，最终达到人与神的结合。维韦卡南达在评述这种瑜伽时指出，虔信瑜伽者要达到证悟最高神灵，即与神结合的程度必须经过三个阶段：第一个阶段是外部崇拜阶段，在这个阶段中人们只是对神灵的各种偶像、化身进行崇拜，表达对神的虔诚；第二个阶段是内心崇拜阶段，在此阶段人们反复念诵神的名字、吟诵赞美神灵的圣诗、吟唱颂神的圣歌等，从而在内心中表达对神的热爱；第三阶段是证悟神的阶段，此阶段主要是消除一切杂念，静心冥思神灵。经过这三个阶段，便可达到与神的结合。

业瑜伽（Karma-Yoga），亦称"行动瑜伽"。它是主张通过无私的行动和忘我的工作来表达对神的忠诚，从而实现解脱。印度教重要经典《薄伽梵歌》就提倡这种瑜伽，此经典主张对神的崇拜主要靠无私行动，一个人必须抛掉私欲，不要让自私的欲望支配自己的行为，无私忘我地为社会工作，履行自己的社会义务和职责，这样就可得到神恩，最终实现解脱。这种瑜伽对维韦卡南达的影响最大，尤其是《薄伽梵歌》中提出的"无欲业"（指没有欲望的行为、不图果报的行为）的概念使他非常感兴趣。

王瑜伽（Raja-Yoga），又称"心理瑜伽"。它是主张通过对身体和心理的控制，使人在生理和心理上得到修炼和升华，而达到精神的解脱。此种方法被人认为是最直接、最稳妥的瑜伽之道，故称之为"王瑜伽"。维韦卡南达认为，这种方法不适用于意志懦弱者，因为它要求一个人必须对自己的身体和心理能力具有足够的信心，才能通过修炼改变某些生理和心理性质，逐步培养出许多美德和特殊能力，最终达到证悟神或人与神的结合。

对于以上各种瑜伽，维韦卡南达的态度基本上是肯定的，但是，他认为，这四种瑜伽各有其优点，也有其不足，因此应当取各自之精华，去各自之糟粕，把四种瑜伽的精华综合起来。在他看来，知识的方法（智瑜伽）、感情的方法（信瑜伽）、行动的方法（业瑜伽）和心理的方法（王瑜伽）都是实现解脱的不同途径，这些方法不是相互矛盾和对立的，而是相互补充的。因此，一个人应当综合各种瑜伽的精华，既努力学习宗教知识、认真培养宗教感情，又无私地工作和奉献，这样就可以加速实现精神的解脱。

在四种瑜伽中，维韦卡南达最推崇的、宣传最多的还是业瑜伽。因为他是一个现实主义者，他清楚地认识到努力为社会工作、无私为人类做奉献，不仅具有宗教的意义，而且更重要的是具有社会的意义。他反对传统吠檀多逃避现实社会的做法，主张人必须生活在现实社会中，生活在善与恶、欢乐与痛苦的斗争中，不断地磨炼和提高自己的修养，树立起无私、忘我地为社会工作的精神。他特别强调无私的重要性，他说：

> 业瑜伽……是一种试图通过无私行为或善行而达到自由的道德和宗教体系。业瑜伽者不需要信仰任何原则。他可以不过问什么是灵魂，也不用思考任何形而上学的理论。他的唯一目的就是实现无私，因此必须忘我地工作。①

维韦卡南达深受《薄伽梵歌》提倡的"无欲业"思想的影响，他主张一个人应当全身心地履行自己的社会职责和义务，无私地为世界奉献，一点儿都不要考虑社会对自己行为的回报。他非常崇拜佛教创始人释迦牟尼，他把释迦牟尼看作"无欲业"或"无所求"的典型。他认为，释迦牟尼在觉悟成道以后，仍然留在世间，为解救众生而无私奉献，不图任何报答。他说：

> 他（引者按：指释迦牟尼）竭尽全力地工作，而没有任何动机——既不是为金钱，也不是为名誉，更不是为着别的什么东西。一个人只要能做到这一点，他也会成为佛陀，并且由他身上产生出一种能够转化世界的力量。这样的人代表

---

① Swami Vivekananda, *Karma Yoga*, Calcutta: Advaita Ashram Press, 1930, pp. 131 - 132.

业瑜伽的最高典型。①

　　维韦卡南达提倡"业瑜伽"，鼓励人们生活在现实社会中，通过忘我工作和无私奉献的方式来表达对神的忠诚，从而实现人生的最终命运——精神解脱。相对于传统吠檀多所宣传的悲观遁世的宿命哲学来说，他提出这种观点是一个很大的进步。这种观点无论是对以后的新吠檀多主义者，还是对印度的民族主义思想家和领导人都产生了深远的影响。

五　"普遍宗教"的学说

　　维韦卡南达继承了其导师罗摩克里希那的"人类宗教"思想，并将这种思想进一步发扬光大，提出了"普遍宗教"（Universal Religion）的学说。所谓"普遍宗教"，其实就是以印度教吠檀多哲学为理论根基，综合世界上各种宗教的共性和优点，超越各宗教之间的差异，建立一种世界上一切教派都能接受的新型宗教。1893 年，维韦卡南达在美国芝加哥召开的世界宗教大会上就提出了建立"普遍宗教"的理想，其目的是消除不同宗教之间的分歧，达到宗教的和谐与统一。当时，许多代表团评论说：为什么印度只有一个年轻而不知名的代表（指维韦卡南达）参加，而他在大会的发言却受到如此高度的重视，其原因就在于别的代表团都讲自己宗教的神，而维韦卡南达却讲大家共同信仰的神，讲宗教之间的共性，并强调各宗教的和谐和统一。②维韦卡南达这种"普遍宗教"的思想，不仅对印度未来宗教的发展，而且对世界宗教的

---

　　① Swami Vivekananda, *Karma Yoga*, Calcutta: Advaita Ashram Press, 1930, pp. 142 – 143.

　　② Dev Raj Bali, *Modern Indian Thought*, New Delhi: Sterling Publishers PVT Ltd., 1980, p. 45.

发展都产生了很大的影响。

维韦卡南达作为一个宗教领袖，他极度强调宗教在社会生活中的作用。他认为，宗教是人类生活中一个必要的方面，是人的生活所不可缺少的东西。吃、穿、住、行等只能满足人的肉体或物质需要，而人的心灵或精神需要只能靠宗教来满足。人们即使在安逸和享乐之中还会有更高级、更美好的追求，这种追求只有宗教才能满足。宗教是人的心思所能进行的最伟大、最健康的实践，它能使人超越感官和理智的局限性，而去追求某种"无限"的境界，这种追求则使人超脱尘世的痛苦和烦恼，享受到极度的清静和欢乐。宗教还是推动人类心灵的最伟大的原动力，没有任何理想能像宗教这样吸引人类的心灵。此外，宗教还具有一种道德的价值，它引导人们去行善，并教导人们为什么要行善。宗教为人类的高尚道德提供了一个可靠的理论基础和一种最终的支持。他说：

> 在所有过去和现在能够决定人类命运的各种力量中，没有任何东西比我们所谓的宗教更有力量。[1]

在他看来，如果宗教的学说和理想能够被正确的说明和阐释，并被每个人所理解的话，那么人类的痛苦和冲突、社会的罪恶和灾难就会自动地消失。

按照维韦卡南达的观点，宗教本来是推动社会发展的动力，那么为什么现在它却变成人类许多矛盾和冲突的基础呢？他对此问题进行了深入的研究，并做出了自己的回答。他认为，宗教具有三方面的内容：哲学、神话和仪礼。哲学是表达宗教整体、阐述"宗教基本原则、目的以及实现目的的手段"

---

[1]　Swami Vivekananda, *Complete Works in English*, Calcutta：Advaita Ashram Press, 1962－1964, Vol. V, p. 409.

的学说。神话是有关创教主或各种神灵在道德和精神方面种种奇事的传说，这些传说把有关人或超人的虚构生活变成揭示和解说宗教哲学的媒介，从而使宗教哲学具体化。仪礼是由各种宗教仪式和礼节所组成，这些仪礼具有双重作用：一个是通过这些仪礼把教徒置于宗教的控制之下，一个是借助这些仪礼宗教组织可以把教徒严密地组织起来。实际上，每一种宗教都有自己的哲学、神话和仪礼。由于不同的宗教具有不同的哲学、神话和仪礼，并且每一种宗教都极度强调自己哲学、神话和仪礼的至高性和正确性，因此各种宗教之间就产生了差异和矛盾，并导致冲突。在维韦卡南达看来，现在宗教之间的分歧和矛盾，都是由于过分强调各宗教之间的差异和个性而引起的，而忽视了宗教之间的普遍性和共性。

维韦卡南达主张，要消除宗教之间的分歧和矛盾，就必须大力宣传各种宗教之间的普遍性和共性。他倡导的"普遍宗教"，就超越了宗教之间在哲学、神话和仪礼等方面的这些低级差异，而极力突出和强调各种宗教的共性和普遍性。他认为，各宗教起码在三个方面具有共同性：第一，各种宗教都信仰神，尽管各宗教所崇信的神灵名称不同，但是它们都是同一个至高无上、永恒无限的实体。基督教崇信上帝，伊斯兰教崇信安拉，佛教崇信佛陀，印度教崇信毗湿奴、湿婆、罗摩、黑天等大神，这些神灵虽然名称不同，但是实质上都是同一个"无所不在的、全知全能的、仁慈的神"的显现而已。第二，虽然各种宗教崇信神灵的方式不同，所施行的仪礼和实现解脱的途径不同，但是它们所要达到的最终目的是一致的。维韦卡南达认为，一切宗教的目的都是实现人类的精神完善和精神统一。第三，虽然各种宗教所实施的戒律不同，但是它们都要求自己的信徒去行善，去爱别人，相互宽容、彼此帮助。佛教提倡的"慈悲为怀"和"普度众生"，伊斯兰教提倡的"普遍兄弟之情"，基督教提倡的"圣爱"和"世人之爱"，着

那教提倡的"戒杀"或"非暴力"，印度教提倡的"施舍"和
"宽容"，等等，都是宗教教导人们去爱、去行善的具体表现。维
韦卡南达说：

> 是否有对整个人类的爱和慈悲——这是对真正宗教的一
> 种检验。[①]

在他看来，各宗教信仰的神灵是同一的，最终追求的目标是
同一的，所宣扬的慈悲和仁爱是同一的——这些方面正是所有宗
教的共性和普遍性。

维韦卡南达的"普遍宗教"，除了强调宗教的普遍性之外，还
具有以下几个特点。

其一，"普遍宗教"是不受地区、种族、肤色限制的，它适合
于一切人。这就是说，"普遍宗教"适用于世界上的任何地方，也
适用于任何人，包括穷人和富人、男人和女人、高等的和低等的
人。这种宗教具有博大的包容性，它将容纳各种各样的人，并帮
助他们把人性提升到神性。

其二，"普遍宗教"将打破现有宗教的名称，包容世界上的一
切宗教和教派。维韦卡南达认为，印度教、伊斯兰教、基督教、
佛教——这些宗教名称是阻碍人与人之间、教徒与教徒之间进行
交往和发展兄弟情谊的最大障碍，要想发展人类的友爱和情谊，
就必须打破宗教名称的限制，消除各宗教的门户之见，促进人与
人的交往。他号召人们冲破偏见，不受教派的限制，自愿到任何
宗教的神庙中去祈祷神灵。他说："我承认过去所形成的一切宗
教，并且信仰它们。我崇拜每一种宗教的神，并且遵循它们崇拜
神灵的各种形式。我要去清真寺，崇拜穆罕默德；我要走进基督

---

① Swami Vivekananda, *Complete Works in English*, Calcutta: Advaita Ashram Press,
1962–1964, Vol. Ⅴ, p. 325.

教的教堂，并在十字架前跪拜；我要进入佛教的寺庙，祈求佛陀和佛法的保佑；我也要走进森林，坐在地上与印度教徒一起禅思冥想，力求看到照亮每个人心灵的那种光芒。"①

其三，"普遍宗教"必须以吠檀多哲学为理论基础。维韦卡南达认为，为了促使不同宗教的和谐和统一，吠檀多是一种最合适的哲学。因为吠檀多是靠许多深刻且经过长期实践检验的理论原则在发挥作用，而不是靠个人（创教主）的权威和影响。他说：

> 吠檀多是由许多永恒的原则所构成的，这些原则都有自己的基础，而不是依靠个人或化身的权威……只有吠檀多可以被看作普遍的宗教，因为它靠原则去教导人，而不是靠个人权威。没有一种建立在个人基础上的宗教，能够被提升到人类一切民族的典范。②

其四，吠檀多能代表人类的普遍追求和愿望，因为它宣传的是普遍之爱。维韦卡南达在解释吠檀多时指出：

> 吠檀多主张像爱自己那样去爱每一个人，而不是向基督教那样把别人视为自己的兄弟。兄弟情谊必将让位于普遍之爱。我们的座右铭不是兄弟情谊，而是普遍之爱。③

维韦卡南达认为，吠檀多相信每一个人都具有神性，只要经

---

① Swami Vivekananda, *Complete Works in English*, Calcutta: Advaita Ashram Press, 1962 – 1964, Vol. II, p. 372.

② Vishwanath S. Naravane, *Modern Indian Thought*, New Delhi: Orient Longman Limited, 1978, p. 88.

③ Swami Vivekananda, *Complete Works in English*, Calcutta: Advaita Ashram Press, 1962 – 1964, Vol. VI, p. 122.

过自己的努力，每一个人都能够把自己的人性提升为神性。这种理论就为广大的穷苦人和下层民众打开了通往天堂的大门，就可以把他们吸引到"普遍宗教"之中，使他们对未来充满希望。他说：

> 我们（引者按：指吠檀多论者）相信，每一个人都具有神性，都是神。每个灵魂都是一个被无知的乌云所遮盖的太阳。灵魂与灵魂之间的差别，就在于遮盖它的乌云层面的浓度有所不同。我们认为，这种观点是一切宗教自觉或不自觉的基础，它也是从物质、知识和精神方面对整个人类进步史的一种解释。[①]

其五，"普遍宗教"也是一种"行动的宗教"。维韦卡南达指出："普遍宗教"应当是实用的宗教，而不应当是空洞无用的宗教。"普遍宗教"可以把人性提高到神性，但是这需要每一个人自身的努力。每一个人都必须通过自己的行动，通过自己无私忘我地为社会工作，来实现自己人性的转化，达到自身与神的结合。他说："如果你想寻找到神，首先要为人们服务！如果你要获得力量，就必须为你的同胞们服务！"[②]

为了实现"普遍宗教"的理想，维韦卡南达严格地要求自己的弟子抛弃私欲、多做善事，号召他们从一个村子走到另一个村子，去帮助穷苦的农民。他创立的罗摩克里希那传教会也竭尽全力开办学校、医院和各种慈善机构来拯救穷人。他写道：

[①] Swami Vivekananda, *Complete Works in English*, Calcutta: Advaita Ashram Press, 1962 - 1964, Vol. Ⅵ, p. 356.

[②] 罗曼·罗兰：《斯瓦米·维韦卡南达的生平及其教导》，印度：不二论书院出版社1947年版，第213页。

一个人只有通过为他人多做善事，才能实现自己的善；只有把他人引导到虔信和解脱的道路上，才能实现自己的虔信和解脱。[①]

通过以上特点我们可以看出，维韦卡南达提倡的"普遍宗教"，实质上就是以印度教吠檀多理论为根基的，融会世界上各种宗教精华和优点的，适用于一切地区和一切人的"世界宗教"或"人类宗教"。这说明维韦卡南达当时已经具有一种"世界意识"，他已经超脱了狭隘的民族意识和教派意识，开始放眼世界，考虑世界和全人类的事务，为整个人类的幸福和未来设计美好的蓝图，构想具体的途径。这也反映出印度新兴资产阶级对民族文化的自信观念以及与世界交往和开放的意识逐渐走向成熟。

在阐述"普遍宗教"学说的同时，维韦卡南达也非常关心印度国内的宗教冲突与矛盾。他清醒地意识到印度国内的两大教派——印度教和伊斯兰教之间的矛盾日益尖锐，这种教派矛盾和冲突是阻碍印度社会进步和民族复兴的最大障碍。因此，他极力呼吁印度教徒和穆斯林应当联合起来，融为一体，共同为民族的前途而奋斗。在他看来，伊斯兰教有许多优点和长处，印度教应当虚心学习和吸收。他说：

如果没有实用的伊斯兰教理论的帮助，吠檀多主义对于人类大众也是完全无价值的，尽管这两种理论都是优秀和奇妙的。我想把人类引导到一个地方，在那里既没有单独的吠陀，也没有单独的《圣经》和《可兰经》，而是把吠陀、《圣经》和《可兰经》三者协调融合在一起。[②]

---

① Swami Vivekananda, *Complete Works in English*, Calcutta: Advaita Ashram Press, 1962－1964, Vol. Ⅵ, pp. 265－266.

② Ibid. , p. 415.

关于印度教与伊斯兰教的联合，他深情地呼吁：

> 为了我们的祖国，唯一的希望就是印度教与伊斯兰教这两个伟大体系的联合。在我的心目中，我看见了未来的完美无疵的印度从混乱和挣扎中升腾出来，光辉灿烂而不可战胜，具有吠檀多的头脑和伊斯兰的身体。[①]

维韦卡南达这种倡导印度教与伊斯兰教联合的理论，对后来印度的宗教改革家和思想家都产生了深刻的影响。

六 社会改革与民族主义理论

维韦卡南达不仅是印度近代著名的哲学家和宗教领袖，而且也是杰出的社会改革家和民族主义理论的奠基人。他的社会改革与民族主义理论在印度近代思想史上占有重要的地位，对 20 世纪的印度民族主义运动的领袖，如提拉克、甘地和尼赫鲁等都有深刻的影响。

维韦卡南达的社会改革思想是以自由、平等、博爱的人道主义和务真求实的现实主义为理论根基的。他在论述社会改革和社会进步的各种问题时，比同时代的其他思想家更现实、更实用。他说：

> 社会是一个最大的机构，在这个机构中那些最高真理要成为现实。我的看法是，如果社会不适应最高真理，那么就要让这个社会尽快地适应，尽善地适应。[②]

[①] 《斯瓦米·维韦卡南达书信集》，印度：不二论书院出版社 1942 年版，第 390 页。

[②] Swami Vivekananda, *Complete Works in English*, Calcutta: Advaita Ashram Press, 1962–1964, Vol. Ⅲ, p. 85.

在这里，他所说的"最高真理"，主要是指自由、平等、博爱的人道主义真理。他以人道主义为指南，审慎地观察印度社会，批判和谴责社会上的各种不公正现象，力求建立一个以自由、平等为基础的社会新秩序。

他谴责印度教的种姓分立、种姓歧视以及由种姓制度所产生的不可接触制度。他认为，古代印度教所形成的种姓本来是一种"社会分工"，是一种"社会的自然秩序"，并没有什么可以谴责的。但是，后来婆罗门为了自身的利益，制造了种种限制和规定，把各个种姓分离并对立起来，造成了高级种姓与低级种姓之间的巨大差异和歧视。他批判婆罗门种姓说：

> 婆罗门在事实上逐步采取了十分不道德的和压迫的方法，他们由于自私，引入了为数众多的、新奇的、非吠陀的、不道德的和不合理的原则，这仅仅是为了完全保持他们自己的特权。[1]

由于种姓制度各种不合理、不道德的规定，使得低级种姓者长期受到歧视和虐待，并导致印度社会的分裂和对立。他说：

> 有一种信念在我的思想中一天一天地增长，这种信念就是种姓制是印度最大的分裂因素和摩耶的根源，一切种姓的确立都是根据出身的原则，而是非、功过的原则受到了限制。[2]

他还进一步批判由种姓制度而演化出来的不可接触制度。

---

[1]　Swami Vivekananda, *Complete Works in English*, Calcutta: Advaita Ashram Press, 1962-1964, Vol. II, p. 171.

[2]　Ibid., Vol. VI, p. 392.

那些被各个种姓开除了的人被视为"不可接触者"或"贱民"，他们是印度教社会中最受压迫、最受歧视的阶层。这些贱民被视为最肮脏、最有污染的人，因此不能接触任何人。婆罗门种姓被认为是最圣洁的人，他们可以在厨房工作，他们烹调出来的食品谁都可以吃，而不受污染。因此，维韦卡南达讽刺印度教徒说：

> 我们的宗教在厨房里，我们的神是烹调用的罐子，而我们的宗教是"不要接触我，我是圣洁的"。①

为了改变种姓之间的分离和对立，他提出取消一切野蛮的、不公正的种姓习俗和规定，并主张逐步改革种姓制度。罗曼·罗兰在评价维韦卡南达时说：

> 他极力鼓吹不同种姓之间可以通婚和种姓的重新划分，以使不同种姓相互接近，宣扬改善贱民的生存条件，改变印度教未婚女子和寡妇的命运，反对到处都有的教派主义、毫无意义的礼仪主义和他所谓的不可接触主义，等等，以此来铲除社会的不公正。②

维韦卡南达反对印度社会歧视妇女的现象，主张妇女解放，男女平等。他认为，在妇女受奴役和受压迫的状态下，一个民族是不可能真正进步的。每当他看到童婚、庙妓和寡妇殉夫等印度妇女受歧视的现象及她们的悲惨命运时，他就痛心不

---

① Swami Vivekananda, *Complete Works in English*, Calcutta: Advaita Ashram Press, 1962–1964, Vol. I, p. 167.

② Romain Rolland, *The Life of Swami Vivekananda and the Universal Gospel*, India: Almora Press, 1931, p. 157.

已。他说：

> 我们是可怕的犯罪者，我们衰落的原因就是因为我们把妇女看作可鄙的蠕虫，是通往地狱的门槛等。①

维韦卡南达赞赏西方人尊重妇女，西方的妇女们有行动的自由，有读书和自己选择丈夫的权利。因此，他要求印度的男子要向西方人学习尊重妇女，要承认妇女是"神圣母亲"的象征，是男人平等的伴侣，而不要只把她们当作"生孩子的机器"。他通过罗摩克里希那传教会在各地开办了许多女子学校，鼓励女童上学，积极培训未婚女子和寡妇，使她们接受更多的教育，以从最悲惨的命运中解放出来。

与同时代的其他社会改革家相比，维韦卡南达最大的特点在于他将较多的注意力关注于广大穷苦民众身上。首先，他在漫游印度各地时亲眼看到广大下层民众的疾苦，并呼吁人们把这些疾苦牢记在心上。他说：

> 现代印度绝不能忘记下等阶层，愚昧的人，贫穷的人，不识字的人，补鞋匠，清道夫，这些人都是你的骨肉，你的兄弟。②
>
> 我相信爱国主义，我也有我的爱国主义理想……你是否感觉到亿万的人民正在挨饿，而且有亿万的人民已经饿死，你是否感觉到愚昧像一片乌云似的笼罩在我们这个国家上面，这能使你无动于衷吗？③

---

① Swami Vivekananda, *Complete Works in English*, Calcutta: Advaita Ashram Press, 1962 – 1964, Vol. Ⅵ, p. 224.

② Ibid., Vol. Ⅳ, p. 480.

③ Ibid., Vol. Ⅲ, p. 225.

其次，他高度重视下层群众的力量和作用。他认为，尽管这些下层群众生活贫穷，但是他们用自己的劳动创造了巨大的财富和价值，"印度的唯一希望就在群众身上"①。他非常感慨地说：

> 哎，没有人考虑到我们国家的贫苦大众，他们是国家的骨干，他们用自己的劳动生产粮食。如果这些穷苦人、清道夫、劳动者停止一天的工作，将会使城镇陷于一天的混乱，但是现在没有一个人同情他们，没有一个人在他们的痛苦之中安慰他们。②

最后，他竭尽全力为提高下层群众的地位和权利，为改善他们的生活状况而奋斗。他把许多青年人组织起来，派他们到印度各地的农村，为那里的穷苦人服务，把知识、文化和新的宗教观念带给下层群众。他说：

> 一方面，我要考虑未来印度的宗教和整个世界的宗教，我要爱数百万地位低下的人、无助的老人；另一方面，我也要爱我周围的、亲近的、生活悲惨的人；在这两者之间，我肯定要选择前者。③

维韦卡南达的民族主义理论可分五个方面。

第一，大胆揭露英国殖民统治给印度人民带来的深重灾难。他指出：英国人为取得在印度的统治而进行种种征服的战争，"他们在1857—1858年犯下了骇人听闻的屠杀罪行"；他们在印度的

---

① Swami Vivekananda, *Complete Works in English*, Calcutta: Advaita Ashram Press, 1962–1964, Vol. V, p. 81.

② Ibid., Vol. Ⅶ, p. 244.

③ Ibid., Vol. Ⅷ, p. 200.

恐怖统治，"引起了可怕的饥荒，使成千上万的人失去了生命"；"英国士兵杀害了我们的同胞，并强奸我们的妇女"；"如果我们生产出来的全部东西不被英国拿走，印度的劳力和生产足够维持现有人口五倍的需要"等。①

第二，积极宣传爱国主义思想。他看到了印度许多知识分子在殖民统治下表现出"奴隶式的软弱"，丧失了民族自信心，感到非常痛心。因此，他坚决批判印度人的懦弱和自卑，指出"懦弱就是罪孽，懦弱就是死亡"。他大声疾呼：

> 现在，我们的国家所需要的是铁打的肌肉，钢炼的神经，什么都能抵御的、巨人般的意志——它能窥破宇宙的神秘，能用任何方式达到其目的，甚至进入海洋深处与死神面对。②

第三，提出了一套民族复兴的纲领。其纲领的核心是"行动的宗教和统一的印度"。他主张印度各个民族、各个宗教应当在印度精神的基础上联合和统一起来，打破教派的对立和种姓的隔离，改善广大民众的劳动和生活状况，提高妇女的地位和权利，普及现代教育和科学知识，弘扬民族文化，发展民族工商业，尽快使印度振兴起来。

第四，设计出未来印度社会的美好蓝图。他认为，印度的精神哲学和宗教文化是世界上最优秀的，欧洲的科学技术、生产方式和自由民主的社会政治体制也是其他国家学习的楷模，因此未来最好的社会模式应当是两者的结合，即"印度宗教"与"欧洲生产方式和自由民主体制"相结合而建立起来的社会。他勾画出

---

① Swami Vivekananda, *Complete Works in English*, Calcutta: Advaita Ashram Press, 1962 - 1964, Vol. Ⅷ, pp. 483 - 485.

② Ibid., Vol. Ⅲ, p. 242.

的未来印度的社会模式就是这个样子，诚如他所说：

> 用印度的宗教来建造一个欧洲式的社会……在你的平等、自由、工作和活动力的精神方面，你得变成一个西方人中的西方人；而同时在宗教文化和本能方面，你应当是一个彻头彻尾的印度教徒。①

第五，鼓吹用印度的思想去征服世界。维韦卡南达一生研究吠檀多哲学，深知印度哲学的长处，再加上他在美国和欧洲讲演"印度宗教和吠檀多哲学"颇受欢迎，故使他坚信印度的思想或精神文化是世界上最优秀的，是其他民族的文化所不能比拟的。因此，他把吠檀多哲学作为人类"普遍宗教"的基础，并且宣扬用印度的思想或精神去征服全世界。他说：

> 我们必须外出，我们必须通过我们的精神和哲学去征服世界，此外没有别的办法，我们必须这样做，否则就是死亡。我们国家生命的觉醒和进展的唯一条件，就是用印度的思想去征服世界。②

这种印度思想征服世界的观念，不仅反映出维韦卡南达强烈的民族主义意识和对民族文化的自豪感，而且也反映出他当时已经具有某种文化沙文主义的倾向。

在维韦卡南达的社会政治思想中，还有一个重要的方面，就是强调东西方文化的交流与融合。虽然他有的时候也宣扬"用印度思想征服世界"，但是他并不排斥西方文化，而且主张东西方文

---

① Swami Vivekananda, *Complete Works in English*, Calcutta: Advaita Ashram Press, 1962 – 1964, Vol. Ⅲ, p. 103.

② Ibid. , p. 277.

化应当相互学习和交流。他蔑视那些崇拜西方文化，跪倒在西方文化面前，而贬低民族文化的印度知识分子。在他看来，东西方文化各有优缺点，西方文化是一种"物质文明"，它的科学技术是先进的，生产出了大量的物质财富，但是它过度强调物质享受，而造成人们精神和道德的崩溃，导致了社会上的各种恶行和犯罪；印度文化属于一种"精神文明"，它注重人的精神追求，强调人的精神和道德修炼，但是它贬低人的物质欲望，忽视物质财富的生产。因此，他主张东西方文化应当相互学习，相互融合，以补长取短，共同发展。他说：

> 如果要作精神的调整，这调整宜乎从东方来。如果东方人要学习机器制造，那么他就应该坐在西方人脚跟前面向他们学习。当西方人想学习精神、上帝、灵魂、宇宙秘密和意义的时候，他就必须坐在东方人的脚跟前学习。①

综上所述，维韦卡南达不仅在哲学和宗教方面有许多创新的思想，而且在社会和政治思想领域也有许多精辟的论述和见解。他的整个思想体系在印度近代思想史上占有重要的地位，对以后的印度哲学家、政治思想家和民族主义运动的领袖都产生了深刻的影响。因此，印度思想史学家德夫·拉吉·巴里对他做出了高度的评价：

> 不研究维韦卡南达的影响，要理解人道主义在现代印度思想中的发展是很困难的。他的人道主义思想是以他坚信人的能力为基础的。他力求使自己的宗教哲学为印度和全人类服务，以促使人类的精神升华，并彻底从非正义、

---

① Swami Vivekananda, *Complete Works in English*, Calcutta: Advaita Ashram Press, 1962 – 1964, Vol. Ⅳ, p. 152.

恐惧和罪恶中解放出来。维韦卡南达的声音在上个世纪末对印度人民产生了巨大的影响，他唤醒印度人民起来反对各种对人权的压制现象，反对一切在政治、经济和社会领域的不平等。[①]

[①]　Dev Raj Bali, *Modern Indian Thought*, New Delhi: Sterling Publishers PVT Ltd. , 1978, p. 55.

第八章 阿贝德南达的 "万能的吠檀多"

斯瓦米·阿贝德南达（Swami Abhedananda，1866—1939）是罗摩克里希那的学生，是印度新吠檀多哲学的积极鼓吹者和宣传者。与以前的新吠檀多论者不同，他最突出的特点是全面地研究和阐述了吠檀多思想，并把它推崇至极点，认为"吠檀多是万能的"，不仅是"哲学与宗教的统一"，而且是"哲学与科学的统一"。他的一生有近一半的时间生活和工作在美国和欧洲，在欧美研究、讲授和传播吠檀多哲学和瑜伽心理学等，为印度文化走出国门、走向世界做出了特殊的贡献。

阿贝德南达生于1866年，从小受到良好的教育。后拜罗摩克里希那为宗教导师，成为罗摩克里希那的大弟子和思想追随者。他与斯瓦米·维韦卡南达同是罗摩克里希那的弟子，维韦卡南达只比他大三岁。在维韦卡南达的指导和鼓励下，他于1896年（30岁时）赴英国讲学，以向西方传播吠檀多哲学。后去美国，并在欧美定居了25年之久，专门从事传授吠檀多哲学和印度文化的工作。他一生留下大量的学术著作，其中有：

《吠檀多哲学》（*The Vedanta Philosophy*）

《吠檀多对宗教的态度》（*Attitude of Vedanta towards Reli-*

gion）

《哲学与宗教》（*Philosophy and Religion*）

《二十一世纪的宗教》（*The Religion of Twentieth Century*）

《证悟自我》（*Self-Knowledge*）

《业的学说》（*Doctrine of Karma*）

《瑜伽心理学》（*Yoga Psychology*）

《如何成为一个瑜伽行者》（*How to Be a Yogi*）

《人的神圣遗产》（*Divine Heritage of Man*）

《印度与印度人民》（*India and Her People*）

1966 年，在阿贝德南达一百年诞辰之际，罗摩克里希那传教会在印度和海外的许多分会都为他举行了隆重的纪念活动。同年，在加尔各答专门出版了一本《斯瓦米·阿贝德南达百年诞辰纪念文集》（*Swami Abhedananda Centenary Celebration Souvenir*）。

一　"万能的吠檀多"

阿贝德南达继承和发展了罗摩克里希那和斯瓦米·维韦卡南达改革传统吠檀多的思想，对古代吠檀多哲学进行了广泛的研究和探讨。他从本体论、认识论、心理学、人生观、道德观等角度重新解读传统吠檀多，并以新的视角阐述了吠檀多哲学与宗教、科学之间的关系。他论述的各种哲学问题都与现实社会紧密相连，尤其是与现代科学相联系。因此，他的吠檀多是一种新型吠檀多，是印度新吠檀多思潮中的一股重要力量。

阿贝德南达的新吠檀多思想的一个重要特点，就是鼓吹吠檀多是世界上最完善的思想体系，是哲学发展的顶峰，是万能的、包罗万象的真理。他把吠檀多哲学与欧洲哲学做比较，认为吠檀多与欧洲哲学在许多方面都是一致的，而且在一些方面比欧洲哲学更优越。用他的话说：

> 吠檀多已经上升到人类理性所能达到的哲学思维的最高点……吠檀多哲学比康德的哲学体系更优越，因为它认识到了康德没能认识到的客观实体的真实性……[1]

他还把吠檀多与科学紧密联系在一起，认为吠檀多是符合科学的，甚至比唯物主义更具有科学性。他说：

> 吠檀多比唯物主义的科学一元论更合乎逻辑、更科学。吠檀多使宗教具有科学的基础，因为它利用科学来解释宗教……如果我们把逻辑的法则运用到世界现存的各种宗教上，我们每走一步都会发现，它们在理性的论据面前不能坚持下去并且会瓦解分裂。除了万能的吠檀多宗教，任何一种宗教都经受不起逻辑和科学的考验。在万能的吠檀多宗教这里，科学与宗教之间的冲突消失了。[2]

在阿贝德南达看来，吠檀多与科学所揭示的一切真理都保持着完美的和谐。为了证明这一点，他最常引用的一个论据就是：吠檀多所依据的是"多样性的统一"原理，因为这个原理符合现代科学，与现代科学的真理不仅不相矛盾，而且是一致的。他说：

> 世界上只有一种宗教教会了我们有关多样性的统一的真

---

[1]　Swami Abhedananda, *Philosophy and Religion*, Calcutta: Advaita Ashram Press, 1951, p. 18.

[2]　Swami Abhedananda, *The Religion of Twentieth Century*, Calcutta: Advaita Ashram Press, 1955, p. 33.

理——这就是吠檀多宗教。它始于史前期，至今大约有五千年的历史了。但是，这种宗教今天还适用于世界。①

二　吠檀多是"哲学与宗教的统一"

因为阿贝德南达确认吠檀多是"万能的"，所以他就从多方面对此进行论证。他在这里所说的"万能"，包含两层意思：第一，指吠檀多是普遍适用的，适用于一切领域和一切地方；第二，指吠檀多在内容上是无所不包的、无所不有的。为了说明吠檀多的这种万能性，他首先论证了吠檀多与宗教的关系，认为吠檀多既具有哲学的功能，又具有宗教的功能，吠檀多就是"哲学与宗教的统一"。

宗教的功能是什么？阿贝德南达认为，宗教虽然有许多功能，但其中一个重要的功能就是：人类理性力求通过宗教来揭示和说明世界上各种现象产生的秘密和根源。从这种意义上说，宗教的功能与哲学的功能是完全一样的。哲学的目的和作用就是认识真理、实践真理，具体地说，也就是说明和解释世界上一切现象产生的根源。但是，哲学与宗教所不同的是，哲学首先要建立一个认识真理的方法或手段的理论体系，然后才能在实践上实现这种真理。从哲学与宗教功能相同的角度上看，阿贝德南达指出，哲学与宗教只是一个整体的两个不可分割的部分。对此，他打了一个生动的比喻：

在认识这棵大树上，哲学是花朵，宗教是果实。哲学是宗教的理论方面，而宗教是哲学的实践方面。哲学与宗教永

---

① Swami Abhedananda, *The Religion of Twentieth Century*, Calcutta: Advaita Ashram Press, 1955, p. 25.

远应当相互协调，因为两者都是要认识最高的实体。①

阿贝德南达认为哲学与宗教不可分离的观点，是与他的印度文化背景分不开的。众所周知，印度自古以来就是一个笃信宗教的国度，印度教、佛教、耆那教、锡克教产自印度，后又从外面传入伊斯兰教、基督教、拜火教和巴哈伊教等，印度民众几乎没有不信教的。印度古代的各种哲学学说（除顺世论外）无一不依附于宗教，为宗教的目的做理论论证，作为宗教教义的理论依据。因此，在印度，宗教与哲学是不可分割的。吠檀多哲学是古代印度教的六大哲学流派之一，但是从中世纪以后，特别是商羯罗宗教改革以后，其他哲学流派逐渐衰退，而吠檀多却上升为印度教的主导意识形态，在印度教思想中占据统治地位。正是由于这种原因，阿贝德南达才断言吠檀多是哲学和宗教的统一。他说：

　　因此，当我们讲吠檀多哲学的时候，我们指的就是，它既是哲学，又是宗教。在印度虽然有许多其他的哲学体系，但是吠檀多是其他一切体系的指导原则。②

又说：

　　从远古的时代起，印度就是产生哲学家的国度。在这里，几乎可以看见一切宗教和哲学的表现形式，从低级的形式一直到高级的形式。不仅在古代，而且在现代世界，到处可以发现这些形式。③

---

① Swami Abhedananda, *Philosophy and Religion*, Calcutta: Advaita Ashram Press, 1951, p. 20.

② Ibid. , p. 63.

③ Ibid. .

为了证明吠檀多是"哲学与宗教的统一"，阿贝德南达非常重视从宗教的角度阐述吠檀多。他认为，吠檀多不仅是古代的宗教学说，而且是一种适用于现代社会需要的宗教学说。他甚至把吠檀多看作 20 世纪人们所需要的一种最完美的信仰学说。原因何在？在他看来，吠檀多论有三大特点：一是，与"唯心主义一元论哲学相一致"；二是，与"现代科学所揭示的一切真理保持一致"；三是，与"世界上一切伟大的哲学家的最终结论保持一致"。由于这三个特点，吠檀多才能成为 20 世纪人们所需要的信仰形式。

他特别强调吠檀多的唯心主义一元论性质。他指出，吠檀多是以"多样性的统一"为理论基础的。这种理论认为，世界的各种现象为"多"，但是这些现象皆产生于"一"，它们的存在和发展依赖于"一"，最终又回归于"一"，这个"一"就是最高精神本体——梵。所以，按照吠檀多的观点：万物（多）统一于梵（一），梵是一种永恒不变的精神本体，故，万物统一于精神。这就是吠檀多的客观唯心主义本质。从这种客观唯心主义立场出发，阿贝德南达经常批判唯物主义。他认为，唯物主义是一种片面的、有限的学说，不能认识真理。用他的话说：

> 唯物主义的理论是一种逻辑错误的理论，因为它的基础混淆了客体与主体。它确认物质是客观存在的，同时又试图说明物质也是主观的原因，但是物质永远不可能是主观的。[①]

在他看来，吠檀多虽然是一种宗教学说，但是它在内容上比其他任何一种宗教理论都更广泛博大，能容纳其他所有的理论和学说，是包罗万象的。他说：

---

① Swami Abhedananda, *Self-Knowledge*, Calcutta：Advaita Ashram Press, 1958, p. 62.

我们不能把吠檀多局限于某一种过去的、现在的或未来的"宗教学说"之中。任何一种"宗教学说",如有神论、一神论、自然神论、泛神论都不能容纳吠檀多的所有的概念,但是吠檀多不仅能够容括有神论或一神论的学说,而且还能容括自然神论、泛神论或一元论的学说……这些学说中每一种都只代表人的精神进化的不同阶段,而只有吠檀多才能代表所有的阶段。①

三　吠檀多是"哲学与科学的统一"

为了说明吠檀多是万能的,阿贝德南达还论证了吠檀多与科学的关系。他认为,吠檀多虽然很古老,但是它是与现代科学的原理相一致,能适用于现代社会。因此,吠檀多也是"哲学与科学的统一"。

为什么他要说明吠檀多与科学的关系呢?阿贝德南达长期生活在美国和欧洲,深知一百多年来科学技术所取得的伟大成果,也了解科学技术给西方人民生活带来的巨大变化以及对人们意识、心理和行为的深刻影响。他要向西方人宣传吠檀多思想,就不能回避科学的影响和作用。因此,他想方设法说明吠檀多与科学的一致性,力求把一个符合现代科学精神的吠檀多哲学呈现在欧美人民面前,使他们容易理解和接受吠檀多。他说:

20世纪可以称之为科学和理性的世纪。今天的科学引导着我们的思想和理智,我们现在的一切努力都是为了使我们

---

① Swami Abhedananda, *Attitude of Vedanta towards Religion*, Calcutta：Advaita Ashram Press, 1947, p. 25.

的生理和心理活动符合现代科学所揭示的规律。今天，我们共同的任务就是要把科学真理运用到我们日常的生活和工作中去。①

现在民众的眼界已经被科学的真理打开了，因此，世界也需要宗教与科学的绝对和谐。②

阿贝德南达认为吠檀多哲学是"真正的哲学"。他的"真正的哲学"的标准是什么呢？在他看来，凡是属于客观唯心主义一元论体系的哲学就是"真正的哲学"，因为吠檀多属于客观唯心主义一元论，所以是"真正的哲学"。他还解释说：

真正的哲学应当创造出一种在本质上最简单的理论，这种理论能够说明只认识现象世界的科学所永远不能说明的一切生命问题，这种理论能够与万能宗教的最高形式协调一致，而不损害人类灵魂要求升华的努力。③

既然吠檀多是"真正的哲学"，那么"真正的哲学"的作用是什么？他列举了"真正的哲学"三个最主要的功能：第一，"真正的哲学"能够协调各个单独科学学科所获得的成果，并在这种协调的基础上进行再思考，以求得到最广泛、最高度的哲学概括。阿贝德南达认为，在"真正的哲学"中哲学与科学是相互统一的：哲学是以科学的成果为基础的，在科学成果的基础上进行再思考再概括；从某种角度讲，哲学比科学站得更高，看得更远。他说：

---

①　Swami Abhedananda, *The Religion of Twentieth Century*, Calcutta: Advaita Ashram Press, 1955, p. 1.

②　Ibid., pp. 14 – 15.

③　Swami Abhedananda, *India and Her People*, Calcutta: Advaita Ashram Press, 1963, p. 38.

　　科学和它所属的各个分支可以把我们指引到某一点，却不能继续走下去；但是，科学止步的地方正是真正的哲学要开始的地方。①

　　第二，"真正的哲学"能够说明各种认识产生的原因。第三，"真正的哲学"能够把我们的理智引导到"绝对"的领域，只有到达"绝对"领域才能解释生与死的问题，以及说明宇宙的起源、人的本质和人类的进化等问题。阿贝德南达还从吠檀多哲学的角度说：

　　　　只有当"真正的哲学"（吠檀多）把我们的心智引导到"无限者"的时候，它就能帮助我们从无知和利己主义的限制中解放出来，因为无知和利己主义的限制使我们陷入痛苦之中。②

　　按照阿贝德南达的逻辑，"真正的哲学"是与科学相互统一的，它能够协调各科学学科的成果，并在此基础上进行高度的概括和总结，最终获得哲学的结论。吠檀多就是这种"真正的哲学"的最高代表或体现，它与科学相一致，所以它是"哲学与科学的统一"。在他看来，吠檀多不仅是"哲学与宗教的统一"，而且是"哲学与科学的统一"。因此，在吠檀多中哲学、宗教和科学达到了和谐和统一。在一般人看来，宗教与科学是相互矛盾或对立的。但是，阿贝德南达力求消除宗教与科学之间的矛盾，使宗教和科学统一于他的吠檀多哲学中。他试图把一个与科学没有矛盾的，把哲学、宗教和科学融为一体的吠檀多呈现在西方人面前，让那

①　Swami Abhedananda, *India and Her People*, Calcutta: Advaita Ashram Press, 1963, p. 40.

②　Ibid. .

些深受科学影响的西方人也能相信吠檀多、接受吠檀多，从而使
以吠檀多为代表的印度文化走向世界。

四   "证悟自我"是吠檀多的基本特征

阿贝德南达主张吠檀多是一种完善的、普遍适用的、万能的宗
教哲学体系，但是在论证这个问题时却遇到了一个困难：吠檀多内
部有许多不同的学说，如不一不二论（bhedābheda）、不二论（ad-
vaita）、制限不二论（visista advaita）、清净不二论（sūddhādvaita）、
二元论（dvaita），等等，每一种学说都有自己的理论和思想，这样
就产生了一个问题：吠檀多各学说所共有的普遍特征是什么呢？

阿贝德南达的前辈罗摩克里希那和师兄斯瓦米·维韦卡南达
在说明吠檀多的性质时也遇到了同样的问题。为了找到不同吠檀
多学说的共同特点，他的导师罗摩克里希那指出："瑜伽经验"是
吠檀多不同学说所共有的特点，吠檀多的每一种学说都是"瑜伽
经验"不同阶段或不同等级的反映，它们具有以心理经验或体验
为基础的统一性。斯瓦米·维韦卡南达则从另外的角度进行了阐
述，他的观点是：吠檀多每一种学说都是与吠檀多真理从低级向
高级发展过程中某一阶段相适应的，它们之间具有思想逻辑上的
统一性。

在这方面，阿贝德南达吸收了罗摩克里希那和斯瓦米·维韦
卡南达的某些观点并加以发展，最终提出一种特殊的瑜伽过程或
体验——"证悟自我"乃是吠檀多各派学说所共有的特征。他认
为，只要把"证悟自我"的体验或概念解释清楚，就可以消除各
派吠檀多之间的分歧，并把各派的观点综合到一种学说中。这种
学说代表吠檀多的"最高真理"，它就是吠檀多不二论。为了说明
"证悟自我"的重要性，他专门写了一部研究这个概念的著作——
《证悟自我》。在此书的前言中，他指出：

……证悟真正的"自我"永远是吠檀多哲学与宗教最根本的课题……奥义书中提到的那些伟大的激励人心的预言家们，已经发现了这个问题并教导我们：证悟"自我"是包括科学认识、哲学认识和宗教认识在内的一切认识的基础。①

又说：

每一个想得到知识的人……首先必须学会分清精神与物质、灵魂与身体的差别，然后他才能认识作为宇宙永恒基础的、无所不知的"神圣自我"。②

什么叫"证悟自我"？在讨论这个概念之前，首先要弄清楚什么是"自我"。阿贝德南达在这里所说的"自我"（Self），其实指的就是古代吠檀多所说的"我"（âtman，阿特曼）。在传统吠檀多不二论中，宇宙的最高本体——"梵"和人的精神本体——"我"或称"灵魂"在本质上是同一不二的。每个人之中的"我"都是"梵"在人世间的显现，就像同一个太阳映现在不同水罐中的影子，同一个月亮映现在不同湖泊中的倒影。"梵"与"我"之间的关系，就如同太阳与其影子，它们同源、同根、同性，在本质上是同一不二的。因为"梵"具有"真·智·乐"（真存在—智慧—欢喜）的本性，所以人体内潜在的"我"也具有"真·智·乐"的本性。许多新吠檀多论者甚至把这种人内部潜在的本性进一步扩展，认为人在本性上不仅是真诚、智慧、欢乐的，而且是善良、充满仁爱和同情之心的。那么，人为什么会有痛苦和

---

① Swami Abhedananda, *Self-Knowledge*, Calcutta: Advaita Ashram Press, 1958, Preface, p. 3.

② Ibid. .

烦恼，为什么会犯各种罪恶呢？吠檀多论者认为，根源在于人外在的肉体，肉体的自私性质遮盖了人内在的精神本性——"我"，使它的光辉显现不出来。外在的肉体有眼、耳、鼻、舌、身五种感官，这些感官与外部世界相接触，便产生对物质和物质生活的追求和迷恋，由此又滋生出自私、贪婪、嫉妒、仇恨、报复等不良的心理状态。故而，人便陷入永远不断的痛苦和烦恼之中。如何才能使人摆脱痛苦和烦恼呢？他们认为，只有通过瑜伽修炼，克制或消除肉体的自私性，证悟或揭示被肉体遮盖了的内在的精神本性——"我"，让人先天固有的真·善·美·智·喜的本性充分显现出来，到那时人就会彻底摆脱痛苦而获得永恒的欢乐。以上所述，就是吠檀多不二论所坚持的基本原理——"梵我同一"说。

阿贝德南达继承了传统吠檀多不二论的"梵我同一"说，他所讲的"证悟自我"就是通过瑜伽修行来体悟到自己内在的精神本质——"我"，并把它唤醒和显现出来，让它释放出人内部潜在的真诚、智慧、善良、仁爱和欢乐的本性。在他看来，"证悟自我"不仅是吠檀多不二论的特点，而且也是其他吠檀多学说的特点。其他的各种吠檀多学说也都主张"证悟自我"是人实现解脱的必要途径，并且阐述"证悟自我"的过程和经验，只不过它们各自表述的方式有所不同。因此，"证悟自我"可以说是各派吠檀多学说所共有的基本特点。

在这里应当指出，印度近现代的新吠檀多论者大都受过英国教育并且能用英文进行写作，因此在他们的著作中对吠檀多术语——"我"的表述，一般不用英文"I"，而用英文"Self"或梵文"ātman"，因为"I"所表达的"我"和吠檀多哲学中说的"ātman"完全不是一回事儿。为了避免误解，近现代吠檀多论者用大写的"Self"代替梵文的"ātman"，来表述"我"。此外，在近现代印度哲学中，表述"我"的时候，常有以下三种情况：第一，用英文"Ego"，代表"肉体的我"，可译为"私我"；第二，用"Self"（"自我"），代表人内在的精神本性——"阿特曼""小我"或灵魂；第三，用"The Absolute""The Infinite""God""One""The Spirit"等，来代表吠檀多中的"梵"或"大我"。

我们举个例子：阿贝德南达所写的 Self-Knowledge 一书，他用"Self"一词就是指"阿特曼"或"小我"，我们可以把它译成《对"自我"的认识》。但是，按照吠檀多的观点：对"我"的认识，不同于一般的感性认识和理性认识，而是一种特殊的、内向的、直觉的体悟、感悟或证悟，因此译成《证悟自我》更为确切。

那么，如何来证悟自我呢？阿贝德南达指出，只有通过瑜伽的方法。因为证悟自我的过程高于我们的感性和理性认识，因此必须借助高于理性的方法，这种方法就是瑜伽。他说：

> 如果我们要证悟绝对的自我或阿特曼，我们就必须掌握理智以外的高于理智的方法。[1]

又说：

> 因此，对"我"或阿特曼的认识是高于一切的认识。这种认识是瑜伽科学的理想，也是人生的目的……我们如何才能实现这种认识呢？不能靠书本，不能靠对表面世界的认识，而只能靠对我们自身的研究，并且借助各种瑜伽的形式，在实践中加以实现。[2]

---

[1]　Swami Abhedananda, *Self-Knowledge*, Calcutta：Advaita Ashram Press, 1958, Preface, p. 96.

[2]　Swami Abhedananda, *How to Be a Yogi*, Calcutta：Advaita Ashram Press, 1962, pp. 16 – 17.

为了在美国宣传和推广瑜伽，提高西方人对瑜伽修行的兴趣，他写了许多介绍瑜伽理论和方法的书，其中有一本书，名为《如何成为一个瑜伽行者》。在该书中，他不仅说明瑜伽的本质和实践方法，而且还把瑜伽与西方的民主和人道主义思想结合起来，认为瑜伽活动也包含着民主和人道主义的因素。此外，为了吸引更多的西方人修习瑜伽，他还论证基督教徒所崇拜的耶稣·基督就是最好的瑜伽行者。他说：

> 如果我们要理解耶稣禁欲的性质和他创造奇迹的事业，摆在我们面前最可靠的方法，就是研究瑜伽科学，并且实践这种科学。[①]

概而言之，阿贝德南达新吠檀多学说的突出特点，就是在继承传统吠檀多不二论的基础上，结合现代科学、社会现实问题和西方人的心理特征，全面阐述吠檀多哲学是世界上最完善的、适用于一切地方的、能够解决各种社会问题的、万能的思想体系。他在欧美广泛宣传吠檀多思想、瑜伽理论和实践方法，为吠檀多哲学和印度文化走向世界、为东西方文化的交流和融合做出了特殊的贡献。因为他在欧洲和美国生活了 25 年之久，所以他在向西方传播吠檀多和瑜伽思想方面所做的贡献，是其他印度哲学家所无法比拟的。

---

① Swami Abhedananda, *How to Be a Yogi*, Calcutta: Advaita Ashram Press, 1962, p. 188.

第九章 赛义德·阿赫默德·汗的哲学与民族主义

赛义德·阿赫默德·汗（Syed Ahmad Khan，1817—1889）是19世纪印度重要的宗教改革家、政治家和教育家，也是近代穆斯林启蒙运动的倡导者和领袖。由于他主张用现代主义观点解释《可兰经》和伊斯兰教义，因此在伊斯兰世界，他又被称为"伊斯兰现代主义的主要代表"。赛义德的哲学、宗教改革和社会思想以及他领导的阿里加运动，不仅对印度社会的发展，而且对伊斯兰世界的发展都产生了不可忽视的影响。

赛义德于1817年10月17日出生于德里的一个穆斯林贵族家庭，他的祖父曾在莫卧儿宫廷担任高官并受到皇帝的器重，他的外祖父也在宫廷做过高官。因此，他从小过着贵族生活，在家里接受家庭教师的教育。他掌握了波斯语和阿拉伯语，也学习过数学、天文学和医学，并背诵《可兰经》，接受穆斯林的正统教育。1838年其父去世后，他承担起家庭的重担，开始到东印度公司任职。他在北印度的许多地区担任东印度公司下属的地方法庭的法官等职，一直到1870年退休。退休后，专门从事宗教和社会改革活动。1871年，创办《穆斯林社会改革家》杂志。1875年，在阿里加创建英国—东方伊斯兰学院。1878年，他被任命为英属印度总督立法会议委员。1883年，他创立了穆斯林市民服务基金会。

1886 年，建立全印度穆斯林教育委员会，提出了二十点教育与社会改革的纲领。1888 年，在德里被英属印度政府授予爵士头衔。1889 年 3 月 27 日去世。

其主要著作有：

《古兰经注释》
《忠诚的印度穆斯林》
《一个穆斯林对圣经的注释》
《印度叛乱的原因》

赛义德·阿赫默德·汗是印度近代伊斯兰教改革运动的主要倡导者和领导人。在论述他的思想之前，我们有必要先介绍一下印度近代伊斯兰教改革运动。

一　近代伊斯兰教改革运动

印度近代伊斯兰教改革运动开始于 19 世纪六七十年代，其起步大约要比印度教改革运动晚近半个世纪。当 19 世纪初罗姆莫罕·罗易在孟加拉建立梵社，掀起印度教改革运动和启蒙思想运动的时候，印度的穆斯林社会还处于相对平静的状态，基本上没有卷入当时的改革运动，只有个别的穆斯林知识分子参加到了印度教徒建立的社会组织中，但是因为人数很少，影响不大。

印度伊斯兰教改革运动起步晚，是有其深刻的政治、经济和社会原因的。从政治上说，英国殖民者入侵印度后，打击的主要对象是莫卧儿王朝的穆斯林统治者。莫卧儿王朝是印度最后一个封建帝国，其统治者是信仰伊斯兰教的穆斯林贵族，他们掌握着国家政权，在政治、经济和文化上都享有种种特权。英国人的入侵首先损害的就是穆斯林当权者的政治和经济利益，因此他们对英国殖民者有着刻骨的仇恨，对英国人的反抗也格外激烈。英国人刚一进入印度，就把穆斯林视为主要敌人，执行重点反穆斯林的政策，在录取官员和商业活动中有意排挤穆斯林。印度穆斯林上层统治者对英国殖民当局抱着敌视态度，对伴随英国人而来的西方思想和文化也采取排斥的心理。

在经济方面，印度穆斯林也比印度教和拜火教信徒（帕西族）落后。由于英国殖民当局在工商业方面有意排斥穆斯林，再加上穆斯林自身的封闭和保守，因此到 19 世纪中叶，当印度教徒和拜火教徒中出现了许多工商业资本家的时候，印度穆斯林从事工商业的人还比较少，只是在孟加拉、孟买和信德等地有少量的穆斯林商人。整个穆斯林社会在经济活动上仍处于落后状态。

在文化和思想上，印度穆斯林对西方文化和思想一直怀着抵制的态度。尤其是穆斯林上层贵族，原来在文化上处于唯我独尊的地位，他们视伊斯兰教为至上权威，仇视基督教的思想文化，不愿意学习英语和接受西方式的教育。穆斯林上层的这种态度自然会影响到整个穆斯林社会。因此，当印度教徒的子女纷纷上现代大学，学习英语和西方科技文化的时候，穆斯林却很少有人上大学。据当时统计，1871—1872 年度孟加拉有 1287 名大学生，其中只有 52 人是穆斯林，仅占 4%。1878 年，在全印度学习法律、文学、工程、医学等学科的大学毕业生中，印度教徒为 3115 人，穆斯林为 52 人，约占 1.7%。[①]到 19 世纪中叶，由于政治、经济和文化等方面的原因，印度的穆斯林社会还处于封闭、保守和落后的状态，因此他们的宗教改革和思想启蒙运动起步得也比较晚。

1857 年，印度爆发了印度教徒与穆斯林联合起来反对英国殖

① 林承节：《印度近现代史》，北京大学出版社 1995 年版，第 283 页。

民统治的大起义。这次起义虽然被镇压了下去，但是对英国在印度的统治造成巨大的冲击和震动。大起义之后，英国人意识到印度教徒的反英势力逐渐强大，印度民族主义运动的主体是印度教徒，而不是穆斯林。为了防止印度教徒与穆斯林联合起来反对政府，英国殖民者改变了原来重点打击穆斯林的策略，开始采取"分而治之"的政策，即拉拢穆斯林上层，利用穆斯林制约印度教徒的反英活动。殖民政府这种政策的实施，对以后印度穆斯林改革运动和民族运动的发展都产生了重要影响。

19世纪六七十年代，在印度教改革运动的影响下，穆斯林的一批先进人士也掀起了印度伊斯兰教的改革运动。尽管当时穆斯林社会中了解西方文化的知识分子还比较少，但是这些掌握了英语并具有西方先进思想的知识分子，已经强烈地意识到穆斯林社会的落后和保守，要改变这种状况，则必须进行宗教改革，吸收西方的科学和文化。尤其是1857年印度民族大起义的失败更进一步促进他们的觉醒，他们认识到莫卧儿王朝伊斯兰政权的衰败和崩溃，不仅由于英国人的强大，更主要的是因为自身的落后和无能，因此要振兴穆斯林社会，就必须学习西方科学技术，革除伊斯兰教的陈规陋习，启迪和教育广大民众，使民众树立起自强自尊的民族精神。为此，这批先进的穆斯林知识分子首先发起了印度近代伊斯兰改革运动。

在这批穆斯林改革家中，主要代表人物有北印度的赛义德·阿赫默德·汗（Syed Ahmad Khan，1817—1889）、孟加拉地区的阿布杜勒·拉蒂夫（Abdal Al – Latif，1863年前后）、赛义德·阿米尔·阿里（Syed Amir Ali，1849—1928）等。他们的改革思想和活动涉及宗教改革和社会改革诸多方面，如重新解释经典、变革落后习俗、推广现代教育、学习西方科技、要求民族平等和发展经济等。在宗教改革方面，他们力图用现代思想重新解释《可兰经》，使其适应时代的需要，要求改变伊斯兰教的陈腐教义教规，抛弃盲从和迷信，革新不合理的仪礼，取消多妻制，解放妇女，把宗教教育与世俗教育结合起来。在经济方面，他们主张发展工商业，促进贸易，采用西方先进科学技术，在农业上推广现代科学耕种方式等。倡导现代教育、传播西方思想文化是他们最突出、最有成果的活动。他们提倡穆斯林学习英语，研究自然科学；创办报纸杂志，宣传西方思想文化；建立翻译社，把大量西方著作由英文翻译成乌尔都文，在穆斯林中推广；在各自的地区开办各种现代学校，包括中小学和大学，鼓励穆斯林子弟上学，接受现代教育，等等。

1863 年，阿布杜勒·拉蒂夫在加尔各答建立了第一个印度穆斯林启蒙社团——文学社，其宗旨是倡导和鼓励穆斯林学习英语，了解和研究现代思想和知识。1864 年，赛义德·阿赫默德·汗在德里创建翻译社，后更名为科学社，目的是把西方著名的哲学、经济学、法学和科学著作翻译成乌尔都语，向穆斯林民众推广和传播。1869 年，他亲自去英国，考察西方的政治和教育制度，了解西方的社会与文化。1871 年回国后，他在德里创办《道德与修养》杂志（此杂志英文名字翻译为《穆斯林社会改革家》），积极宣传西方科学技术和先进思想。1875 年，赛义德在阿里加建立了印度穆斯林第一所现代大学，名为"英国—东方伊斯兰学院"。这所学校最初只开设中专班，1878 年才开设大学班，即后来著名的阿里加大学。该校陆续为穆斯林社会培养出一批批知识分子，这些具有先进文化和知识的青年知识分子后来则成为印度穆斯林政治斗争和民族主义运动的骨干。

历史学家阿济兹·艾哈迈德在评价阿里加大学时说：

　　这所英国—东方伊斯兰学院在赛义德去世后成为穆斯林大学。它成为穆斯林政治领袖的摇篮，也成为穆斯林官僚的培养基地。即使在今天，它也是印度共和国穆斯林学术权威性的堡垒。①

印度近代伊斯兰教改革运动虽然比印度教改革起步晚，而且
规模也小，但是它在印度近代思想史上却占有重要的地位。尤其
像赛义德·阿赫默德·汗这样的思想家和他领导的阿里加运动对
20世纪穆斯林社会的进步，以及整个印度社会的发展和民族主义
运动的演变都产生了深远的影响。

二　用现代思想解释伊斯兰教义

赛义德·阿赫默德·汗对近代印度伊斯兰教的改革和发展做
出过突出的贡献。他是最早掌握英语，接受西方文化的少数印度
穆斯林知识分子之一，他很早就意识到穆斯林的宗教和社会存在
着严重的危机。特别是1857年印度民族大起义的失败，加重了他
的这种危机感。他认识到英国人正在采取各种手段强迫印度人放
弃和改变自己的宗教，印度的穆斯林有亡种亡教的危险。他在
《印度叛乱的原因》一书中，明确地表达了这种观点：

> 毫无疑问，所有的印度人，无论有文化还是没文化的，
> 高等的还是低等的，都会强烈地意识到，英国政府一心想干
> 涉他们的宗教，干预他们古老的习俗。他们相信，政府力图
> 把基督教和外国的习俗强加于印度教徒和穆斯林身上。这正
> 是引发印度大起义的各种从属原因中最重要的一个。每个人
> 都会感觉到政府正慢慢地，但确实在发展这样的计划。但是，
> 政府在这方面采取的每一个步骤都是谨慎的。因此，有人认
> 为，政府不会说要立刻强迫穆斯林改变信仰。然而，一旦政

---

①　转引自［澳］A. L. 巴沙姆主编《印度文化史》，闵光沛等译，商务印书馆1997
年版，第568页。

府感觉到自己的强大并下决心这样做的时候，它就会抛掉自己的面纱。人们都以为，我们的政府不会公开强迫人们改变自己的信仰。但是，这种计划是存在的，具体的步骤已经开始实施了。可以设想，政府将不允许人民掌握有关自己信仰的知识，制造国民的贫穷和贪婪，创造他们改变信仰的条件，并雇用他们为政府服务等。①

赛义德一方面认识到殖民政府想强迫印度人改变自己的信仰，另一方面也清醒地认识到印度穆斯林社会的落后和保守，以及伊斯兰教的盲信、狂热和自以为是。因此，他认为在伊斯兰教与基督教和西方文化的对抗中，伊斯兰教明显地处于劣势，伊斯兰教必须打破自己的封闭状态，学习和吸收西方文化中优秀和先进的东西，改变盲信和愚昧，及早地适应社会和时代的需要。他说：

> 在我们穆斯林中间有一种严重的缺点在发展着，这种缺点有的时候表现为一种错误的品德观念：我们把盲信和狂热视为某种优点，凡是表现出极端宗教狂热的，蔑视其他宗教信仰、贬低其他宗教的艺术和科学的人都被看作值得称赞的人，是坚定的正统派信徒。然而，这种思想方式是一种巨大的错误。事实上，这种态度正在毁灭我们穆斯林。②

为了复兴穆斯林的宗教与社会，他主张伊斯兰教必须改革，必须抛弃盲目的信仰，学习现代科学，使宗教与科学协调起来。他在给友人的一封信中明确表示：

---

① N. Jayapalan, *Indian Political Thinkers-Modern Indian Political Thought*, New Delhi: Atlanta Publications, 2000, p. 327.

② Ibid. , p. 326.

亲爱的兄弟，听着，现在不是我向你隐瞒自己观点的时候。我坦率地告诉你，如果我们的人民不抛弃盲目的信仰，不能从《可兰经》中寻找到特殊的启示和有关先知的可靠的传说，不能使我们的宗教与现代科学相协调的话，那么，伊斯兰教就将从印度消失。正是由于对伊斯兰教未来的担忧，我才被迫开始从事这一切研究，并不考虑传统的常规旧律。①

赛义德指出，出于"对伊斯兰教未来的担忧"，他才"开始从事这一切研究"。他所谓的"研究"，就是对伊斯兰教哲学、教义和《可兰经》的"研究"和"重新解释"，以使伊斯兰教尽快跟上时代的发展、适应社会的需要。这种"研究"过程，实质上就是他提出新的哲学思想和进行宗教改革的过程。

赛义德的哲学和宗教思想主要来自东西方两个方面的影响。一是，印度中世纪著名伊斯兰教思想家瓦利乌拉（1703—1762）的影响。瓦利乌拉虽然坚持伊斯兰教的基本信仰，但是主张改革，批判伊斯兰僵化和保守的观点，重新解释《可兰经》，以使之适应时代的发展。二是，西方思想和自然科学的影响。赛义德是最早接受西方文化的穆斯林知识分子之一，他长期在东印度公司工作并亲自去英国考察，这期间他深刻地感受到西方科学文化的先进和强大，认识到只有向西方学习，吸收西方先进的东西，并用它来改造伊斯兰思想，才能使伊斯兰教真正复兴起来。

他的哲学和宗教改革思想主要体现在他用西方自然主义和理性主义的观点重新解释伊斯兰教义。一般认为，科学与宗教是相互矛盾的，科学甚至"像严寒会杀死幼弱植物一样，也会毁灭宗教"。

但是，他反对这种说法，认为伊斯兰教义与科学是不矛盾的，

① N. Jayapalan, *Indian Political Thinkers-Modern Indian Political Thought*, New Delhi: Atlanta Publications, 2000, p. 327.

两者是相互协调的。在他看来，伊斯兰教不仅是一种信仰，而且是一种真理；伊斯兰教既然是一种真理，就可以用人类的理性智慧来认识；伊斯兰教既然是真理，也必然与自然和自然法则相一致，可以用自然主义的观点来解释。真主是自然的第一原因或原动力，是自然万物和自然规律的创造者和设计者。既然自然界的一切都是真主创造的，那么它们必定符合自然的规律和法则。伊斯兰教经典《可兰经》不是别的，就是真主的言论或启示，因此它也必定与自然法则相一致，不存在违反自然法则的东西。赛义德的逻辑是：

> 《可兰经》是"真主之言"，自然界是"真主之成果"，因此"真主之言"和"真主之果"之间不可能存在矛盾。[1]

他就是以这种理论作为其经注学的基础，对《可兰经》进行自然主义的解释，坚信伊斯兰教和经典是符合科学和自然规律的，也符合人类的理性原则。他甚至认为，人们在自然界，在认识自然规律的过程中，就可以证悟到最高之神——真主。他说：

> 从自然中人们接近了真主，从物理世界的统一规律中人们能悟到隐藏在背后的精神实在，人们能看到日月星辰按照固定不变的规律隐与现、升与落，并能透过自然的规律看到被掩盖着的造物主。[2]

赛义德非常推崇理性，认为理性主义传统是伊斯兰教所固有

---

① ［澳］A. L. 巴沙姆主编：《印度文化史》，闵光沛译，商务印书馆1997年版，第569页。

② 巴舍尔·阿赫迈德·达尔：《赛义德·阿赫默德·汗的宗教思想》，巴基斯坦伊斯兰文化学院1957年版，第156页。

的，在他的著述中经常引用伊斯兰教历史上穆尔太齐赖学派、精诚兄弟社等"唯理派"的观点。他认为，人的理性是一种天赋的能力，借助这种能力人们可以对各种客观现象进行思考并做出正确的判断。因此，人的理性也是检验和判断一切宗教权威的准则。为了说明伊斯兰教符合人类的理性原则，他还用西方生物学的观点考察人的理智，认为理智是人的一种自然的认识能力，这种能力是不够完善的，需要宗教的"启示"来补充。因此，他认为《可兰经》作为"真主之言"或宗教的"启示"，它是与人类的理性原则相一致的，可以补充人的理性的不足。

赛义德还主张用现代主义的观点来解释伊斯兰教法。因为伊斯兰教法是以《可兰经》为根本依据的，是穆斯林一切社会行为的最高规范，因此他认为，如果要修订社会立法，就必须根据时代和社会的需要，对经典进行灵活变通的解释。赛义德用现代科学和理性主义的观点重新解释《可兰经》，并花大量时间撰写《可兰经注释》一书，其目的就是要实现改革法制的目标。另外，他认为，作为第二法源的圣训也需要重新甄别。在他看来，圣训成书于9世纪，由于当时历史的原因，该书的内容庞杂、真伪不分，再加上早年的圣训学家力图广泛收集，很难做到去伪存真。所以，他主张，今天的人不宜把全部圣训作为法源，当今能够作为法源的只有三种类型的圣训，即符合《可兰经》精神的圣训、解释经典启示的圣训和补充《可兰经》律例的圣训。再者，有关教法传统中一些有争议的问题，赛义德也提出了自己明确的观点。例如，关于什么是"圣战"，他认为这是先知穆罕默德为了捍卫伊斯兰信仰和早期穆斯林的生存而进行的正当的自卫战争。关于奴隶制，他认为自由是"天赋人权"，是人不可缺少的权利，而奴隶制剥夺了人的自由权利，因此伊斯兰教是主张限制奴隶制和解放奴隶的。

在19世纪下半叶赛义德能用自然主义、理性主义和现代科学的观点重新解释《可兰经》和伊斯兰教法等，确实具有一种大无畏的反传统精神。因此，他的学说和观点遭到许多伊斯兰正统派学者的打击和辱骂，他们骂他为"异端者、自然主义者和唯物主义者"。但是，从社会发展的角度看，他的思想反映出时代的新声，代表着伊斯兰进步的思想潮流，因而对印度穆斯林社会的改革和进步产生了深刻的影响。

三　民族主义思想

赛义德·阿赫默德·汗不仅是著名的宗教改革家，而且是印度穆斯林社会中最早的民族主义者。他的民族主义思想有一个发展的过程，可以明显地分为两个阶段：前期强调印度教徒和穆斯林是"一个民族"，呼吁两者联合起来；后期则提出印度教徒和穆斯林是"两个民族"，认为两者很难联合在一起。他后期的民族主义学说带有强烈的教派主义色彩，对后来穆斯林社会的发展，以及伊克巴尔和真纳"两个民族"和"建立穆斯林国家"的理论都产生了重要的影响。

赛义德早期的民族主义思想超越了宗教的偏见和教派主义，认为印度教徒和穆斯林同属一个民族，应当联合起来，才能促进国家的复兴与进步。1883 年 1 月，他有一次著名的演讲，专门谈到穆斯林与印度教徒的团结问题，此演讲反映出他当时的民族主义思想。他说：

> 正像高级种姓的印度教徒来到印度并定居在这块土地之后，他们忘掉了他们原来的家乡在哪儿，并把印度看作自己的祖国一样，的确，穆斯林也有同样的经历……几百年前他们离开了自己的家乡来到这里，他们也把印度这块土地视为自己的祖国……我的印度教兄弟和我的穆斯林兄弟们，呼吸

着同样的空气，同饮恒河与朱木拿河的圣水，同吃神赐予这个国家的土地上长出来的粮食，同生同死。我充满信心地说，如果我们不考虑神的观念，那么在日常生活中印度教徒和穆斯林就是属于同一个民族……只有我们在思想上联合起来，相互同情，相互爱护，我们的国家才能进步。①

这段讲话很有名，经常被各种著作和文章所引用，它代表赛义德前期民族主义思想的精华。在他看来，穆斯林与雅利安印度教徒（高种姓印度教徒）一样，都是从别的地方迁徙到印度，长期定居在这里，并把印度视为自己的祖国。穆斯林和印度教徒在这块土地上共同生存，同饮一江水，同吃一块地里的粮食，就应当属于同一个民族。两大教派的信徒只有抛弃宗教的偏见，在思想上联合起来，共同奋斗，才能促进印度的复兴。在这次讲演中，他还做了一个十分生动的比喻，以说明两者团结合作的重要性：

> 我经常说，我们印度大地就像一位刚出嫁的新娘，她有一双美丽而明亮的眼睛：一个是印度教徒，一个是穆斯林。如果两只眼睛相互协调，那么新娘就会永远灿烂辉煌；如果两只眼睛有意向不同的方向看，那么新娘就会变成斜视，甚至会部分变盲。②

为了说明印度教徒和穆斯林同属一个民族，他还对"Hindu"一词重新作了解释。"Hindu"最初指"居住在印度河两岸的居民"，后来逐步演化为"信仰印度教的人"。赛义德根据自己的需要，又对这个词作了新的解释，他认为此词应当指"居住在印度

---

① Vishnoo Bhagwan, *Indian Political Thinkers*, New Delhi: Atma Ram & Sons, 1976, p. 95.

② Ibid. .

这个国家的居民"，不仅包括印度教徒，而且包括印度的穆斯林。如他所说：

> 正像雅利安人被称为 Hindu 一样，穆斯林也应称为 Hindu。这就是说，Hindu 是指居住在印度斯坦这个国家的居民。①

又说：

> 按照我的观点，Hindu 这个词不是代表任何宗教，每一个印度人都可以称为 Hindu。然而，我非常遗憾，虽然我是印度人，但你们不把我看作 Hindu……你们必须记住，在外国人眼里，我们都是印度人，无论我们是穆斯林还是印度教徒。②

此外，赛义德还对阿拉伯语的"Qawm"（民族或国家）一词作了自己的解释。他说：

> 简单地说，"Qawm"是指居住在这个国家的居民。印度教徒和穆斯林们，你们难道居住在印度之外的国家吗？穆斯林不也是埋葬在印度教徒火葬的那块土地上吗？如果你们同生同死在这块土地上，那么记住，印度教徒和穆斯林——这两个词只是用于宗教意义上，而不是其他意义上。生活在这个国家里的印度教徒、穆斯林和基督教徒同属一个民族。当所有的教派都被视为同一民族的时候，他们才能为这个民族

---

① Vishnoo Bhagwan, *Indian Political Thinkers*, New Delhi: Atma Ram & Sons, 1976, p. 96.

② Ibid. .

的共同利益而奋斗。①

后来，印度穆斯林学者 M. U. 哈克在评论赛义德的民族主义时说：

> 在赛义德·阿赫默德·汗以前，"Qawm" 这个词被用于除了民族以外的各种意义上，因为今天理解的"民族"概念在原来的印度还没有发展出来。一直到赛义德·阿赫默德·汗的著作中，"Qawm" 这个词才开始指"印度民族"，不管这个国家人民中各种宗教的、文化的和社会的差异。②

赛义德不仅在理论上论证了印度教徒和穆斯林是一个民族，而且在行动上也为促进两大教派的团结而努力。1884 年，他组织了穆斯林群众的一次集会，在会上他热情地赞扬孟加拉印度教知识分子在印度民族运动中的先锋作用。他说：

> 我承认，孟加拉人是我们国家中唯一让我们感到骄傲的人民。正是由于他们的努力，在我们国家中知识和自由正在增长，爱国主义的感情也不断扩展。我确切地说，他们是我们印度整个国家的骄傲。③

这些充满激情的话语生动地反映出，当时赛义德希望穆斯林与印度教徒相互理解、相互支持、共同奋斗的愿望。

但是，在 1885 年印度国大党成立以后，赛义德的民族主义思

---

① Vishnoo Bhagwan, *Indian Political Thinkers*, New Delhi: Atma Ram & Sons, 1976, pp. 95 – 96.

② Ibid. , p. 96.

③ Ibid. .

想发生了巨大的转变。确切地说，是在 1887 年以后，赛义德的言论和行动开始强调，印度的穆斯林由于宗教、文化和语言的原因而形成了一个单独的实体，印度教徒与穆斯林是"两个民族"，在两个民族中穆斯林不愿意处于"从属的地位"。有人说，从那时起他逐渐转变为一个教派主义者。他认为国大党只是"孟加拉人的组织"，不能代表所有印度人的利益，公开告诫穆斯林远离国大党。他说：

> 我不理解"国民大会"这个词意味着什么。它是否支持这种观点——生活在印度的不同种姓和不同信仰的人同属一个民族或成为一个民族，他们的目标和愿望是同一的吗？我想，这是不可能的。不可能有这样的一个"国民大会"，它也不可能代表所有民族的共同利益……我反对任何形式的"国民大会"，即使它把印度看作一个民族。①

关于印度教徒和穆斯林是"两个民族"，他明确指出：

> 假设现在所有的英国人都离开印度……那么谁将成为印度的统治者呢？在现在这种形势下，穆斯林和印度教徒——这两个民族能坐在同一个宝座上，保持同等的权利吗？肯定不能。两个民族中的一个必然要战胜另一个，压倒另一个。保持两个民族平等的愿望是不可能的，也是不可想象的。②

1888 年 1 月，他在给参加国大党的穆斯林政治家巴·提亚勃吉的一封信中说：

---

① Vishnoo Bhagwan, *Indian Political Thinkers*, New Delhi: Atma Ram & Sons, 1976, p. 97.

② Ibid., p. 98.

让居住在印度的不同种姓和不同信仰的人归属一个民族或者成为一个民族是困难的。我认为，再没有比国大党更不现实的了。[①]

在行动上，赛义德也表现出他的教派主义立场。为了维护印度穆斯林的利益，1886 年他倡导召开"全印穆斯林教育会议"。其目的有两个：一个是力图在穆斯林中推广西方式的现代教育；另一个是想效仿国大党，建立一个全国性的穆斯林组织，聚合穆斯林的各种力量，并阻止他们参加国大党。此会议一年召开一次，与国大党的年会几乎同时举行。1888 年，他联合伊斯兰教和印度教封建地主势力建立了"印度统一爱国者协会"，试图与国大党对抗。1890 年，他征集全国 70 个城市 40000 多名穆斯林联名上书英国下院，要求在立法会议组成上照顾穆斯林的利益。1893 年，他创建了"穆斯林英国—东方保卫协会"，这个组织是由穆斯林各界律师所组成，也具有对抗国大党的性质。

1887 年是赛义德民族主义思想转化的分水岭，此前他强调印度教徒和穆斯林是"一个民族"，而此后他又主张印度教徒和穆斯林是"两个民族"。为什么会产生如此大的变化呢？其原因主要有三。

首先，他不相信国大党能代表穆斯林的利益。他认为，国大党是印度教徒的组织，代表的是印度教徒的利益。即使穆斯林加入国大党，他们在国大党内也处于弱势，一旦国大党掌握了权力，穆斯林的利益也不能得到应有的保证。

其次，他的教派主义立场日益凸显。在他看来，在印度社会中穆斯林人口少，教育落后，政治上不成熟，经济上也不发达，因此如果穆斯林与印度教徒结盟反对英国人，只会导致穆斯林失

---

① 转引自 P. 哈罗伊《英属印度的穆斯林》，剑桥大学出版社 1972 年版，第 129 页。

去英国人的庇护，从而使穆斯林的利益受损。

最后，对英国殖民政府的"分而治之"政策抱有幻想。1857年以后英国人开始实施"分而治之"政策，力图拉拢穆斯林上层人士，照顾穆斯林的"特殊利益"，利用穆斯林来制约印度教徒的反英活动。赛义德两次被任命为英属印度总督立法会议委员，1889年又被英国人授予爵士勋章，他所建立的阿里加学院也曾得到过殖民政府的赞助。种种原因使他对英国的殖民政策抱有幻想，对殖民政府采取合作的态度，认为穆斯林如果与印度教徒联合起来，就不会得到政府的"特殊照顾"，会给穆斯林利益带来损失。尤其在1885年以后，赛义德担心国大党的迅速发展会影响穆斯林的利益，因此他从教派主义立场出发，公开宣传印度教徒和穆斯林是"两个民族"，以此来维护穆斯林的权益。

赛义德的"两个民族"论是印度近代这个特定历史条件下的特殊产物，它是一种特殊的民族主义理论，不仅包含民族主义的因素，而且也包含教派主义的因素。这种理论一开始并没有受到人们的重视，但是到了20世纪，随着印度民族主义运动的发展和印穆两大教派矛盾的激化，"两个民族"理论的影响越来越大，一直影响到1930年著名穆斯林诗人伊克巴尔提出"建立单独的穆斯林国家"、1940年全印穆斯林联盟通过"建立巴基斯坦国的决议"以及1947年的"印巴分治"。因此，"两个民族"论在印度近现代思想史上应当占有极为重要的地位。

四　教育思想

赛义德·阿赫默德·汗不仅是印度近代穆斯林改革家，而且是一位著名的教育家。他一直非常重视发展穆斯林的教育事业，他所创立的阿里加大学为穆斯林社会的发展培养了大批具有现代科学知识的人才。在他看来，莫卧儿王朝的衰败和英国人的入侵，主要原因在于印度穆斯林社会的落后、愚昧和保守。要彻底解决这个问题，就必须变革传统的教育方式，推广西方式的现代教育，学习先进文化，普及科学知识，使广大民众在思想和文化上逐步提高，跟上时代和社会的发展。因此，他对教育的重视程度高于同时代的其他思想家。在一次会议上，他曾说：

> 先生们，我不想谈政治，也不想追述以前一直谈论的政治论题。我的注意力一直集中在我的穆斯林兄弟的教育问题上，我预期教育会给我的人民，给印度斯坦，甚至给政府带来巨大的好处。现在，随着形势的发展，我认为有必要把我的观点明确地告诉我的穆斯林兄弟。[1]

归纳起来，赛义德的教育思想主要有如下几个方面。
——主张教育是第一重要的，发展教育是解决印度一切政治、经济和社会问题的灵丹妙药。他认为，发展教育比解决其他问题更重要，只要教育发展了，其他问题就可迎刃而解。1884 年 1 月 19 日，他在一个群众集会上说：

> 如果政府不给我们所期盼的那些权利，那么发展高等教育就是一件可以使他们给予我们这些权利的事情。[2]

——倡导发展现代教育。一开始他强调发展民族教育，要求学校用乌尔都语和波斯语讲授传统文化。在他看来，英国人在印度推行英语是不恰当的，因为一个人精通了英语以后，往往就对自己的语言和宗教不尊重了。后来，随着时代的发展，他的这种

---

[1]　N. Jayapalan, *Indian Political Thinkers-Modern Indian Political Thought*, New Delhi: Atlanta Publications, 2000, p. 328.

[2]　Ibid., p. 325.

观点逐渐在改变。特别是 1871 年他从英国考察教育归来以后，他的思想发生了根本的转变。从那时起，他开始大力提倡西方式的现代教育，包括学习英语，并通过英语学习自然科学和西方先进的思想与文化。

——提倡妇女接受教育。他曾多次要求政府必须加强穆斯林妇女的教育，以改善穆斯林妇女的地位和状况。他主张，应当开办妇女学校，教会她们进行各种手工艺劳动。

——重视提高教学质量。他说，不在于开办了多少所学校，关键在于改善和提高教学的质量。必须提高学校的教育质量和标准，质量往往比数量更重要。

——反对殖民政府控制教育。他认为，如果政府完全放弃对教育的控制，不干预教育问题，那么印度人就可以自由地开办各类学校，让更多的民众接受教育，从而对印度人民更有利。

——提倡社会集资，发展教育。他认为，在印度这个贫穷的国度中，要想发展教育，光靠政府不行，必须调动民间的积极性，通过社会的集资和集体的努力，开办学校和购买教学设备等。

赛义德不仅在思想和理论上倡导和宣传现代教育，而且在实践上也身先力行，大力开办现代学校。19 世纪 60 年代他创办了两所中学，70 年代在阿里加创办大学，培养出一批批掌握英语和先进思想的穆斯林知识分子。毫无疑问，赛义德的教育思想和实践对广大穆斯林产生了深刻的影响，对以后穆斯林社会的发展和进步做出了不可磨灭的贡献。

综上所述，赛义德是 19 世纪印度著名的伊斯兰教改革家、哲学家和教育家，他的哲学、改革思想和民族主义理论在印度近代思想史上占有重要的地位，这些思想对以后印度伊斯兰教的复兴和整个印度社会的发展都产生了不可忽视的影响。在评价他的历史贡献时，思想史学家 K. A. 尼扎米说：

　　在印度从中世纪向近代的转化过程中，赛义德·阿赫默德·汗表现为一种强大的力量，突出地反对印度社会的保守、迷信、愚昧和无知。他对近代印度的发展起了重要的作用，并为一种健康而科学的思想方式的增长铺平了道路，这种思想方式是物质文明和精神文明的进步所不可缺少的。[①]

---

① N. Jayapalan, *Indian Political Thinkers-Modern Indian Political Thought*, New Delhi: Atlanta Publications, 2000, p. 319.

第二篇

民族独立运动时期的哲学

第十章　民族独立运动时期的
社会思想斗争

　　从 19 世纪末国大党成立，至 1947 年印度获得独立，经历了半个多世纪的风风雨雨。在这半个世纪中，印度人民经过几代人的英勇奋斗，前仆后继，终于从英国殖民主义的枷锁中解放出来，赢得了民族的新生。在这段历史时期中，许多民族运动的领袖和进步思想家都把吠檀多哲学作为思想武器，并进一步改造传统吠檀多哲学，利用吠檀多哲学在印度民众心目中的影响力，动员广大民众投身民族斗争，为祖国的解放而献身。因此，新吠檀多哲学与民族独立运动有着密切的联系，在印度人民反对外族统治、争取民族独立的斗争中也曾起过不可忽视的作用。

一　民族独立运动的发展历程

　　印度人民争取民族独立的斗争，经历了一个漫长而艰苦的过程。

　　1885 年，印度民族资产阶级的政党——国大党在孟买成立。国大党作为印度民族运动的主要领导者，它的成立标志着这场运动进入一个新的阶段：民族运动开始由分散走向统一，由地方性运动走向全国性运动。国大党成立之初，其领导权掌握在一批民族主义改良派的手中，由于他们对英国殖民统治采取温和的改良态度，故被人们称为"温和派"。他们一方面揭露殖民主义者对印度的政治压迫和经济掠夺，提出一系列政治和经济的改良要求；另一方面又不想改变殖民统治，试图在英国的保护下发展民族工业，争取民族的平等权和参政权。所以，在他们的领导下，国大党初期的活动脱离了广大民众，仅限于在报刊上进行宣传，向英国议会提交请愿书，等等。

19 世纪 90 年代，国大党内部出现了一股新兴力量。一批激进的小资产阶级民主主义者加入党内，使其面目发生了巨大的变化。这批民主主义者反对国大党领导人保守的改良主义政策，主张对英国殖民统治采取坚决斗争的态度，故被人称为"激进派"或"极端派"。激进派的代表人物主要来自三个地区：马哈拉施特拉地区的巴尔·甘伽达尔·提拉克（Bal Gangadhar Tilak，1856—1920），孟加拉地区的贝平·钱德拉·帕尔（Bepin Chandra Pal，1856—1932）和奥罗宾多·高士（Aurobindo Ghose，1872—1950），旁遮普地区的拉拉·拉吉帕特·拉伊（Lala Lajpat Rai，1856—1928）。他们批评国大党领导人的行为是"政治空谈"或"政治行乞"，不可能领导国大党获得民族的权利。他们要求彻底摆脱殖民统治，恢复印度独立，主张以斗争的精神教育群众，唤醒民族自尊心，动员广大民众参加反英斗争等。在这批人中间，提拉克是最杰出的代表。1895 年 4 月，他在自己主办的《狮报》上发表文章，第一个提出了"司瓦拉吉"，即"印度自治"的口号，这个口号对后来民族运动的发展产生了深远的影响。1906 年，在加尔各答举行的国大党的年会上，提拉克与奥罗宾多等人合作，说服了温和派领导人，终于使大会通过了争取"印度自治"的正式决议。从此，争取"司瓦拉吉"开始成为全体国大党共同奋斗的政治纲领。

1905—1908 年，在国大党激进派的积极领导和组织下，印度孟加拉省人民开展了声势浩大的"反分治"斗争，这个斗争受到了各地民众的广泛支持，从而使印度民族运动出现了第一次高潮。在孟加拉，贝平·帕尔和奥罗宾多不仅积极宣传"反分治"和抵制英货，而且派人到工人和农民中间，鼓动下层大众投身斗争行列。马哈拉施特拉和旁遮普的激进派也采取各种措施，发动工农，支持孟加拉的反英斗争。这场斗争很快就发展成为全国性的抵制英货和自产运动。在许多城市，堆积如山的英国纺织品和烟、糖、盐都被当众焚烧，浓浓熊烟伴随着群众的欢呼声冲向蓝天。激进派组织起来的民众运动，对英国殖民统治造成巨大的冲击。1907年，国大党温和派领导人认为激进派发动群众的斗争太过火，因而在苏拉特年会上利用事端，将激进派排除出国大党，致使两派分裂。1908年，殖民当局开始镇压群众运动，矛头直指国大党激进派，大多数激进派领导人相继被捕。同年7月，当局以"煽动叛乱"罪逮捕了提拉克，并判处其六年有期徒刑。在审讯提拉克期间，孟买十万工人举行大罢工，要求释放提拉克。1908年以后，民族运动进入低潮。

1915年初，甘地满载盛誉从南非回到印度。他在南非时期积累了丰富的反对种族歧视斗争的经验，创立了"坚持真理"学说和非暴力的斗争方法。回到祖国后，经过一段时间熟悉情况，开始活跃在国大党的政治舞台上，并力图把在南非积累的斗争经验运用到印度的民族运动中。1919年3月，甘地领导印度人民进行反对罗拉特法的斗争，采取非暴力不合作的方法。他号召全国举行一天总罢业，各行各业都停止工作，并举行祈祷和绝食，以反对邪恶的法律。这个号召得到全国各地的热烈响应，收到了超乎意料的效果。因而，甘地主张的非暴力不合作的斗争方法受到了人们普遍的赞许。1920年9月，国大党在加尔各答特别会议上，通过决议接受了甘地的非暴力不合作斗争策略，并把不合作运动作为实现"司瓦拉吉"的主要方法。国大党接受非暴力不合作的策略，就意味着接受甘地的领导。从那时起，甘地便登上国大党的领导地位，成为印度民族运动最具权威的领导人。

在甘地的领导下，印度人民多次举行声势浩大的非暴力不合作运动。其中，最有影响的有三次：1920—1922 年第一次非暴力不合作运动、1930—1933 年第二次非暴力不合作运动、1940—1942 年第三次非暴力不合作运动。这三次运动对英国殖民统治造成严重的打击，大大地促进了民族独立的进程。

1945 年，第二次世界大战结束。世界反法西斯战争的胜利，大大地鼓舞了亚非被压迫民族争取民族独立的斗争。战后，印度人民的反英斗争日益高涨。只 1945 年一年，印度各地工人进行的罢工就有 800 多次，参加的人数有七八十万人。这些罢工不仅有经济要求，而且带有政治色彩，许多集会和游行都喊出了"印度独立万岁""英国人滚出印度"的口号。1946 年 2 月，在孟买爆发了著名的印度海军起义。由于英国军官长期对印度士兵实行种族歧视，孟买的印度水兵首先掀起了反歧视、争平等的斗争。不久，这种斗争就转化为武装起义。孟买海军起义的消息迅速传遍全国，加尔各答、马德拉斯和卡拉奇等地的印度海军纷纷宣布支持，影响波及整个印度海军。与此同时，孟买 20 万工人也举行了总罢工，支持起义的水兵。孟买海军起义标志着印度民族运动已经扩展到军队，英国殖民统治的大厦已经从根基上发生了动摇。

在这种形势下，英国政府不得不接受印度人民争取民族独立的要求。1947 年 8 月，英国国会通过了《印度独立法案》，并规定 8 月 15 日为移交政权日。印度制宪会议于 8 月 14—15 日，在德里举行特别会议，正式宣布印度独立。从此，印度彻底摆脱了英国长达近 200 年的殖民统治，获得了真正的新生。

二　社会矛盾与思想斗争

从 20 世纪初，伴随着印度人民的觉醒和民族主义运动的兴起，印度民族与英国殖民统治的矛盾日益尖锐，国内各阶级、社会群体、教派之间的矛盾也随之激化。在这种民族矛盾和社会斗争加剧的时代中，各种新旧思想之间、印度传统文化与陆续传入的西方文化之间的斗争也逐渐尖锐。

19世纪末，印度的民族工业发展很快，大批纺织厂和各种加工企业在各地建立起来。到了20世纪初，印度也出现了重工业，如1907年塔塔家族建立起钢铁公司，此后又建立了水泥厂和水电站等。但是，印度民族工业的发展却受到殖民统治的严重阻碍。当时，英国殖民当局一方面加大对印度的资本输出、加强对印度的原料掠夺和商品倾销；另一方面又采取各种措施限制印度民族工业的发展，如实行财政改革，提高卢比对英镑的比价，提高印度纺织品的出口价格，使印度纺织品输出困难。另外，殖民当局还对印度资本的纺织品征收3.5%的出厂税，大大削弱印度纺织品的竞争能力，致使不少印度资本的纺织厂倒闭。在这种情况下，印度民族资产阶级与英国殖民统治者的矛盾日益尖锐。

在这个时期，印度知识分子的队伍也迅速壮大，他们懂得英语，了解西方文化，但是他们的生活处境却十分困难。除了一部分在殖民政府机构中任小官吏外，绝大多数人是靠薪金维持生活。工作没有保障，饱尝失业的辛酸，即使找到工作，薪水也很低。同时，他们还遭到殖民统治者的种族歧视，政治权利被剥夺，文化生活受限制。这批小资产阶级知识分子了解西方自由平等的思想，当他们用这种自由平等思想审视印度社会时，就会发现英国人宣扬的东西和他们自己在印度所做的事情并不是一回事儿，因此他们对英国殖民当局的不满和仇恨逐渐高涨，要求社会变革的积极性最高。为此，他们中间的许多人都积极投身于争取民族独立的行列中，并且在这一斗争中起着重要的作用。

除了民族矛盾外，印度国内的各种社会矛盾和斗争也日趋激化。20世纪初，国大党内部分裂为两个对立的派别：一个是以瑙罗吉和郭盖雷为首的温和派,一个是以提拉克为代表的激进派。两派的分歧主要集中在三个问题上。

首先,在对英国殖民者的态度上,温和派对英国人抱有幻想,试图在英国的保护下发展民族工业,争取民族的平等权利;而激进派却对殖民者不抱任何幻想,要求完全摆脱殖民统治,恢复印度独立,提出"建立共和国"等。

其次,在斗争的方法上,温和派主张通过议会的合法斗争来实现民族的要求和社会改良;而激进派则主张通过各种斗争手段实现印度的完全自治,这些手段包括合法的和不合法的,诸如游行示威、罢工罢市、抵制英货,甚至暴力斗争等。

最后,在对待广大民众的态度上,温和派领导人惧怕广大工农群众,他们不相信民众,只想通过少数人的呼吁和请愿来获得平等权利;而激进派却相信广大民众,他们主张深入工农大众中,用斗争的精神教育群众、发动群众,鼓动他们参加反英运动,以全民族最大的力量给殖民当局施加压力,迫使英国人撤离印度。由于国大党是印度民族运动的主要领导者,它的团结与分裂会对民族运动产生巨大影响。

1906 年国大党两派消除分歧、实现和解,通过了争取"印度自治"的共同纲领,因此大大推动了第一次民族运动高潮的到来。1908 年"孟加拉反分治"运动被镇压下去以后,国大党两派再度分裂,致使民族运动又陷入低潮。应当说,国大党内部温和派和激进派的斗争,正是当时印度不同社会阶层政治和思想斗争的一种反映。温和派代表印度上层民族资产阶级的利益和政治立场,他们对英国人抱有幻想,在反英斗争中表现出极大的软弱性和保守性;而激进派则代表受压迫最深的小资产阶级和广大民众的利益和政治态度,他们对英国不抱任何幻想,在民族运动中表现出强烈的斗争性和坚定性。

第一次民族运动高潮以后,印度国内各教派之间的矛盾也突现出来。当时，英国殖民者为了离间印度人民的反英斗争，故意采取"分而治之"的政策，挑拨印度教徒和穆斯林之间的关系，致使两者的矛盾日益尖锐。穆斯林教派主义者认为国大党只代表印度教徒的利益，不能代表他们的利益，因此极力想建立起自己的政治组织。1906 年，他们在加尔各答成立了一个全国性的穆斯林组织，名为"全印穆斯林联盟"。这个组织具有强烈的教派主义性质，他们把"保卫穆斯林""维护穆斯林的利益"作为根本宗旨，甚至把教派利益置于民族利益之上。在 1905—1908 年孟加拉人民进行"反分治"的斗争中，全印穆斯林联盟通过了一项决议，认为分割孟加拉对穆斯林有利，因而欢迎英国殖民政府对孟加拉的分割，并且反对抵制英货运动。1907 年 10 月 16 日，即"分治法"生效之日，孟加拉民众把这一天当作"国丧日"以示抗议，而穆斯林上层分子却把它当作节日来庆祝。穆斯林教派主义者的这种分裂行为深深刺激了印度教徒的宗教感情，也激发起两大教派的对立情绪。

20 世纪 20—30 年代，穆斯林和印度教的教派主义思潮不断泛滥。1930 年，穆斯林著名诗人伊克巴尔在全印穆斯林联盟的年会上，第一个提出了在印度建立"穆斯林国家"的设想。他在大会上宣布：

> 我愿意看到旁遮普、西北边省、信德和俾路支斯坦构成一个单独的国家。无论在英帝国之内自治或是在英帝国之外自治，建立一个巩固的西北印度穆斯林国家，我认为至少是西北印度穆斯林的必然归宿。[1]

起初，伊克巴尔建立"穆斯林国家"的想法，只被人们看作

---

[1]　这是伊克巴尔1930 年 12 月 20 日在全印穆斯林联盟会议上的发言。转引自黄心川《印度近现代哲学》，商务印书馆 1989 年版，第 243 页。

一种梦想。但是，1937年以后，由于全印穆斯林联盟与国大党关系恶化，这种思潮逐渐蔓延开来。全印穆斯林联盟的主要领导人真纳接受了这种思想，他宣称穆斯林和印度教徒是"两个不同的民族"，两者差异太大，甚至许多方面是对立的，在一个国家内和睦相处是根本不可能的。他强调说，穆斯林既然是一个单独的民族，就理应有"自己的家园，自己的领土和国家"。1940年3月，全印穆斯林联盟在拉合尔年会上正式通过了"建立巴基斯坦的决议"。

在穆斯林教派主义思潮泛滥的同时，印度教教派组织的活动也不断升温。1915年，印度教第一个现代教派主义组织——印度教大斋会在加尔各答创立。它的基本宗旨是：在印度建立一个全国性的印度教联盟，在政治争端中代表印度教徒的利益，促进改信伊斯兰教的印度教徒重新皈依印度教、推广印地语，力图在南亚次大陆建立一个印度教统治的国家。自成立之日起，这个教派社团就充满大印度教沙文主义思想，排斥穆斯林和一切非印度教徒，主张在印度实行强迫性的印度教教育。1925年，印度教的另一个教派组织——"国民志愿服务团"在那格浦尔市成立。该组织具有更强烈的教派主义色彩，其宗旨是"保护印度教的民族、宗教和文化，进而求得全面发展，并复兴古代印度教国家"。这个组织带有半军事化的性质，注重发展青少年成员，并让他们接受军事训练。

30年代以后，随着教派主义思潮的泛滥，印度教徒与穆斯林两大教派的对立情绪日益加剧，教派冲突不断发生。这种教派矛盾的产生，一方面是由于教派利益的驱使，另一方面也是由于英国殖民当局的挑拨离间。教派的矛盾和冲突大大地削弱了印度民族的反英力量，也阻碍了民族运动的迅速发展。这种现象是印度一切进步思想家所不愿意看到的，因此他们无不奋起批判这种破坏民族团结，甚至会导致民族分裂的教派主义势力和思潮。

三　民族运动时期哲学的三种类型

印度民族主义运动从 19 世纪末兴起，一直到 1947 年获得民族独立，大约经历了半个多世纪。这个历史阶段既是印度社会大动荡、大变革的时期，也是印度哲学思想异常活跃、蓬勃发展的时期。在这个时期，印度哲学百花园呈现出一个姹紫嫣红、丰富多彩的局面，不仅涌现出一批有世界影响的哲学家，如圣雄甘地、泰戈尔和奥罗宾多·高士等，而且出现了各种不同类型的哲学家。在他们之中，有的是纯学院派哲学家，也有一些政治家、社会活动家和民族运动的领袖。虽然这些政治家或民族运动的领袖没有一个完整的哲学体系，但是在他们的著述和言论中也蕴含着对哲学问题的深刻思考和洞察，也充满着哲学的闪光。

从整体上说，这一历史阶段印度的哲学思想大体上可分为三个类型。

（一）民族独立运动领袖的哲学

属于这种类型的哲学家有国大党早期温和派领导人摩诃提婆·戈文德·罗纳德（Mahadev Govind Ranade，1842—1901）、国大党激进派领袖巴尔·甘伽达尔·提拉克和民族运动著名领导人圣雄甘地等。他们是政治家，而不是职业哲学家，没有受过专门的哲学训练，因此他们没有系统完整的思想体系。他们对哲学的论述往往是片段的、分散的，而不是集中的或完整的。但是，他们论述哲学问题的目的却是同一的，都是为他们的政治斗争服务，为他们的民族主义制造理论根据。他们的哲学与现实社会紧密相连，反映出当时的时代精神和思想精华。

在这方面，表现突出的是提拉克和甘地。例如，提拉克作为国大党激进派的领导人，在政治上主张发动广大民众，利用各种斗争形式，争取印度的完全自治。但是，他遇到的一个最大问题，就是如何把因循守旧的印度民众发动起来。面对这个问题，他首先想到印度教在群众中的影响力，因此他力求用印度教的哲学理念阐释他的民族主义思想，从而激发广大民众的爱国热情。一是，他把吠檀多哲学中的"达摩"观念与他提出的"司瓦拉吉"（"印度自治"）概念结合起来，以此说明"司瓦拉吉"的重要性和合法性。提拉克利用深入人心的"达摩"概念解释他的"司瓦拉吉"，说"司瓦拉吉就是我们的达摩"，"没有司瓦拉吉，我们的生活目的和达摩就无法实现"，鼓励人们像争取"达摩"一样去争取印度的自治。二是，他重新解释《薄伽梵歌》，并专门写了一本书，名为《薄伽梵歌奥秘导引》。在该书中，他主张一个人要想与神相结合，就必须与社会结合，提出"为社会服务，就是为神服务"的口号。在这里，提拉克倡导积极行动的哲学，宣称"积极行动应当成为我们的行为准则"，以此鼓励印度民众积极参加社会活动，投身于反对英国殖民者的斗争中。

甘地也利用传统吠檀多哲学中的人性论，并吸收西方人道主义的"博爱"思想，来重新解释佛教和耆那教的"戒杀"观念，把它提升为一种为现实斗争服务的"非暴力学说"。他的"非暴力学说"，简言之，就是主张通过非暴力的手段，即爱的方式，去感化和唤醒人的内在善性，从而使恶人改恶从善，使犯错误者改邪归正。甘地力图把这种学说作为解决一切社会问题的灵丹妙药，他也把它作为他领导的非暴力不合作运动的理论根据。

（二）爱国社会活动家的哲学

属于这一类型的哲学家有印度现代著名诗人泰戈尔、穆斯林著名诗人和社会活动家伊克巴尔、早年曾参加民族运动而后潜心著书立说的爱国人士奥罗宾多等。他们的哲学与民族运动领袖的哲学不同，他们的哲学并不是为了政治斗争，而只是作为表达自己思想、心愿和理想的工具。这些人的眼界和视野非常宽阔，他们的哲学气魄都很博大，不仅论述人与宇宙的关系、人生的态度、人的本性、人的命运，而且还阐述人类的命运、人类的前途、未来社会的前景，以及如何实现人类的美好未来等问题。这些哲学家在民众中都享有很高的威望，因此他们的哲学也在印度社会中产生了巨大的影响，有的甚至具有世界影响。在这方面，表现杰出的是泰戈尔和奥罗宾多。

泰戈尔的哲学，首先对比了印度文明与古希腊文明的差异，指出印度文明自古以来就尊重自然、爱护自然、追求人与大自然的和谐与统一。他还论述了人性的两个方面：内在本性是真善美的，外在的人性由于受到物质世界的刺激，而产生各种私欲和贪念。因此，人生的态度就是要克服私欲、净化心灵，显现自己内在的真善美的本性，最终达到人与人的和谐、人与社会的和谐。泰戈尔还畅想人类的美好未来，即一个充满普遍之爱、普遍和谐的社会。为了实现这个理想，他提出了一种"人的宗教"说。"人的宗教"不同于一般的宗教，而是一种通过日常工作和学习，不断地克服自私意识，证悟自身内在本性，最终转化人性的宗教。泰戈尔试图通过这种宗教来实现他所向往的人类未来。

奥罗宾多哲学的气魄更大，他不仅论述了宇宙进化说和人的进化说，而且还阐述了人类社会的发展规律、人类历史所经历的各个阶段，并最终描述了他所向往的"人类统一"的理想。他指出，当人类统一的理想实现以后，人与人之间将相互尊重、相互合作、相互帮助；国家与国家之间也将相互平等、相互尊重、相互合作。到那时，整个人类将成为一个"神圣的大家庭"。

（三）学院派哲学家的哲学

属于这一类型的哲学家有薄伽万·达斯、薄泰恰里耶等。他们在大学中都受过良好的哲学训练，毕业后或在学院中从事哲学教育，或在科研单位从事哲学研究。这些人的哲学与前两种哲学家有明显的不同：一是，他们的哲学与政治斗争无关，是一种纯学术哲学；二是，他们的哲学都有一个完整系统的思想体系，在体系中每一层、每一步都有严密的逻辑推理；三是，他们的哲学论题皆为新吠檀多思想，就是说，都是在继承古代吠檀多不二论基本原理的基础上，运用西方哲学的方法和概念，对传统吠檀多进行重新解释，而创造出一种新型的吠檀多哲学。

薄伽万·达斯是新吠檀多论的典型代表。他在继承传统吠檀多原理的基础上，大量吸收自然科学和社会科学的内容，对古代吠檀多进行批判性的吸收和改造，取其精华，去其糟粕，从而建立起一个容括哲学、心理学、社会学和一切自然科学学科的庞大的思想体系。他把自己的思想体系称为"关于'自我'的科学"。

薄泰恰里耶的哲学，则是在承袭传统吠檀多不二论的基础上，吸收康德哲学中的认识论内容，对吠檀多加以改造，而形成的一种新型体系——"认识论型吠檀多"。这种哲学的特点在于，他用西方哲学的方法把传统吠檀多认识论提高到一个新的水平。在他的体系中，宇宙最高本体——梵被看作一种超越人的一切经验和理性思维的、无法言表的纯粹精神实体，即"绝对"。证悟这种"绝对"，则是薄泰恰里耶哲学的最终目的。他认为，康德的一个重要错误就是宣布最高本体"绝对"是不可知的。而他主张"绝对"是可知的。

通过对以上三种类型哲学的简介，就可以看出民族独立运动期间印度哲学的多样性，也可以看出那个时代哲学的特点。有了这种整体认识，再去理解本篇所阐述的各位哲学家的具体思想就会容易多了。

第十一章 罗纳德的哲学与改革思想

摩诃提婆·戈文德·罗纳德（Mahadev Govind Ranade，1842—1901）是印度民族主义运动初期重要领导人，亦是国大党温和派改良主义的杰出代表。他被人尊称为"西印度复兴之父"，是因为他一直生活和战斗在印度西部，一生为西印度的宗教改革、社会改革和民族独立运动而奋斗。他还是一个著名的思想家，他在哲学、宗教、政治、经济、法律和民族主义等方面都有深刻的论述，其思想在印度近代思想史上占有重要的地位。提拉克对他给予了高度的评价：

> 罗纳德具有超凡的智慧、长期不懈的劳动、对民族真正奉献的精神、对知识永不休止的追求和丰富的想象力，因此他的一生是极为重要和有教育意义的。事实上，马哈拉施特拉地区所表现出来的伟大活力和伟大的民众运动，都应当归功于罗纳德四分之一多世纪坚持不懈的工作和努力。①

1842 年，罗纳德出生于孟买的一个婆罗门家庭，父亲曾在科哈普尔土邦做官。中学毕业后，他考入孟买大学，取得文学和法

---

① N. Jayapalan, *Indian Political Thinkers-Modern Indian Political Thought*, New Dehli: Atlanta Publications, 2000, pp. 87–88.

学硕学学位。此后，他曾担任艾尔芬斯顿学院历史学教授，不久后出任浦那地方法官。1893 年，担任孟买高等法院法官；1895年，成为孟买管区立法会议成员。大学毕业后，他就积极投入各种社会改革和政治运动，创办或参加了浦那和孟买的许多宗教、教育、经济、法律和政治组织。1867 年，他在浦那效仿梵社建立了宗教改革团体——祈祷社，开展各种改革印度教的宣传和活动。他还是"浦那民众协会"的主要领导人，鼓吹经济改革和教育改革。1885 年国大党成立时，他以来宾身份参加会议（因为他是立法会成员，即有官员身份，不宜正式参加），后来一直是国大党的重要领导人。1887 年，他还创立了政治组织——"印度国民社会联合会"，其宗旨是宣传全国性的社会改革运动。罗纳德一生致力于印度的社会改革和民族复兴运动，为此进行了大量的宣传，发表了许多文章和著作。

其主要著作有：

《宗教和社会改革言论集》

《马拉特帝国的兴起》

《印度经济言论集》

《杂论》等

一 理性有神论

罗纳德是马哈拉施特拉地区印度教改革团体——"祈祷社"的创始人和领导者。作为一个宗教改革家，他不仅研究过印度教的传统哲学和经典，而且也大量阅读了西方近现代的哲学、法律和政治著作。他竭力吸收西方著作中的理性主义、自由主义和人道主义思想，力图用这些思想重新解释传统哲学，把这些新思想融入印度教之中，以使印度教跟上时代的发展，焕发出新的活力。

罗纳德的哲学被人称为"理性有神论"，但实际上，就是印度传统吠檀多哲学与西方理性主义哲学的一种综合。什么是"理性有神论"呢？在他的哲学中，神是宇宙的最高本体或创造者；但是这个神（最高本体）不是那种有形的、看得见摸得着的形象实体，而是看不见摸不着的、纯精神的抽象实体，类似于吠檀多哲学中的梵。因为罗纳德的哲学肯定神的地位和作用，但是他说的神又不同于一般宗教中的偶像之神，而是一种抽象的、精神的、理性之神。因此，他的哲学被人称为"理性有神论"，实质上是吠檀多哲学与西方哲学的综合。

他认为，宇宙中存在着三种实体：神（最高精神）、灵魂（个体精神）和物质（自然界）。神是宇宙的最高本体、世界万物的始基和主宰，世界上一切现象都是由它创造和管理着。他说：

> 神是这样存在着：作为一种活的或精神东西的最高实在、一切原因的原因、超越时空者、宇宙的最高统治者……所有人的灵魂的道德管理者。①

灵魂是指寓居于每个人内部的"个体精神"，与传统吠檀多哲学的"我"没有什么区别。物质是指自然界或物质世界。那么，神、灵魂和物质这三者是什么关系呢？罗纳德认为，最高精神（神）是基础，个体精神（灵魂）和物质（自然界）都是最高精神的显现而已。个体精神和物质统一于最高精神，三者构成一个统一的整体。他说：

> 它们（三者）在作为一个有机整体的各个部分的意义上

---

① 转引自黄心川《印度近现代哲学》，商务印书馆 1989 年版，第 94 页。

并不是有差别的。它们是一又是多，自然和人各自有着从属于"伟大的无限"（最高精神）的特定关系，"伟大的无限"统治着它们，并融合着它们。①

在这里，罗纳德对三者关系的解释类似于古代吠檀多制限不二论者罗摩奴阇的解释。罗摩奴阇认为，梵、个我和世界是一个统一的整体，个我和世界只是梵的性质或部分；梵与个我、世界之间也有实体与性质、全体与部分的关系。从实体与性质的关系来看，性质虽从属于实体，但不等于实体，实体虽主导着性质，但也受到性质的限制。因此，罗摩奴阇的吠檀多被称为"制限不二论"或"限制一元论"，在这种吠檀多哲学中包含着某种对物质世界的肯定。实际上，罗纳德虽然把神（最高精神）作为宇宙的主宰，但是他并不否定物质世界的实在性，而且充分肯定物质世界的作用。他像其他近代思想家一样，反对商羯罗的世界虚幻论，而主张世界是真实的，并肯定人在现实世界中的意义与价值。

另外，罗纳德还从伦理学的角度解释神与灵魂之间的关系。他认为，神（最高精神）不仅是宇宙的本体，而且是一种最高的道德力量，代表着最高的善和爱。他说：

> 神作为活的实在或精神……它是无限的力量、智慧、善、爱、正义和圣洁。②

既然人的灵魂（个体精神）是神在人世间的显现，那么灵魂也必然具有与神同样的道德性质，具有最高的善或爱。因此，人的本性应当是善和爱。人世间的各种邪恶和罪行的出现，只是表面的现象，是人的善的本性被肉体的私欲所掩盖的结果。一旦人

---

① 转引自黄心川《印度近现代哲学》，商务印书馆 1989 年版，第 95 页。
② 同上书，第 96 页。

的善良本性被唤醒、被揭示出来，人与人之间就会充满正义和爱，社会也会达到和谐统一。罗纳德是从传统吠檀多的角度来说明人性本善论，说明未来理想社会的和谐和统一。

二　自由政治观

罗纳德作为一个印度新兴资产阶级的政治家，他的哲学绝不是只继承和发展了某些传统吠檀多的东西，而更多或更主要的是阐述和解释他的资产阶级的自由主义政治观。在这方面，他对个人自由、国家的性质和作用、个人与国家关系的论述最有代表意义。

罗纳德非常重视人的价值和作用，充分地相信个人的创造力和责任感。他认为，社会的一切都是为了人，为了个人的自由与幸福。个人是最终的目的，国家不是最终目的，"国家只是实现个人自由和幸福的工具"。因此，他说：

> 我的目标是通过解放人的智慧，提升人履行义务的标准和充分发挥他的一切能力……来革新、净化和完善所有的人。[1]

虽然罗纳德强调个人的重要性，强调一切都是为了个人的自由和幸福，但是他深知，人只是"社会中的人"，任何人都不能享有无限的自由。个人生活在社会中，必然受到周围的人或社会的限制；个人不能与社会或国家相对立，个人的自由也必然受到社会的限制。用他的话讲：

---

[1]　Vishnoo Bhagwan, *Indian Political Thinkers*, New Delhi：Atma Ram & Sons, 1976, p. 25.

如果社会的每个成员为了自己的幸福而不准备在自己应尽义务的范围内与社会合作的话，那么我们个人的完善是绝对不能靠社会的安排来保证的。①

既然在争取个人自由和幸福的道路上个人与社会应当合作，那么，两者之间哪个作用更大一些呢？他指出，在争取个人自由和幸福的道路上，社会只起第二位的作用，个人则起主要的作用。一个人必须充分发挥自身的创造性和能动性，克服各种困难，去争取自由。关于争取自由，他还把它扩展到民族的高度去看，认为印度人作为一个殖民地国家的民族，更应该自己去争取自由，外国殖民者给我们的所谓"自由"，是虚假的，是有条件的，并不是真正的自由。他说：

外国人赐予我们的自由是靠社会力量强加给我们的，那不是我们真正要的自由……②

他还全面地研究和阐述了国家的性质和作用。国家的性质是什么？他给国家下的定义是：

国家是以一种集体的形式，代表着其最优秀公民的力量、智慧、宽容和仁爱。③

在他看来，国家是其国民意志的化身，它代表着全体国民的最高力量和智慧。国家不单是制定法律、维护秩序的机构，而且

---

① Vishnoo Bhagwan, *Indian Political Thinkers*, New Delhi: Atma Ram & Sons, 1976, pp. 29 – 30.

② Ibid. .

③ Ibid. .

也是能够满足国民愿望和各方面需求的有机体。因此，国家是实现个人自由和幸福的工具。国家如果能履行好自身的职责，就可以使每个人生活得"更自由、更幸福、更高贵、更完善一些"。印度近代思想家中，罗纳德是最早了解和使用"福利国家"概念的人。他认为，在现代社会中"福利国家"的重要性越来越大，一个"福利国家"不仅要在政治上给国民以自由，而且要在经济领域中管理好生产，在分配领域中公平地、合理地分配社会财富。他主张，国家必须以平等和公正的方式对待穷人与富人，调节好穷人富人之间的财富分配问题，因此，国家应当依靠立法来保证社会的公平分配。在这里，罗纳德特别强调法律在国家功能中的重要性，认为法律是实现个人自由和社会公正的保证。他说：

> 自由还意味着制定法律、征收税务、实施惩罚和任命官员等。一个自由国家和一个不自由国家的真正区别在于，在惩罚之前必先制定法律，在征税之前必先获取承诺，在制定法律之前必先得到舆论的支持。[①]

在他看来，法律是一个国家公民能否享受自由的基础，只有在一个法律健全的国家中，个人才能实现真正的自由。因此，法律健全的国家才能成为一个自由的国家。

罗纳德重视人的价值和人生意义，相信人的创造力和责任感，主张个人的自由和幸福是社会要实现的最终目标，强调国家只是实现个人自由和幸福的工具，指出健全法律和公平地分配财富是国家功能中最重要的因素等——这些思想代表着 19 世纪末印度民族资产阶级最先进的观点。这些观点在印度这样一个神学蒙昧主

[①]　Vishnoo Bhagwan, *Indian Political Thinkers*, New Delhi: Atma Ram & Sons, 1976, p. 32.

义、封建主义和殖民主义并存的国度中确实具有特殊的意义，它们对启发印度民众的觉醒，促进民族主义运动的形成和发展起了不可忽视的作用。

三　社会改革思想

罗纳德不仅是印度民族主义运动的重要领导人，而且是一位伟大的社会改革家。他一生为印度的社会改革，为民族的复兴而努力宣传和工作。他创建并领导了许多社会改革团体，在这些团体中，如"浦那民众协会""印度国民社会联合会"和"西印度工业协会"等都是印度近代社会改革运动中最重要的组织。他到处讲演、发表文章，为社会改革制造舆论。他的社会改革思想在印度近代思想史上占有重要的地位。

为了推动社会改革运动的发展，罗纳德坚决反对印度社会中的复古派别和复古潮流。19世纪末，印度社会发生了激烈的思想震荡，主张改革的思潮和反对改革的思潮明显地对立和冲突着。那些正统派和保守派的人士谩骂改革派，斥责改革派太激进，而他们则把复古作为口号，呼吁人们恢复古代的法令、权威和生活方式等。罗纳德对这种复古潮流进行了有力的还击和批驳。他指出复古派别产生的思想根源在于：第一，复古派的人不懂得历史是不断发展的，许多死亡的和过时的东西就不能再恢复了；第二，他们也分不清传统的东西哪些是对于现代社会有益的，哪些是有害的，那些已经被证明是有害的东西，则必须抛弃，绝不能再恢复。他在"印度国民社会联合会"的一次演讲中，指责那些复古派说：

我们能恢复焚烧寡妇、杀害幼婴，或把人投入河中，或推下悬崖，或绞死，或轧死在扎格纳特大神的神车车轮下的种种风俗吗？我们能恢复婆罗门种姓与刹帝利种姓相互残杀的战争，或原始居民残酷的迫害和凌辱吗？我们能恢复一妻多夫或一夫多妻的风俗吗？我们能要求今天的婆罗门不再做地主或士绅，而变成乞丐，就像古代那样完全依赖国王吗？这些例子足以说明，恢复古代习俗的计划既不能使我们得到解脱，也是不切合实际的。①

他还明确指出，在今天的社会中只有改革才是最明智的选择。他说：

> 在社会这个活着的有机体中，复古是不可能的。死了的东西就永远死了，埋葬了的东西就永远被埋葬了，焚烧了的东西就永远被烧毁了，所以，过去已经死了的东西就不能再复活了，除非将这些旧的材料改造成新的有机体。既然复古是不可能的，那么对于明智的人来说，改革则是唯一可选择的办法。②

罗纳德主张，改革是印度社会唯一可选择的道路。那么，改革应当遵循什么原则呢？在这个问题上，他与其他一些改革家发生了分歧。当时，有不少改革家认为，印度的社会改革就是改革那些落后愚昧的风俗、习惯、仪式和礼节等，只要把这些落后的东西改掉了，改革就算大功告成了。罗纳德不赞同这种观点，他认为这些风俗、习俗之类的东西都仅仅是一些外在的东西，印度社会落后的原因绝不在于这些外表的形式，而在于其内在的内容——落后的思想和观念等。因此，他主张，印度社会改革的原

---

① 挈塔米尼编：《印度的社会改革》，马德拉斯：汤普森公司 1901 年版，第二部分，第 90 页。
② 同上书，第 91 页。

则，必须是改革那些阻碍社会进步和发展的落后的思想和观念。他指出：

> 如果我们想进行真正的改革，我们所要改变的不是那些外在的形式，而是内在的内容，即那些决定外在形式的思想和观念。①

那么，阻碍印度社会进步的思想和观念是什么呢？罗纳德认为，在过去三千多年的历史中，导致印度衰退的思想或观念主要有四种：一是，相互隔绝的观念；二是，对外界力量和权势屈从的观念；三是，由于血统关系而虚构的人与人之间的差别观念；四是，对世俗幸福的普遍蔑视而导致的宿命论观念。

所谓"隔绝观念"，就是指在印度教种姓制度的长期束缚下，人与人、集团和集团之间已经形成了一种相互封闭、相互隔离的状态。一个小集团的成员只与自己集团内的人交往，似乎能和他吃饭、通婚、交往的人越少，他就越完善；一个最纯洁的人只能自烹食物，甚至不允许自己朋友的影子落在食物上。罗纳德认为必须打破这种封闭观念，取而代之的是兄弟情谊和平等的观念，要以平等和友爱的态度来对待一切人。

所谓"屈从观念"，是指印度人习惯于处于依附状态，习惯于屈从外界的权威和势力，如宗教权威、政治权威等，而缺乏对自己的信心，不相信自己内在的良知和理智。他说：

> 我们应该培养的正是这种自我尊重感，或者说，对我们内心中上帝的尊重。这种尊重感好像幼小的植物，需要很多年才能长大，但是，我们有能力和力量把培养这种感情当作

---

① 挈塔米尼编：《印度的社会改革》，马德拉斯：汤普森公司1901年版，第二部分，第91页。

自己的义务。①

所谓"差别观念"，是指由于血统或遗传因素而形成的种姓差别、男女差别和贫富差别，等等。罗纳德批判这种观念，认为人与人之间在天资和敏悟方面是有所不同，遗传和血统因素在其中起了一定的作用，但是按照自然规律，遗传和血统并不是决定我们人生前途的唯一因素，决定我们前途的关键还是个人后天的努力。

所谓"宿命观念"，是指在宗教神学的长期影响下，人们不关心世俗的生活，把人生视为梦幻，把一切希望都寄托于神的安排。罗纳德认为这种观念实际上是一种毒害剂，消除这种毒害的最好办法就是"要真正尊重我们人的本性，并了解人的最高归宿"。在他看来，印度的社会改革绝不是仅仅改革那些表面的风俗和习惯，而是要彻底消除人们头脑中那些根深蒂固的、落后的思想和观念。只有根除了这些落后的思想观念，才能算得上改革的成功。

关于改革的方法，罗纳德也提出了自己的观点。他认为，当时印度社会流行着四种改革方式：托古改制的方式；思想教育的方式；立法的方式；造反或起义的方式。他的态度是赞同前三种方式，而反对最后一种方式。

所谓第一种方式，就是通过复兴古代经典，如吠陀或奥义书等，对它们加以改造或重新解释，使它们的思想适应现代社会的需要，借助这些经典的权威性和巨大影响力，来改革现代社会的种种弊病，以促进社会的进步。印度教改革社团——雅利安社的领导人达耶难陀所采取的正是这种方式。罗纳德也利用这种方式，极力反对童婚，鼓吹寡妇再嫁，他认为在吠陀时代是禁止童婚、允许寡妇再嫁的。他曾多次引用古代经典吠陀，说明女孩结婚的

---

① 辇塔米尼编：《印度的社会改革》，马德拉斯：汤普森公司 1901 年版，第二部分，第 93 页。

年龄不能低于 12 岁，男孩不能低于 18 岁等。

第二种方式，是通过宣传教育，来提高人们的思想觉悟，启迪人们内心的良知。他认为，良知主要指我们内心中的神的声音，在良知未被唤醒之前，任何好的行动都产生不出来。只要通过教育唤醒人内心的良知，就可以使人产生伟大的行动，以推进社会的发展。他还说，要唤醒一个民族的良知是非常不容易的，必须花极大的力量去宣传和鼓动；一旦民族觉醒了，有了自尊心和自信心，社会改革的目的就容易达到了。

第三种方式，是通过国家立法的办法来进行社会改革。罗纳德认为，要使一项改革获得成功，在立法之前必须进行舆论宣传，把公众舆论充分调动起来，以支持改革的方案。他坚决主张，通过国家立法的方式，来提高男女青年的结婚年龄，以杜绝危害极大的童婚。但是，他也认为，立法的方式并不适合一切改革，例如法律的形式就不能消除人们头脑中根深蒂固的落后习俗和观念等。

第四种方式，就是指革命的或暴力的方式。作为一个温和派的改良主义者，罗纳德绝对不赞成这种方式。他认为，这种革命或暴力的方式不适合印度的国情，另外还会破坏社会的基础，割断历史的连续性，给社会带来极大的危害。

关于改革的内容，他比同时代其他改革家有更高深的看法。他主张，印度的改革应当是全方位的改革，包括政治改革、经济改革、宗教改革、教育改革、思想改革和社会改革等。印度社会需要在政治、经济、宗教、教育、思想观念、风俗仪礼等各个领域进行全面的革新，各个领域的改革都是相互关联、相互促进的，缺乏任何一个领域的改革，都会影响整个社会改革的进展。罗纳德尤其强调政治改革和经济改革的重要性，认为这两者是其他一切改革的基础，没有这两者就不会使社会改革获得成功。如他所说：

如果你们的政治权利和政治待遇很低，你们的社会体系不是以理性和公正为基础的话，那么你们就不可能产生出良好的社会体制。当你们的社会体制不完善的时候，你们也不能创造出良好的经济体系。倘若你们的宗教观念是低等的或甘心屈从的，那么你们也不可能在社会、经济和政治领域上获得改革的成功。社会、政治、经济和宗教等方面的相互依赖性，并不是偶然的，而是一种自然规律。①

在社会改革方面，罗纳德还有一点非常突出，就是他竭力呼吁印度教和伊斯兰教两大教派联合起来，共同为印度社会的复兴而奋斗。他看到当时印度教徒与穆斯林之间的矛盾与冲突已经阻碍了印度社会的进步，影响了民族运动的发展。他指出，无论印度教还是伊斯兰教，任何把教派利益看得比民族利益还要高的企图，任何因教义和习俗上的矛盾而制造社会分裂和冲突的想法和做法都是错误的。他认为，两大教派在各自的教义、教规、风俗和组织管理方面都有许多弊病，皆需要纠正和革新，因此应当联合起来，采取共同的方式进行改革。他说：

在这场斗争中，印度教和伊斯兰教都有许多事情需要纠正。在落后的妇女教育方面、在如何超越各自的宗教界限方面、在自我克制方面、在由于等级和教义的不同而引起的内部纠纷方面、在贪图享乐和放纵不洁的言行和思想方面、在对待不平等的一夫多妻或一妻多夫的陈规陋习方面、在结婚费用极度奢华方面、在忽视慈善事业的管理方面、在损坏人们普遍要求的完善捐款管理等方面，两大宗教都存在着同样的弊病。为了消除这些弊病，两者有充分的理由采取共同的

---

①　Vishnoo Bhagwan, *Indian Political Thinkers*, New Delhi: Atma Ram & Sons, 1976, pp. 231 – 232.

方式。①

罗纳德希望印度教徒和穆斯林联合起来，相互合作，共同为印度的社会改革事业而努力。为此，他曾引用历史上阿克巴时代提倡宗教宽容、教派和睦而促进社会繁荣的例子，来引导印度教和伊斯兰教的团结与协作。

1899 年，他在一次"印度社会改革讨论会"上说：

> 倘若历史的教训还有价值的话，那么最明显的一个教训就是：如果印度教徒与穆斯林不携起手来，不决心遵循阿克巴时代他的顾问和参事们所提倡的那些繁荣社会的教导的话，在印度这样一个辽阔的大国，要想社会进步简直是不可能的。②

罗纳德对社会改革的成功充满信心，他为印度的未来设计了美好的蓝图，预见经过改革以后一个崭新的印度将屹立在世界民族之林，占据她应有的地位。1896 年，他在加尔各答的一次社会改革会议上宣告：

> 一个革新了的印度将具有自由的人性、不断上升的希望、对履行义务的坚定信心、对一切人都公正的正义感、对正确智慧和力量的充分培养和超越一切界限的爱，她将在世界民族之林占有她应有的地位，并成为掌握形势和自己命运的主人……那些有远见能够看到这一前景的人是幸福的，那些能为此前景而工作并知道如何工作的人是更幸福的，那些能亲

---

① 挈塔米尼编：《印度的社会改革》，马德拉斯：汤普森公司 1901 年版，第二部分，第 125 页。

② 同上书，第 122 页。

眼看到此前景并亲自踏在这块神圣土地的人将是最幸福的。[1]

总之，作为一个改良主义的改革家，罗纳德主张采取托古改制、宣传教育和立法等手段进行社会改革，而反对发动民众采取革命或暴力的手段，这正是他的历史局限性所在。但另一方面，他坚决反对复古，指出改革是印度的唯一出路；主张社会改革绝不是仅改革表面的陈规陋习，而是应当根除人们头脑中阻碍社会进步的那些陈腐的思想和观念；主张社会改革是全方位的，包括政治、经济、宗教、教育、思想、习俗诸多方面，尤其强调政治和经济改革是一切改革的前提和基础。应当说，这些观点是非常新颖的，代表了当时印度民族资产阶级最先进的思想，因此，它们对后来的社会改革和民族主义运动都产生了重要的影响。

罗纳德在自己的家乡——马哈拉施特拉地区有极高的威望和影响。出生于这一地区的民族运动领袖，如提拉克和圣雄甘地等，都受到他的深刻影响，提拉克特别推崇他，认为他是马哈拉施特拉社会改革和民族运动的伟大缔造者。

---

[1] Vishnoo Bhagwan, *Indian Political Thinkers*, New Delhi: Atma Ram & Sons, 1976, p. 30.

第十二章 提拉克的"行动哲学"与民族主义

　　巴尔·甘伽达尔·提拉克（Bal Gangadhar Tilak，1856—1920）是印度民族主义运动初期的著名领袖，亦是国大党激进派的领导人。他最大的历史贡献，就是把国大党由一个脱离民众的少数上层人士的组织转变为一个联系民众的群众性组织。印度历史学家 P. 希塔拉玛亚在《国大党的历史》中说："提拉克是第一个把争取自由的运动转变成大众运动的民族主义者。"① 为了提高广大民众的民族自尊心，动员他们投入反英斗争，他深入地研究了印度古代经典和哲学，力图用民众所喜闻乐见的传统哲学概念来论证自己的民族主义理论，以使他的思想为群众所接受。因此，他的哲学和政治思想对印度人民产生了巨大的影响。

　　1856 年 7 月 23 日，提拉克出生于马哈拉施特拉地区的罗特那吉里。其父是当地有名的梵文教师，并担任过学监，极受人尊重。他从小受到良好的传统文化教育，1873 年考入浦那的德干学院学习法律。毕业后，当过教员并从事政治运动。1890 年，他与两个朋友在浦那创建了一所"新英语学校"，并亲自在校教书。后又创办两份报纸：一份为英文版的《马拉特报》，一份为马拉提语的

---

① N. Jayapalan，*Indian Political Thinkers-Modern Indian Political Thought*，New Dehli：Atlanta Publications，2000，p. 86.

《狮报》，通过这两份报纸大力宣传爱国主义和民族主义思想。为了推广新式教育，他还创建了"德干教育协会"。国大党成立后，他积极参加国大党的活动。1894 年，为了发动民众，他在马哈拉施特拉地区组织了大型的象头神（印度教神灵之一）祭典活动。次年 7 月 13 日，提拉克又发起了纪念马拉特地区反对外来侵略者的民族英雄——西瓦吉的大型庆典活动，并且规定此后每年举行一次。同年，他在纪念西瓦吉的文章中正式提出"司瓦拉吉"（"印度自治"）的口号。在 1906 年国大党的年会上，正式通过了争取"印度自治"的决议，从此使"司瓦拉吉"成为国大党全党的政治纲领。在 1905—1908 年印度民族运动高潮中，提拉克作为激进派的领袖，积极站在反英斗争的第一线。1908 年，他被捕入狱，被判六年监禁。1914 年出狱后，仍坚持反英斗争。1920 年去世。

其主要哲学著作有：

《吠陀中的北极发祥地》（*The Arctic Home in Vedas*）
《薄伽梵歌奥秘导引》（*Srimad Bhagavagita Rahasya*）

一　倡导"行动哲学"

提拉克的思想渊源主要来自四个方面：其一，家庭的影响。他出身于一个正统的婆罗门家庭，父亲是出名的梵文学者，对印度教传统哲学和文化有深刻的造诣。提拉克在这样的家庭长大，受父亲影响颇深。有人评论说：

提拉克从他父亲那里继承了许多珍贵的东西，如坚强的决心和意志，清晰和健康的思维，刻苦钻研和取得成就的能力，以及有条不紊的工作方式。①

其二，印度传统文化的影响。在家庭的熏陶下，他不仅对印度古代文化有浓厚的兴趣，而且对古代哲学、法律和各种经典作了深入的研究。他为印度传统文化而感到自豪，并主张印度的复兴应以古代文化为根基。有人说：

> 提拉克从童年起就继承了一种观念，认为新印度的兴起应当坚定地立足于印度文明的精神、传统和印度自己光荣的历史基础之上。②

其三，近代印度思想家的影响。在印度近代宗教改革思想家中，提拉克对达耶难陀、罗摩克里希那和斯瓦米·维韦卡南达等特别尊崇，他认为他们在尊重古代文化的基础上复兴印度教是非常得民心的。另外，他对同时代的摩诃提婆·戈文德·罗纳德的自由观也给予极高的评价，他认为正是由于罗纳德的鼓动和宣传，马哈拉施特拉地区才会出现活跃的民族主义运动。

其四，西方文化的影响。尽管提拉克非常尊重传统文化，他并不排斥西方的思想。在大学期间，他阅读过黑格尔、康德、斯宾塞、边沁、穆勒、伏尔泰和卢梭等西方哲学家和思想家的著作。他尤其对英国思想家边沁的功利主义思想感兴趣，并把边沁的思想应用到他的哲学和民族主义学说中。

提拉克的哲学是与他的政治和民族主义思想紧密地联系在一起的。换言之，他的哲学是为他的政治和民族主义学说制造理论

---

① N. Jayapalan, *Indian Political Thinkers-Modern Indian Political Thought*, New Dehli: Atlanta Publications, 2000, p. 87.

② Vishnoo Bhagwan, *Indian Political Thinkers*, New Delhi: Atma Ram & Sons, 1976, p. 19.

根据的，两者密不可分。

提拉克一方面鄙视那些抛弃传统文化，眼睛只盯着西方文化的印度知识分子；另一方面也反对那些只尊崇传统文化，而拒绝西方思想、不能与时俱进的印度教正统保守派。在他看来，必须尊重传统、继承传统；在继承传统文化的基础上，学习西方、吸收西方先进的东西；只有让传统的精神与文化跟上时代的发展，并且让广大民众所掌握，才能真正地振兴印度。所以，他说：

> 必须向那些受过新式教育的阶级适当地灌输印度古代传统和哲学的知识，也必须让那些精通梵文和经典的印度教学者了解新的、已经变化和正在变化的环境和信息。①

提拉克对古代印度教经典进行了广泛的研究。在众多的经典中，他最推崇《薄伽梵歌》一书。《薄伽梵歌》大约在公元2—3世纪成书，是一部阐述宗教哲理的诗篇。其根本思想是宣扬印度教的人生哲学和道德伦理观念，主张一个教徒必须按照自己的达摩行事，不要考虑个人的得失与荣辱，只有通过行动才能使自己的灵魂"我"和宇宙的最高灵魂"梵"相结合，最终实现精神的解脱。提拉克在1908—1914年坐牢期间，认真地研究了《薄伽梵歌》，并写出了以评论此书为题而表述自己哲学和政治观点的成名之作——《薄伽梵歌奥秘导引》。他认为，《薄伽梵歌》是印度古代文明最优秀的成果，它不仅是印度教这棵大树上所结下的"最甜蜜而不朽的果实"，而且也包含着"东西方的一切形而上学和伦理原则"，包含着佛陀、孔子、苏格拉底、康德、边沁、穆勒等的哲学和伦理思想。因此，他选择《薄伽梵歌》，重新解释和评论它，使之成为论证其民族主义的思想武器。

---

① Vishnoo Bhagwan, *Indian Political Thinkers*, New Delhi: Atma Ram & Sons, 1976, p. 20.

　　在评述《薄伽梵歌》时，提拉克最赞赏的是该经典所宣扬的"业瑜伽"思想。印度教徒为了实现精神解脱，曾流行多种瑜伽形式："智瑜伽"，即通过学习宗教经典，增长知识和智慧的方式；"信瑜伽"，即通过虔信崇拜，增长对神感情的方式；"业瑜伽"，即通过个人的善行，表示对神忠诚的方式；"王瑜伽"，即通过不断的心理修炼，逐渐证悟神的方式等。在这些方式中，《薄伽梵歌》最推崇"业瑜伽"，主张一个人应当抛弃个人私利和荣辱，通过无私的行动和对社会的奉献，来实现解脱。提拉克高度评价《薄伽梵歌》中的"业瑜伽"思想，认为"业瑜伽"中所蕴含的"行动哲学"和"献身精神"才是印度古代文明的精华，只有这种精神才能振兴印度。因此，他提倡"业瑜伽"，号召印度人民行动起来，无私地为社会服务，为国家服务。他说：

　　　　没有一个人能指望神会保佑那些袖手而坐，把自己应挑的担子推给别人的人。神不会帮助那些懒惰的人。你们必须做一切所能做的事情，来提高自己，而后你们才能求得神的帮助。[1]

　　提拉克强调，在《薄伽梵歌》中还宣扬一种为了真理和正义而忘我战斗、无私奉献的精神。他指出：

　　　　我与以前所有的注释者不同，我认为，《薄伽梵歌》教导人们要在这个世界上进行行动。[2]
　　　　积极行动应当成为我们行为的准则。[3]

---

　　① Vishnoo Bhagwan, *Indian Political Thinkers*, New Delhi: Atma Ram & Sons, 1976, p. 22.
　　② 转引自林承节《印度民族独立运动的兴起》，北京大学出版社 1984 年版，第277 页。
　　③ 同上。

另外，在哲学上，提拉克还继承了印度传统的吠檀多不二论思想。但是，他不是单纯的继承，而是运用西方哲学的观点和术语对吠檀多加以重新解释。他认为，宇宙的最高本体是一种精神实体——梵或神，世界万物都是它的显现，或者说，是它的创造物。人也是梵的显现，人内在的灵魂——"我"在本质上与梵是同一的。"我"是梵在地面上的一种显现，在人世间的一个代表。"我"虽然被肉体所掩盖，暂时脱离了梵，但是经过人的努力，"我"最终还要回归于梵，与梵相结合，达到"梵我合一"的境界。有的时候，他也用西方哲学的术语来描述梵，把它称为"逻各斯"（Logos，希腊哲学中的理性、理念或普遍规律性）或"普遍意志"（Universal Will）等。他说：

> 在逻各斯、人和世界的基础中有一种本源的统一性。这个世界之所以存在和发展是由逻各斯决定的，把这个世界拧在一块儿的乃是它的意志。人力图与神相结合，当实现这种结合的时候，个人的意志就沉没于普遍意志之中。[①]

在这里提拉克所说的"逻各斯"和"普遍意志"指的就是梵，"个人意志"指的是"我"，所以，所谓"个人的意志就沉没于普遍意志之中"就是指印度哲学中的"梵我合一"境界。在提拉克的哲学中，有三种基本的因素：梵（普遍意志）、我（个人意志）和世界。他指出，在梵与我即人与神的结合中，绝不能忽视世界的因素。一个人只有与周围世界先结合在一起，他才能与梵或神相结合。如何与世界相结合呢？唯一的办法就是为世界服务。具体地说，就是为社会多做工作，为周围的人多做贡献。因此，他指出：

---

① 提拉克：《薄伽梵歌奥秘导引》，印度：浦那出版社 1935 年版，第 26 页。

如果人要寻求与神的结合，他就必须也寻求与他周围世界的结合，并为世界工作。如果不这样，那么他与神的结合就是不完善的，因为在三个因素中只有两个因素（人与神）的结合，而把第三个因素——世界遗忘了。……为世界服务，同样也是为神的意志服务，这乃是最可靠的解脱之道。这种解脱只能在这个世界上才能达到，而不能抛弃这个世界。[①]

提拉克在这段话中强调了两点：第一，人要达到与神的结合，首先就必须与世界相结合，为世界多做工作。第二，人要实现解脱，就必须生活和工作在这个现实世界上，而不是逃离现实世界。这说明，虽然提拉克表面上运用了印度传统哲学的观点，但实际上却表达了他自己的新思想——号召人们在现实生活中努力工作，无私地为社会和国家做贡献。

总之，提拉克无论是重新解释《薄伽梵歌》，还是重新论述古代吠檀多哲学，都明确地反映出他对人生的一种态度：一是反对消极无为，主张积极行动；二是反对逃离尘世，主张在现世中努力奋斗；三是反对悲观宿命，主张乐观进取。他全力宣扬"积极行动""为世界服务，就是为神服务"的思想，其目的是要改变传统印度教悲观厌世、逃避现实的观念，鼓励广大民众为祖国的独立积极行动起来，投身到民族解放的斗争中。《薄伽梵歌》是印度教徒心目中的圣典，家喻户晓，妇孺皆知。一旦印度教徒认识到《薄伽梵歌》教导他们为祖国而战就是为神服务，为民族奉献就可以获得解脱，那么他们就会产生无比的宗教激情，毫不犹豫地为神去英勇战斗和献身。提拉克正是力图借助《薄伽梵歌》的这种巨大影响力，来鼓动和教育民众的。

[①]　提拉克：《薄伽梵歌奥秘导引》，印度：浦那出版社 1935 年版，第 26 页。

二　用传统哲学概念论证"自治"

提拉克是印度民族主义的主要奠基人之一，其民族主义理论的核心就是争取"印度自治"。为了实现这个政治理想，他在撰写《薄伽梵歌奥秘导引》时，力图通过重新阐释传统哲学的一些概念，如"达摩""达摩之治""自由"等，来论证实现"自治"的合理性和重要性。

在提拉克看来，在印度这样一个笃信宗教的国度里，民众的一切政治和社会活动都是靠某种宗教信仰的力量来推动和维持的。因此，在印度教徒之间，政治是离不开宗教的，任何政治活动最终都是为了实现印度教所宣扬的"达摩之治"（dharmarājya）。所谓的爱国主义、民族主义、民族自治等观念也都应当属于宗教的"达摩"范畴，即教徒的神圣职责。什么叫"达摩"（dharma）呢？"达摩"是印度教教义中的核心概念，它的基本含义是"支持""支撑""维持"，后转化为"本质""本性""法则"等。从哲学的角度看，它是指"支持事物存在的内在法则""万事万物固有的本质"，故汉文佛典中都把它译为"法"；从道德的意义上看，它是表示"人必须履行的道德准则或社会义务"。在印度教的经典中，"达摩"一词更多的是强调它的道德意义，指每个人必须履行的道德法则。所谓"达摩之治"，就是指，在印度教道德法则的治理下所形成的一个完善而和谐的社会。

为了使广大群众易于理解和接受民族主义的纲领——"自治"，提拉克则把这个词与印度教的"达摩"联系起来，用"达摩"来论证"自治"的重要性。他公开向群众宣传："自治就是我们的达摩"，"没有自治，我们的生活目的和我们的达摩是无法实现的"。①

　　"达摩"是一种深入人心的观念，提拉克用这种观念来解释和论证"自治"，就是要使民族主义的政治纲领深入人心，鼓动印度教徒像履行宗教义务那样去为民族的自治而奋斗。

　　此外，提拉克还用吠檀多的"自由"观念论证"自治"的必要性。他认为，吠檀多哲学主张一切人都具有精神的自由，人与人之间在本质上是平等的。根据吠檀多的"梵我同一"原理：每个人皆有自己的灵魂或"自我"，每个人的"自我"与宇宙的最高灵魂——"梵"在本质上都是同一不二的，因此人与人之间在本质上没有区别，都是同一的。所以，在吠檀多论者看来，所有的人在本质上都是平等的，并且天生就具有精神的自由。提拉克接受并发展了吠檀多的这种观点，他用这种"自由"观来解释"自治"，以使他的民族主义"自治"学说具有神圣性。他在《薄伽梵歌奥秘导引》中这样阐述"自由"的概念：

　　　　神圣的自由本能是永不衰老的……自由就是每个人的生命本身，吠檀多哲学主张，自由是不能与神相分离的，它是与神同一的。因此，自由是一种永恒的原则。自治不仅是一种权利，而且是一种达摩。从政治上说，自治就是本国人自己管理国家。从精神上说，自治就是实现人天生具有的自由。从道德上说，我们的自治就是自己完善地控制自己，这是实现自己的达摩所不可缺少的。②

　　我们分析这段话，可以清楚地看出它具有两个要点：第一，

----

　　① 转引自林承节《印度民族独立运动的兴起》，北京大学出版社 1984 年版，第275 页。

　　② N. Jayapalan, *Indian Political Thinkers-Modern Indian Political Thought*, New Dehli：Atlanta Publications, 2000, p. 91.

提拉克认为自由是神赋予人的本性,自由就是人的生命本身,自由是一种永恒的原则,是与神不可分离的,从而把自由提高到神圣的至高无上的地位。第二,他把这种神圣的"自由"观与其民族主义的"自治"理论联系起来,虽然"自治"在政治层面上是自己管理自己的国家,但是在精神层面上,则是实现神赋予每个人的、生而俱来的自由本性。这样一来,就把民族主义理论的"自治"学说完全神圣化和宗教化了,使它与神赋予每个人的"自由本性"等同起来,以此来激发广大印度教徒的宗教热情,为实现民族自治和个人的自由而奋斗。所以,提拉克断言:

> 自由就是自治运动的灵魂。①

为了进一步强调民族自治对于每个印度人的重要性,提拉克还从传统吠檀多"因果报应"学说的角度阐释"自治"与个人的关系。他说:

> 自治是一种以"自我"为中心,并依靠"自我"的生活。在今天的世界上和未来的世界上都会有自治。圣人们制定了达摩法则之后便走进森林,因为人民已经享受到了自治或主权,这主权首先是由克沙特里亚国王控制和保卫着。这就是我的信念。我的观点是,在今生没有获得自治的人民,在来世也将得不到这种奖赏。②

在他看来,如果你今天不能争取到自治的权利,那么在来生你也无法享受到自由,因而争取自治的斗争是刻不容缓的。

---

① N. Jayapalan, *Indian Political Thinkers-Modern Indian Political Thought*, New Dehli: Atlanta Publications, 2000, p. 91.

② Ibid., p. 92.

三　民族主义理论

提拉克作为一位伟大的民族主义者，他对"民族主义"这个概念有自己的看法，也有自己的一套民族主义理论。

他认为，民族主义是一个民族在心理上和精神上的要求，是一个民族的本能，是一种无论如何也不能被压制下去的本能。因此，当一个民族遭受异族侵略或统治的时候，它的民族本能必然会表现出来，必然会产生反抗，产生民族主义思想。

到了现代，国家的规模变大了，民族也随之变化。要构成一个民族，需要有许多条件：一是，民族的成员需要有种族、宗教和语言的统一性；二是，一个民族需要有地理的统一性；三是，一个民族需要有共同的历史与文化。他强调民族主义是一种观念或意识，在这种观念中共同的历史文化起很大的作用。因此，他说：

> 民族主义不是一种看得见的具体实体，而是一种具有象征意义的东西，一种观念。在这种观念中，对这个民族历史上的伟大人物的记忆起着重要的作用。[1]

提拉克的民族主义思想，主要体现在他的"司瓦拉吉"（"印度自治"）学说上。1885 年国大党刚一成立，提拉克就参加了它的活动，但是他对国大党领导人的改良主义路线极为不满，认为在英国人统治下进行某种改良是不可能获得真正的民族权利的。因此，1895 年他在《狮报》上发表文章，第一次提出了"司瓦拉吉"的口号。后来经过十年的宣传和努力，这个口号才终于被国

---

[1]　N. Jayapalan, *Indian Political Thinkers-Modern Indian Political Thought*, New Dehli: Atlanta Publications, 2000, p. 92.

大党所接受。在 1906 年召开的年会上，国大党正式通过决议，决定把"司瓦拉吉"作为全党的政治纲领。此后，"司瓦拉吉"才成为印度民族主义运动奋斗的目标。

"司瓦拉吉"（Swarajya）一词出自梵文，早在吠陀文献中就已出现了，意为"自主"。提拉克利用这个古老的词，提出印度要争取"司瓦拉吉"，就意味着印度要从殖民主义的枷锁中摆脱出来，获得"自治"，即"自己管理自己的权利"。提拉克的一句名言是"司瓦拉吉是我天生的权利，我一定要获得它"①。他在解释"司瓦拉吉"时说：

> 自治的问题，实质上就是指，管理我们自己事务的权利应当在谁手中。……我们所要求的是，管理我们自己事务的权利不应当像现在这样落在一个不可见的官僚政府手中，而应当转交到我们手中。②
>
> 自治的政权应当具有印度本地各邦君主所拥有的那些权力，所不同的是，在自治政权下不是世袭的君主，而是民选的总统。③

印度获得自治后，应当建立什么样的国家呢？提拉克认真地研究了西方的各种政治学说，从中汲取丰富的营养，为印度的未来设计了一个美好的蓝图。他主张，印度自治之后应当建立一个"印度联邦共和国"。在这个共和国中，各族人民应当享有充分的自治权，有言论、出版、集会、结社等自由，有行政权、司法权、关税自主权、发展工商业和民族教育的权利，等等。他所设想的

---

① N. Jayapalan, *Indian Political Thinkers-Modern Indian Political Thought*, New Dehli: Atlanta Publications, 2000, p. 87.

② Ibid. , p. 89.

③ Ibid. , pp. 88－89.

国家，实际上就是一个资产阶级的共和国。

为了实现印度的自治，提拉克提出了四种斗争的方式：自产、经济抵制、民族教育和消极抵抗。

自产（Svadesh），音译为"斯瓦德希"，其义是"自己生产"。按照提拉克的观点，所谓"斯瓦德希"，就是印度人需要的一切商品都应由印度人自己来生产。既然一切商品都由自己来生产，那么就必须大力发展自己的民族工业，因此，他积极提倡发展印度的民族工业，鼓励印度人多开办工厂，多生产自己的产品，以满足国民的需要。他号召印度有钱的人应以民族大义为重，多拿出钱来投资工厂。提拉克把印度人开办工厂看作爱国主义的一种表现。他说：

> 如果我们不想当白人的奴隶，我们就应当有力地推进斯瓦德希运动。这是拯救我们的唯一有效的手段。运动的目的是消除欧洲人把我们当作奴隶对待的那种制度，强迫政府给予我们那些英国公民所具有的一切权利。[1]
>
> 斯瓦德希不是为了弄钱或仅仅为了弄到钱，斯瓦德希的目的是要教育人民相信自己，使他们能够迫使统治当局停止损坏印度的活动。[2]

经济抵制（Boycott），主要是指"抵制英国货"。在提拉克看来，英国殖民者是依靠政治压迫和经济掠夺来维持其在印度的统治的，在经济掠夺中最重要的一种方式就是向印度倾销他们的过剩商品，如果印度人不购买他们的商品，他们的许多工厂就要倒闭，英国殖民统治的根基就会动摇。1902 年，提拉克在浦那的一

---

① Vishnoo Bhagwan, *Indian Political Thinkers*, New Delhi：Atma Ram & Sons, 1976, p. 24.

② 林承节：《印度民族独立运动的兴起》，北京大学出版社 1984 年版，第 253 页。

次群众集会上说：

> 你们必须意识到，你们是英国赖以统治印度的力量中一个重要的因素。你们本身就是使英国庞大的殖民统治机器得以运行的润滑油。尽管你们受到歧视和践踏，但是必须认识到，如果你们愿意的话，你们有力量使英国的统治垮台。①

他通过这段话明确地告诉印度人民，英国殖民机器的正常运转是依靠印度人的合作，如果印度人觉醒起来，不买英国货，英国的殖民统治就无法维持。因此，他号召印度人抵制英国货，一律使用国货，而促进印度工业的发展。他说：

> 当你愿意支持斯瓦德希的时候，你必须抵制外国货。没有抵制，斯瓦德希运动就不能繁荣起来。②

民族教育，提拉克强调印度人应当自己开办学校，使用各地的民族语言，在学习自然科学的同时，加强印度传统文化的教育。在他看来，发展民族教育，培养一代具有爱国主义思想的新人，将是实现印度自治最重要的方面。他认为，英国人在印度建立的各种西方式的学校和基督教会学校对印度的未来是有破坏性的，因为它们培养出来的都是洋奴，这些人名义上是印度人，而实际上却忘掉了印度的光荣历史和丰富的文化遗产。他号召印度人多建立自己的民族学校，发展民族语言，加强传统文化和爱国主义教育，培养出一代具有自力更生精神的，能够开拓印度未来的青年人。他说：

---

① Vishnoo Bhagwan, *Indian Political Thinkers*, New Delhi: Atma Ram & Sons, 1976, p. 25.

② Ibid. .

我们把自己的孩子送进民族学校，就使他们完全脱离了民众运动，但另一方面，我们的目的是让他们必须接受一种具有爱国主义精神鼓舞的教育。①

消极抵抗，就是指发动群众采取各种非暴力的形式进行反英斗争，例如罢工、罢市、抗税、不替英国人做事，等等。提拉克在斗争的方式上与国大党温和派领导人产生了分歧。温和派主张通过和平的议会斗争方式来获得某种民族的权利，提拉克认为这是一种"政治乞讨"，这种方法不可能从英国人那里获得什么权利。他主张，要想实现印度自治，就必须广泛发动民众，形成大规模的群众性政治运动，给英国殖民政府造成强大的压力，迫使他们作出让步。1905 年，他在国大党激进派的一次会议上，提出了消极抵抗的思想，即开展各种非暴力的斗争形式，如罢工、罢市、罢课和抗税等。与此同时，他也并不排除进行暴力斗争的可能性。他公开宣传说：

如果窃贼进入我们的房屋，我们手中没有足够的力量把他们驱走，那么我们就必须毫不犹豫地把他们关在屋内，把他们活活烧死。②

提拉克民族主义的核心是"司瓦拉吉"——实现"印度自治"，其斗争方式有自产、经济抵制、民族教育和消极抵抗等。这些思想对印度民族主义的发展产生了深远的影响。但是，必须指出，提拉克对印度民族主义运动最大的贡献在于：他反对国大党

---

① N. Jayapalan, *Indian Political Thinkers-Modern Indian Political Thought*, New Delhi: Atlanta Publications, 2000, p. 89.

② Vishnoo Bhagwan, *Indian Political Thinkers*, New Delhi: Atma Ram & Sons, 1976, p. 27.

温和派畏惧民众、脱离民众的改良政治，而主张依靠群众、发动群众，去争取民族的独立。他认为，印度要实现自治，就必须唤起广大民众的民族自尊心和爱国热情，鼓动他们投入民族斗争的行列。他不仅在理论上，而且在行动上实践了这种民族主义的战略转变，正是由于他的努力，印度民族运动才从少数人的改良活动转变成千百万人参加的群众运动。他在自己的家乡——马哈拉施特拉地区发起庆祝象头神节和纪念民族英雄西瓦吉的大型群众活动，就是其宣传民众、鼓动民众的典型杰作。

总之，提拉克作为一位伟大的民族主义运动领袖，他的哲学和宗教学说是与他的民族主义思想紧密地融合在一起的，他的哲学和宗教学说是为其民族主义制造理论根据的，他的民族主义思想里也包含着许多传统哲学和宗教的因素，有时会被传统哲学和宗教的外衣包裹起来。这就是提拉克民族主义学说的特点。正是因为这样，他的民族主义思想才易于为印度民众所接受，才在民众中产生了巨大影响。

第十三章 甘地的哲学与"非暴力"学说

莫罕达斯·卡拉姆昌德·甘地（Mohandas Karamchand Gandhi, 1869—1948）是印度现代史上最伟大的人物，独立印度的主要缔造者之一，在印度被尊称为"国父"、"圣雄"（大英雄）。他之所以受到印度人民如此崇敬和爱戴，一是由于他把毕生的精力都奉献给印度的解放事业，为民族的独立做出了杰出的贡献；二是由于他具有崇高的人格和自我牺牲精神，这种精神使印度人民佩服得无体投地；三是因为他在争取民族独立的斗争中创立了一个完整的、独具特色的思想体系，人们称之为"甘地主义"，其中包括哲学、伦理、宗教、社会、政治诸方面的学说。他的思想不仅对印度人民，而且对争取民族独立的亚非人民、反对种族歧视的美国黑人运动，以及现代政治斗争都产生了深远的影响。

甘地生于 1869 年 10 月 2 日，古吉拉特邦波尔班达尔的一个官宦家庭。祖父、叔父都在土邦政府做过官，父亲曾在古吉拉特邦和万卡内尔土邦担任首相。父母皆为虔诚的印度教毗湿奴派教徒，但较为开明，尽一切努力使子女接受现代教育。他自幼在印度传统宗教、伦理和现代西方教育相混合的环境中长大。1889 年赴英国伦敦大学攻读法学，1891 年取得律师资格回国。1893—1915 年，在南非的一家印度商行担任法律顾问。此间，他目睹并亲身体会到白人对有色人种的歧视和压迫，便领导印度侨民反对南非当局种族歧视的斗争，开始提出"非暴力抵抗"的学说，组织"坚持真理"的斗争，并取得明显的效果。1910 年，在南非约翰内斯堡郊区创办了有名的"托尔斯泰农场"，并与俄国作家列夫·托尔斯泰通信交往。1915 年，他结束了在南非二十二年的生活，满载盛誉回国。回国后，他加入国大党，全身心地投入印度民族独立运动和社会改革的斗争。1920 年，他成为国大党的主要领导人。在反对英国殖民者的斗争中，他多次组织"非暴力不合作"和"文明不服从"运动，曾三次被捕入狱，十五次进行绝食斗争，为印度的民族独立做出了卓越的贡献。1847 年 8 月 15 日，印度宣布独立。不幸的是，印度独立后几个月，即 1948 年 1 月 30 日，甘地被反对他的宗教和解政策的印度教极端教派主义分子杀害。

甘地的主要著作有：

《自传——我体验真理的故事》（*An Autobiography-The Story of My Experiments with Truth*）

《印度自治》（*Hind Swaraj or Indian Home Rule*）

《和平与战争中的非暴力》（*Non-Violence in Peace and War*）

《坚持真理、非暴力的抵抗》（*Satyagraha，Non-Violent Resistance*）

《爱的法则》（*The Law of Love*）

《我的非暴力》（*My Non-Violence*）

《我的宗教》（*My Religion*）

《生活的艺术》（*The Art of Living*）

《共同繁荣》（*Sarvodaya*）

1958—1972 年，印度出版了 50 卷本的《甘地全集》。

一 "真理—神"一元论

甘地的思想主要渊源于印度传统宗教学说，其中包括印度教、佛教和耆那教的哲学和伦理思想，亦受到基督教《新约全书》、英国思想家约翰·鲁斯金、美国作家亨利·梭罗和俄国文学家托尔斯泰的深刻影响。他在长期的斗争实践中创立了一个独具特色的哲学—伦理学体系。这个体系是以"真理即是神""非暴力""坚持真理"以及相关的道德和政治学说为核心的。

从严格的意义上讲，甘地是一位政治家，而不是哲学家，他没有受过系统的学院式哲学训练。因此，他对哲学思想的论述，不是采取系统的逻辑推理的方式，而是采取陈述经验和体会的手法。他在《自传——我体验真理的故事》中这样写道：

> 如果我只是讨论一些学院式的原理，我当然不应该写自传，然而我的目的是说明这些原理的各种实际上的应用。我给我打算写的这些篇章起了一个题目"我体验真理的故事"。①

甘地的哲学观点散见于他的各种著作和文章中，他的论述往往是分散的、片断的，有时甚至是相互矛盾的。为了真正把握他的哲学，必须将其有关的论述综合起来，通过归纳分析，才能从中找出本质的东西。

甘地对"真理"有多种表述和解说，但中心思想是把"真理"视为神，把神与"真理"等同起来。在把两者画等号的过程中，甘地是有一个发展阶段的。起初，他把神放在第一位，提出

---

① ［印］甘地：《自传——我体验真理的故事》（以下简称《自传》），杜危、吴耀宗译，商务印书馆1959年版，第10页。

"神就是真理"的公式。他说：

> 在童年时，我被教导去复诵印度经典中那一千个神名，但是这些神名还是不完全的。我们认为——我想这是真的——神也像万物一样有许多名称，因此我们也可以说神是无名称的；由于神有许多形式，我们则认为他是无形式的；由于神用许多语言对我们讲话，我们则认为他是无语言的……倘若人类的语言能给神以最完全的表述，那么我的结论是：对我本人来说，神就是真理。①

但是后来，他不再坚持"神就是真理"的公式，而宣布"真理就是神"，开始把真理放置首位。他写道：

> 过去在我内心深处一直认为，神虽然是神，但神是高于一切真理的……然而两年以前，我向前迈进一步，开始说"真理就是神"。你们将来会明白"神就是真理"和"真理就是神"这两种表述之间的精确差别的。这个结论是我在坚持不懈地寻求真理之后才得出来的。②

为什么甘地要把"神就是真理"改为"真理就是神"呢？甘地称自己是一个"讲究实际的理性主义者"，他的这种转变完全是出于实践的目的：其一，在他看来，"神"这个词的含义是不确切的、暧昧的。不同的人都可以给神以不同的解释，可以把它解释为一神论的、多神论的、泛神论的。但是，"真理"一词的概念是鲜明而确切的，他把真理放在首位是为了给人以清楚明白的印象，使人不会产生误解。其二，甘地认为，各种宗教都有自己崇信的

---

① *Young India*（甘地主编的报纸——《青年印度》），11 October 1928.
② *Young India*，11 October 1928.

神，佛教崇拜佛陀，伊斯兰教崇拜安拉，基督教崇拜上帝，印度教崇拜毗湿奴、湿婆、黑天和罗摩等大神。因此，用某种神的概念很难使不同信仰者联合和统一起来，而"真理"却是各种不同信仰者都能接受的概念，甚至连无神论者也不会拒绝或否认"真理"。在甘地看来，"真理"一词为各种宗教信徒，甚至无神论者提供了一个共同的观念，这种观念具有把一切人联合起来的力量。他强调"真理就是神"，就是想借助"真理"一词的号召力和凝聚力，把印度不同信仰、不同民族和不同种姓的人联合和统一起来，以实现民族独立的伟大目标。

甘地把"真理"与神等同起来，构成了他的"真理—神"一元论。要想了解甘地的"真理"含义，就必须分析他的神的概念。他在不同的场合对神有各种不同的解说，但归纳起来，主要有三个方面：一是从本体论的角度，论述神是宇宙最高的实在和万物的本源；二是从伦理观的角度，把神当作宇宙和人类社会的最高道德准则；三是从认识论的角度，把神看作宇宙的最高真理。

（一）作为最高本体的神

甘地继承了印度古代吠檀多思想，认为神是一种有创造力的永恒精神，并把这种精神视为宇宙的最高本体、万物的始基。他说：

> 我朦胧地感觉到，我周围的万物是变化的，而且常常会死去，在这一切变化之物之下则有一种能使它们结合在一起的、不变的、有生命的力量，它能够创造、分化和再创造这些变化之物。这种活着的力量或精神就是神。[1]

---

[1] Vishwanath S. Naravane, *Modern Indian Thought*, New Delhi: Orient Longman Limited, 1978, p. 168.

这段话表明，甘地的神是指一种永恒不变的精神力量，它创造、维持并支配着一切变化之物。甘地也像古代印度哲学家那样，力图从变化中找出不变，从繁多中找出唯一，把某种超自然的、不变的精神视为宇宙的基础。

甘地在解释"真理"时说：

> 真理（Satya）这个词是从"萨特"（Sat）一词引申出来的，它的意思就是实在、在实在之中或属于实在。除了真理之外，没有任何其他的东西。因此，萨特或真理也许就是神的最重要的名称。①

这里所提到的"萨特"，是印度古代哲学术语，意指宇宙的最高实在。甘地明确指出，他所说的"真理"出自"萨特"一词，两者同根同源。这表明，他的"真理"是神的另一个名称，也是宇宙的最高实在和本源，而天下万物只不过是它的各种表现而已。因此，他认为，除了"真理"或神之外，世界上不存在任何其他的东西。

有的时候，甘地还从目的论的角度论述神，认为神是支配世界万事万物的发展法则。他写道：

> 宇宙中存在着一种秩序，一种支配一切事物和有生命存在的不变的法则。它不是盲目的法则，因为盲目的法则是不能支配人类行为的……因此，这种支配一切生命的法则就是神。②

---

① *Young India*, 30 July 1930.

② Vishwanath S. Naravane, *Modern Indian Thought*, New Delhi：Orient Longman Limited, 1978, p. 168.

甘地常常谈到宇宙的和谐和统一。他也像神学目的论者那样，认为倘若预先没有一个有意志的宇宙支配者，那么宇宙的和谐统一则无法解释。因此，他主张，一个有生命有意识的实在——神乃是支配宇宙和人类行为的最高法则。正如他所说："一个有生命的神是我们命运的最终裁决者。"①

（二）作为最高道德准则的神

甘地十分重视伦理道德的作用，在他的思想体系中道德原则占有极为重要的位置。与其他政治家不同，他甚至把道德原则作为社会政治理论的基础，常常使他的政治斗争原则从属于他的道德原则。如他所言："有一件事在我心中是根深蒂固的，就是相信道德为一切事物的基础，真理为一切道德的本质。"②在甘地看来，"真理"就是神，"真理是一切道德的本质"则意味着神为一切道德的本质。

甘地在许多场合从道德观的角度描述神，称神为"至高无上的善"和"爱"，赋予神以道德的含义，使之成为人类社会最高的道德准则。他写道：

> 对我来说，神是真理和爱，神是伦理和道德。神是无畏，神是光明和生命的源泉……神就是良知。③
> 因为我发现在死亡之中永存着生命，在虚假之中永存着真理，在黑暗之中永存着光明。所以，我推断，神就是生命、真理和光明。他就是爱，是至高无上的善。④

---

① Nirmal Kumar Bose, *Selections from Gandhi*, Ahmedabad: Navajivan Publishing House, 1948, p. 26.

② ［印］甘地：《自传》，杜危、吴耀宗译，商务印书馆 1959 年版，第 30 页。

③ *Young India*, 5 March 1925.

④ M. K. Gandhi, Compiled by M. S. Deshpande, *Pathway to God*, Ahmedabad: Navajivan Publishing House, 1981, p. 8.

善与恶、爱与恨、无畏与怯弱、有良心与无良心，这些概念本来都是世俗社会用以衡量人们行为的道德观念，而甘地却把这些概念与神联系起来，断定神就是"无畏""爱""良知"和"至高无上的善"，从而使神的概念具有道德的意义。在他看来，既然神是宇宙最高的、永恒的法则，那么与神等同的这些道德观念也必然具有至高的、永恒的性质。可见，甘地从伦理观的角度论述神的目的，就是想使人们的道德规范神圣化，为人类社会找到一种永恒不变的道德法则。

（三）作为最高真理的神

有的时候，甘地也从认识论的角度论述神，他把神看作宇宙的最高真理、绝对真理或永恒真理。他在解释《自传——我体验真理的故事》这个题目时说：

> 对我来说，真理便是至高无上的原则，它包括无数其他的原则。这个真理不单单是指言论的真实，而且也指思想的真实，不只是我们所理解的相对真理，而且是绝对真理，永恒的真理，即神。关于神，有无数的定义，因为他的表现是多方面的……然而我只把神当作真理来崇拜。①
>
> 我在前进的过程中，常常隐约看见绝对真理，即神的一点光辉，而且只有他才是真实的，其他一切都是不真实的信念……②

在甘地看来，神就是绝对真理、最高真理，人们认识到这个真理，就是认识到了神。只有认识到神，人们才能具有无限的力量，才能战胜一切敌人。

---

① ［印］甘地：《自传》，杜危、吴耀宗译，商务印书馆 1959 年版，绪言第 10 页。
② 同上。

概言之，在甘地哲学中，神不仅是宇宙的最高本体，而且是宇宙的最高道德准则和最高真理。既然他把神与真理等同起来，那么真理也自然是宇宙的最高本体、最高道德准则和最高真理了。实际上，甘地说真理时，就是指的神；说神时，也是指的真理；在他那里，真理与神是同一不二的。甘地的这种"真理—神"一元论，则为他的非暴力学说和"坚持真理"学说奠定了理论基础。

二　"非暴力"学说

甘地继承了古代印度教、佛教和耆那教道德观中的"戒杀"原则，并且吸收了基督教的"以善抑恶"主张、美国作家梭罗的"非暴力抵抗"思想、俄国文学家托尔斯泰"神的王国就在你心中"的观点以及西方各种人道主义思想，才创立出他自己的一套独具特色的非暴力学说。这种学说，实际上，是一种东西方思想的融合。

"非暴力"（Non-Violence）来源于古代梵文"阿希姆萨"（Ahimsa）一词。"阿希姆萨"在古代印度教和佛教的经典中，作为一种宗教戒律或道德准则，通常具有两层含义：一是不杀生，即戒杀；二是不做伤害他人感情的事情。甘地的"非暴力"，基本上承袭了"不杀生"和"不伤害他人感情"的传统意义，但是在具体应用上，却有很大的差别。他认为，如果一个人完全出于自私的或卑鄙的目的去杀害生命或损害感情，那是一种"暴力"行为。但是，倘若他出于无私、爱或正当的目的去伤害生命和感情，这样的行为就不属于"暴力"。甘地有一段话专门说明这个问题：

　　捕捉生命可能是一种义务。我们可以毁坏一些我们认为维持自己身体所必需的生命。于是，我们拿一些生命，如植物或其他东西作为食物，我们为了健康常常使用杀虫剂杀死蚊虫等，我们并不认为这样做是犯了亵渎信仰的罪过……为了人类的利益，我们可以杀死一些食肉动物……甚至人——屠杀，在这种情况下也是必要的：假如有一个人手中持刀，到处瞎闯，乱砍乱杀，杀死他遇到的任何人，而没有一个人敢于活捉他。在这种情况下，无论是谁杀死这个疯子，都会受到社会的赞许，并被看作慈善的人。①

由此可见，甘地并不像佛教或耆那教那样主张绝对不杀生，而是把"暴力"与"非暴力"的区别与人们行为的动机联系起来。凡是怀着邪恶目的的行为，才是"暴力"；而怀着善良或爱的动机的行为，即使伤害生命，也属于"非暴力"的范围。

其实，甘地的"非暴力"原则包含着两个方面的意义：一是消极的方面，二是积极的方面。所谓消极的方面，是指不去做什么，即上述的"不杀生"或"不伤害他人感情"等。而积极的方面，则是要求人们主动地、自觉地去爱，去爱一切人。所以，甘地说：

> 非暴力就是以积极的形式来对待一切生命的善良意志。非暴力就是纯粹的爱。我在印度教的经典中，在《圣经》和《古兰经》中都读到过它。②
> 非暴力不单是具有"不伤害"的消极方面，而且具有"爱"，即对犯错误者行善的积极方面。③

两个方面相比较，甘地更强调后者，强调"非暴力"所具有的"爱"和"行善"的含义。他认为，他的"非暴力"的核心就

---

① *Young India*, 4 November 1926.

② *Young India*, 3 September 1920.

③ *Young India*, 21 January 1921.

是"爱"。

甘地"非暴力"原则的基石是他对人性的分析。在人性分析上,甘地继承了印度古代吠檀多哲学中"人是小宇宙"的观点,他认为人是一个小宇宙,就像外界的大宇宙一样,也包括物质和精神即肉体和灵魂两部分。肉体是人外在的、表面的物质部分,代表人的低级属性;而灵魂则是人内在的精神部分,代表人的高级属性。人内在的精神部分,即灵魂(又称"自我"),才是人的真正本性。它来源于神,是神性在人身上的显现。甘地在许多地方阐述了这种观点:

> 神就是存在于我们内部的一种全知全能的精神。[1]
>
> 我的神并不寓居在天上,在人世间就可以证悟到他。他就在这里,在你的心中,在我的心中。[2]
>
> 神是无所不在的,所以他也寓居在每个人的内部,因此每个人都是神的化身。[3]

甘地认为,人与人之间虽然表面肉体不同,但内在的精神本性却是同一的。人内部的这种精神来自神,是神性在人身上的体现。由于神是同一的,因而人性也是同一的。所以,他说:

> 我相信神的绝对统一,因而也相信人性的绝对统一……尽管我们有许许多多的肉体,但是我们只有一个心灵。太阳的光辉经过折射是多种多样的,但是它们却同出一源。[4]

---

[1]　M. K. Gandhi, Compiled by M. S. Deshpande, *Pathway to God*, Ahmedabad: Navajivan Publishing House, 1981, p. 11.

[2]　Ibid. , p. 7.

[3]　Ibid. , pp. 11 – 12.

[4]　*Young India*, 25 September 1924.

这句话表明，甘地确信人在精神本性上是绝对同一的。按照他的观点，既然人性是神性的表现，神性又是"最高的善"和"爱"，那么人性也自然是善和爱。也许有人会问：人本性既然是善的，那么人为什么会有自私的欲望和邪恶的行为呢？甘地认为，人的自私和邪恶只产生于肉体，是表面肉体的属性，并不代表潜居于人内部的真正本性。当人的内在本性被表面的肉体所遮盖而尚未显现出来时，各种邪恶的行为才会产生。因此，人的本性是善，而不是恶。如他所说：

> 我从不怀疑人的本性，因为它肯定与高尚和友善的行为相一致。[①]

这种"人性同一"和"人性本善"的观点，乃是甘地"非暴力"学说的理论基础。甘地深信人的本性是善的，神性就在你的心中，因此他主张通过非暴力的手段，即爱的方式，去感化和唤醒人的内在善性，从而使恶人改恶从善，使犯错误者改邪归正。非暴力手段为什么能使人改恶从善呢？这可以从两方面来理解：一是，从主动的方面看，甘地认为神性代表最高的善和爱，具有无穷的潜力和转化力，一旦人证悟到自己内在的神性，他就会产生巨大的精神力量，会主动地去爱别人，帮助别人揭示自己的神性。二是，从被动的方面看，犯错误者的体内也潜居着神性或善性，他们之所以犯错误，是因为他们表面的私欲遮盖了内在的神性，一旦别人用非暴力方式去启迪他们的内在神性，他们就会"良心发现"，忏悔自己的错误。所以，甘地竭力主张，人们应当通过非暴力的手段，即通过自我牺牲和爱的行为，抑制自私、仇恨、报复、嫉妒的感情，首先使自己内在"善"的本性显现出来，

---

① *Young India*, 14 August 1920.

然后再去感化或唤醒犯错误者的内在的善性，使他们改邪归正。他说：

> 非暴力是以一种感化他人的能力为前提的。[1]

虽然甘地的"非暴力"学说带有很浓的宗教神秘主义色彩，但是也表现出他对西方自由、平等、博爱的人道主义思想的强烈追求。他曾说：

> 只要通过"非暴力"的方式，即感化的方式，人们所希望得到的新时代就必定会到来。法国有一句名言——自由、平等、博爱……那些法国从未实现过的，将留待我们去实现。[2]

从这里可以看出，甘地作为一位资产阶级政治家，他很自然地接受了法国大革命时期所提出的"自由、平等、博爱"的人道主义思想，并把它与印度传统宗教哲学结合起来，创立了他的非暴力学说。这种非暴力学说，正是印度传统伦理哲学与西方"博爱"思想相结合的产物。

三　真理与非暴力的关系

甘地的"真理"学说和"非暴力"学说，构成了其整个思想体系的核心。两者紧密相连，不可分割。他曾说：

> 我没有什么新的东西传授给世界。真理和非暴力的观念

---

[1] *Young India*, 12 August 1926.
[2] *Harijan*，（甘地主办的报纸——《哈里真》），18 July 1925.

像高山一样古老。我所做的一切，就是想在我力所能及的范围内试验这两者。①

"真理"与"非暴力"到底是什么关系？甘地有一段话对此作了生动的解释：

> 非暴力与真理是交织在一起的，实际上这两者不可分离。它们正如同一个硬币的两面，更确切地说，如同一个光滑的、没有任何印记的金属饼的两面。谁能说出，哪一面是正的，哪一面是反的呢？非暴力是手段，真理是目的。手段之所以作为手段，是因为它总是在我们力所能及的范围之内，因此非暴力就是我们最高的义务。如果我们注意运用这个手段，或迟或早一定能够到达目的。②

这段话告诉我们：第一，甘地是把"真理"和"非暴力"看作同一事物的两个方面，两个交织在一起的不可分割的方面。第二，他还进一步把两者比喻成"目的"与"手段"的关系。在他看来，"真理"或神就是宇宙的最高实在和最高的道德准则，也是人类社会统一的基础。内含于每个人心中的善性是"真理"或神性的表现，唤醒世上一切人的善性，实现人类的最高道德准则，乃是人类的至高目的和理想。要实现这个目的，就必须通过"非暴力"或爱的手段。

虽然甘地把"真理"与"非暴力"的关系比作"目的"与"手段"的关系，但是他更强调"手段"的重要性。他指出：

---

① Nirmal Kumar Bose, *Selections from Gandhi*, Ahmedabad：Navajivan Publishing House，1948，p. 13.

② Ibid. , pp. 13 – 14.

他们说："手段终归是手段。"而我却说："手段就是一切。"手段也是目的，在手段和目的之间不存在隔离的壁障。造世主赋予我们支配手段的能力（虽然是非常有限的），却没有给我们支配目的的能力。目的的实现，是与我们所运用的手段严格成正比的。这种一致关系无一例外。①

甘地认为手段处于人所能支配的范围之内，是人能够调整和把握的；而目的则是神圣的，固定不变的，不是人所能支配的。因此，对于人们来说，不用去考虑"目的"，只需在"手段"上下功夫就行了。换言之，"真理"作为宇宙的最高道德准则和人类追求的最高理想，是先天固有的，是人们所不能改变的；而"非暴力"，即"爱"，才是人们所能调整和支配的；只要人们不断地运用"非暴力"的手段，就能揭示真理，实现宇宙的最高道德准则和人类的最高理想。甘地突出"手段"的作用，其目的则在于强调"非暴力"，强调"非暴力"是人们必须全力以赴去履行的最高义务。

甘地极力突出"非暴力"的作用，他甚至把"非暴力"的原则绝对化，试图通过"非暴力"或爱的手段来解决社会的一切问题。他在民族斗争中所领导的"非暴力不合作运动"和"文明不服从运动"，以及在社会改革运动中所提出的"变心说"和"托管说"，都是以他的"非暴力"学说为理论根据的。

四 "坚持真理"学说

甘地的"坚持真理"学说建立在"真理"和"非暴力"的理论基础之上，换句话说，"坚持真理"原则就是"真理"和"非

---

① *Young India*, 7 July 1924.

暴力"学说在社会实践中的具体应用。

"坚持真理"（Satyagraha，音译"萨提亚格拉哈"）一词，出自甘地家乡的古吉拉特语。其实，这个词原来是不存在的，是甘地和别人一起创造出来的。1906 年，当甘地在南非领导印度侨民进行反种族歧视的"非暴力抵抗"或"消极抵抗"运动时，他对"消极抵抗"一词深为不满，认为这个词含义太狭隘，一来容易使人感到这是一种"弱者的斗争"；二来它也包含着仇恨的种子，容易最后导致暴力冲突。因此，甘地认为"消极抵抗"不能代表印度人进行斗争的真正性质，他极力想创造一个新的名称来取代"消极抵抗"一词。

他在《自传》中回忆当时的情景，说：

> 我绞尽了脑汁，还是找不到一个恰当的名称来，因此我便在《印度舆论》上悬赏征求读者的高明意见。结果摩干拉尔·甘地提供了"萨达格拉哈"（"萨特"意即真理，"阿格拉哈"意即实力）这个字得了奖。但是，为了弄得更清楚，我把这个字改为"萨提亚格拉哈"，从此便成为古吉拉特文中表明这个斗争的通称。[①]

实际上，"坚持真理"（Satyagraha）一词是由两部分组成的："Satya"意为"真理"，"agraha"意为"抓住""坚持"或"执着"，两部分合起来则译为"坚持真理"。在英文中，这个词常常被译为"真理的力量""心灵的力量"或"爱的力量"等。当我们理解了甘地的"真理"和"非暴力"学说之后，再来分析"坚持真理"的含义就不那么困难了。所谓"坚持真理"，简言之，就是一个人要真正证悟到自己内在的"真理"或神性，依靠这种

---

① 甘地：《自传》，杜危、吴耀宗译，商务印书馆 1959 年版，第 278 页。

"真理的力量"或"爱的力量",去战胜一切邪恶。

按照甘地的观点,真理就是神,神性就寓居在每个人的心中,每个人内在的神性乃是"最高的善"和"爱";只要人们证悟到内在的神性,牢牢地抓住神性,坚持依靠这种"善性"和"爱",就能产生巨大的精神力量,并通过这种精神力量来战胜邪恶,铲除社会上各种罪恶现象。甘地甚至把这种精神力量看作反对暴力、专制和非正义的唯一手段。在他看来,那些邪恶的人心中也肯定有神性或善的因素,他们之所以干恶事,只是由于内在的善性被肉体的私欲或仇恨所蔽而不能显现出来。因此,只要坚持真理者依靠自己的神性,通过爱的力量不断地感化他们,启迪他们内在的善性,他们的善性就一定能被唤醒。一旦这种善性被唤醒,或者说,一旦良心发现,他们就会忏悔自己的罪过,改邪归正。甘地的"坚持真理",实际上就是试图依靠"精神感化"的办法来消除社会上的各种罪恶,甚至对待英国殖民主义者也不例外。

甘地的"坚持真理"学说,是以虔诚的宗教信仰和严格的道德修养为前提的。他认为,一个坚持真理者之所以能够依靠自己内在的精神力量,就是因为他虔诚地信仰唯一最高之神,并且确信每个人内中都含有神性。另外,相信再生和业报轮回的观念,也是"坚持真理"的先决条件。甘地认为,一个坚持真理者能够忘我地追求真理,甚至在危难时刻敢于挺身而出,不惜牺牲生命,就是因为他坚信善有善报、恶有恶报,即使今生不报,来世也必得善报。如他所说:

他(引者按:指一个坚持真理者)一旦认识到肉体死后灵魂还活着,就不急于看到真理在今生肉体中的胜利。[①]

---

① M. K. Gandi, *Speeches and Writings of Gandhi*, New Delhi: Atlata Publications, 1934, p. 504.

在道德修养方面，甘地对坚持真理者提出了许多严格的要求。他要求坚持真理者必须具有公正、忠诚、无畏、不怕牺牲、忍耐、宽恕、能自觉吃苦等品德。在他看来，一个人只有具备这些道德修养，才能克服和抑制自私、仇恨和暴力的行为，才能使自己的神性显现出来，才能以极大的力量和耐心去启迪和唤醒他人的善性。

甘地把他的"坚持真理"原则看作普遍可行的，任何人在任何场合都可以应用。他说：

> 这种力量（引者按：指坚持真理的力量）既可以被个人所用，也可以被团体所用。它既可以用于政治事务，也可以用于家庭事务。它的普遍应用性就说明它是永恒的和战无不胜的。男人、妇女和儿童都可以运用它。①

从这里可以看出，甘地已经把"坚持真理"当作解决一切社会问题的灵丹妙药了。实际上，甘地的"坚持真理"斗争就是其"非暴力"学说在社会实践中的具体应用，他把他的一切非暴力斗争都看作"坚持真理"运动。早在南非时期，他就提出"坚持真理"的口号，并把它运用到反对种族歧视的斗争中，后来回到印度，又把它运用到民族解放斗争中。甘地不仅把他领导的"非暴力不合作"和"文明不服从"运动看作"坚持真理"的形式，而且把他经常进行的"绝食"和"祈祷"也视为"坚持真理"的形式。他本人为了抗议英国殖民当局，就曾进行了 15 次绝食斗争。

---

① Nirmal Kumar Bose, *Selections from Gandhi*, Ahmedabad：Navajivan Publishing House，1948，pp. 218 – 219.

五 道德伦理学说

只要研究一下甘地的思想，就会发现他的道德伦理学说在其整个思想体系中占有极为重要的地位。甘地与其他政治家不一样，他深信道德是一切事物的基础，甚至把道德作为他的社会政治理论的指南。如他所说：

> 有一件事在我心中是根深蒂固，就是相信道德是一切事物的基础，真理是一切道德的本质。①

因此，不理解他的道德观，也不可能正确地认识和把握他的哲学和社会政治理论。

（一）爱是人类行为的基本准则

"爱"的法则是甘地道德观的核心，具有十分重要的意义。他把这种法则作为人类行为的基本准则，把"爱"作为调整人与人、人与社会之间一切关系的方法。

在论述爱的法则时，甘地把人与动物做了对比，认为人与动物不同，其根本差别就在于人类之间具有爱的法则并且实际应用于生活之中。他确信，仇恨和暴力是动物或兽类的法则，只有爱和非暴力才是人类的法则。他说：

> 假若爱不是生命的法则，那么生命就不可能在死亡之中永存着。生命就是不断地战胜死亡。如果人与野兽有什么根本区别的话，那就是人逐渐地认识到爱的法则，并且把它实

---

① ［印］甘地：《自传》，杜危、吴耀宗译，商务印书馆1959年版，第30页。

际应用到自己个人的生活之中。世界上的一切圣者，无论古代的还是现代的，都是按照自己的观点和能力实践我们人类行为的这个最高法则的活生生的典范。①

为了说明爱在人类生活中的作用，甘地曾把爱称为人类社会的一种"凝聚力""吸引力"或"亲和力"。他认为物质世界中的各种原子和分子能够聚合在一起，是因为它们之间有一种凝聚力，那么人与人能够聚合在一起，也必然需要一种凝聚力，这种力量就是"爱"。因此，他把爱的法则看作维系人类统一的一种亲和力量，联系人与人之间关系的一种纽带和桥梁。甘地有一段话充分地论证了这一观点：

> 科学家告诉我们，如果在构成我们地球的无数原子之间没有一种凝聚力的话，那么地球就会变成碎片，我们也不能再生存下去。正像无意识的事物中间有一种凝聚力一样，在一切有生命的事物中也肯定有一种凝聚力量，这种生物之间的凝聚力的名称就是"爱"。我们可以在父子之间、兄妹之间、朋友之间看到这种爱。②

甘地在抽象论述爱的法则的同时，还赋予它以实践的意义。他认为，既然爱是人类行为的最高标准，那么它就适用于社会上的一切人。不管你是什么民族、什么阶级、什么种姓、什么宗教派别，都可以用爱的法则来对待。因此，他号召人们要学会这一法则，运用这一法则，"我们必须学会把爱的力量运用到一切生命之中去，我们对神的证悟就存在于运用这种爱

---

① M. K. Gandi, Compiled by M. S. Deshpande, *Pathway to God*, Ahmedabad: Navajivan Publishing House, 1948, p. 24.

② Ibid. .

的过程之中"①。

甘地甚至主张去爱自己的敌人，应当把敌人当作潜在的朋友去爱。

如果我们学会在社会上用爱的法则取代弱肉强食的法则，学会在我们心中对我们视为敌人的人不怀有恶意和仇恨，学会爱他们，把他们当作实际的或潜在的朋友，那么我们就有充分的理由来庆幸自己。②

甘地还对爱与仇恨做了对比，认为爱就是生命，而仇恨意味着死亡。爱与恨所导致的结果是不同的：通过爱所获得的东西是永恒的，而通过仇恨所获得的东西实际上是一种负担，只能增加新的仇恨。所以，他主张：

人的义务就是消除仇恨，促进爱。③

甘地鼓吹的"爱"，实质上是一种抽象的爱。他无限地夸大这种爱，把它作为适用于一切人和一切时代的"普遍之爱""永恒之爱"。我们知道，爱和恨作为道德观念，是人们在特定的社会环境中出于自己的利害关系而产生的，是由人们的社会存在而决定的。在人类历史上只有具体的爱和恨，而没有抽象的爱和恨。至于"普遍之爱"，自从人类分化出阶级之后，就根本不存在这种统一的爱。甘地所谓的"爱"，并不是从人们的社会关系中寻来的，而是把一种超自然、永恒不变的"神性"硬说成是人类共同的本

---

① M. K. Gandi, Compiled by M. S. Deshpande, *Pathway to God*, Ahmedabad: Navajivan Publishing House, 1948, p. 25.

② Ibid. .

③ Ibid. .

性。但是，另一方面，我们也应当看到，甘地这种带有宗教神秘色彩的"爱的法则"也表现出他对自由、平等、博爱等人道主义精神的追求。甘地的"爱的法则"，实质上，是西方人道主义的"博爱"思想与印度传统的"非暴力"观念相结合的产物。

（二）"苦行"是实行爱的基本手段

在甘地的伦理观中，爱的法则被视为人类行为的最高准则。但是，这个法则通过什么方式才能实现呢？甘地认为，要实现爱的法则，就必须通过"苦行"（Tapas），即忍受痛苦的手段。所以他说："衡量爱的标准就是苦行，而苦行即是自我忍受痛苦。"[①]这句话可以从两方面来理解：第一，一个人只有完全抛弃私欲，甘愿吃苦，他才能觉悟到自己内在的神性，产生爱的力量，才能去爱他人。第二，如果一个人不用暴力，而用爱的方式去感化自己的敌人，那么他就要准备吃苦，准备忍受敌人所强加给他的各种肉体上的、精神上的痛苦。甘地说：一个非暴力主义者"要通过自己忍受痛苦来战胜敌人"[②]。因此，自愿受苦就成为实现爱或非暴力的一个不可缺少的条件。"爱"的法则与"苦行"的法则在甘地的伦理观中是密不可分的。苦行是实现爱的手段，而爱则是自愿吃苦的动机和目的，两者的统一便构成了甘地所谓的"非暴力"。

在研究甘地的"苦行"这一概念时，我们发现他在许多地方都把"苦行"与"自制""禁欲"等词当作同义词来使用。那么，他所提倡的"苦行"包括哪些内容呢？这种苦行与印度古代宗教禁欲主义者所宣传的苦行有什么区别呢？

概括地说，甘地的苦行观基本上包括三方面的内容：（1）一

---

① *Young India*，9 July 1925.

② Nirmal Kumar Bose，*Selections from Gandi*，Ahmedabad：Navajivan Publishing House，1948，p. 221.

个人要严格地克制自己，控制自己的思想、言语和行动，抛弃肉体情欲，拒绝物质享受。（2）为了实现爱和非暴力，一个人应当自觉地忍受外部环境的压迫，忍受敌人所强加于自己的各种肉体上和精神上的痛苦。（3）为了社会的利益，一个人应当无私地服务，无私地奉献，敢于牺牲，甚至献出自己的生命。甘地虽然继承了印度传统的"苦行"观念，但是他的苦行观与宗教禁欲主义者的苦行观在目的和内容上都有着根本的区别。这些区别表现在：

第一，古代宗教禁欲主义者的苦行是为了达到人与神的结合，实现解脱，最终使灵魂上升到天堂。他们认为，肉体和肉体所产生的欲望是一切罪恶的根源，只有通过苦行来折磨肉体，清除欲望，才能唤醒潜居于肉体内部的灵魂，证悟到神性，达到人神结合。而甘地提倡"苦行"，则是作为实现"非暴力"和"坚持真理"原则的一种斗争工具。所以他说：

> 非暴力最本质的条件就是自觉忍受痛苦。非暴力并不是指屈服于恶者的意志，而是指运用一个人的全部灵魂力量来反对专制者的意志。[①]

第二，古代禁欲主义者的"苦行"是以折磨肉体，斩断情欲，摆脱物质的束缚，最终超脱尘世为中心的。而甘地的苦行观并不要求人们超脱尘世，而是强调为了社会的利益必须无私地奉献，自觉地服务。他说：

> 人的身体生来是为了服务，而绝不是为了纵情享受……因此，任何一个人只要在进行服务时不注重其结果，他就有

---

① *Young India*, 11 August 1920.

权并且应当活到一百二十五岁，这样的生命必须全部贡献于服务。①

在苦与乐的问题上，甘地是以苦为荣，以苦为乐的。他把奉行"苦行"和"自制"视为人生最大的幸福和欢乐。

幸福生活的秘密就在于自我克制。自我克制就是生命，而纵情享乐则是死亡……为了服务而生产的自我克制有一种说不出的欢乐。任何人都不可能夺走这种欢乐，因为这种甘露是出自人的内部，并且维持着生命。没有这种欢乐，人就不可能长寿。即使长寿，也没有价值。②

在甘地看来，为了社会服务的目的而实行的自我克制和苦行，会使人产生无比的欢乐。这种自制表现出人生的价值，是人生幸福的源泉。

甘地在宣传"苦行"原则的同时，他自己也身体力行，力求使自己成为奉行这一原则的表率。"我一直力求使我自己的生活成为'苦行'这个永恒原则的代表，让其他愿意这样做的人来效仿我的榜样。"③ 正如甘地自己所说的那样，他确实在奉行"苦行"方面做出了楷模。例如，为了禁止性欲，他曾经试验应当吃什么样的食物和如何限制食品的种类；为了无私地为社会服务，他捐献了自己的全部财产；为了强迫英国殖民当局让步，他多次进行绝食斗争；为了与普通民众保持一致，他衣着极为简朴，坚持坐三等车，甚至亲自打扫厕所，等等。甘地的这些行为表明，他是

---

① Nirmal Kumar Bose, *Selections from Gandi*, Ahmedabad: Navajivan Publishing House, 1948, p. 30.

② Ibid. .

③ A. D. Litman, *Contemporary Indian Philosophy*, Moscow: Thought Publications, 1985, p. 192.

把"苦行"原则作为实现其社会政治理想的一个重要手段。

（三）甘地提倡的道德规范

甘地主张，通过个人的道德完善来实现社会的完善。他认为，社会的完善并不在于物质的繁荣，而是在于每个人的精神或道德的完善。因此，他竭力反对西方资本主义的文明。虽然这种文明具有丰富的物质财富和高度发达的生产能力，但是人与人之间缺少真诚和友善，充满你争我夺和相互倾轧。在甘地看来，一个社会的和谐与圆满，取决于组成这个社会的每一个人的精神净化和道德完善的程度。

为了实现人的精神净化和道德完善，甘地提出了种种道德规范，要求人们严格遵守。这些规范集中地体现在他为"真理学院"学员所规定的十一项誓言中。这十一项誓言是：非暴力、忠诚、贞洁、节欲、不偷盗、不贪占或忍受清贫、参加劳动、自产、无畏、容忍和敬神。除"自产"一条外，这些誓言实质上都是甘地所倡导的道德伦理规范，是甘地要求"坚持真理"运动的参加者所必须具备的道德修养和道德品质。我们发现，在这十一项誓言中，其中有五条正是印度传统道德观中所宣扬的五种基本美德——戒杀（非暴力）、忠诚、不盗、不贪、禁欲。甘地虽然承袭了印度古代的道德规范，但是他对每一种都做了新的解释，赋予它以新的内容和意义。譬如，他说的"禁欲"也不单指节制情欲，而且包括无私奉献、甘愿牺牲的新内容。

除这十一项誓言外，甘地在其他地方也提出一些新的道德规范。下面我们仅对甘地反复强调的一些重要的道德规范作一概略的说明。（"非暴力"和"禁欲"已在前面详细论述过，在此不再赘述。）

无畏　甘地认为，"坚持真理"或"非暴力"的斗争是最勇敢者的斗争。一个坚持真理者要想用非暴力或爱的方式战胜敌人，他就必须具有无畏的精神，必须不怕任何艰难困苦、威胁利诱，甚至死亡。

胆怯在非暴力者的字典中是找不到的。[1]

非暴力者是由最严格的材料制成的。非暴力绝不能被看成是软弱者的武器，而是意志最坚强者的武器。[2]

因此，甘地指出，无畏是实践非暴力的最根本的条件。他反复重申，怯弱绝不是道德行为，只有无畏和勇敢才是美德，因为它具有一种敢于面对苦难和危险的勇气。

自我牺牲　自我牺牲与无畏是相辅相成、密不可分的。甘地认为，一个坚持真理者要想成为勇敢无畏的人，就必须具有自我牺牲的精神。除了荣誉之外，他要准备为坚持真理牺牲一切，以至于自己的生命。因此甘地说：

我要在印度大胆地提倡古代的自我牺牲的原则。[3]

他还把这种自我牺牲的精神从个人修养的领域扩大到国家和社会的领域，他号召：

一个人应当从容地为家庭牺牲自己，一个家庭应当从容地为自己的村庄作出牺牲，一个村庄应当从容地为自己的地区作出牺牲，一个地区应当从容地为自己的省份作出牺牲，一个省份应当从容地为自己的国家作出牺牲，一个国家应当

---

① A. D. Litman, *Contemporary Indian Philosophy*, Moscow: Thought Publications, 1985, p. 195.

② *Young India*, 31 December 1931.

③ *Young India*, 11 August 1920.

从容地为全人类作出牺牲。[①]

忍耐　甘地认为，一个坚持真理者因为经常与敌人打交道，所以必须培养自己的忍耐性。在与敌人打交道时，如果不具备极大的忍耐性，他就会失去自我控制，因而无法实现爱的法则。另外，要使敌人良心发现，认识到自己的错误，这就需要一个过程，坚持真理者应当有耐心等待敌对者的良心逐渐觉醒。

忠诚　甘地提倡的"忠诚"是以真诚、忠实地执行他的"非暴力"和"坚持真理"的原则为先决条件的。所谓"忠诚"就是要求一个人在思想、语言和行动三方面都绝对做到崇信真理，忠实于真理。一个人要做到这一点，就必须克服导致暴力和仇恨的各种邪念，如淫欲、愤怒、贪婪、迷恋、傲慢和欺骗，等等。甘地强调忠诚在政治斗争中的重要性，认为忠诚是进行"非暴力"和"坚持真理"斗争的心理基础。

爱劳动　甘地认为，人为了生活必须参加劳动，而且劳动可以保持人的尊严。因此，他提出"面包劳动"的口号，所谓"面包劳动"就是说一个人为了养活自己必须从事一些必要的体力劳动。另外，甘地认为，脑力劳动者总以为自己比体力劳动者要高贵一些，因此他提倡脑力劳动者也应当进行一些力所能及的体力劳动，如编织、园艺或清扫庭院，等等，这样就可以消除体力劳动与脑力劳动的社会差别。事实上，甘地是把劳动作为防止和根除社会不平等的一种重要的方法。

男女平等　甘地认为，人与人虽然肉体不同，但是却具有同一的灵魂。男子和妇女也具有相同的灵魂，因而他们在本质是平等的。男子生来体魄强壮，应当从事沉重的劳动，以赡养和保护自己的家庭。妇女天生性格温柔，应当承担起抚育子女和照料家

---

① D. M. Datta, *The Philosophy of Mahatma Gandhi*, Calcutta: University of Calcutta Press, 1968, p. 160.

庭的工作。两者的社会职责是同样重要的，缺一不可的。男子必须放弃自认为比妇女强的优越感。另外，甘地还认为：

> 结婚的目的是通过肉体来实现精神的结合，应当把结婚所体现出来的人类之爱看成是通往神圣的普遍之爱的一个阶梯。①

因此，他主张夫妻之间应当和睦相处，相互合作，以培养人类的普遍之爱。

敬神　甘地认为，如果一个人不崇敬神，不坚信神的最高善性，那么他就不可能实践上述的任何美德。如果他不真心相信宇宙的最终本性是有道德的，那么他也认识不到有培养美德的必要。因此，在他看来，崇敬神不单是一种宗教信仰，而且也是一切道德生活的先决条件。

应当说，以上甘地提倡的种种道德规范，基本上都是从他的最高道德准则——"爱"中推演出来的，是爱的法则在他所领导的民族独立运动和社会改革运动中的具体应用和体现。

总之，甘地的哲学和伦理思想是一个独具特色的思想体系，它是 20 世纪上半叶在印度这个特定的文化背景和历史条件下的产物。这种哲学虽然具有浓郁的神秘主义色彩和明显的宗教伦理形式，但是也包含着许多积极和进步的内容，它反映出甘地要求民族独立，渴望社会平等和人民自由的进步愿望。不可否认，甘地的"真理就是神""非暴力"和"坚持真理"等学说在印度这个笃信宗教的国度中是有许多信仰者的，它们在动员印度广大民众投身于反对殖民主义，争取民族独立和社会平等的斗争中曾起过重要的作用。

---

① Nirmal Kumar Bose, *Selections from Gandi*, Ahmedabad：Navajivan Publishing House，1948，p. 239.

此外，甘地的思想，尤其是他的"非暴力"学说，对亚非人民反对殖民主义争取民族独立的斗争，以及美国黑人开展的反种族歧视运动都产生了深刻的影响。

第十四章　诗人泰戈尔的哲学与 "普遍和谐" 思想

　　拉宾德拉纳特·泰戈尔（Rabindranath Tagore，1861—1941）是印度现代伟大的诗人、文学家和哲学家，故印度人尊称他为"圣诗"或"诗哲"。泰戈尔一生写了大量的诗歌、小说、散文和哲学著作，在其漫长的创作生涯中，他创造了一个别具特色的哲学思想体系。这个体系容括了他的宇宙观、人生观、宗教观、真理观、美学观和社会观等，他那充满人道主义、爱国主义和国际主义的伟大情怀和崇高思想，不仅鼓舞着印度人民，而且对中国人民和世界人民也产生了深远的影响。

　　泰戈尔于 1861 年 5 月 7 日生丁孟加拉省加尔各答市的一个名门望族。祖父德瓦卡纳特·泰戈尔是当地著名的企业家和社会改革家，他作为梵社领袖罗姆莫罕·罗易的好友，积极支持罗易的宗教改革运动。父亲德宾德拉纳特·泰戈尔曾担任梵社的第二代领导人，专心于宗教改革和吠檀多研究工作，对他的影响颇大。泰戈尔在童年和少年时代，没有上过公共学校，一直在家庭教师的指导下学习。1878 年赴英国伦敦大学攻读语言文学，1880 年回国后，从事文学创作和社会活动。1901 年，他在孟加拉省圣蒂尼克坦创办了一所学校，大力宣传民族文化，此校后来成为著名的"泰戈尔国际大学"，内设中国学院。1905 年印度民族运动高潮时，他亲自领导示威游行，写作爱国诗篇和歌曲，并创办进步刊物《宝库》。1913 年，因诗集《吉檀迦利》和他的文学成就，荣获诺贝尔文学奖。此后，多次到欧美和亚洲各国讲学。1924 年访问中国，历时 50 天，在北京多次做演讲，梁启超应邀送给他一个中国名字——"竺震旦"。①回国后，泰戈尔出版《在中国的演讲》一书。1925 年，他倡导召开印度哲学大会，并担任大会主席。此后，印度哲学大会每年举行一次，一直延续至今。1930 年，访问苏联，对苏联社会主义成就留下深刻印象，并撰写《俄国书简》一书，热情赞扬苏联社会主义的伟大成就。1937 年，他亲自主持泰戈尔国际大学中国学院的成立典礼，发表《中国与印度》一文，高度评价中印两国人民两千多年的传统友谊。1941 年 8 月，在加尔各答病逝，享年 80 岁。

主要哲学著作有：

《吉檀迦利》（*Gitanjali*）

《人生的亲证》（梵文 *Sadhana*，英文 *The Realisation of Life*）

《人》（*Man*）

《论人格》（*Personality*）

《人的宗教》（*The Religion of Man*）

《创造的统一》（*Creative Unity*）

《文明的危机》（*Crisis in Civilization*）

---

①　1924 年泰戈尔访问中国时，多次表示"到了中国就像回到故乡一样"，并要求起个中国名字。5 月 8 日，北京学术界为他举办 64 岁生日庆典时，梁启超赠给他这个中国名字——"竺震旦"，并解释道：印度古人称中国为"震旦"，古代印度佛教高僧来中国后，都有中国名，并以自己的国家（天竺）为姓，如竺法兰、竺法护等，故称泰戈尔为"竺震旦"，意为"天竺来的中国人"或"印度与中国友谊长存"。泰戈尔听后，非常高兴。

一　人与自然的关系

泰戈尔的哲学思想，主要渊源于三个方面：第一，印度古代奥义书和吠檀多哲学。他早年受到的教育和生活环境已经在他的心灵中播下了印度古代哲学的种子，奥义书与吠檀多的"梵我同一"思想和积极进取、乐观向上的生活态度对他的世界观产生了深刻的影响。第二，印度教虔信派的泛神论和宗教改革思想。泰戈尔是个诗人，他在青年时代就对虔信派圣贤迦比尔、那纳克和达杜等人的诗篇非常感兴趣，他们诗歌中的那种人格化的、大慈大悲的神，以及在神面前人人平等的思想对他的哲学创作也产生了不可磨灭的影响。第三，西方近现代思想。他还从西方近现代的人文科学、自然科学和人道主义学说中吸收了大量营养，以阐述自己的观点，并常常对东西方思想进行对比。

泰戈尔的哲学是以他的宇宙观为出发点的。他以独特的视角分析了人与大自然的关系，并在此基础上进一步阐述了他的人生观、认识论、宗教观和社会理想，等等。人与自然的关系，是剖析和理解泰戈尔思想的核心。

人与自然到底是什么关系呢？

在回答这个问题之前，泰戈尔首先对比了古希腊和印度这两种文明的特点。在他看来，古希腊文明与印度文明在对待人与自然的关系问题上存在着很大的差异。古希腊文明是一种城市文明，孕育于城墙之内。城墙这种壁垒把人与大自然分割开了，使人不能自由地接触大自然。同时，这种壁垒也在人们的头脑中留下了深深的痕迹，会使人养成一种习惯，凡是屏障以外的东西都会对其产生怀疑，会认为它们是异己的或敌对的。因此，希腊文明的特点是以征服自然、向自然索取为荣的。他们把城市以外的自然界看作异己的，力求征服自然，向大自然索取和掠夺更多的东西，以供自己使用。另外，他们也认为，自然界的各种事物基本上是无生命的或兽性的，它们没有理智和情感，人是无法与之沟通的。

印度文明与希腊文明不同，古代印度文明产生于森林。雅利安人最初进入印度时，印度是广阔的森林地带。森林首先给他们提供了躲避骄阳酷暑和暴风雨的隐蔽场所，并且也为他们提供了建筑房屋的木材、养殖家畜的牧场、拜神祭火的燃料、赖以生存的水源和食物等。大批的雅利安人部族定居于森林地区，依靠森林而得以生存。因此，泰戈尔说：

> 在印度，文明的诞生是始于森林，这种起源和环境形成了与众不同的特质。印度的文明被大自然的浩大生命所包围，由它提供食物和衣服，而且在各方面与大自然保持最密切、最经常的交流。[1]

在泰戈尔看来，印度文明有两个与希腊或西方文明不同的特点：一是，印度人与大自然保持着和谐统一的关系。印度人不像希腊人那样与大自然有一种分离感或障碍感。相反，他们生存于大自然、依靠大自然，与大自然保持最紧密的、最和谐的关系。一旦离开大自然，他们就无法生存下去。二是，印度人把自然界的万事万物都看作有生命、有感情、有精神的，人与自然界的事物在精神上是相通的，人与自然可以交流和沟通。他说：

> 任何东西在印度人看来都具有精神的意义。[2]

因此，泰戈尔不赞同西方人所谓"人与自然是征服与被征服的关系"的观点。他坚决主张，人与宇宙是一种和谐而统一的

---

[1]　泰戈尔：《人生的亲证》，宫静译，商务印书馆1992年版，第3页。

[2]　同上书，第5页。

关系。

　　泰戈尔还从吠檀多的角度阐述人与自然的和谐关系。他认为，世界上万物都是梵的显现，或者说，是梵的表现形式；梵潜居于万事万物之中，作为它们的精神本质。那么，人也不例外，人也是梵的显现。梵也潜居于人体之中，作为人的精神本质。潜居于人体之中的梵，泰戈尔称之为"我""个人灵魂""灵魂意识""人内中的神性"，等等。根据吠檀多"梵我同一"的观点，既然梵潜居于宇宙万物之中，也潜居于人体之中，那么人与宇宙、人与自然万物在精神本质上就是同一的。人与宇宙，在先天本质上，就是和谐的、统一的、紧密相连的。这也是泰戈尔主张人与宇宙是和谐统一关系的原因所在。因此，泰戈尔说："人的灵魂意识和宇宙是根本统一的"，"印度人强调个人与宇宙之间的和谐"，"对于他们来说，人与自然的和谐是伟大的事实"。①

　　由于西方文明和印度文明在人与自然的关系上看法不同，因此泰戈尔认为，这两种文明在塑造国民和培养人的方面也存在着很大的差异。

　　什么叫文明？泰戈尔解释说：

　　　　文明就是各个民族为了按照它最好的理想塑造国民而制造的一种模型，它所有的机构、立法机关、奖惩准则、有意识或无意识的学说，都是针对这个目标。西方近代文明通过全部机构的努力试图在身体方面、智力方面和道德方面培养出完美的人来。②

　　按照泰戈尔的观点，西方文明尽一切努力去培养国民，让他们的国民发挥一切才干去占有和利用一切能够得到的东西，在这

---

①　泰戈尔：《人生的亲证》，宫静译，商务印书馆1992年版，第4—6页。
②　同上书，第8页。

条道路上他们要克服种种障碍，要与大自然打仗，也要与其他民族打仗，以最终达到他们的理想。

与西方文明不同，印度文明的最高理想是人与大自然的和谐和统一，因此，它所努力培养的人不是追求权力，不是追求财富，而是追求宇宙的最高本质，求得人与宇宙的统一。所以，在印度自古以来最受人尊重的不是国王、皇帝、军事领袖，而是那些抛弃私欲和财产，在森林静修的圣贤。泰戈尔说：

> 贤者是什么人呢？他们是以充满智慧的认识而获得最高灵魂的人；是在统一的灵魂中发现最高灵魂与内在的我具有完美和谐的人；他们是在内心摆脱了全部私欲而亲证到最高灵魂的人；是在今世的全部活动中感受到他（最高神），并且已经获得宁静的人。贤者是全部证悟到最高神的人，他们已经找到永久的宁静，与万物结合而进入到宇宙生命之中。（蒙达迦奥义书，Ⅲ，2，5）①

泰戈尔通过东西方文明相比较的方法，阐述了人与自然关系的重要性，也表明了自己在这个问题上的明确观点。他主张，人与宇宙在精神本质上是同一的，人与大自然的和谐统一是人类的最高理想，只有实现了这个理想，人类社会才能获得永久和平与幸福。

二　人的有限性与无限性

泰戈尔哲学的核心就是人，就是要解决人的问题，力求使人从各种痛苦和烦恼中解脱出来。因此，他用了大量的笔墨对人性

---

① 泰戈尔：《人生的亲证》，宫静译，商务印书馆1992年版，第9页。

或人的本质进行了分析。他有关人性的观点，为其考察人生的价值、人生的理想和人生的道路奠定了理论基础。故而，他的人性观在他整个哲学体系中占有重要的地位。

泰戈尔认为，人具有双重性质，既有有限的一面，又有无限的一面，他是有限性与无限性的结合。他在描述人的双重性时说：

> 他（人）既是大地之子，又是上天的后嗣。①
>
> 从我的存在的一个极端看，我与石头、木头是一致的，在这点上，我必须承认普遍法则的作用，那是我赖以生存的深深潜在下面的根本基础……然而，从我的存在的另一个极端看，我又区别于万物，在这点上，我已突破类同的分界线，并且只作为一个单独的个体而存在，我绝对是独一无二的，我就是"我"，"我"是无双的。②

不通读泰戈尔的著作，以上这两段话是很难透彻理解的。其基本意思是说：在人的存在中既具有神性（或精神）的一面，从这方面看，他是上天之子，他与宇宙万物，甚至与木头、石头，在精神本质上都是同一的，因此他与大自然在先天上就是和谐统一的；在人的存在中也有非神性（或物质）的一面，从这方面看，他是大地之子，他有许多区别于其他事物的特殊性，因此他单独存在着，往往与大自然不相协调。

具体地说，泰戈尔把肉体和肉体性质看作人的有限方面，有时他又称它为"有限人格""有限自我"等。他认为，人的肉体或物质方面是可以用生物学、生理学和心理学来测量和确定的，人的肉体方面正是这三个学科研究和考察的对象。那么，人的有

---

① 转引自［印度］巴萨特·库马尔·拉尔《印度现代哲学》，朱明忠、姜敏译，商务印书馆1991年版，第79页。

② 泰戈尔：《人生的亲证》，宫静译，商务印书馆1992年版，第39页。

限方面有哪些特点呢？泰戈尔指出：首先，有限方面要满足肉体存在的基本需求，如衣食住行、生儿育女、寻求欢乐、保证种群的延续等，这些都是人的生存所不可缺少的。因此，人要竭尽一切努力满足这些需求，以保证自身的生存。其次，人的"有限自我"有一种强烈发展的自私意识。这种自私意识表现在许多方面，比如说，在物质追求上，人有一种贪得无厌的本性。人总是把占有财产作为自己最大的满足，他的行为和思想、他的爱好和努力往往都被获得财产的意志支配着，而且任何数量的财富都压抑不住他的贪婪欲望。这种贪婪欲望使人陷入一种对物质的迷恋之中。此外，人的自私意识还表现在其他各种形式中，如沽名钓誉、自高自大、虚荣傲慢、固执己见、嫉妒报复等。为了满足自私的心理，人有时会达到蛮不讲理的地步；如若他的自私心理受到挫伤，他甚至于会铤而走险或打击报复。最后，人的"有限自我"力图保持自己的独特性。肉体的人由于其自私性，他往往认为自己是世界上最聪明的、最有力量的人，要求其他的人服从于他、听命于他、受他的监督等。他不惜一切代价地保持自己的独特性，力图证明自己高于一切人，从而使自己孤立起来，割断了他与社会的联系。

泰戈尔所谓的"有限自我"，实际上就是指我们所说的"普通的人"或"自然的人"。由于"有限自我"的种种特点，所以泰戈尔认为，它只代表人的低级属性或低级方面，不能代表人的最终本质。

什么是人的无限方面？泰戈尔根据古代吠檀多的"梵我同一"原理，认为宇宙最高本体梵是一种永恒的精神实体，它是宇宙的本源，世界万物都是它显现的。梵不仅显现了万物，而且寓居在万物之中，作为万物的精神本质。同样，人也是梵的显现，梵也寓居在人体之中，作为人的精神本质。这种寓居在人体中的梵（或神），在吠檀多哲学中被称为"我"或"自我"。因此，泰戈尔把这种在人体中的"自我"或"神性"看作人的无限方面。同时，他还赋予它许多名称，如"灵魂""无限人格""无限自我""无限者""生命之神""普遍之人""永生之人""永恒精神"，等等。在描述人的无限方面时，他说：

> 在我们的生命的表面，我们有着个我的永远在流转变换的方方面面，但在我们的内心深处，存在着一个与人类合一的"永恒精神"，是我们所难以直接认识的。[1]
>
> 我们已经看到人们英勇无畏地战胜各种痛苦，投身于火的考验，正是为了胜利地向前发展。这是一种什么力量呢？人背后的这种力量既不是物质的，也不是心理的，它就是那个使人与神相结合的内部"自我"。[2]

人的"无限自我"有哪些特点呢？泰戈尔认为，人的"无限自我"代表人的高级属性，人的真正本质。它是人的精神方面，是存在于人体内的"神性"，是与宇宙最高本体梵或神相沟通的桥梁。因此，它具有许多不同于"肉体之人"（有限自我）的特性。

首先，它使人具有一种强烈的超越自身的愿望，不断地推动人超越有限的自我。人内部的"无限自我"具有无穷的精神和力量，泰戈尔说它代表着人的"精力过剩"，因为它与宇宙最高精神本体——梵同出一源，极力想恢复它原有的精神状态，所以它不断地推动人超越物质状态，向精神状态发展。

其次，因为人性中有了这个无限方面，人才能不断地渴望解脱和永生。人为什么不顾死亡的存在而勇敢地追求永生呢？就是

---

① 泰戈尔：《人的宗教》，刘建译，《泰戈尔全集》第20卷，河北教育出版社2000年版，第250页。

② 转引自［印度］巴萨特·库马尔·拉尔《印度现代哲学》，朱明忠、姜敏译，商务印书馆1991年版，第83页。

因为人体内部有一种"永恒的精神"，它原本就是永生不死的。由于有了它的推动，人才不甘心死亡，而不断地追求永生，追求从生死轮回中解脱出来。

再次，因为有无限方面的存在，人才会对大自然发生兴趣。泰戈尔认为，人内在的"生命之神"或"无限自我"与自然万物在本质上是同一的，它们都是梵的显现物，因此它们之间有一种天然的亲缘关系或亲缘感情。在这种"生命之神"的作用下，人会对大自然产生感情，会被大自然的美丽所打动，并对山川大河、花草动物产生爱慕之情。这样，人就会改变"有限自我"的那种蔑视自然、征服自然、要自然服从自己的狂傲心态，从而转向热爱大自然、回归大自然、与大自然和谐相处。

最后，由于有了"无限自我"，人才具有极大的创造力。在泰戈尔看来，"有限自我"或多或少是以机械的方式或预先决定的方式对外界刺激作出反应的，它缺乏足够的创造性。相反，人内部的"无限自我"却具有无限的创造能力，它不仅有创造新事物的能力，而且有表达新概念的能力，以及各种新颖和独特的想象能力。有时，泰戈尔把"无限自我"比喻为人内部的"艺术家"。

概而言之，在泰戈尔的哲学中，人性包括有限与无限两个方面。"肉体之人"代表人性的有限方面，它属于人的低级属性；人体内的"生命之神"或"灵魂"代表人性的无限方面，属于高级属性。人就是一个由有限方面和无限方面组合起来的综合体。

尽管泰戈尔认为肉体性质代表人的低级属性，但是他与印度古代吠檀多论者不同，他并没有否定肉体的实在性，也没有低估肉体的价值和作用。许多古代吠檀多论者认为，肉体是虚幻的、不真实的，它是束缚灵魂的牢笼；要想使灵魂获得解脱，就必须断灭肉体，消除肉体欲望。与此相反，泰戈尔断言，肉体不但是真实的，而且是"神性的庙宇"。在他看来，人的"生命之神"就寓居在肉体之中，没有肉体存在，也就不能有"生命之神"，因此，肉体就成了"神性"存在的"庙宇"。他还进一步认为，肉体不仅是"神性"存在的场所，而且也是人们进行精神修炼的基地。人们只要不断地进行精神修炼，就可以把肉体性质转化为精神性质，把人的有限方面转化为无限方面，最终获得精神的解脱。为此，泰戈尔说：

> 我的孩子，在你的可爱的身体中，在你颤抖的心房中，就可以上升到天国。①

这句话表明，只要一个人能尽心尽意地进行修炼，在他活着的时候，在现在的身体中，就可以达到精神解脱，根本不需要抛弃肉体。泰戈尔这种对待肉体和生命的态度，说明现代印度思想家早已摈弃了古代印度宗教那种蔑视肉体、轻视人生的愚昧观点，开始重视生命的意义和人生的价值。

三　人类的命运

泰戈尔的人性观告诉我们，人有两个方面：肉体的人（有限方面）和精神的人（无限方面）。肉体的人代表人的低级属性，他有强烈的自私意识和独立意识，他会做出许多自私自利、只顾自己不顾别人的事情，从而使自己与他人隔离开来，使社会不能和谐统一。而精神的人则代表人的高级属性、人的真正本质，他具有无限的创造力和真善美的本性，还在本质上有着与大自然的亲缘关系。一旦人的这种本性被揭示出来，人与人之间就会充满爱，人类社会就会和睦相处，人与大自然就会和谐统一。

那么，人类的最终命运是什么呢？

---

① 泰戈尔：《情人的礼品和渡船》，转引自［印度］巴萨特·库马尔·拉尔《印度现代哲学》，朱明忠、姜敏译，商务印书馆1991年版，第87页。

泰戈尔认为，人类必须通过各种途径转化自己的人性，使自己的肉体性质转化为精神性质，使自己潜在的"真善美""和谐统一"的本性充分显现出来，从而使人类之间相亲相爱、幸福欢乐，使社会生活和谐统一、完美无缺。这就是人类奋斗的目标，也是人类的最终命运。他说：

> 人类的努力就是力求从一种本性上升到另一种本性，只有当他的探索超出个人的倾向时，他的科学才会被建立在普遍知识上；只有当他的努力使他超越了全部个人的兴趣和通常习惯的惰性时，他才能成为一位"世界工作者"；只有他与万物的联系，他的爱胜过对自我享乐的追求时，人才能变成一个"大我"——一个伟大的灵魂。①

还说：

> 当我们意识到我们灵魂中的和谐时，我们对宇宙精神极乐的理解就成为普遍的，在我们生活中对美的表现就会在善与爱中向着无限运动，这就是我们存在的最终目标。因此，我们需要永远懂得"美是真，真是美"；我们必须以爱来领悟整个世界。②

如何实现人类的最终命运呢？换句话说，如何来转化人性呢？

古代吠檀多哲学家一般认为，肉体的欲望和行为是引起痛苦的根源，也是遮盖人内在精神本性的罪魁祸首。因此，他们主张，必须通过各种瑜伽修行，断灭人的七情六欲，消除行为的影响（古称"业果"），人才可以证悟到自己内在的"我"，认识到"梵

---

① 泰戈尔：《人生的亲证》，宫静译，商务印书馆 1992 年版，第 105 页。
② 同上书，第 80 页。

我同一"真理，使自己的精神本性充分显现出来，从而达到精神的解脱。泰戈尔坚决反对这种观点，认为这种断灭人的思想和行为的做法只能导致人们脱离生活、逃遁现实，走上悲观厌世、蔑视人生的道路。因此，他主张，必须在现实生活中，通过人们的行动和工作，去转化肉体表面的自私性，去揭示内在的"自我"，使其真善美的精神本性充分发挥出来，最终实现人类的命运。

四　乐观的人生态度

在对待人生方面，泰戈尔反对传统吠檀多那种悲观消极的人生观，表现出一种热爱生活、热爱生命、积极入世、乐观向上的人生态度。

他认为，人的生活充满欢乐，生活本身就意味着欢乐，只有充分体会到生活欢乐的人，才不会谈论人生的悲哀，才能竭尽全力地坚持自己的生命，在生活和工作中以乐观的态度表现自己，如同一位凯旋的英雄昂首阔步地在生活的大道上进军。他说：

> 这种生命的欢乐，工作的欢乐，对人类来说，就是绝对真理，把它说成是我们的幻觉，并且说除非我们抛弃它，否则就不能走上自我证悟的道路，这些都是没用的。离开现实的世界，企图获得对"无限"的证悟，将永远不会有丝毫益处。①

他还进一步阐述道，人类生命的欢乐在于运动，运动则意味着人体要与自然界进行内外交流。为了生活，身体必须与外界的阳光和空气保持多种关系，这不仅能获得生命力，而且也表现出

---

① 泰戈尔：《人生的亲证》，宫静译，商务印书馆1992年版，第70页。

生命力。另外，生命的欢乐亦在于创造性的工作。人在工作和劳动中，不仅可以创造出新的事物，而且还可以释放出他内在的美、内在的善和内在的才华，并从中享受到极大的欢乐。他说：

> 先哲们告诫我们：为了工作我们必须活着，为了活着我们必须工作，生命和行动不可分割地联系着。①
>
> 正像诗人的欢乐在他的诗歌中，艺术家的欢乐在他的艺术中，勇敢者的欢乐在他的胆量外溢中，圣贤的欢乐在他对真理的洞察中，欢乐永远表现在他们各自的行动中，证悟梵的人的欢乐也是在他每天的、全部的、或大或小的工作中，在真、善、美和和谐中力求显现无限者。②

在泰戈尔看来，一个人要使自己表面的自私性转化为真善美的本性，要使肉体性质转化为精神性，不需要脱离现实社会，就在日常的生活中，不断地磨炼自己，克服自私欲望，培养为他人服务的精神，从而来证悟自己内在的"神性"或"无限自我"。具体地说，他提出了三个途径。

（一）在行动中证悟

泰戈尔把人们日常的工作和劳动看作克服私欲，培养为他人服务的精神，证悟自己内在"无限自我"的重要途径，他把这种途径称为"在行动中证悟"。他说：

> 《薄伽梵歌》说明，我们必须行动，因为只有在行动中我

---

① 泰戈尔：《人生的亲证》，宫静译，商务印书馆1992年版，第71页。

② 转引自［印度］巴萨特·库马尔·拉尔《印度现代哲学》，朱明忠、姜敏译，商务印书馆1991年版，第103页。

们所做的一切才能表现出我们的本性。①

又说：

> 我们必须记住，如同欢乐表现在法则中一样，灵魂也
> 是在行动中找到它的自由。这是因为欢乐不能单纯体现于
> 自身，它还要求外部的法则，同样地，由于灵魂不能在内
> 部找到自由，因而它也要求外部的行动。人的灵魂正是通
> 过行动，不断地摆脱自身的束缚，否则它不可能自愿地完成
> 任何工作。②

（二）在爱中证悟

泰戈尔从一个人道主义者的角度出发，强调人与人之间的真
正关系应当是爱，作为一个人必须培养博爱的精神，在爱他人，
在同情、帮助他人的过程中，去证悟自己内在的"神性"。他说：

> 灵魂与灵魂之间的关系我们称之为爱，这种爱是最深沉、
> 最真实的。我们与物质世界的实际交往是通过感觉，但是我
> 们对精神世界的真正了解是通过爱。③
> 我们必须以爱来领悟整个世界，因为爱使世界产生、持
> 续，并使它回到爱的怀抱；我们必须有内心的完全解放，这
> 种解放赋予我们力量，使我们立于万物的中心，并能体验到
> 属于梵的无私的欢乐和圆满。④

---

① 泰戈尔：《人生的亲证》，宫静译，商务印书馆1992年版，第44页。
② 同上书，第68页。
③ 同上书，第109—110页。
④ 同上书，第80页。

（三）在美的感受中证悟

泰戈尔还以一个诗人或艺术家的视角，强调在大自然中、在人们的生活中充满着美，美是到处存在的。一个人必须在生活中去体验美、感受美，通过对美的感受，来体悟自己内在的"无限者"。他认为：

> 真理无处不在，所以任何事物都是我们认识的对象。美无处不在，因此任何事物都可以给我们欢乐。①
>
> 通过我们的真理观，我们认识到宇宙的规律；通过我们的美感，我们领悟到宇宙的和谐。当我们认识了自然界的规律时，我们就增强了驾驭自然的能力，而变得强大；当我们领悟了我们道德本性的法则时，我们则能够控制自我，而变得自由。②

在泰戈尔看来，对于一个人来说，无论"在行动中""在爱中"，还是在"在美的感受中"去证悟内在的"神性"，都不是一件容易的事情。这里有一个自我牺牲的过程，最初的自我牺牲往往是痛苦的、勉强的，这个时候必须坚持下去，一旦这一过程变成习惯时，它就能变成工作和行为的动力、变成爱和欢乐的源泉。在描述这一自我牺牲的过程时，他说：

> 它（自我牺牲，多少是被迫的）就像是摘一个不熟的果子，你不得不把它拧下来，并且折断了树枝。但是，当一个人有了爱的感情，施舍对他来说便成了愉快之事，就好比果

---

① 泰戈尔：《人生的亲证》，宫静译，商务印书馆 1992 年版，第 78 页。
② 同上书，第 80 页。

树献出自己成熟的果实一样。①

五　"人的宗教"学说

为了实现自己的人生理想，泰戈尔还提出，要在人类社会建立和推广一种新型宗教，名曰"人的宗教"。

泰戈尔对宗教有一种特殊而复杂的感情。他自幼生长在浓郁的宗教环境中，深受印度教神明、经典和生活习俗的熏陶，青年时代还曾加入他父亲领导的印度教改革团体——梵社。他是一个有神论者，崇信神灵，相信宗教的作用。但是，随着年龄和知识的增长以及视野的扩大，他逐渐对各种宗派主义和教条主义的宗教感到厌烦，并对它们所宣扬的种种愚昧、迷信、野蛮和无知加以抵制和反对。他不满意各种现存的宗教，所以他力图创立一种新型的宗教，一种不受任何教派、社团、民族和种姓限制的，能够真正使人获得精神解脱的宗教。这就是他提倡"人的宗教"的原因。

泰戈尔生活的时代，正是印度国内伊斯兰教与印度教的教派冲突日益尖锐的时期。两人教派之间的残酷斗争和流血冲突使他深感震惊，这种斗争所造成的民族分裂和社会混乱也使他感到痛心。因此，他坚决反对教派主义的宗教。他认为，教派的斗争和冲突，实质上，乃是少数人为了争夺实利的斗争。一些教派主义的头目，打着为本教派争取利益的旗号，鼓动信徒与其他教派去争斗，实际上争夺来的仅仅是他们少数上层分子的政治和经济利益。这些少数人往往为了自己的利益，煽动信徒狂热的宗教感情，向他们灌输分裂、仇恨和敌对的情绪，以至于不惜造成社会的动

---

① 泰戈尔：《人生的亲证》，宫静译，商务印书馆1992年版，第102页。

乱和民族的分裂。在揭露教派主义的本质时，他说：

> 宗派主义是以宗教本身去制造人们之间的隔阂，削尖了
> 的武器也是为了兄弟们的残杀。……因此，宗派主义是危险
> 的世俗形式，它要求在自己狭窄的围墙内对所要阐明的思想
> 具有唯一的权利，并以神的名义拒绝承认神是为大家的。①

泰戈尔还反对禁欲主义的宗教。他认为，宗教不是遁世，而
是生活和存在。宗教应当使人体验到人与大自然的亲缘关系，培
养出一种普遍之爱的感情。如果人离开了这个世界，离开了生活，
那么这一点又怎么能实现呢？实现了，又有什么用呢？因此，泰
戈尔说：

> 我不需要在断念弃欲中达到解脱。在成千次欢愉的约束
> 中我感到了自由的拥抱……不，我永远不会关闭我的感官的
> 大门。视觉、听觉和触觉的欢乐也包含着你的欢乐。②
> 不，我的朋友，无论你说什么，我永远不会做一个苦行
> 者……不，朋友，我永远不会抛弃我的炉火和家庭而隐居森
> 林静修……如果森林的寂静不因有柔声细雨而加深。我决不
> 会做苦行僧。③

由于泰戈尔对现存的各种宗教都不满意，所以他极力想创立
和推行一种新的宗教。他把这种新宗教称为"人的宗教"。那么，

---

①　泰戈尔：《致宗教大会的贺词》，摘自官静《泰戈尔》，台北：东大图书公司
1992 年版，第 169 页。

②　泰戈尔：《吉檀迦利》，转引自［印度］巴萨特·库马尔·拉尔《印度现代哲
学》，朱明忠、姜敏译，商务印书馆 1991 年版，第 88 页。

③　泰戈尔：《园丁集》，转引自［印度］巴萨特·库马尔·拉尔《印度现代哲
学》，朱明忠、姜敏译，商务印书馆 1991 年版，第 88 页。

"人的宗教"到底有什么特点呢？

泰戈尔并没有给"人的宗教"下一个明白而准确的定义。他在《人的宗教》一书中，论述他对宇宙、人生、社会和人类命运的种种观点，也论述他对宗教的看法以及他提倡的"人的宗教"。综观该书，我们可以得出一个结论：泰戈尔所谓的"人的宗教"，简单地说，就是人们通过日常的工作和劳动，不断地克服自私意识，证悟自己内在的"神性"或"无限自我"，充分地显现自己"真善美"的本性，在与世界的交往中表现出"普遍之爱"的伟大情感。这种宗教，从本质上说，就是印度人所谓的"证悟人的内在神性"的宗教；用我们现代的话讲，就是"转化人性"的宗教。

"人的宗教"不同于以往任何"制度化的宗教"，它的基本特点包括四个方面。

一是，这种宗教的信仰对象不是任何神灵或偶像，而是一种抽象的精神，即泰戈尔所设想的那种人体内部的"神性"或"无限人格"，那种被肉体遮盖起来的"真善美"的本性。只要人在"无私的行动中""在爱中"证悟到这种本性，他就能与他人、与社会达到和谐和统一。泰戈尔说：

> 宗教就在于人们努力培养和表现人性中所固有的本质和永恒者，并且对它们产生信仰。①

二是，这种宗教把奥义书视为经典，崇信奥义书中"梵我同一"的真理，把"梵我同一"的真理作为其宗教实践的理论根据。

三是，这种宗教没有任何组织形式，没有庙宇，也没有专职

---

① 转引自［印度］巴萨特·库马尔·拉尔：《印度现代哲学》，朱明忠、姜敏译，商务印书馆1991年版，第90页。

的神职人员。它完全是一种自由的信仰，任何人只要追求"梵我同一"的真理，就可以实践它。

四是，这种宗教不举行任何祭祀仪式，也没有什么清规戒律。它只需要其信仰者，认真地通过自己的无私行动，来证悟自身内在的"神性"和"无限者"就行了。鉴于以上特点，可以看出，泰戈尔所谓的"人的宗教"实际上并不是什么一般意义上的宗教，而只是一种实践方法，一种为了实现其人生理想的实践方法而已。

综上所述，泰戈尔作为现代印度最伟大的诗人、文学家和哲学家，他给世人留下了一笔极为宝贵的精神财富，在这些财富中他的哲学思想也是其中重要的内容。他的哲学思想不仅充满着热爱人民、热爱生活、热爱大自然的伟大情怀，而且也蕴含着崇高的人类理想以及"普遍和谐"和"普遍之爱"的人道主义精神，这些精神将永远鼓舞和激励后人为美好的未来而奋斗。

第十五章 奥罗宾多的哲学与"人类统一"的理想

奥罗宾多·高士（Aurobindo Ghose，1872—1950）是现代印度最著名的哲学家、思想家，亦是民族独立运动的重要领袖和杰出的诗人。他在印度现代思想史上占有极其重要的地位。在印度，奥罗宾多被人们尊称为"圣哲"或"大师"，他的名字常常与圣雄甘地和圣诗泰戈尔并列，合称为"三圣"。

1872 年 8 月 5 日，奥罗宾多出身于加尔各答近郊的一个婆罗门种姓家庭。父亲是一位受过西方教育的医生。7 岁时，父亲送他到英国，在伦敦的圣保罗中学和剑桥大学读书，度过了 14 个春秋。1893 年回到祖国，曾在巴洛达大学担任英文教授、副校长和代理校长等职。此间，他加入国大党，经常在报刊上发表一些反对英国殖民统治、批评国大党领导人脱离民众政策的文章。1905—1908 年，孟加拉人民掀起了声势浩大的反分治运动，奥罗宾多来到当时斗争的中心——加尔各答，成为孟加拉人民反英斗争的主要领导人。他创立爱国报纸《向祖国致敬》，担任爱国人士创办的国民学院的院长。此间，他还与著名的民族运动领袖提拉克一起，在国大党内部组织了一个与温和派相对立的新派别——激进派，主张通过一切手段，包括"以暴力对待暴力"的方法争取民族的独立。1907—1908 年，曾两次被捕入狱。1910 年，为了躲避英国殖民当局的搜捕，移居到印度东南海滨的法属殖民地——本地治里。此后，他基本上脱离了印度民族斗争的实践，主要从事哲学研究、瑜伽修行，并创办修道院。1914—1921 年，他创办了名为《雅利安》的英文月刊，在这个杂志上他经常对印度和世界的各种政治事件进行评论，并发表了大量的哲学论文。1926 年，他与法国女士米拉·阿尔法萨（Mirra Alfassa，1878—1973）合作，创建了奥罗宾多修道院，并培养了大量的弟子，试图以"精神进化"的道路转化人类和社会，达到社会的完善和人类统一的理想。1950 年病逝，终年 78 岁。

其主要著作有：

《神圣人生论》（*The Life Divine*）

《社会进化论》（*The Human Cycle*）

《人类统一的理想》（*The Ideal of Human Unity*）

《超人》（*The Superman*）

《论进化》（*Evolution*）

《印度文化的基础》（*The Foundation of Indian Culture*）

《今世之谜》（*The Riddle of World*）

《瑜伽的基础》（*Bases of Yoga*）

《综合瑜伽》（*The Synthesis of Yoga*）

《瑜伽书信集》（*Letters of Yoga*）　等

奥罗宾多的哲学体系被称为"整体吠檀多论"或"精神进化论"。其最大的特点是：一方面承袭印度传统哲学思想——吠檀多不二论；另一方面又大量吸收西方近现代哲学和自然科学的内容，将东西方哲学、唯心论与唯物论、宗教与科学、超世论与入世论调和起来，融会为一个整体。这种哲学至今在印度，甚至在欧美都有着广泛的影响。

一　早期的"精神民族主义"

从 1893 年回国到 1910 年，奥罗宾多作为印度民族主义激进派的领袖，从事和领导印度民族独立斗争十七年。在这十七年中，他创办报刊、出版著作、发表文章、到处演讲，宣传一种独具特色的民族主义思想。他的民族主义是一种带有浓厚宗教色彩的民族主义观，故历史学家称之为"精神民族主义"。所谓"精神民族主义"，就是一种宗教民族主义，是以印度教的精神哲学和理想为基础的特殊的民族主义。其内容主要包括以下几个方面。

（一）民族主义就是一种宗教

奥罗宾多深知宗教在印度民众中的巨大影响力，因此他认为，只有把印度人民的宗教热情和宗教精神注入政治中，才是印度觉醒和复兴的必要条件。他在一次演讲中公开说：

> 民族主义并不单纯是政治纲领，民族主义是一种宗教，一种来自神的宗教。[1]

在他看来，自由、平等是神赋予人的天然权利，要求民族自治和平等也是神赋予各个民族的天然权利。因此，民族主义也是一种宗教，民族主义运动正是神发起的，是神的呼唤。印度人民争取司瓦拉吉的斗争，就是完成神赋予的争取自由的使命，就是对神的崇拜和忠诚。他明确指出：爱国主义是"宗教信条"，民族解放是"宗教祭祀"，消极抵抗是"证悟神灵"，为祖国而牺牲就

---

[1] Thomas Pantham, Kenneth L. Deutsch eds., *Political Thought in Modern India*, New Delhi: Sage Publications, 1986, p. 192.

是"解脱的道路"等。这样，他就把民族主义和宗教完全结合在一起，把民族主义完全宗教化，试图用神的力量去组织和鼓动群众投入民族主义斗争。

（二）　实现自治是印度作为人类精神指导者的必要条件

奥罗宾多认为，印度不仅仅是一个地理实体，而且是一个精神实体。印度文化的基石是精神性。印度的历史使命是在精神方面指导人类，促使人类的精神完善，必将在人类的精神发展方面发挥重要的作用。在他看来，西方文化的特点是唯物论，即一味地追求物质财富和物质享乐，而忽视人们的精神追求和道德完善，因而导致社会的不平等、残酷的竞争、野蛮的侵略和战争等。而印度文化，特别是印度教的吠檀多哲学，则正好相反。它轻视物质享受，而注重精神追求，主张人们应当通过不断的瑜伽修行，抛弃各种自私欲望，净化灵魂，完善道德，真正建立起人与人相互和谐、相互尊重、相互平等的精神境界。既然印度文化有这样的特点，那么印度就应当承担起作为人类精神指导者的使命，以促进人类的精神进化。奥罗宾多认为，这是一项最伟大的事业，但是，印度要实现这一伟大事业，第一步就必须实现自治，只有实现自治以后才能去指导人类的精神发展。因此，自治是印度履行指导人类精神使命的必要前提。他说：

> 不可能出现那样的时候：没有政治的主权，我们就可以重新实现精神的伟大……作为一个自由的公民，如果没有自由和公开的精神活动，那么人类精神完善的计划也将是无效的。[1]

民族运动的成功，包括政治运动和精神运动的成功，对

---

[1]　Thomas Pantham, Kenneth L. Deutsch eds., *Political Thought in Modern India*, New Delhi: Sage Publications, 1986, p. 199.

印度来说都是十分必要的，对于欧洲更有必要。全世界都希望看到，印度将成为一个自由的国家，从而使印度成为她本来的样子。①

这两句话是说，一旦印度成为自由的国家，她就能够恢复历史的尊严，复兴传统文化，承担起她指导人类精神进化的历史使命。

（三）祖国母亲就是女神，为祖国献身是对神的最高奉献

奥罗宾多在他的"精神民族主义"中竭力鼓吹祖国的神圣性。他把印度比喻成伟大的母亲，英雄的女神。这位女神具有无限的、神圣的"萨克蒂"（sakti，力），这种"萨克蒂"可以把所有的印度人联合起来，团结成一个强大的统一体。什么是"萨克蒂"呢？在奥罗宾多的家乡孟加拉地区盛行印度教的一个教派——性力派，此派主要崇拜各种女神，如杜尔迦女神、迦利女神等。他们认为，女神是最高之神，女神的性力，即"萨克蒂"，是创造宇宙万物的源泉，是最神圣的力量。奥罗宾多力图把这种性力崇拜与他的民族主义思想结合起来，把孟加拉人民对女神的崇敬与热爱转变成对祖国母亲的崇敬与热爱，以此鼓动民众投身民族运动。因此，他主张，每一个印度教徒都应当热爱祖国—母亲，热爱祖国—母亲就是热爱女神，应当在为祖国的服务中感到无限的欢乐，在为祖国的牺牲中感到自豪和骄傲。他说，如果"母亲—女神"受到别人的欺辱，我们这些信徒就应当毫不犹豫地为保卫母亲而英勇献身。这种牺牲和献身是最完美的，这种献身的人不仅是政治斗士，而且是宗教的圣徒。

奥罗宾多的"精神民族主义"就是一种宗教民族主义，一种

---

① 奥罗宾多：《印度的未来》，引自奥罗宾多主编《敬礼祖国报》，1907 年 8 月 2 日。

把印度教精神哲学与民族主义相融合的政治学说。如果说印度其他的民族主义激进派领袖，如提拉克等，只是用印度教的教义来解释民族主义的话，那么奥罗宾多则更前进了一步，他是把民族主义直接看作一种宗教，并且把民族主义完全宗教化了。

二　"整体吠檀多"学说

奥罗宾多的哲学体系，从印度传统哲学的角度看，被称为"整体吠檀多论"，但是从现代哲学的角度看，亦可以称为"精神进化论"。这只是同一种哲学的两个称谓而已。

所谓"整体吠檀多论"（Integral Vedanta），是指奥罗宾多在继承印度古代吠檀多不二论基本原理的基础上，综合各种不同的吠檀多学说，并融入大量现代科学的内容，而建立起来的一种新型哲学。何谓"整体"呢？这里所说的"整体"（integral），其实，包含两层意义：一层是"综合"的意思，指奥罗宾多把古代各种不同的吠檀多学说，如吠檀多不二论、吠檀多制限不二论，吠檀多二元论等综合起来，消除它们之间的分歧和差异，将它们的精华和长处融会在他的同一个吠檀多体系中；另一层是"调和"的意思，指奥罗宾多利用"精神进化"的方法把古代吠檀多哲学中各种对立的概念，如梵与世界、精神与物质、一与多、明与无明等都调和在一起，使它们成为最高精神本体——梵在进化过程中的不同层次或等级。因为奥罗宾多的吠檀多哲学具有以上这两方面的意义，故人们称它为"整体吠檀多"。

鉴于对东西方哲学的深刻了解，奥罗宾多试图建立一个调和唯物论与唯心论的绝对真理体系。在他看来，在物质与精神的关系上，无论是唯物论还是唯心论都是片面的，都是只强调一方，而否定另一方，两者皆将自己的学说引入极端，只能达到"一半的真理"。①唯物论只相信物质世界是真实的，企图从物质的角度解释一切，而忽视了人的精神的作用。这种极端必然使人们沉迷于对物质的追求，而导致"精神的崩溃"。相反，宗教唯心论只相信纯粹精神或人的灵魂是真实的，彼岸世界是实在的，从而否定物质和现实世界的真实性。这种极端则必然贬低人生的价值和现实生活的意义，导致"人生的破产"。②为了调和唯物论和唯心论的对立，奥罗宾多创立了他的整体吠檀多学说。

下面，我们从四个方面阐述"整体吠檀多"学说。

（一）梵

整体吠檀多论的出发点，就是要从根本上把梵与世界、纯精神与物质、人的内在灵魂与表面肉体协调起来，让它们形成一个统一的整体。

为了调和纯精神与物质的对立，奥罗宾多所面临的第一个问题，就是要找到一种能平衡两者，使它们协调起来的真理。如他所说：

> 我们必须找到一种真理，这种真理既能完全调和纯精神与物质这两个对立者，又能使两者在人的生命中获得应有的地位，在思想中得到应有的证明；既不剥夺其中任何一方的权利，也不否定任何一方的至高性。③

他指出，这种真理必须能够包容万物，容纳万物于一体，无论纯精神还是物质，都是它的一个方面或一种表现形式。

---

① 参见 Aurobindo Ghose, *The Life Divine*, Pondicherry, Sri Aurobindo Ashram Press, 1970, Vol. 1, 第二、三章。

② 同上。

③ Aurobindo Ghose, *The Life Divine*, Pondicherry：Sri Aurobindo Ashram Press, 1970, Vol. 1, p. 25.

这种真理是什么呢？奥罗宾多断言，其吠檀多体系中的最高本体——梵就是这种真理。他说：

> 我们已经在"宇宙意识"中找到了一个精神与物质的会合之处，在这里物质对精神来说是真实的，精神对物质来说也是真实的。①

在这里，奥罗宾多所谓的"宇宙意识"（the Cosmic Consciousness），就是指其哲学体系中的最高本体——梵。在他的著作中，有时按照传统吠檀多的方式说明最高本体，称它为梵、"大全"（All）、"唯一"（One）、"神圣者"（the Divine）等；有时又赋予它以现代西方哲学的含义，称它为"宇宙意识"、"宇宙精神"（the Cosmic Spirit）、"无限"（the Infinite）、"绝对"（the Absolute）、"无所不在的实体"（the Omnipresent Reality）等。

关于梵的概念，奥罗宾多继承传统吠檀多不二论的观点，认为梵是宇宙的本源、世界万物的基础。他说：

> 一个无所不在的实体是一切生命和存在的真理——不管是绝对的，还是相对的；有形的，还是无形的；有生命的，还是无生命的；有理智的，还是无理智的……一切变异物都起源于这个实体，存在于它，并回归于它。②

这个实体就是梵。这说明世界万事万物——无论是物质的，还是精神的——都是梵派生出来的，皆为它的显现物。还说：

---

①　Aurobindo Ghose, *The Life Divine*, Pondicherry: Sri Aurobindo Ashram Press, 1970, Vol. 1, p. 25.

②　Ibid. , p. 33.

梵既是开端，又是终点。它是唯一，除了它什么也不存在。①

所谓梵是"开端"，意味着它先于世界，万物是由它产生的；所谓"终点"，表明它是世界的归宿，万物最终要还原于它；所谓"唯一"，说明万物皆为它的显现，万物皆为梵。

在论述梵的性质和特点时，奥罗宾多基本上采取了传统吠檀多的两种方式：一种方式是遮诠法，即以否定的方式达到对梵的无限性和至高性的肯定。他说：

这个唯一者（引者按：指梵）在本性上是无法解说的。如果我们用自己的心思去想象它，就只能通过一个无限系列的概念和经验。最终，我们不得不否定我们最大的概念和最概括的经验，以肯定这个实在超出一切定义。我们只能借用印度古代仙人的公式："不是这，不是这"；除此我们没有任何经验可以限制它，也没有任何概念可以规定它。②

另一种方式是表诠法，即以肯定的方式达到说明梵的至高性的目的。在这方面，他发展了吠檀多有关梵的理论。他首先肯定了吠檀多认为梵是"真·智·乐"（Saccidananda）的传统公式："古代吠檀多学给了我们这样一个解答：在概念中、在经验中，梵是唯一的、遍在的、基本的实在，梵的自性为'真·智·乐'。"③然后，他又运用现代哲学的方法和自然科学的成果，对"真·

① Aurobindo Ghose, *The Life Divine*, Pondicherry: Sri Aurobindo Ashram Press, 1970, Vol. 1, p. 33.

② Ibid..

③ Ibid., p. 37.

智·乐"的公式做了全新的解释，提出了"纯存在—意识力—欢喜"新的三位一体说。

新的"三位一体"，就是说，梵本身既是"纯粹存在"（the Pure Existent），又是"意识—力量"（Consciousness-Force），又是"欢喜"（Ananda）；三者合为一体，不可分离。与古代吠檀多论者不同，奥罗宾多力图用现代科学的方法和内容来说明这种新的"三位一体"。什么是"纯粹存在"呢？在他看来，科学已经证明宇宙间充满着无限的能量和能量的无限运动。这种能量运动博然浩大而茫茫无际，已经超出了我们头脑中的"时间"和"空间"的概念，也无法用我们思想中的"质量"和"数量"的尺度来衡量它。因此。这种能量虽然是一种存在，但却是一种超出一切概念和形式的"纯粹存在"或"绝对"。奥罗宾多认为，梵就是这种茫茫无际、无限运动的宇宙能量，故称之为"纯粹存在"。如他所说：

> 这巨大的能量，用《薄伽梵歌》的伟大词语来表达，就是一位平等而公正的母亲，即"公正大梵"。①
>
> 如果梵是一种无限的、无法界定的、超越时空的存在的话，那么它肯定是"纯粹的绝对"。它不能用一种数量或许多数量来概括，也不能由一种质量或许多质量来构成。它不是形式的集合，也不是各种形式挂名的基础。倘若一切形式、数量、质量都消失了，它依然存在着。②

奥罗宾多认为，梵不仅是"纯存在"，而且是一种"有意识的力量"或"有力量的意识"。他说："梵的意识在自性上就是一

---

① Aurobindo Ghose, *The Life Divine*, Pondicherry: Sri Aurobindo Ashram Press, 1970, Vol. 1, p. 71.

② Ibid. , p. 75.

种创造的或自我显现的力量。"① 为什么说梵也是"欢喜"呢？在
奥罗宾多看来，从梵的本质来看，梵本身就是"绝对"或"无
限"，它不受任何事物的约束和限制，具有无限的意志自由和行为
自由，因此也必然具有无限的欢乐和喜悦。他说：

> 意识存在的绝对性，就是意识存在的无限喜悦。两者只
> 是同一事物的不同名称而已。凡一切无量性、无限性和绝对
> 性，皆为纯粹的喜。②

通过奥罗宾多关于梵是"纯存在—意识力—欢喜"的说明，
可以看出其梵最大的特点在于，它是"意识"和"力量"的统一
体。这种"意识"和"力量"的结合，构成了其精神进化论的基
础。在他看来，假如梵只有"意识"，而没有"力量"，那么它必
然是静止不动的，创造世界的活动就无法进行；相反，如果只有
"力量"，而没有"意识"，那么梵也必然是一种盲目的力量，它
所创造的世界也肯定是一片混乱。正因为梵是有意识的力量，所
以创造的世界才是井井有条、和谐统一的。奥罗宾多对梵的这种
解释，可以说，颇接近于神学目的论的观点。

（二）世界

奥罗宾多虽然继承古代吠檀多不二论的思想，但是他坚决反
对商羯罗的"世界虚幻"说，主张世界是真实的。他考察了印度
哲学史之后，作出了这样的评价：

> 在印度，否定世界的哲学是通过两个最大的思想家佛陀

---

① Aurobindo Ghose, *The Life Divine*, Pondicherry: Sri Aurobindo Ashram Press, 1970, Vol. 1, p. 92.

② Ibid., pp. 91 - 92.

和商羯罗的表述，才具有最高的权威和价值的……所以这两种特殊的"精神哲学"的精神一直以奇巨的重量压在印度的思想、宗教和普通百姓的心理上：到处都笼罩着它的巨大阴影，到处都有它的三大公式——业力的锁链、生死轮回的解脱、世界的幻有——的印记。①

在他看来，"世界虚幻"说是一种消极而悲观的理论，它不仅否定了世界的存在，而且也否定了人生的价值和一切现世的努力，对社会造成了极大的危害。如他所说：

> 在这种极端形式（引者按：指"世界虚幻论"）的影响下，我们人的存在和行为都变成了零，或不被承认，人的经验、愿望和努力完全失去了意义。②

按照奥罗宾多的观点：世界万物都是梵的显现，这种显现不是什么虚幻的显现，而是真实的显现，因此世界万物必然是真实的。那么，世界上的一切现象如何分类呢？在这方面，奥罗宾多吸收了西方进化论的观点，提出他自己的"精神进化论"。他从"精神进化论"的角度出发，根据进化水平的高低，把万物分为三个大的等级。最低的等级是愚钝的"物质"（Matter），"物质"指世界上一切无生命的现象，如金属、矿物、山、水等。第二个等级是"生命"（Life），"生命"指世界上一切有生命的现象，如植物、动物等。第三个等级是"心思"（Mind），"心思"指人的心理或思维活动，或者说，就是指有思维能力的人。在奥罗宾多看来，"生命"是从无生命的"物质"进化而来的，有"心思"的

---

① Aurobindo Ghose, *The Life Divine*, Pondicherry: Sri Aurobindo Ashram Press, 1970, Vol. II, pp. 415 – 416.

② Ibid. , p. 466.

人是从"生命"现象进化而来的。因此，他认为，他的哲学是符合自然进化规律的，是符合现代科学的。

（三）超心思

据上所述，奥罗宾多一方面继承传统吠檀多的观点，把梵看作具有"真·智·乐"特性的"纯精神"实体，它是万物的起源，也是万物的归宿。另一方面，他又依据现代科学的观点，把世界看作由"物质""生命"和"心思"等现象所组成的自然界。这样，就出现一个问题：作为本体界的梵和作为现象界的万物如何统一起来，换句话说，任何连接起来呢？为了解决这个问题，他便只能依靠他的"精神进化"理论。

自19世纪中期达尔文的生物进化论问世之后，世界上出现了形形色色的进化学说和理论，以解释自然界和社会的发展。在这种思潮的影响下，奥罗宾多吸收了达尔文生物进化论的某些内容，创立了自己的"精神进化论"。所谓"精神进化论"，就是把梵看作"精神"本体，或称"宇宙精神"，世界的一切现象都是"精神"的表现形式，这些"精神"形式（包括"物质""生命""心思"）有高低之分，从低级形式向高级形式的发展过程，就是"精神"进化的过程。在奥罗宾多看来，"物质""生命"和"心思"都是"精神"的表现形式，从"物质"进化到"生命"，从"生命"进化到"心思"，下一步的进化目标是什么呢？为此，他提出了一个新的"精神"形式。这就是"超心思"（Supermind）。

何为"超心思"？奥罗宾多对"超心思"的解释相当复杂，简单地说，"超心思"是指一种超越人心理活动的意识——超自然意识，它起着连接现象世界和本体界——梵的媒介或桥梁作用。如他所说：

> 超心思是一种超越人的心思，并作为世界创造者的活跃

的意识和知识的原理，是介于自在的"一"与它所流出的"多"之间的中介力量和状态。①

这里所说的"一"，是指梵，万物的本源；"多"，就是指世界的各种现象；"超心思"是介于"一"与"多"之间的桥梁或媒介状态。因此，奥罗宾多认为，当"生命"进化到"心思"之后，"心思"再进一步进化到"超心思"，经过"超心思"的媒介作用，"心思"就可达到具有"真·智·乐"特性的梵的状态，即"精神"的最高境界。

（四）世界演化

这里说的"世界演化"，就是指作为本体界的梵与现象界的万物是如何发展变化的，如何协调统一的。在奥罗宾多看来，世界万物作为低级的"精神"形式，之所以能够向最高的"精神"形式——梵进化，其原因就在于，梵首先显现在万物中。用他的话说，就是梵首先"退化"或"下降"到万物之中，然后才有万物向梵的"进化"和"上升"。

因此，奥罗宾多认为，世界的演化包括两个过程：首先是梵以"超心思"为媒介下降到现象界，其次是现象界万物再通过"超心思"上升到梵。下降的过程，又称为"退化过程"，是按顺序，一级一级地下降。梵首先通过"超心思"下降到"心思"，由"心思"下降到"生命"，再由"生命"下降到"物质"。这一过程是梵的自我否定、自我退化，即由纯精神状态转化为自然界万物的过程。在自然界中，梵披上了自己所显现的各种具体外衣，成为有外壳包裹着的"潜在意识"。这种"潜在意识"隐居于万物之中，有恢复自身本来面目的要求，故推动万物向精神的

---

① Aurobindo Ghose, *The Life Divine*, Pondicherry: Sri Aurobindo Ashram Press, 1970, Vol. I, p. 122.

最高等级——梵进化。上升的过程，又称为"进化过程"，始于"物质"，"物质"被视为"精神"的最低级、最愚钝的形式。从"物质"经过"生命""心思""超心思"，向梵一级一级地进化，最终达到一种统一、和谐、静寂、福乐的纯精神境界。通过这种"下降"和"上升"的过程，奥罗宾多便把现象界与本体界统一于一个进化的体系中了。

在这里，奥罗宾多把整个世界的变化看作"纯精神"自我退化和自我进化的过程，也就是从纯精神转化为物质，再由物质转化为纯精神的过程。世界的演化构成了一个圆圈，梵既是演化的起点，也是演化的终点。由此不难发现，奥罗宾多的哲学与黑格尔的哲学颇有相似之处。在黑格尔那里，"绝对精神"从纯概念形式"外在化"或"异化"为自然界。在自然界中，"绝对精神"披上自己所建立起来的各种物质外衣，成为有外壳包裹着的思想或概念，它隐藏于自然界的背后，操纵着自然现象的变化和发展。在奥罗宾多这里，"宇宙精神"或梵下降到自然界。梵在自然界也披上了自己所显现的物质、生命和心思的外衣，成为有外壳包裹的"潜在意识"。它隐藏在自然万物之中，推动和主宰着万物的发展和变化。无论黑格尔的"异化"，还是奥罗宾多的"下降"，都是纯粹精神创造世界的过程，皆为客观唯心主义世界观的表现。

（五）"神圣人生"的境界

奥罗宾多设计出以上这样一种神秘而又玄妙的世界演化模式，其目的何在呢？毫无疑问，他这样做，就是为了说明人类的进化。换句话说，是为他制订改造人类社会的方案，设计一个美好的未来世界的蓝图制造理论根据。

在他看来，既然万物皆为梵的显现，那么人也不例外，也是梵的显现。梵也以"潜在意识"的形式隐居于人的存在之中，成为人的精神本质，他把这种精神称为"自我"或"灵魂"。人与人之间虽然肉体不同，但内在的"自我"，即精神本质是同一的。这种本质具有统一、和谐、仁爱和欢乐的性质。人之所以愚昧、自私、痛苦和分裂，是因为人的无知，没有认识和揭示出自身内在的、统一的精神本性。人的进化就是通过内省直觉或瑜伽手段、证悟自己的精神本性，从而达到"超心思"的水平。达到"超心思"水平的人，就能够使自己的生活与他人的生活乃至整个社会生活达到统一和谐，这样的人被称为"超人"（Superman）或"精神化的人"。一个"超人"的存在尚是孤立的，他的完善无法得到保障。因而，他必须用自己的智慧和力量去帮助和启迪他人的精神进化。这好比第一支火把点燃第二支火把，第二支再去点燃第三支，依此类推，便可以使整个人类精神化。到那时，人们将摆脱无知的束缚，认识到自己与他人在本质上是同一的，彼此之间在同一精神的基础上协调一致，平等和睦地生活，世界上将会出现一个没有痛苦和黑暗，只有福乐和光明的、普遍和谐的、尽善尽美的理想境界。奥罗宾多称这种境界为"神圣的人生"。从吠檀多的角度看，这种境界可以说是古代吠檀多论所追求的梵的"真·智·乐"神圣境界在人世间的再现。

对"神圣人生"境界，奥罗宾多作了这样的描述：

> 问题的关键，不是人上升到天国，而是在现今这个世界上人上升到"精神"之中，"精神"也下降到普通的人类之中，使这个世界的本性得到转化。人类长期昏暗而痛苦的旅途的最终目标，人类所期望的真正新生正是为了此目的，而不是什么死后的解脱。[①]

---

① Aurobindo Ghose, *The Human Cycle*, Pondicherry: Sri Aurobindo Ashram Press, 1949, p. 329.

又说：

　　"神圣人生"的圆满境界，是我们人类发展的目标，它或迟或早将会出现在我们命运的某一阶段上。[①]

三　"整体瑜伽"学说

　　如果说"整体吠檀多说"是奥罗宾多世界观和人生观的表述，那么"整体瑜伽说"则是其实现世界观的手段或方法。一个是理论基础，一个是方法手段，两者相辅相成，融会一体。

　　现在，中国民间流传的各种瑜伽行法，只是经过改造的、单纯用于体育锻炼的一些方式，其目的只是修身养性，调节身心，强健体魄。它与印度人所说的瑜伽相差甚远。印度的瑜伽文化源远流长，早在3500年前的吠陀时代就已经出现。在《梨俱吠陀》中，"瑜伽"（yoga）一词，指牛马拉车时套在脖子上的"轭"或"枷"。后来，词义逐渐扩展，引申为"联结""结合""合一""化一"的意思。奥义书和各宗教派别赋予"瑜伽"一词以宗教的意义，把它视为人与神、个体灵魂（小我）与梵（大我）相结合的手段。因为此种手段通过人与神、我与梵的结合化一而能实现宗教的最终目的——解脱，所以在民间受到极大的重视。在古代印度人看来，人的肉体和心思由于受外界物质的诱惑而不断产生贪欲和自私，故而引发各种烦恼和痛苦。因此，肉体和心思往往被看作罪恶和痛苦的根源。要想从痛苦中解脱出来，则必须借助瑜伽手段控制肉体，抑制心理活动，使个人的内在精神（我）与宇宙精神（梵）结合起来，从而获得解脱。

---

　　① Aurobindo Ghose, *The Life Divine*, Pondicherry: Sri Aurobindo Ashram Press, 1970, Vol. 2, p. 1051.

整体瑜伽论（Integral Yoga），这里的"整体"也是"综合"之意，是奥罗宾多在综合古代各种瑜伽学说和实践方法的基础上融入西方人道主义思想，而创立出来的一种新型瑜伽理论。

在印度古代，形成了许多瑜伽学说和修炼方式，其中主要有五种：

智瑜伽，主张通过学习宗教知识，增长智慧的方式，来实现个体灵魂与梵的结合。此学说在方法上强调"自制"和"三昧"，"自制"是对肉体一切情感和欲望的抑制，"三昧"意味着把自己的全部意识集中到一处，来证悟梵我合一的神圣境界。

业瑜伽，主张通过无私忘我的行为来实现解脱。它倡导一个人必须服从神的意志，不考虑个人得失，忘我地为神服务，从而达到人与神的结合。

信瑜伽，主张通过对神无限忠诚、虔诚崇拜，来实现解脱。要求信徒一时一刻也不要忘记神，从内心里向神祈祷，反复地默诵神的名字，以自己的虔诚来实现人与神的结合。

王瑜伽，主张通过身体和心理修炼，来实现解脱。因为这种方法被一些人认为是最稳妥、最有效的方法，故称"王瑜伽"（瑜伽之王）。

诃特瑜伽，主张把身体和生命当作工具，通过"体式""调息"和其他训练，使肉体生命的活动静止化、纯净化，最终揭示出内在的自我，从而达到梵与我的结合。

考察了古代瑜伽学说以后，奥罗宾多认为，传统的瑜伽学说虽然有许多种，但是皆有各自的缺陷，都强调训练身体的一个方面，而忽视了其他的方面。例如，诃特瑜伽只注重身体的修炼，王瑜伽重在抑制人的心理活动，智瑜伽强调增长知识的重要性，业瑜伽强调无私行为的重要性，信瑜伽则强调对神虔诚态度和感情的重要性。尽管各种瑜伽在方法上有所侧重，但是它们所追求的目标和结果是一致的，即都是为了实现灵魂与梵的结合，实现精神之解脱。因此，奥罗宾多主张，把各种传统瑜伽综合起来，吸收每一种瑜伽的精华和长处，创造一种新型瑜伽，即"整体瑜伽"或"综合瑜伽"。他的整体瑜伽，是以实现人的精神进化为基本原则的，具体地说，就是通过各种瑜伽修持，唤醒人内在的灵魂或精神本性，充分发挥精神本性的作用，使人的身体、生命和心思逐步精神化，最终实现人的整体转化，成为具有超心思意识的超人。奥罗宾多说：

> 我们的瑜伽的目标，就是把超心思的意识带到尘世间，让它定居到这里，按照超心思意识的原则创造一个新型的人类，指导个人和集体的内部和外部的生活。[①]

整体瑜伽的特点是什么呢？概括地说，它与传统瑜伽主要有以下两点不同。

一是，反对断灭身体，肯定身体的作用。

传统瑜伽把人的身体、生命和心思活动都视为精神解脱的障碍，想方设法抑制它们，甚至断灭它们。但是，整体瑜伽反对断灭身体、生命和心思活动，而主张通过修炼，唤醒人的精神本性，在精神本性的指挥下转化它们，最终实现身体、生命和心思的整体精神化。从宗教的角度看，真正的解脱是在人死后，是在断灭生命和心思以后。而奥罗宾多主张人活着的时候就可获得解脱，即通过整体瑜伽，实现人的整体精神转化。就这方面而言，奥罗宾多改变了传统瑜伽的宗教意义，使瑜伽世俗化了。

二是，使瑜伽日常生活化。

奥罗宾多虽然综合各传统瑜伽的特点，肯定知识、行为、情感修炼的重要性，也重视身体和心理活动的控制，但是他更主张

---

① 奥罗宾多：《整体瑜伽的实践指南》，本地治里：奥罗宾多修道院出版社1959年版，第25页。

这一切修炼不能脱离现实生活，应当在现实生活中进行。他要求整体瑜伽的修炼者不仅参加生产劳动，而且要从事文化学习；不仅进行体育锻炼，而且要进行音乐和艺术欣赏，把全部瑜伽的修炼都融入日常生活的每一个行动之中。这样，就改变了传统瑜伽脱离现实生活的特点，而使瑜伽日常生活化了。

四　社会进化论

奥罗宾多的社会进化论，是其精神进化学说在历史领域的发挥和运用。他的历史观是以"个人"为中心的。他认为，个人是社会的基础，是组成社会的成分。国家和社会无非就是无数个人所组成的集合体。从这一立场出发，他认为既然人是梵的显现，那么国家和社会也同样是梵的显现；人的内部潜居着一个支配一切的"心灵"，国家和社会的背后也肯定有一个同样的"心灵"。所以，他说：

> 国家或社会与个人一样，也有一个躯体，一个有机的生命，一个讲道德的、爱美的气质和发展着的心思，而在这些表象和力量的背后，还有一个心灵（即灵魂或国魂），所有的一切都是为这一心灵而存在着。①

在这里，奥罗宾多所说的"心灵"，就是其哲学体系中的"潜在意识"或"梵"。在他看来，社会或国家也同个人一样，不仅有表面的躯体和生命，而且在内部还隐藏着一个主宰一切的"心灵"或灵魂。个人进化的法则，是揭开表面无知的面纱，唤醒内部的"心灵"，使其内在的精神本性显现出来。同样，国家与社

---

① Aurobindo Ghose, *The Human Cycle*, Pondicherry: Sri Aurobindo Ashram Press, 1949, pp. 39 – 40.

会的进化，也是驱除表面的自私性，揭示背后的"心灵"，使其潜在的精神本性得以显现，以此达到国家和社会的完善。

社会如何进化呢？按照奥罗宾多的观点，社会是由个人、国家和人类这三个永恒的因素所组成的，而社会的进化乃是使这三种因素都能得到圆满的发展。为了促进三者的圆满发展，他提出了一种独特的"社会发展法则"，并认为这是"最理想的法则"。其内容是：

> 对于个人来讲，乃是通过内部的自由发展来完善自己的个性，同时尊重和帮助他人同样的发展，亦从中得到补益。个人的法则是使自己的生活与社会集合体的生活协调一致，并把自己作为一种增长的和完善的力量贡献给人类。①

> 对于国家来说，同样是通过其内部的自由发展来完善自己，帮助并充分利用个人的发展，而且尊重并帮助其他国家的发展，亦从中受到裨益。国家的法则是以自身的生活与人类的生活相协调，并将自己作为一种增长的和完善的力量倾注于人类。②

> 对于人类来说，乃是充分利用所有个人、国家和社会集团的自由发展及其成果，继续向上进化，直到发现并显现出"人类的神圣者"。有朝一日，人类将不是在理想上，而是真正地成为一个神圣的家庭。即使人类成功地统一了自己，也还要尊重并帮助组成它的个人和集体的自由成长和活动，以便从中获得助益。③

---

① Aurobindo Ghose, *The Human Cycle*, Pondicherry: Sri Aurobindo Ashram Press, 1949, p. 84.

② Ibid. .

③ Ibid. .

这种"社会发展法则"意味着什么呢？奥罗宾多所言"通过内部自由发展来完善自身"的过程，其实就是证悟"心灵"，体验"心灵"，使潜在的精神本性显现出来的过程。在他看来，社会要进化，首先是组成社会的个人和国家通过内部的发展，揭示出内在的"心灵"，求得自身的完善，然后再去帮助和促进他人和他国的完善化。当所有的个人和国家都完善了，在这个基础上人类便可以揭示一个共同的精神本质——"人类的神圣者"。这样，个人、国家和人类才能在同一精神的基础上达到真正的统一，它们之间的生活才能相互协调，整个社会将成为一个"神圣的家庭"。由此可见，奥罗宾多的这种"社会发展法则"，实质上就是个人、国家和社会都通过自我认识、自我净化的道路，揭示内在的"心灵"，在共同的精神本性的基础上达到统一与和谐。不难看出，他的社会进化道路与其精神进化道路是一脉相承的。

奥罗宾多考察了人类发展的全部历史。他认为，人类历史是一个从低级向高级的发展过程。历史的发展虽然受到经济因素的影响，但归根结底还是由人类理性决定的，社会发展的各个阶段是与人的心理水平或思想水平相一致的。他基本上沿用德国历史学家卡尔·兰普雷希特所使用的术语，把人类已经走过的历史划分为五个阶段："象征时代""典型时代""成俗时代""个人主义时代"和"主观时代"，而把人类未来的社会，称为"精神的时代"。

（一）象征时代

人类的最初阶段往往是宗教的社会，在这个社会中人民的想象力和直觉能力非常活跃。他们通过想象和直觉感觉到在自己生活和行动的背后，有一种神秘而浩大的力量在支配着自己，而自己的行动只是这种神秘力量的"象征"，这种力量被称为"神"。因此，当时一切宗教的礼仪、禁忌都渗透着"象征"的精神。奥罗宾多认为，印度的吠陀时代就属于这个时期。

（二）典型时代

到了这个时代，神秘的象征观念逐渐淡化，不再占有主要地位；而伦理道德的观念却上升为人们的心理典型，成为社会的主导思想。宗教也发生了变化，它逐步转化为实现伦理目标、促进道德修养的形式。奥罗宾多认为，在印度的典型时代，"达摩"这种道德观念曾起过重要作用。

（三）成俗时代

在这个时代，伦理道德观念已经约定成俗，变成一种严格的固定不变的制度。此时，观念的外在表现比观念本身更重要，作为伦理体系外在形式的家庭身世、经济职责、宗教礼仪和社会习俗都在人们心中固定下来，成为绝对权威。谁要怀疑它，谁就会受到惩罚。奥罗宾多认为，印度的封建社会和欧洲的中世纪都属于这个时代。

（四）个人主义时代

在个人主义时代，人们开始打破常规习俗和神圣不可侵犯的东西，要求用理智、理想、欲望去观察一切、检验一切，以寻求社会已失去的真理。这个时代的到来，是成俗时代腐败和堕落的结果，也是对僵化、定型的等级制度的反叛。个人主义时代的特点是，人们要用自己的理智重新发现被成俗时代的虚伪所掩盖了的真理。奥罗宾多认为，欧洲的个人主义时代开始于 15 世纪的文艺复兴和宗教改革运动，19 世纪达到顶点。

而在东方，这个时代刚刚开始。

（五）主观时代

到了主观时代，人们开始探讨人自身和事物主体的秘密。在研究人与世界时，他们发现自己的理智是一种不完善的工具，仅限于事物的表面分析，因此不得不用内省直觉的方式去探讨表面事物背后的更深层的真理——人内部的"心灵"和宇宙的"最高精神"。主观时代的基本特点是，理性主义开始隶属于直觉主义，实用主义的标准让位于"自我证悟"的标准。奥罗宾多认为，19世纪末20世纪初期的欧洲，尤其是德国和法国，兴起了一种"直觉主义"和"生命论"为主导的超理性主义思潮，这标志着主观时代的到来。

　　在研究了人类历史发展的过程后，奥罗宾多预言，未来人类社会进化的目标乃是"精神的时代"或"精神化的社会"。在他看来，社会不完善的根本原因在于人有各种自私的欲望。要克服私欲，就必须使人精神化。照他的话说：

　　　　欲达此目的，人必须通过心思，并超越心思，上升到"自我"——显现于整个自然界的"精神"，使自己的存在、力量、意识、意志、知识与这种"精神"达到统一。①

　　这就是说，人应当通过内部的发展，体悟到自己内在的"自我"或"心灵"。这种潜在的"自我"人皆有之，它与普遍的"宇宙精神"同一不二。一旦证悟到它，人就能摆脱自私心理的束缚，使自己的生活与整个社会生活协调一致，从而成为"精神化的人"。当所有的人都转化为"精神化的人"，社会便进入"精神化的社会"。奥罗宾多把精神化的社会描绘成人类最美好的时代。在这个社会中，人与人在共同的精神基础上达到统一、和谐。每个人都将有"充裕的时间按自己的本性向内中发展"，享受"最大限度的工作愉快"和"真正富足、

---

① Aurobindo Ghose, *The Human Cycle*, Pondicherry: Sri Aurobindo Ashram Press, 1949, p. 76.

美好的生活"。① 国家与国家之间也在同一精神的基础上达到统一、互相尊重、互相帮助、平等互利。到那时，全人类都投入到"转化人性"这唯一的工作之中，并通过这一工作来实现"宇宙精神"所具有的"最伟大、最广博、最丰富、最深远的种种潜在力量"。②

五　"人类统一"的理想

奥罗宾多在其社会进化理论的基础上提出了"人类统一"的观点。在未来的"精神化的社会"中，人与国家之间是什么关系，国家与国家之间应该用什么形式组织起来，人类将建立什么样的集合形态才是最为合适呢？他在《人类统一的理想》一书中作了专门的回答。

奥罗宾多认为，社会的进化，是从人的简单集合形态向复杂集合形态发展的过程。他分析了人类历史上已经出现的各种集合形态，如家庭、部落、种族、民族、阶级、国家和帝国等。但他指出，这些形态都是不完善的，其原因在于，在这些形态中个人与集合体的利益难以调和、小集合体与大集合体的利益难以调和。例如，他在分析"国家"这种集合形态时说：

　　"国家"的概念是什么呢？它是一个把个人当作牺牲品的有组织的团体。从理论上说，国家要求个人服从整体的利益，而实际上，它是要求个人服从某一集团在政治上、军事上和经济上的利己主义，以此满足某个集团的目的和野心。这些目的和野心是代表这一集团的少数或较多的统治者，以某种

① Aurobindo Ghose, *The Human Cycle*, Pondicherry: Sri Aurobindo Ashram Press, 1949, p. 318.

② Ibid. , p. 319.

方式制造出来的，并且用它们来欺骗大多数人。[1]

在奥罗宾多看来，现行的国家制度，无论资本主义的，还是社会主义的，都是用牺牲个人的利益和自由来满足集合体的利己主义。这种集合形态只有政治、经济和军事上的统一，却缺乏道德和精神的一致性，它无法解决个人和集合体的矛盾。按照他的观点，要彻底解决这个矛盾，就必须实现人类的大联合，建立"人类统一"的社会。

奥罗宾多的"人类统一"是什么意思呢？他写道：

> 人类统一的问题应该站在理性和完善的道德基础上来看待：一方面，承认全人类的自然大联合有权存在，以至实现，并把尊重民族自由作为人类行为的固定原则；另一方面，真正认识到在统一和联合的人类中需要秩序、帮助、相互合作、共同的生活和利益。在理想的社会或政体中，尊重个人的自由、个人的自由成长以至完善与尊重其集合体，即社会和国家的需要、作用、团结、自由成长和有机的完善是协调一致的。在全人类最理想的联合中，在这样的国际社会或政体中，国家的自由、自由成长和自我证悟也应采取同样的方式，以求逐步地与人类的团结、统一的发展和完善和谐起来。[2]

要实现"人类统一"的理想，原来的国家应该怎么办呢？奥罗宾多提出两种可能性：一种是在中央集权和统一的原则基础上建立"世界国家"；另一种是在既有精神统一，又保持各自特点的原则基础上建立"世界联盟"。他认为，前者是一种机械的、形式

---

[1] Aurobindo Ghose, *The Ideal of Human Unity*, Pondicherry: Sri Aurobindo Ashram Press, 1950, p. 21.

[2] Ibid., pp. 145 – 146.

上的统一，只能靠行政、经济或军事的力量去实现，是不可取的；后者才是真正自由和理智的统一，只能通过精神和道德的手段来完成。因此他断言：

> 要达到人类的统一，又能保持必要的集团自由，人们可以提出的唯一办法不是向一个组织严密的"世界国家"，而是向一个自由的、有伸缩性的、进步的"世界联盟"努力。①

奥罗宾多倾向于建立一个有充分自由的，组上又比较宽松的"世界联盟"，这个联盟应当具有如下几个特点：

一是，联盟的各个成员国是在自愿原则的基础上组织起来的，各个国家都有追求统一、要求合作的共同愿望和情感。

二是，在联盟中每个国家都享有充分的民族自决权利，每一个组成单位都有内部自由发展的权利。

三是，联盟内的共同事务只能靠共同协商的办法来解决，通过协商不仅消除政治的分歧，还能调整经济的关系。

四是，联盟不是依靠政治、经济和行政的手段施行形式上的统一，而是通过道德和精神的手段来保证各个民族在心理、情感和精神上的统一。

奥氏对这种内在心理和精神的统一十分重视，他说：

> 现在，人类心理生活第一位的需要是趋向更大的统一。但是，人类所需要的是一种有生命力的统一，这种统一不是表现在文明的外表形式上，如穿着、风俗、生活习惯以及政治、社会和经济秩序的细节上，也不是机械的文明时代所力求达到的一致化，而是每一个地区的自由发展、永恒友好的

---

① Aurobindo Ghose, *The Ideal of Human Unity*, Pondicherry: Sri Aurobindo Ashram Press, 1950, p. 309.

相互影响、亲密的了解、对共同人性的感受、伟大而共同的理想以及这种理想所趋向的真理、人类联合进步中所努力达到的那种统一和相互关系。①

奥罗宾多强调，在未来的世界联盟中原有的国家概念要发生巨大的变化。原来的国家是一种权力高度集中、组织十分严密的社会集合形态，这种形态要逐步转化为一种新的、自由的、组织上比较宽松的形态。在这种形态的内部，既能保持精神的统一性，又能保证个人和集合体的独立性和自由性。由于国家观念的转变，各个国家将改变原来只重视政治和行政统一的做法，而开始追求人们在心理和精神上的统一。他说：

> 到那个时候……国家将为人们的理智和心理转变的可靠发展，提供更自由、更自然的形式和机会；因为只有这种内部的转变，才能使统一保持持久。
>
> 这种内部的变化就是人们生活观念和人类宗教的发展，因为只有如此，才能使人们在生活、情感和观点上发生心理的转变。这种心理上的转变会使个人和集体第一次最广泛地生活在共同的人性中，抑制个人或集体的利己主义，并促进个人与集体用自己的方式发展和表现人内在的神性……②

奥罗宾多指出，实现"人类统一"面临着两个困难：一是，如何克服人类进化过程中所形成的各种利己主义；二是，当统一实现后又如何使这种统一牢固地保持下去。按照他的观点，克服这两个困难的最好方法是宣传和实践"人类宗教"。

---

① Aurobindo Ghose, *The Ideal of Human Unity*, Pondicherry：Sri Aurobindo Ashram Press，1950，p. 335.

② Ibid.，p. 340.

什么是"人类宗教"？它不是一般意义上的宗教，也不是以前有人倡导过的"普遍宗教"，而是一种具有特殊内涵的宗教。简言之，这种宗教不是把自然界的现象或超自然的力量视为神灵或上帝，而是把人或人类本身奉为神和上帝。所谓"人类宗教"，就是把人或人类作为最高崇拜对象的宗教。用奥罗宾多的话说：

> 人类宗教的基本观念是，应当把人类看作必须崇拜并为之服务的神；尊重人类、为人类服务、促进人类进步和人类生活，是这种人类的首要义务和目的。别的崇拜对象，如民族、国家、家庭或任何其他的东西，都不能取代人类的地位；只有当这些对象作为人类精神的表象，奉人类精神为神圣的，并促进人类精神自我显现的时候，它们才是有价值的。①

又说：

> 人，对于人来说，必然是神圣的，不管他在种族、信仰、肤色、民族、地位、政治或社会发展程度上有多大的差异。人的身体应当受到尊重、免受暴力和酷刑，并且依靠科学来防止可以预防的疾病和死亡。人的生命应当被视为神圣的、高贵的，应当受到保护、加强和提高。人的情感也应当看作神圣的，应获得表现的机会，受到保护以免遭迫害、压抑和被机械化，并且摆脱各种轻视它的力量。人的思想应当从一切束缚中解放出来，获得自由和广泛活动的范围和机会，得到一切自我训练、自我发展的手段，并把这些手段组织起来用到为人类服务的活动中。所有这一切，都不应看作抽象的或虚伪的观点，而应当得到人、国家和人类的充分而实际的

---

① Aurobindo Ghose, *The Ideal of Human Unity*, Pondicherry: Sri Aurobindo Ashram Press, 1950, p. 362.

承认。从更大的范围上说，这就是理性的人类宗教观念和精神。①

以上两段话是奥罗宾多对"人类宗教"的具体描述。从这种描述中可以看出，他所说的"人类宗教"与一般所谓的"宗教"具有完全不同的含义。历史上出现的各种宗教都是把某种超自然或超人的力量奉为神灵而顶礼膜拜，但"人类宗教"却把人或人类本身提高到神的地位而加以无限崇拜，并把为人类服务作为最高宗旨。一般的宗教皆贬低人的价值和生命的意义，压抑人的行为、情感和理性；而"人类宗教"却给人以新的尊严，把人的躯体、生命和思想视为神圣而高贵的，充分发挥人的一切潜能。一般的宗教皆藐视尘世生活，教人寄希望于死后的解脱；而"人类宗教"却尊重现世生活，鼓励人们创造美好的现实。

奥罗宾多进一步解释道：

> 人类宗教的目标，在 18 世纪就以一种最初的直观形式而形成了；这个目标过去是，今天依然是用三种有亲缘关系的观念——自由、平等和博爱来重新铸造人类社会。②

通过这段话，我们才完全明白：他所言的"人类宗教"已经失去原来宗教的内涵，只不过是给 18 世纪欧洲产生的人道主义思想冠以"宗教"的名衔，使这种倡导自由、平等、博爱的人道主义精神宗教化和神圣化。他认为，只有当自由、平等、博爱的精神被每个人和每个国家真正领悟到，并成为一切行动的指导思想，成为人类生活的普遍规律时，人类才能克服各种利己主义，实现

---

① Aurobindo Ghose, *The Ideal of Human Unity*, Pondicherry: Sri Aurobindo Ashram Press, 1950, p. 363.

② Ibid. , pp. 336 – 337.

真正的"人类统一"或"世界大同",并永恒地保持下去。

在当时的历史条件下,这种学说无疑是具有积极和进步意义的。奥罗宾多的《人类统一的理想》,最早发表在 1915—1918 年的《雅利安》杂志上。当时,正值第一次世界大战期间。在国际上,帝国主义战争四起,各国相互残杀,人民惨遭涂炭。在印度国内,1905—1908 年的民族运动高潮刚刚被镇压下去,印度人民处于水深火热之中。在当时的历史背景下,奥罗宾多提出"人类统一"的学说,呼吁在世界上建立一个没有战争、没有压迫、自由、平等、正义、公道的国际新秩序。这不仅符合深受殖民主义压迫的印度人民的根本利益,而且也符合在战争蹂躏下,渴望和平的全世界人民的根本利益。

综上所述,奥罗宾多以他的"整体吠檀多""整体瑜伽"和"人类统一"等学说而闻名于世。他的学说和思想不仅在印度家喻户晓,而且在欧美和世界各地也广为传播。奥罗宾多不仅是印度现代著名哲学家,而且也是一位具有世界影响的哲学家。现今,美国、英国、法国、德国、意大利、荷兰等国的一些著名大学皆开设了讲授奥罗宾多哲学的课程,并举办奥罗宾多"整体吠檀多"的研究生讲习班。他的著作已经翻译成十几种文字,在世界各地广为流传,其中有许多著作已翻译成中文。他创立的奥罗宾多修道院和他的弟子创立的"奥罗维尔"("奥罗宾多新城")在世界上的影响越来越大,它们不断地向海内外传播奥罗宾多的哲学和"人类统一"的理想。

1972 年 8 月 15 日是奥罗宾多诞辰一百周年。为了纪念和缅怀这位伟大的哲学家,不仅印度各地举行了各种学术会议和纪念活动,而且许多国家和国际组织也举办了缅怀奥罗宾多的活动。联合国教科文组织在 1970 年 10 月的大会上,就批准了纪念奥罗宾多百年诞辰的计划和预算,大会还宣布:

奥罗宾多的一生和著作给人类的尊严带来了新的启示，他通过人与人、国家与国家之间的统一、理解和合作，为促进和实现世界和平提供了新的推动力。①

1972 年 10 月，联合国教科文组织在巴黎总部正式召开了纪念奥罗宾多百年诞辰大会，教科文组织主席亲自主持并致辞。与此同时，该组织还以世界各种文字发行了《信使报》专刊，全部刊登介绍和评价奥罗宾多哲学和人类统一理想的文章。英国的"奥罗宾多学会"也举办纪念活动，并出版了一部纪念奥罗宾多的文集——题为《奥罗宾多：1872—1972 ——未来人类的使者和先驱者》。这些纪念活动的频繁举办，足以证明奥罗宾多思想在世界各地的影响，也表明世界人民对奥罗宾多的深切尊敬和热爱。

---

① K. R. 斯里尼瓦拉编：《纪念奥罗宾多百年诞辰论文集》，本地治里：奥罗宾多修道院出版社 1974 年版，第 18 页。

第十六章　伊克巴尔的哲学与民族主义

　　穆罕默德·伊克巴尔（Muhammad Iqbal，1877—1938）是现代印度著名的穆斯林诗人、哲学家和社会活动家。他是现代印度第一个运用西方哲学的方法重新解释伊斯兰思想的人，因此在印度现代思想史上占有特殊而重要的地位。虽然生活在印度独立之前，但是由于他是第一个提出建立"巴基斯坦国"主张的穆斯林领袖，所以1947年印巴分治后，巴基斯坦人民仍把他奉为巴基斯坦最伟大的诗人和哲学家。

　　1877年11月9日，伊克巴尔出生于印度旁遮普省的锡亚尔科特市（现属巴基斯坦的旁遮普省）。父亲是一位虔诚的伊斯兰教苏非派信徒，经营毛毯生意。6岁，伊克巴尔被送入当地著名的米尔·哈桑学校，学习阿拉伯文、波斯文和乌尔都文。五年后，他进入当地一所苏格兰教会中学，接受西方式教育。1895年，他考入拉合尔市著名的旁遮普大学，学习哲学并兼修法律，1899年获得哲学硕士学位。毕业后，在旁遮普大学东方学院担任阿拉伯语讲师并教授哲学。1905年，赴英国留学，考入剑桥大学三一学院，学习哲学，他的导师是著名的黑格尔派哲学家麦克塔格特。同时，还在伦敦林肯法学院兼修法律。一年后，在剑桥大学获得学士学位，1908年获得林肯法学院颁发的律师证书。其中，1907年8

月，他到德国慕尼黑，在慕尼黑大学拉恩教授的指导下，修改他的博士论文《波斯形而上学的发展》，11 月通过答辩，获得慕尼黑大学授予的哲学博士学位。1908 年回国后，他在拉合尔高等法院任律师，并兼任国立学院的哲学教授，同时还进行诗歌创作。1930 年，被选为全印穆斯林联盟主席，成为印度穆斯林的全国领袖。1931 年，曾作为穆斯林的代表，参加英国首相主持的英印圆桌会议。1938 年，他在拉合尔病逝。

伊克巴尔曾用乌尔都文、波斯文和英文写了大量的诗歌和哲学作品。其主要哲学著作有：

《自我的秘密》（*Mysteries of the Self*）

《非我的秘密》（*Mysteries of the Selflessness*）

《论重建伊斯兰宗教思想六讲》 （*Six Lectures on Reconstruction of Religions Thought in Islam*）

《伊斯兰宗教思想的重建》（*Reconstruction of Religions Thought in Islam*）

一　"自我"的哲学

伊克巴尔是一位穆斯林哲学家，他的思想渊源主要来自以《可兰经》为代表的伊斯兰宗教和哲学思想。在伊斯兰教思想中，对他影响较大的是波斯哲学和苏非派神秘主义学说。同时，他还受到西方近现代哲学家的强烈影响，如德国哲学家黑格尔、尼采，法国哲学家柏格森，英国哲学家麦克塔格特等。他在继承伊斯兰教思想的基础上，大量吸收西方哲学和人道主义的内容，建构起自己的新的哲学体系。他的哲学体系以"自我"学说为核心，在阐述"自我"学说时他充分肯定了人的价值和人生意义，并以此为基础阐发了他所设计的未来社会的美好蓝图和复兴伊斯兰宗教的伟大理想。

什么是"自我"的哲学呢？要弄清楚"自我"的哲学，首先就必须理解什么是"自我"。伊克巴尔所说的"自我"（Khudi）一词，出自乌尔都语或波斯语，其原初意思为"自私""自负"，同时也具有"自己""人格"等意义。但是，伊克巴尔却把这个字从一般词汇提升为特殊的哲学术语，他赋予这个字以特殊的内涵，使之成为其哲学体系中最重要、最核心的概念。那么，在伊克巴尔哲学中，"自我"到底是指什么呢？

首先，"自我"作为宇宙的最高本体、万物存在的始基。在伊克巴尔看来，"自我"是一种超自然的精神实体，一种永恒无限的、神奇的精神力量。宇宙是一种存在，它是由无数个大大小小的世界构成的庞大体系。宇宙的存在是靠"自我"的力量来维系的，宇宙的运动也是靠"自我"来推动的；没有"自我"，就没有宇宙。"自我"这种神奇的力量存在于万事万物之中，作为一切事物的本质。在描述"自我"的作用时，伊克巴尔在《自我的秘密》一诗中说：

> 宇宙体系的本质源于自我，个体生命的延续依赖于自我的增强。①

又说：

> 存在的方式皆因自我的作用，你看到的一切都是自我的秘密。当自我唤起自在的觉悟时，它就显露出思维的宇宙。千万个世界隐藏在它的本源中……②

---

① 伊克巴尔：《自我的秘密》，刘曙雄译，北京大学出版社 1999 年版，第 65 页。
② 同上书，第 67 页。

　　自我为了行动的目的而产生出：主体、客体、结果和原因，升起、运动、飞翔、闪光和跳跃，燃烧、发光、呼吸、死亡和诞生。时间是他的竞技场，天空是他征程中扬起的尘浪。……他将自己分解，以造成原子，将自己略一铺撒，使沙漠生成。他一旦厌倦铺撒，便堆积成座座山峰。证明自己是自我的性格，每个原子都眠伏着自我的潜能。他是无声的力量，为行动而急不可耐，他的行动有其必然的内在原因。①

　　从以上的描述中，不难看出，在伊克巴尔那里，"自我"既是自然界的创造者，也是宇宙发展变化的根本原因。总之，宇宙存在的一切秘密就在于"自我"。实际上，伊克巴尔的"自我"，就是伊斯兰教中至高之神——安拉或真主。

　　其次，"自我"也作为人的生命、意识和精神本质。伊克巴尔虽然是穆斯林哲学家，但是他也受到同时代印度教新吠檀多派哲学家的影响，如斯瓦米·维韦卡南达等。新吠檀多哲学家主张"梵我同一"的观点，认为宇宙最高本体——梵（又称"绝对自我"）与人内在的精神本性——我（又称"个体自我"或灵魂）是同一的，只是同一个实体的不同表现而已。在吠檀多哲学中，梵（绝对自我）不仅显现在万物之中，作为宇宙的最高本体和主宰，而且也显现在人体之中，作为人的内在精神本质和灵魂，被称之为"自我"或"个体自我"。毫无疑问，伊克巴尔也受到这种吠檀多思想的影响，他不仅使他的"自我"作为宇宙的最高本体，而且也作为人的精神本性和生命源泉。他在描述人体内的"自我"时，说：

----

　　①　伊克巴尔：《自我的秘密》，刘曙雄译，北京大学出版社 1999 年版，第 68—69 页。

　　这被称作"自我"的闪光点，是我们身上生命的火花。它因为爱而更持久，更具活力，更能燃烧，更闪光明。①

　　虽然伊克巴尔吸收了吠檀多哲学的某种思想，但是他在对待"自我"的问题上，还是跟吠檀多论者有所不同。一般来说，新吠檀多哲学家把灵魂和肉体看作对立的，他们称灵魂为"自我"（the Self），认为它是某种超自然的东西，代表人的内在先天本性；而他们把肉体称为"个我"或"私我"（Ego），认为肉体属于人的外在的表面属性，代表人的自私本性；认为只有不断地改造和转化表面的肉体性质，人才能最终达到"梵我同一"或人神合一的境界。但是，伊克巴尔却认为灵魂和肉体不是对立的，他主张，人是一个包括感性生命和精神本性在内的整体的人，表面的肉体生命和内在的精神本性是不可分割的，是紧密联系在一起的。因此，在伊克巴尔那里，"自我"一词即可以用"the Self"表示，也可以用"Ego"表示，两者没有什么区别。有的时候，伊克巴尔更喜欢用"Ego"来代替"the Self"。有的评论家在评价伊克巴尔的学术成就时，说：

　　　　伊克巴尔思想的最高成就，就在于他把"自我"既看作独立的宇宙本体，也看作具有独立个性意识和肉体外壳的人的本性。②

　　由此看来，伊克巴尔的"自我"，是指整体的人，既包括人的内在精神本性，又包括人的外在肉体生命。这说明，伊克巴尔比

---

　　① 伊克巴尔：《波斯形而上学的发展》，伦敦：维克多·格兰茨出版社1908年版，前言第10页。

　　② А. Д. Литман, *Современная Индийская Философия*, Москва: Издательство Мысль, 1985, c. 110.

新吠檀多哲学家更前进了一步，他更加重视人的生命，重视人生的意义和价值。

为了说明"自我"和性质和价值，伊克巴尔认为"自我"具有以下四种特性。

（一）统一性

人有各种感觉、情感、思想和意识的变化，在这些复杂的变化后面有一种统一性。这种统一性就是"自我"的性质，它能把我们复杂的思想和情感协调起来、统一起来。只有"自我"，能把我们内在和外在的生命协调起来，统一成一个整体。

（二）创造性

伊克巴尔谈到人的欲望时，他并没有像吠檀多论者那样完全否定它，他甚至认为欲望中包含着一种创造性的力量——一种能唤醒我们并激励我们去行动的能力。他认为，人的这种创造性的能力，就是"自我"的特性。正是因为这种具有创造性的"自我"的推动，人才能发明和创造出各种新的事物来。

（三）自由性

伊克巴尔认为，自由性是"自我"最突出的特点。现代物理学试图说明，人的一切活动都取决于肉体的状态以及人对物质的需求。这种物理学发展到极端的程度，甚至认为连意识和思想也应属于物理的或生理的过程。伊克巴尔反对这种观点，他认为"自我"在行动上是自由的，物理或生理的过程不但不能决定"自我"的行动，相反地，它们只是"自我"活动所选择的手段。伊克巴尔断言，在"自我"中潜藏着无限自由的能力。"自我"有能力选择自己的行为，其他任何事物都不能决定它的行动。当"自我"控制着肉体时，它完全可以支配和影响肉体的行为。

（四）永生性

伊克巴尔继承了《可兰经》的精神，相信人性永生的原则，因此他强调，永生不灭性也是"自我"的一个重要特点。在他看来，永生不灭不仅是"自我"的性质，而且是"自我"的最终命运。尽管肉体的死亡是明显的事实，但是作为人的本性的"自我"却是不死的、永生的。因此，伊克巴尔认为，两者并不矛盾。人应当抛弃死亡的忧虑，竭尽全力去追求"自我"的永生，即人性或灵魂的永生。

在伊克巴尔的哲学中，"自我"不仅代表宇宙的本体、万物的本源，而且代表人的生命、意识和精神本性。所以，有人说，在伊克巴尔那里，"自我"既是指信仰的对象，代表伊斯兰教崇拜的最高神——真主，也是指信仰者个体，代表人的生命、意识和灵魂。为什么伊克巴尔要用"自我"来代表这两者呢？其目的有二：

一则，这样做可以加强人与神的亲密关系，既然人在本质上是与神相通的，那么只要人在行动和思想上不断地认识和证悟"最高自我"，最终便肯定能够达到与神的结合。

二则，这样做也可以提高人的地位，把人提高到神的水平上来。在传统伊斯兰教的哲学中，总是突出神的至高性和绝对性，而忽视和贬低人的价值和作用，要求人绝对服从于神。伊克巴尔作为现代思想家，他反对传统伊斯兰哲学对人的忽视和贬低，所以他创立了独具特色的"自我"哲学，以此来宣扬人的价值和作用。应当说，在这两个目的中，后者的意义更突出一些。

二　"完人"的学说

人应当如何发展呢？换句话说，人发展的最高典型是什么呢？为了回答这个问题，伊克巴尔在"自我"哲学的基础上，提出了"完人"的学说。

"完人"（mumin，又称"穆民"）一词并不是伊克巴尔创造出来的，它很早就出现在《可兰经》中，是指穆斯林中那些信仰和道德都十分完美、操守纯正的人。伊克巴尔只是把《可兰经》中的这个词借用过来，赋予它新的内涵和时代的特色，使之成为培育"自我"的最高境界。伊克巴尔的"完人"，实际上，就是他心目中人类的最高典型。这种"完人"是通过爱、守贫、勇气和自由等道德修养来实现的。"完人"有着崇高的目的和追求，他渴望在人与人之间实现自由、平等、友爱和团结，为了达到这个目的，他可以为社会牺牲自己的一切。伊克巴尔认为，"完人"可以出自社会的任何阶层，一个人只要有坚强的意志、无限的信心和忘我的劳动，就可以达到"完人"的境界。

伊克巴尔鼓励人们通过善良的行动和道德修养，来完善自我，塑造完美的人格。在达到"完人"的过程中，他特别强调爱的行为，爱的作用。他认为，只有通过爱的行为，人的"自我"才能得到增强，人的真善美的本性才能被激发出来。他在《自我的秘密》中描写道：

它（引者按：指自我）的本质由爱而激发，开拓出潜在其中的种种可能。它的天性从爱中获得火焰，用爱教导人们照亮世间。它的本质不是水、风和土，爱毫不惧怕匕首和刀剑。爱在世间既是和平也是战争，爱是生命之水，也是寒光四射的剑。爱的一瞥足以使金石为开，对真主的虔诚终将成为完全的爱。学会爱人，寻求被爱，寻求努哈①的眼睛，阿尤布②的心怀。将你的一捧土锤炼成金，去一个完人的门庭吻拜。……你的心中潜藏着一个可爱的人，如果你有眼睛，我就让你看清他。爱他之人比被爱者更好，更甜美，更英俊，更可敬。③

在实现"完人"的过程中，伊克巴尔除了强调爱的行为之外，他还强调科学和艺术的作用。他认为，科学和艺术是增强"自我"的阶梯，科学和艺术可以使人达到更高的境界。因此，他鼓励人们学习科学，掌握艺术，在社会实践中用科学和艺术的头脑去创造新的生活。他说：

当生命跨上坐骑进入战场，这些都成了自我保护的武装。科学和艺术的目的不仅是知之，花园的目的不仅是花的养育。科学是保护生命的工具，科学是增强自我的阶梯。科学和艺术是生命的仆人，科学和艺术是生命的奴隶。④

总之，伊克巴尔的"自我"哲学和"完人"学说，宣传的是积极行动和不断进取的入世主义思想，这对当时的印度穆斯林社会是有重要意义的。19 世纪末 20 世纪初，南亚次大陆穆斯林社会

---

① 努哈在《可兰经》中是真主的六大使者之一。传说，真主派努哈到人间传播一神教，许多族人不愿放弃原来信的多神教，真主便以洪水惩罚，并令努哈造船救助一神论信仰者，结果信一神论者皆得救，不信者都被淹死。

② 在《可兰经》中，阿尤布是一个信教十分虔诚并最终得好报的信徒。据说，魔鬼企图诱惑阿尤布离开正道，使他丧失了财产和孩子，自己也得了重病。但是，阿尤布始终虔诚信仰真主，对真主的崇拜丝毫不减。最后，在真主的庇护下，他恢复了健康，得回了财产和孩子。

③ 伊克巴尔：《自我的秘密》，刘曙雄译，北京大学出版社 1999 年版，第 81—82 页。

④ 同上书，第 77 页。

中，还广泛流行着宿命论、遁世论和禁欲主义的思想，竭力否定人生的价值和行为的作用，严重地阻碍社会的进步和发展。伊克巴尔鼓励人们培养坚强的意志，满怀充分的信心，通过自己的辛勤劳动和工作，来创造新的社会和新的生活。这些思想，对于批判传统伊斯兰哲学中否定人和人生价值的观点，鼓励人们冲破穆斯林社会中流行的命定主义和禁欲主义的束缚，号召人民起来投入反对英国殖民主义的斗争都具有重要的作用。

三   社会政治思想

伊克巴尔不仅是一位著名的诗人和哲学家，而且也是一位杰出的政治家。1908 年，从欧洲归国以后，他积极地投入反对英国殖民统治的民族独立运动和全印穆斯林联盟的各种活动。1930 年，他当选为全印穆斯林联盟的主席，从此进入穆斯林联盟的最高领导层。伊克巴尔有自己一套独特的社会政治理论，他批判西方的社会制度和民主，反对资本主义的剥削和掠夺，号召全世界的穷人联合起来，推翻万恶的旧势力，建立人民的政权，对列宁缔造的第一个工农苏维埃国家表示了极大的欢迎。另外，他作为印度穆斯林利益的代表，主张在印度建立一个单独的穆斯林国家，是巴基斯坦建国理论的积极倡导者。因此，他的社会政治思想对印度人民，以及后来的巴基斯坦人民都有很大的影响。

伊克巴尔对西方文明有一种复杂的感情。他从小就受到西方教会学校的教育，后来又到欧洲留学，学习西方的哲学、法律和社会科学等。一方面，他对西方文明中那种充满活力、不断创新的精神，科学的思想和自由、平等的人道主义理念，抱着极为崇敬的态度，并在思想上深受其影响。但另一方面，他也看到在资本主义社会中个人私欲极度膨胀、残酷的竞争和压迫、贫富的过度悬殊，以及最终导致战争和掠夺等，这些又使他对西方的幻想破灭。因此，伊克巴尔对西方资本主义的民主和政治制度，对资本家的剥削和掠夺，进行了深刻的揭露和批判，并且呼喊工农大众起来革命。他说：

　　在西方民主制的背后，曾有一时，没有别的，只有皇帝的声音，专制魔王穿着民主的外套在舞蹈，而你把它当作自由的女神，立宪的团体、改革、特权和权利，是尝起来很甜的催眠剂。……资本家从工人的血液中为自己造成一块明亮的红玉，地主的压迫劫掠了乡村人民的田园，唯一的办法就是革命。[1]

他在《在真主面前》一首诗中写道：

　　酗酒、淫逸、失业、贫穷，欧洲文明的胜利品何止是这些？机器的统治意味着心灵的死亡，机械损害了仁慈友爱的情操。……你全能而公道，但在你的世界里，工人和劳苦大众的日子多么痛苦难熬！资本统治的帆船何时沉没？你的世界在等待报应日的到来。[2]

在另一首诗中，又说：

　　西方文明是心和眼邪恶的产物，它的灵魂毫无虔诚可言！既然失去纯洁的灵魂，那洁白的心地，崇高的思想，高雅的情趣，也难再现！[3]

---

　　[1]　W. C. 史密斯：《现代印度伊斯兰教》，伦敦：维克多·格兰茨出版社1946年版，第126页。
　　[2]　《伊克巴尔诗选》，王家瑛译，人民文学出版社1977年版，第29—30页。
　　[3]　同上书，第45页。

伊克巴尔对社会主义也有一种矛盾的心理。一方面，他不赞成社会主义宣传的无神论和唯物主义思想，有时还会加以批评和反对。但是另一方面，他对十月革命的胜利和由此而建立起来的第一个工农当家做主的社会主义国家，却抱着非常欢迎的态度。他在《真主的命令》一诗中，大胆地歌颂了人民的政权，说：

> 起来，去唤醒我的世界里的穷苦人，去震撼富人宫廷府第的门窗墙壁！用信仰的烈火使奴隶们的血液沸腾，让那渺小卑微的麻雀敢向兀鹰进去。人民执政的时代已经来到，一旦发现旧有的标记，立即涂去。在哪块土地上农民得不到生计，就烧光哪块土地上所有的麦穗。①

在对社会主义的态度上，伊克巴尔并不是一个马克思主义者。他没有受过任何马克思主义经济和哲学理论的训练，他不赞成社会主义的理论，他对社会主义的同情和赞扬也完全是出自感情上的原因。因此，我们同意评论家 W. C. 史密斯的观点：

> 从理智上讲，伊克巴尔不是一个社会主义者，但是，从感情上说，他是一个社会主义者，因为他热爱人类。②

在伊克巴尔的政治思想中，关心和同情广大工农群众、赞扬和歌颂劳动人民，是他的一大特点。他在许多诗歌中都歌颂了人民群众的辛勤劳动，鞭挞了地主和资本家对他们的剥削和欺诈，号召人民起来推翻旧的社会秩序，呼唤一个公正平等的新社会的

---

① 《伊克巴尔诗选》，王家瑛译，人民文学出版社 1977 年版，第 31 页。

② Vishnoo Bhagwan, *Indian Political Thinkers*, New Delhi：Atma Ram & Sons, 1976, p. 109.

到来。他在《资本与劳动》一诗中这样写道：

> 到劳苦的工人中去传布我的信息吧，这岂是黑哲尔的，也是全宇宙的信息。咳，狡狯的资本家喝你们的血，吃你们的肉，你们的报酬多少世纪以来都挂在鹿犄！①创造财富的双手得到的工资，就像富人给穷人的一点布施。资本家靠欺骗诡计赢得了这场竞争，工人的失败是由于极端的纯朴真挚。起来，现在的人间又是一度沧桑，在东方，在西方，你们的时代都已经开始。②

伊克巴尔痛恨富人剥削穷人的旧社会，痛恨社会上的一切不公正和不合理，在他的心底充满着一种激情，一种革命和反抗的激情，他竭力主张通过革命的方式推翻旧势力，打倒一切不合理的罪恶现象。他在许多诗歌里都表达了这种革命的愿望和激情。他在《革命》一诗中说：

> 无论在亚洲或欧洲，生命里全无喜悦哀伤，这里是"自我"的无常，那里是良心的早殇！人们的心里产生了革命的激情，也许衰老的世界已经接近死亡！③

在20世纪初印度民族独立运动不断高涨的时代里，伊克巴尔这种反对殖民统治、反对剥削和掠夺、主张公正和平等、呼唤反抗和革命的学说和思想，对鼓励广大印度人民投身于反对英国殖民者的斗争，无疑是有巨大的促进作用。

---

① "挂在鹿犄"是句成语，意为"可望而不可即"。
② 《伊克巴尔诗选》，王家瑛译，人民文学出版社1977年版，第4页。
③ 同上书，第49页。

四　民族主义思想

伊克巴尔的穆斯林民族主义思想的发展，是有一个过程的。他早年曾是一个印度民族主义的鼓吹者，大约从 1908 年从欧洲回国以后，他的思想发生了变化，开始脱离其早期印度民族主义的轨迹，而出现穆斯林民族主义的倾向，主张印度的穆斯林属于一个民族。所谓"印度民族主义"，又称"世俗民族主义"，就是主张印度各种宗教信仰的人联合起来，为争取印度民族独立的目标，而共同进行反英斗争。而"穆斯林民族主义"与"印度教民族主义"一样，都属于"宗教民族主义"范畴，是一种把教派主义与民族主义结合起来的民族主义思想。"穆斯林民族主义"，则主张在印度的民族主义斗争中，竭力维护穆斯林的利益，最终在印度建立起一个或几个穆斯林占多数的国家。

1904 年，伊克巴尔在他的《印度之歌》一诗中，还表达了强烈的印度民族主义感情，表达出他对印度——祖国的赞美和热爱。在诗中他写道：

> 世界上最美的地方是印度斯坦，我们是她的夜莺，她是我们的花园。虽然我们贫穷，但我们心系祖国，我们就在心留下的地方。她是最高的山峰，与天为邻，她是我们的哨兵，她是我们的卫兵。[1]

但是，1908 年以后，伊克巴尔的情感发生了很大的变化。他对印度的那种热爱之情开始淡漠了，而对穆斯林世界，确切地说，是对穆斯林国家的情感却渐渐地加深和突出出来。他在《伊斯兰

---

[1]　《伊克巴尔诗集——驼队的铃声》，拉合尔：S. G. 阿里父子公司 1972 年版，第84 页。

之歌》一诗中，明显地表现出这种情绪。他说：

> 中国和阿拉伯是我们的，印度是我们的，我们是穆斯林，世界是我们的国家。我们一直只信奉一个神，谁想毁灭我们，不是容易事。我们曾在刀光剑影下孕育成长，我们的国徽是新月形的短剑，哦，苍天！不公正的行为吓不倒我们！你已经考验过我们一千遍。①

从那时起，伊克巴尔的穆斯林民族主义思想逐步加强。他认为穆斯林与印度教徒在思想、文化和生活方式上存在着许多差别，印度教徒和穆斯林是两个民族，两者很难调和与融合在一起。他开始把印度的穆斯林看作一个单独的民族和社会文化实体。他还强调，伊斯兰的信仰对印度穆斯林来说有着至关重要的意义，伊斯兰观念是印度穆斯林民族存在的灵魂。1910 年，他在阿利加尔大学做了一次题为"论穆斯林群体"的演讲。他在演讲中说：

> 伊斯兰对我们来说其意义远远超出宗教的范围，它有着特别的民族的意义，所以，不紧紧把握伊斯兰教义，我们的群体生活是不可想象的。伊斯兰观念是我们生存和活动的永久家园和国家，它对我们正像英格兰对英国人，德意志联邦对德国人一样高于一切。我们一旦放松了伊斯兰教义，这个群体就将失去统一。②

此外，伊克巴尔还积极参加全印穆斯林联盟的各种活动。全印穆斯林联盟于 1906 年成立，它是印度穆斯林的一个全国性政治

---

① 《伊克巴尔诗选》，邹荻帆、陈敬容译，人民文学出版社 1958 年版，第 4 页。

② 《伊克巴尔演讲文集》，巴基斯坦：伊克巴尔研究院出版社 1995 年版，第 124—125 页。

组织。该组织的领导者一直认为国大党代表的是印度教徒的利益，因此，该组织从成立时起就具有强烈的教派主义性质，其目的是在各种斗争中力图维护穆斯林的利益。伊克巴尔的穆斯林民族主义理论在这个组织中颇受欢迎，具有很大的影响力。所以，1930年全印穆斯林联盟在阿拉哈巴德召开年会时，伊克巴尔当选了该组织的主席。就是在这次年会上，伊克巴尔提出了一个大胆的设想，即在印度建立一个穆斯林国家。他在大会致辞中说：

> 我愿意看到旁遮普、西北边省、信德和俾路之斯坦构成一个单一的国家。无论是在英帝国内自治或是在帝国外自治，建立一个巩固的西北印度穆斯林的国家，我认为这至少是西北印度穆斯林的必然归宿。[1]

伊克巴尔的这个设想，在当时并没有引起很大的反响，因为包括真纳在内的穆斯林联盟领导人都认为当时还没有建立穆斯林国家的必要和可能。人们只是把这个设想看作"哲学家的梦想"。但是，伊克巴尔却一直坚持这种主张。1933年12月，他发表了一篇文章，论述了应当在宗教、历史和文化亲缘关系的基础上重新划分国家的观点，重申了建立穆斯林国家的思想。1934年以后，伊克巴尔的身体一直不好，但是他仍然关心印度穆斯林的政治命运。1937年3月和5月，他两次写信给穆斯林联盟主席真纳，信中写道："只有重组国家，建立一个或几个穆斯林占多数的国家，才能解决印度穆斯林的问题。"[2]

1937年以后，由于穆斯林联盟与国大党的关系不断恶化，建

---

[1]　马哈江：《现代印度史》第一卷，第285页。转引自黄心川《印度近现代哲学》，商务印书馆1989年版，第243页。

[2]　艾哈迈德·萨义德：《伊克巴尔和真纳》，巴基斯坦：伊克巴尔研究院出版社1977年版，第107页。

立穆斯林国家的思潮在印度穆斯林中间迅速活跃起来，并逐步被人们所接受。此时，真纳也转到了赞同伊克巴尔主张的立场上来。他也强调，既然印度穆斯林是一个单独的民族，就应当有"自己的家园，自己的领土和国家"。1940 年 3 月，全印穆斯林联盟在拉合尔召开会议。在这次会议上，正式通过了建立单独穆斯林国家的决议，即著名的拉合尔决议，又称"巴基斯坦决议"。正是这个决议，导致 1947 年印巴分治和巴基斯坦国的建立。

伊克巴尔是 1938 年逝世的，他的"穆斯林国家"思想是他去世后才被人们广泛接受的。伊克巴尔是建立巴基斯坦国的首倡者和积极鼓吹者，因此，巴基斯坦人民一直把他视为巴基斯坦的伟大领袖和代表人物。巴基斯坦成立了伊克巴尔研究院，专门研究伊克巴尔。1977 年，伊克巴尔诞辰一百周年时，该研究院出版了数百种伊克巴尔的诗集、文集、传记和各种研究著作。巴基斯坦政府把伊克巴尔的生日定为国家的法定假日，许多大学把伊克巴尔的思想作为学生的必修课程。由此足见伊克巴尔的思想对巴基斯坦的影响之大。

第十七章　薄泰恰里耶的哲学

　　克里希那昌德拉·薄泰恰里耶（Krishnachandra Bhattacharya，1875—1949）是现代印度著名哲学家之一，在印度现代哲学史上占有重要的地位。他所建立的"认识论型吠檀多"，属于印度新吠檀多主义思潮的一个重要派别。

　　自19世纪末20世纪初，斯瓦米·维韦卡南达倡导并创立新吠檀多主义以后，印度哲学打破了原来保守僵死的局面，出现了新的转机和迅速发展的势态。在新吠檀多主义思潮中，涌现出许多新的思想体系，如斯瓦米·维韦卡南达的"行动吠檀多论"、奥罗宾多·高士的"整体吠檀多论"、拉达克里希南的"完整经验吠檀多论"，等等。薄泰恰里耶的新吠檀多论，也属于这种思潮的一个重要代表，它对印度传统吠檀多哲学的现代化做出了突出的贡献。1875年5月12日，薄泰恰里耶出身于西孟加拉邦塞兰普尔的一个梵文学者家庭，属于婆罗门种姓。在家庭的熏陶下，他从童年起就受到印度古代哲学的教育。1891年考入孟加拉省立学院，毕业后终生从事哲学教育和研究工作，曾在孟加拉的几所大学任哲学讲师。1930年担任胡格利学院的院长，后又在阿马尔内尔任印度哲学研究所所长。1935—1937年，他荣获印度最高哲学教授头衔——加尔各答大学心理和伦理哲学系"英王乔治五世讲座教授"。

其主要哲学著作有：

《哲学的研究》（*Studies in Philosophy*）
《吠檀多主义研究》（*Studies in Vedantism*）
《作为自由的主体》（*The Subject as Freedom*）

薄泰恰里耶不同于甘地和泰戈尔这些作为政治领袖或诗人的思想家，他是属于纯学院派的印度哲学家。这批学院派哲学家的特点是，在继承印度传统文化的基础上大量吸收西方哲学和自然科学的内容，力图创造出一种融合东西方哲学、宗教与科学的新型体系。薄泰恰里耶也不例外。他对印度古代哲学进行了深入的研究，特别是吠檀多不二论、数论、瑜伽论和耆那教的哲学等，此外他还通晓德国古典哲学，尤其是康德和黑格尔的思想体系。所以，他的哲学就是在承袭印度传统吠檀多不二论的基础上，批判性地吸收康德哲学中的认识论的内容，而形成的一种新型体系——"认识论型吠檀多。"

薄泰恰里耶哲学的特点，在于他用西方哲学的方法把传统吠檀多认识论提高到一个新的水平。在他的体系中，宇宙最高本体被看作一种超越人的一切经验和理性思维的、无法言表的纯粹精神实体，即"绝对"。"绝对"既不是主观的，也不是客观的，而是超越主客观差别的实在，证悟这种"绝对"则是其哲学的最终目的。薄泰恰里耶认为，康德的一个重要错误就是宣布最高本体"绝对"是不可知的。他主张"绝对"是可知的，因此，用什么方式、经过怎样的途径来认识"绝对"，就成了其哲学研究的主要课题。

一 哲学与科学的区分

薄泰恰里耶认为，对"哲学"这个概念的阐述比对其他任何哲学问题的讨论都更为重要，因此他的体系一开始就讨论什么是哲学、哲学研究的对象、哲学与科学的区别等问题。

关于"哲学"的定义，薄泰恰里耶说：

> 哲学是不是知识，或哲学是不是真正的思维，这是可以争论的。但是，无论如何，哲学提出了一些可以言说的或者可以系统传授的信念，并且像科学一样，它也是理论意识的表达。①

在这里，他没有明确回答什么是哲学的问题，但是他确定，哲学与科学都是"理论意识"的表现或表达形式。因此，要理解他所谓的"哲学"，就必须弄清楚什么是"理论意识"。

按照薄泰恰里耶的观点，"理论意识"乃是人们对一切可以言说的，并且可以相信的事物的理解或领悟。如他所说：

> 理论意识最低限度也是对可言表的事物的理解，所说的内容首先必须是可相信的。②

为了说明这一点，他举出了两个例子，如"兔子的角"和"四方的圆"。他认为这两个开玩笑的词组不能构成理论意识的内容，原因在于：它们所表述的内容是不可信的，这种表述即使说出来，也如同没说一样。所以，构成"理论意识"的内容必须具备两个要点：一是可言表的，二是可相信的。

薄泰恰里耶认为，"理论意识"与人们的思想形式相一致。

---

① K. C. Bhattacharya, *The Concept of Philosophy*（薄泰恰里耶：《哲学的概念》，第 6 条），摘自 Edited by S. Radhakrishnan, *Contemporary Indian Philosophy*, New Delhi: S. Chand Press, 1982, pp. 105 – 213。

② 薄泰恰里耶：《哲学的概念》，第 6 条。摘自 Edited by S. Radhakrishnan, *Contemporary Indian Philosophy*, New Delhi: S. Chand Press, 1982, pp. 105 – 213。

他把人的一切思想形式分为四大类，即经验思想、纯客观思想、精神思想和超验思想。第一种属于实际的思想，后三种则属于象征性的思想。因而，与人们的思想形式相对应，"理论意识"也分为四个等级。当我们了解"理论意识"的这四个等级之后，才能真正理解薄泰恰里耶的"哲学"概念，以及哲学与科学的区分。

"理论意识"的四个等级是：

（一）经验意识

经验意识是始终与客观存在的事物相联系的。它与客观事物之间的关系不是表面的或偶然的关系，这种关系本身就构成经验意识的意义。经验意识就是对已经感觉到的，或者认为已经感觉到的"客体"的理解。在这里所说的"客体"是指客观事实。

（二）客观意识

此种意识也是客观的，但是它与经验意识不同。经验意识必须与揭示客观事物的感觉观念相联系，而客观意识则不需要这种联系。另外，经验意识与主体无关，但客观意识却具有一种使客体与主体相互联系的作用。因此，经验意识是把客体理解为事实，而客观意识不把客体看作事实，却把它看作不依赖他物的"自在之物"。这里所说的"自在之物"很类似于康德所说的"物自体"。

（三）主观意识或精神意识

这种意识不与客体发生联系，而是纯主观性的。它不具有任何以客观态度所思考的内容。其内容只能以主观态度，即以一种使人喜悦的意识去冥思或证悟。前两种意识等级不是把客体视为事实，就是把客体看作与主体相联系的。而精神意识的内容是通过纯主观的态度去证悟的，这种内容被称为"实在"。这里所说的"实在"，类似于印度各种宗教学说中所谓的人的"灵魂"或吠檀多哲学中人的内在"自我"。

（四）超意识

这种意识既不与客体，也不与主体发生联系，它是超越人的主客观差别的。因此，超意识的内容是超越人的一切经验和理智的，这种内容被称为"真理"。这里所谓的"真理"，实际上指的是古代吠檀多哲学中那种无法言表的、超越一切概念和形式的、至高无上的"梵"。

薄泰恰里耶这种"理论意识"的四个等级说，十分玄奥、神秘、令人费解。这种学说，实质上是把我们所理解的感性和理性认识与宗教超理性的直觉体验糅合在一起的产物，因而非常晦涩难懂。说穿了，他所谓的四个意识等级并不是什么新的东西，而只是对古代奥义书中所阐述的"我的四位说"的继承和发展。印度古代奥义书的圣贤们，为了使人的内在精神（即"自我"）彻底摆脱外界客观事物的束缚而达到梵我如一的最高理想境界，提出了神秘主义的"四位说"。按照这种学说，人的精神或内在的"我"自外至内可分为四个层次，即四位——醒位、梦位、熟眠位和大觉位。在醒位时，人的感官与外界事物相接触，产生出各种感觉和欲望，因而内在精神受到客观事物的束缚，是不自由的。在梦位时，人的内在精神虽然开始作为主宰，但是仍然未摆脱醒位时所获得的各种外界事物的印象。好比人在做梦时出现的各种情景，都是外界事物在人头脑中的反映一样。达到熟眠位时，人的精神摆脱了外界事物的束缚，但是仍然保持着对主体自身的意识。此时，精神尚未获得完全的自由，要获得完全的自由，还必须摆脱对主体的意识。达到大觉位时，人的精神才真正能彻底摆脱外在客体和内在主体的束缚，超越主观和客观的对立，而达到纯粹绝对的自由状态，上升到"最高的欢喜"。①由此可见。薄泰恰里耶的四个意识等级说，只不过是用现代西方哲学中认识论的概念对印度古代吠檀多的"四位说"所做出的新阐释而已。

在说明"理论意识"四个等级的基础上，薄泰恰里耶对哲学和科学的界线以及它们各自的研究范围做了清晰的划分。他指出，科学所研究的对象是可以确定的事物，所以科学只能与经验意识相联系。经验意识是指人们的实际思想，涉及的是客观外界事物，因此，经验意识的内容是科学所关心的。而哲学所研究的乃是宇宙的最高本体——不可确定的"绝对"，因此，它与后三种意识相联系。只有后三种意识的内容，即以纯客观、纯主观和超验的态度所获得的纯粹思想的内容才能构成哲学的论题。在薄泰恰里耶看来，虽然哲学和科学都是"理论意识"的表现，但是两者是有很大差别的。只要把"理论意识"的第一个等级和后三个等级的内容区分开来，也就能划分哲学与科学的界线。在这方面，他有如下的评述：

> 理论意识体现在科学和哲学中，唯独科学是用真正的判断方式来言说的，科学的内容是不用涉及言说活动就可理解的事实，并且只有科学的内容是实际地被认知和真正地被思考的。哲学所研究的内容，不是真正可思考的和实际被认知的，但是哲学的内容却被认为是必须不假思索就被认识的。我们把这些内容分别理解为自我存在的客体、真正的主体和超验的真理。②

---

① *Bçahadàraõyaka-Upaniùad*（《广森林奥义书》）IV. 3·32.

② 薄泰恰里耶：《哲学的概念》，第 18 条。摘自 Edited by S. Radhakrishnan, *Contemporary Indian Philosophy*, New Delhi：S. Chand Press, 1982, pp. 105 – 213。

二 哲学的三个发展阶段

在划分哲学与科学的界线之后，薄泰恰里耶又进一步对哲学的概念和哲学发展的三个阶段或等级作了说明。

什么是哲学呢？薄泰恰里耶的回答是：

> 哲学是对绝对的自明之物的阐述。[①]

他所言的"自明之物"，是指超出人们可表达的事物之外的永恒的"绝对"，即吠檀多哲学中的"梵"。在他看来，哲学与科学不同，科学研究可以确定的事物，哲学所研究的是不可确定的、自明的"绝对"。"绝对"虽然不能直接表述出来，但是可以通过间接的方法象征性地表达出来。另外，薄泰恰里耶与康德不同，康德认为"绝对"是不可知的，而薄泰恰里耶认为"绝对"是可知的，但只能通过直觉的方式去证悟、去认识。由此可见，薄泰恰里耶的哲学概念与我们所说的哲学概念有着根本的差别。我们所说的哲学是研究自然界、人类社会和人的思维的总体发展规律，而他的哲学只限于研究宗教超理性的、神秘主义的直觉体验。

依照薄泰恰里耶的观点，哲学不是实际的思想，而是象征性的思想。哲学与经验意识无关，只与客观意识、精神意识和超意识的内容发生联系。这三种意识的内容不涉及客观存在的实际事物，只涉及某种象征性的非实际的事物。这三种意识并不属于同一层次，而代表哲学认识发展的三个等级或阶段。因此，他也把

---

① K. C. Bhattacharya, *Studies in Philosophy*：Calcutta：Progress Press，1958，Vol. 2，p. 103.

哲学分为三个发展阶段：（1）客体哲学，以表达"自在之物"为内容，与客观意识相对应。（2）精神哲学，以表达纯主观性的"实在"为内容，与主观意识或精神意识相一致。（3）真理哲学，以表达超验的"绝对"为内容，与超意识相对应。

（一）客体哲学

客体哲学是研究那些与主体相联系的自我存在的客体，即自在之物。这种客体不是具体的事物，只是以客观态度所冥思的东西。客体哲学所涉及的客体与科学所涉及的事实的共同点，就是两者都具有客观性。什么是客观性？薄泰恰里耶认为，客观性本身不是事实，它只是客观地理解某一事物所处的时间和环境。科学所研究的事实的客观性是实际的，不是形式的；但是自在之物的客观性只是形式的，不是实际的。在这里薄泰恰里耶所说的"纯客体"或"自在之物"，很类似于柏拉图哲学中的"理念"，即从个别事物中抽象出来的"共性"。这种"共性"是客观的，但又是看不见摸不着的，是抽象的概念。因此，薄泰恰里耶把客体哲学分为两支：一支为逻辑学，另一支为形而上学。逻辑学和形而上学所研究的都是那些具有客观性的抽象概念或纯粹形式。如他所说：

> 逻辑学由于它研究的是那种自在的形式，因而不是科学，而是客体哲学的一个分支。形式本身是一种纯客体。而且它也是纯客体的形式。那种以逻辑为其形式或影子的纯客体，就是形而上学的客体。因此，客体哲学的两个分支，就是逻辑学和形而上学。①

---

① 薄泰恰里耶：《哲学的概念》，第 26 条。摘自 Edited by S. Radhakrishnan, *Contemporary Indian Philosophy*, New Delhi: S. Chand Press, 1982, pp. 105 – 213。

(二) 精神哲学

精神哲学所研究的是一种纯主观态度的冥思。如果说客体哲学仍与客观事物保持某种联系的话，那么精神哲学则完全摆脱了这种联系，而是一种纯粹主观的"内省"。薄泰恰里耶认为，内省是精神哲学最明确的形式。所谓"内省"，就是一种内向的、对主体"自我"的直觉证悟，在这种证悟的过程中可以享受到极大的欢乐和喜悦。在他看来，内省也有一个逐步提高的过程。这个过程分为三个阶段：第一阶段，是证悟个人内部的"自我"，在这种证悟中能够意识到个体自我与人的肉体和心理活动是不同的，能把内在"自我"与肉体化的主体区分开来。第二阶段，是体验个人的内在"自我"与其他人的内在"自我"之间的联系和同一性。第三阶段，是证语超个体的"自我"，达到个体"自我"与超个体"自我"的统一。在描述第三阶段时，薄泰恰里耶说：

> 超个体的自我是在自乐状态中被理解的，这种理解不仅联系到主体自我，而且也包含那种特定的与神灵交感的经验，即所感觉到的神灵与自我相同一的那种形式。这种自乐的同一性，就是所谓的具体同一性或差异中的同一性。这种关系是以客观态度所不能理解的……与自我相同一的超个体自我的意识，乃是宗教的精神意识的形式。①

那么，到底什么是精神哲学呢？薄泰恰里耶解释道：

> 对明显联系到主体"自我"而被体验的一切内容的研究，

---

① 薄泰恰里耶：《哲学的概念》，第 34 条。摘自 Edited by S. Radhakrishnan, *Contemporary Indian Philosophy*, New Delhi: S. Chand Press, 1982, pp. 105 – 213。

都可称之为精神哲学。①

由此我们可以看出，他所谓的精神哲学已经超出我们的感觉和理智范围，纯属非理性的宗教的直觉体验。这种"精神哲学"，其实是对传统吠檀多论中证悟梵我同一过程的继承和发展。在古代吠檀多哲学中，个体自我（小我）与宇宙自我（大我或梵）在本质上是同一不二的，通过对个体自我的证悟而体验到"小我"与"大我"或梵的同一性，从而达到人与神、人与自然的结合。不过，传统吠檀多对这种证悟过程的阐述是简单而粗略的。而薄泰恰里耶使这种过程更加精致和具体化了。他把此过程分为三个层次：首先证悟个体自我，其次证悟个体自我与其他人自我的关系，最后证悟超个体自我，以体验小我与大我的同一性。但是，应当指出，薄泰恰里耶与古代吠檀多论的不同之处在于：古代吠檀多一般认为，证悟到梵我同一性，这种证悟的过程便以此为终点；而薄泰恰里耶认为，证悟到个体自我与超个体自我的同一，这种证悟过程尚未结束，还必须继续发展，以达到"真理哲学"的阶段，才能真正证悟到不可确定的最高本体——"绝对"。

（三）真理哲学

由精神哲学再上升一步，便达到真理哲学的阶段。真理哲学研究的对象，是超越主客观差别的"绝对"。在精神哲学中，虽然摆脱了与客观事物的联系，但仍然保持着对主体"自我"的证悟。薄泰恰里耶认为，只有抛弃"我"的意识，彻底超越主客体差别，才能达到"绝对"或"真理"的意识，即上升到真理哲学的阶段。真理哲学就是对超越一切的、永恒无限的"绝对"或"真理"的证悟。他说：

---

① 薄泰恰里耶：《哲学的概念》，第 34 条。摘自 Edited by S. Radhakrishnan, *Contemporary Indian Philosophy*, New Delhi：S. Chand Press, 1982, pp. 105 – 213。

真理作为一种信仰，既不能以客观的态度也不能以主观的态度来理解，它不能完全明确地被表达出来，只能通过纯象征性的方式来表达。这种真理的意识，就是超宗教或超经验的意识。①

由这段话我们可以看出，他所谓的"真理"，实际上是一种宗教信仰，具体地说，就是古代吠檀多哲学中至高无上的"梵"。在传统吠檀多论中，一般把梵分为两种：一种是无属性大梵或静梵，一种是有属性大梵或动梵。无属性的梵，指超越一切属性、形式和概念的，无法确定、不可言表的至高的梵。有属性的梵，指具有属性和形式的，具体的梵，有的哲学家把这种梵看作创造世界的大神，有的哲学家把它看作世界各种现象。显然，薄泰恰里耶所说的"真理"，是古代吠檀多论中无属性大梵的演变或发展。

薄泰恰里耶还强调，客体哲学、精神哲学和真理哲学这三个阶段是既不相同，又相互联系的三个方面，它们三者构成了一个不断发展的系列。在这个系列中，对前一个阶段的否定便导致下一阶段的开始，直至达到超越一切的最终阶段——真理哲学为止。

三   否定的方法是其哲学的核心

如果说辩证思维是黑格尔唯心主义哲学体系的核心，那么否定思维则是薄泰恰里耶哲学体系的核心。

薄泰恰里耶哲学的最终目的是要认识或证悟最高本体——"绝对"，他把否定的认识方法作为达到"绝对"这个最高概念的唯一途径。在他看来，"绝对"是不可确定的、无法言表的纯精神

_____

① K. C. Bhattacharya, *Studies in Philosophy*, Calcutta: Progress Press, 1958, vol. 2, p. 16.

实体。任何已知的内容，任何肯定的属性都会使"绝对"成为可以确定的东西。"绝对"就是完全的否定，只有把否定的过程进行到最大的限度，才能达到"绝对"。因此，他说：

> 否定的领域就是不可确定者的领域。①

薄泰恰里耶所说的"否定"，与一般的否定概念不同。他的"否定"，是指排除虚假的东西。在分析了中世纪吠檀多论者商羯罗的"摩耶论"之后，他指出真理与虚假幻觉是相互对立又相互联系着的，只有排除虚幻才能达到真理。例如，由于人的心理作用，一条绳子在人的头脑中幻现为蛇。如果我们不承认绳子所幻现的蛇是实在的话，那么我们就必须运用"否定"的方法，排除或摈弃人头脑中所产生的有关蛇的幻觉，才能映现出绳的真实形象。同样的道理，要怔悟到真理，也必须排除与真理相对立的各种虚幻，否定的过程是个逐渐深化的过程。薄泰恰里耶把这个过程分为四个阶段，并且把各种不同类型的哲学分归于这四个阶段。否定的四个阶段是：

（一）第一阶段

在这个阶段中，人的注意力从大量的客观事物中收回，而集中于从少量事物中分离出来的一种客观因素。肯定的、明确的、可限的客观因素占据了全部注意力，因此除了这种客观因素之外的任何事物都被否定，被排斥为非真实的东西。这个阶段的"否定"，就是排除一切作为幻觉的非客观事物。薄泰恰里耶认为，"泛客观主义"的哲学观点就属于这种类型的否定。

---

① K. C. Bhattacharya, *Studies in Philosophy*, Calcutta：Progress Press, 1958, vol. 2, p. 208.

（二）第二阶段

在此阶段中，人的注意力不是只集中于客体，也不是只集中于主体，而是交替于两者之间。所以在这个阶段中，当注意力盯住客体时，就否定了主体；当注意力盯住主体时，也就否定了客体；主客体交替地受到了注意和否定。薄泰恰里耶认为，与这个否定阶段相对应的哲学观点乃是二元论的哲学。

（三）第三阶段

在这个阶段，注意力则同时集中于主体与客体。在这种注意状态中，主客体是以同一系列的两个方面出现的。这两个方面虽然不是模糊或不明显的，但是没有一个方面能以终极的方面出现。在这个阶段中，肯定注意与否定注意之间的区别消失了，主体有时能以客体的形式出现，客体有时也能以主体的形式出现。薄泰恰里耶在描述这个阶段时说：

> 任何一种肯定都有别于无数的其他的肯定，都是由无数次区分和无数次否定所构成的。每一种否定也是对无数肯定的否定，说得确切些，就是与无数肯定相联系的否定。[1]

所以，他又说：

> 一种特殊肯定的特殊性与其相应的否定一起消失。[2]

在他看来，黑格尔的哲学则属于这种类型的否定。

---

[1]　K. C. Bhattacharya, *Studies in Philosophy*, Calcutta: Progress Press, 1958, Vol. 2, p. 209.

[2]　Ibid. , Vol. 1, p. 215.

（四）第四阶段

在此阶段，注意力虽然表面上也表现为肯定的态度，但是实际上并非指向任何事物——无论是客观的，还是主观的。否定开始作为第一原则，一切限定都被排除了，只有绝对的否定。如薄泰恰里耶所说：

> 一切存在都消失了，只剩下绝对的否定；这种否定不仅作为不可说明的限定，而且作为不可说明的自我联系或自我否定，也就是作为自由的功能或活动。①

处于完全否定状态的这种注意方式，就是证悟"绝对"的方式。薄泰恰里耶认为，与这个否定阶段相对应的哲学类型，乃是吠檀多不二论的哲学。

应当指出，在薄泰恰里耶的哲学中，否定过程的第四阶段占有特殊重要的地位，因为它是证悟"绝对"的唯一途径。为了达到"绝对"，必须进行一系列的排除和否定。人生活在经验世界中，因此，首先的否定就是排除人所感觉到的客体。这种否定导致出现一种不依赖人的感觉经验的纯粹客体。其次，就是否定这个纯粹客体，导致出现对主体的确信。最后，连主体"我"也被否定，导致出现超越主客观差别的"绝对"。至此，否定的过程达到极限。因为已经没有什么东西可以再被否定了。薄泰恰里耶确信，只要把否定的过程进行到底，就能够证悟到"绝对"。实际上，他的这种"否定"哲学，并不是什么新的东西，只不过是对古代奥义书中所宣扬的梵"不是这，不是这"（Neti，Neti）遮诠法在理论上进一步的阐述和发挥而已。

---

① K. C. Bhattacharya, *Studies in Philosophy*, Calcutta: Progress Press, 1958, Vol. 1, p. 210.

四　"绝对"的三种选择形式

虽然薄泰恰里耶认为，"绝对"是不可确定的、无法言表的实在，但是他又认为，可以通过象征的方式去想象"绝对"，对它作近似的理解。因此，他谈到"绝对"有三种可以选择的形式。这三形式为："真理""自由"和"价值"。"真理"指存在的绝对真实性；"自由"，指意志的绝对自由；"价值"，是最高的善，是人们追求的最高目标。在他看来，"绝对"可以被想象为"真理"，可以被想象为"自由"，也可以被想象为"价值"。但是，如果把"绝对"理解为"真理""自由"和"价值"三者的统一或综合，那是错误的。在不同的情况下，"绝对"只是三者中的某一种形式。

为什么薄泰恰里耶要用"真理""自由"和"价值"作为"绝对"可以选择的形式呢？他自己解释道：

在吠檀多不二论中，"绝对"被严格地看作真理。大致可称之为虚无主义的佛教，显然把"绝对"理解为自由。而黑格尔把"绝对"看作表现无规定性的真理和自由——这就是价值。上述所有的观点多属于所谓超验哲学的等级。①

由此可见，薄泰恰里耶把吠檀多不二论的"梵"、大乘佛教的"空"和黑格尔的"绝对精神"都看作"绝对"的不同形式，并且借用这三种哲学把"绝对"理解为"真理""自由"和"价值"的概念，作为自己哲学中超验本体的象征符号和选择形式。因此，我们可以说，薄泰恰里耶有关"绝对"的三种选择形式，

---

① 《哲学的概念》，第 39 条。摘自 Edited by S. Radhakrishnan, *Contemporary Indian Philosophy*, New Delhi: S. Chand Press, 1982, pp. 105–213.

只是对历史上各种超验哲学的概括和综合。

在这里，人们可能会提出一个问题：薄泰恰里耶一方面把"绝对"看作不可确定的、超越一切形式和概念的实在；另一方面又用可以确定的概念"真理""自由"和"价值"作为"绝对"的形式，这岂不是自相矛盾吗？薄泰恰里耶自己也意识到这个问题，但是他确信这两方面的描述并不矛盾，或者说，对"绝对"的三种选择形式的说明并不会削弱"绝对"的不可确定性。原因何在呢？他指出，在商羯罗的哲学中就出现过这样的论述。从否定的方面看，商羯罗把梵看作不可确定的、无法言表的、超越理性思维的"绝对"；但是从肯定的方面看，他又把梵称之为"存在·意识·喜"或"真·智·乐"三位一体。商羯罗的这种三位一体，只是对梵的一种近似的描述或说明，目的是以最好的、可能做到的方式使信仰者理解他们所信仰的对象。无论从否定的方面，还是从肯定的方面对梵加以说明，两者并不矛盾。因此，薄泰恰里耶也效仿商羯罗的做法，从否定的方面把"绝对"看作不可确定的实在，从肯定的方面又把"真理""自由"和"价值"作为"绝对"的选择形式或语言上的象征符号。他与商羯罗不同的是，他的"绝对"并不是"真理·自由·价值"的三位一体，这三者只是"绝对"的三必择一的形式。对于这三种形式，他评述说：

　　从认识上肯定有三种绝对或一种绝对都是毫无意义的……这里所理解的三种形式，也只是"绝对"在语言上的符号罢了。①

总之，在薄泰恰里耶的哲学中，"绝对"是一种超理性的信仰

---

① K. C. Bhattacharya, *Studies in Philosophy*, Calcutta: Progress Press, 1958, vol. 2, pp. 141–142.

对象，它只能通过否定性的直觉方式去证悟。它是不可确定的、无法言说的实在。如果要去说明它，也只能通过象征物去表达和理解。这种表达和理解，也不过是近似的表达和不完善的理解而已。

通过对薄泰恰里耶哲学体系的总体考察，我们可以确定，他对印度现代哲学的重要贡献在于：一是，他运用西方哲学中认识论的方法和概念对传统吠檀多论的直觉证悟方式作了精密详尽的阐述和进一步的发展，促进了吠檀多哲学的现代化。二是，他在继承传统吠檀多认识论的基础上，综合西方现代哲学和科学的观点，创造出一种独具特色的吠檀多论，为新吠檀多主义的繁荣和发展作出了应有的努力。

第十八章　薄伽万·达斯的哲学

薄伽万·达斯（Bhagavan Das，1869—1958）是印度现代著名哲学家，新吠檀多主义思潮的杰出代表。他的哲学在印度现代哲学史上占有重要的地位。薄伽万·达斯与提拉克、甘地和奥罗宾多这些政治—哲学家不同，也与罗易、罗摩克里希那、维韦卡南达这些宗教改革家有区别，他属于纯学术派哲学家。他的哲学更注重理论探讨和学术研究，因而更具有学术价值。他对现代印度哲学最突出的贡献在于，把以吠檀多哲学为基础的瑜伽心理学与西方现代自然科学和心理学的内容融会调和在一起，创立了一个具有印度特色的新型吠檀多心理学体系。

薄伽万·达斯1869年出生于印度教的历史名城贝那勒斯（今称瓦拉纳西）。1886年，毕业于加尔各答大学哲学系，获得硕士学位。后进入贝那勒斯大学和阿拉哈巴德大学进修，荣获名誉博士学位。走出校门后，终生从事哲学研究和立法工作。曾任中央印度教学院理事会的名誉书记兼教授，1935年被选为印度中央立法大会成员。他一生著述甚多，写了大量有关哲学、宗教、心理学和社会学的专著。

薄伽万·达斯的藏书颇多，1958年逝世后，他的子女将他的全部藏书都捐赠给贝那勒斯印度教大学图书馆。

薄伽万·达斯是新吠檀多主义的重要代表，其思想体系属于新吠檀多哲学一个特殊的类型。他在继承传统吠檀多原理的基础上，广泛地研究了西方自然科学和社会科学的各个学科，并站在现代科学的立场上，对古代吠檀多思想进行批判性的吸收和改造，取其精华，去其糟粕，建立了一个包括哲学、心理学、社会学和一切自然科学在内的庞大的思想体系。他把自己的体系称为"关于'自我'的科学"。

一　关于"自我"的科学

薄伽万·达斯主张改革传统吠檀多哲学。他反对古代吠檀多不二论的最大代表商羯罗所宣扬的"摩耶论"，即"世界虚幻论"。商羯罗认为，只有宇宙最高本体——梵是唯一真实的，世界上的其他事物都是虚幻的。梵通过一种幻力——"摩耶"创造了现象世界，现象世界仅仅是梵的虚幻显现。由于世界是虚幻的，所以人们只有放弃虚幻的尘世，证悟真梵，才能达到真正的解脱。在薄伽万·达斯看来，商羯罗的吠檀多论是一种悲观厌世的消极学说，对社会发展产生了不利的影响。他坚定地认为现象世界不是虚幻的，而是真实的，是最高本体——梵的真实显现。他还用西方哲学术语描述梵，把梵称为"绝对精神"，认为"绝对精神"是宇宙的最终原理。"绝对精神"在创造世界的过程中，不仅显现为个人的灵魂（又称为"我"或"自我"），也显现为世界万物（称为"非我"）。因此，他与商羯罗不同，认为绝对精神不仅包括主体（我），而且也包括客体（非我），它是主体、客体、主客体关系这三者的统一。他反对吠檀多哲学中那些把主客体混为一谈或者把主客体相互分离的观点，主张主客体处于一种既相互否定，又相互肯定的必然联系之中。

为了从现代科学的角度阐述自己的观点，薄伽万·达斯把自己的新吠檀多体系称为"关于'自我'的科学"（the Science of the Self）。所谓"关于'自我'的科学"，一言以蔽之，就是论述宇宙最高本体——梵或"绝对精神"的学说，并且把世界上的一切科学都包容于这个庞大的体系之中。

具体地说，他把这种学说分为三个部分：第一部分是关于"自我"的科学，"自我"是指"无限精神"或"普遍精神"；第二部分是关于"非我"的科学，"非我"是指"有限的物质"；第三部分是关于"自我"（"无限精神"）与"非我"（"有限物质"）之间关系的科学。在每一个部分中又包括许多小的具体的学科。

下面，我们分别论述这三个部分，即三种科学。

（一）关于"自我"（精神）的科学

这种科学又包括三个组成部分：（1）关于非人格的"绝对精神"（梵）的科学。薄伽万·达斯称这门科学为"形而上学"；（2）关于"个体自我"（个体灵魂或阿特曼）的科学，又被称为"心理学"；（3）关于"个体自我"在人体中的表现——肉体与心思的科学，亦被称为"生理—心理学"。

（二）关于"非我"（物质）的科学

这门科学，按薄伽万·达斯的话说："就是一部宇宙发展史，一部有关相对完全的宇宙体系的历史。"①这部宇宙史也包括三个主要的学科：（1）化学，它主要研究原子、超原子和其他基本物质的形式；（2）物理学，主要研究各种不同类型的力；（3）天文学，主要研究太阳、行星等各种天体以及它们之间的相互作用。薄伽万·达斯在这里所说的天文学，并不是我们所说的"天文学"，而是一种广义的天文学。这种天文学包括地质学、地文学（自然地理学）和生物学。在生物学中，又包括矿物学、植物学、动物学和人类学等。

---

① Bhagavan Das, *The Science of the Self*, 摘自 Edited by S. Radhakrishnan, *Contemporary Indian Philosophy*, New Delhi: S. Chand Press, 1982, p. 213.

（三）关于"自我"（精神）与"非我"（物质）之间关系的科学

薄伽万·达斯认为，在"自我"与"非我"之间关系的科学中，包括正反两个方面。正的方面表现为各种能量的作用、反作用以及使两者相互联系的因果关系。反的方面表现为一切经验的三重条件：时间、空间和运动。他指出，这门科学主要表现为数学，数学又分为时间数学（如算术）、空间数学（如几何学）和运动数学（如动力学）等。他说：

> 由于时间、空间和运动是构成世界发展过程中全部经验的三个条件，所以数学贯穿于一切的科学。任何一门科学都不可能全部为人们所知，除非人们掌握了与它有关的数学。因此，若要充分彻底地了解一门科学，都必须运用数学去认识。①

薄伽万·达斯所谓的"关于'自我'的科学"，实质上就是研究精神（包括绝对自我和个体自我）、物质（非我）、精神与物质之间关系的学说，并且把现代科学中的一切门类和学科都容纳于这个体系中，使之变成一种包罗万象的万能科学。薄伽万·达斯为什么要创立这种学说呢？其目的是非常明确的：

其一，他极力想说明宇宙最高本体——梵或"绝对精神"是由精神（自我）、物质（非我）、精神与物质的关系这三个方面所组成的，对于这三个方面的研究都符合现代科学的意义，因此称之为"关于'自我'的科学"，以此证明传统吠檀多就是一门科学，与现代各种科学是相一致的，并不是相互对立的。

---

① Edited by S. Radhakrishnan, *Contemporary Indian Philosophy*, New Delhi: S. Chand Press, 1982, p. 213.

其二，为了改革传统吠檀多，他力图通过这种学说来批判古代吠檀多论中那些把精神与物质混为一谈，或者把精神与物质相互分离、相互排斥等错误观点，其中也包括商羯罗只注重精神而竭力蔑视物质的观点。

二 "心理学"的三个组成部分

在"关于'自我'的科学"中，薄伽万·达斯把"心理学"置于格外重要的位置上。他对"心理学"（即上文所说的关于"个体自我"的科学）进行了专门的研究，把印度古代吠檀多—瑜伽心理学与西方现代心理学结合起来，建立起自己的心理学体系。薄伽万·达斯的"心理学"，就是研究人的"个体自我"（传统吠檀多所谓的"阿特曼"）或"个体灵魂"的科学。在这门科学中，不仅要研究"个体自我"，而且要探讨与"个体自我"相联系的肉体、生命和心思等。正如他所说：

> 人的身体是全部生理—精神的经验所不可缺少的器官，因此，关于人体的生理—心理学必须与心理学本身同时进行研究。①

其实，薄伽万·达斯的心理学就是有关人的科学，他又把这门科学分为三个部分：认识科学、欲望科学和行为科学。

（一）认识科学

薄伽万·达斯把人的认识分为三种：（1）对当前事实的认识，即感觉或感知；（2）对过去事实的认识，即记忆或回忆；（3）对

---

① Edited by S. Radhakrishnan, *Contemporary Indian Philosophy*, New Delhi: S. Chand Press, 1982, p. 214.

未来事实的认识，即期望或预见。人的一切情感和理智活动都是这三种因素不同程度的合成物。他指出，认识科学就是对人们获取的大量认识材料进行去伪存真的科学，或者称"去伪存真的艺术"。认识科学又分为三个步骤：（1）正确地观察事实；（2）正确地概括和归纳各种事实之间的关系；（3）对同类新发现的事物之间的类似关系做出正确的推理。他认为，这三个步骤"就是我们所熟知的三种形式：概念、判断和推理"①。由此可见，他所谓的"认识科学"很类似于现代逻辑学，但是两者也不完全相同。比如，他指出，"自我"与其他事物不同，对"自我"的认识不能用观察和推理的方式，而只能用直觉内省的方式。

（二）欲望科学

什么是欲望科学？薄伽万·达斯从古代吠檀多"梵我同一"论的立场出发，对产生欲望的根源作出了新的解释。他说："既然无限自我已经使自己成为有限的，那么与有限肉体相一致的个别自我，则试图通过所有一切的经验来证明它具有一切力量，它是无所不能的，以此来恢复他所失去的无限及其属性。它的这种感到自己渺小的感觉，这种争取伟大的奋斗精神，这种'缺少'，这种'需要'，就是我们所谓的欲望的心理状态。"② 在他看来，"有限自我"竭力想维持自己并恢复它所失去的无限性，这种愿望或追求便是人的欲望产生的根源。他认为，人的欲望有三种表现形式：自我保护、自我增长和自我繁殖。与古代吠檀多论者不同，薄伽万·达斯对人的欲望并不采取否定或排斥的态度，而是采取肯定的态度。他写道：

---

① Edited by S. Radhakrishnan, *Contemporary Indian Philosophy*, New Delhi：S. Chand Press，1982，p. 214.

② Ibid. , p. 216.

欲望就是使一切生物和一切世界过程充满生命力，并且使它们继续发展的那种动力、能量和潜力。[①]

他认为，欲望包括三个方面：（1）简单的基本需求，主要是对衣食住行的需求；（2）感情的需求；（3）复杂情绪的需求。因为人有对衣食住行的需求，所以社会上才会产生农业和工业；因为人有对知识的需求，所以社会上才会产生教育和文化机构；因为人有对精神的需求，所以人世间才会产生宗教。

薄伽万·达斯认为，从总体上说，欲望分为两种：一种是引起痛苦的欲望，它会给社会造成仇恨和分裂；一种是引起欢乐的欲望，它能使社会创造出爱、友谊和亲和力。因此，他指出，欲望科学就是引导人们培养正确的欲望和情感，在性格上培养出对任何事物都能作出仁慈友善反应的那种崇高的美德和能力。照此说来，他所谓的“欲望科学”很类似于我们所说的伦理学。

（三）行为科学

薄伽万·达斯所谓的“行为科学”，是以他的“欲望科学”为基础的。在他看来，一个人只有在正确欲望的指导下才能产生正确的行为，所以他把正确的欲望看作正确行为的动力。他说：

爱别人就像爱你自己一样，你希望别人怎样对待你，你就应当怎样对待别人。[②]

只有一个人有了正确的思想，他才能真正产生出爱，他的行

---

①　Edited by S. Radhakrishnan, *Contemporary Indian Philosophy*, New Delhi: S. Chand Press, 1982, p. 216.

②　Ibid. , p. 219.

为才能是善良仁慈的。薄伽万·达斯进一步阐明，要使人们产生正确的行为，光有正确的欲望是不够的，还必须有完善的社会组织和正确的法规来管理和制约人们的行为。因此，他指出，行为科学就是研究通过什么样的社会组织和法规来管理人的事务的科学。

薄伽万·达斯认为，印度古代圣贤所建立起来的"种姓制度"，就是一个极好的社会组织体系。在这个体系中，每个人的生活与整个社会生活有机地结合起来，使个人主义与集体主义相互调节、合作与竞争相互平衡、物质生活与精神生活相互配合，最终使人的生活目标得以实现。这种社会组织是靠什么来维系呢？薄伽万·达斯断言，"达摩"是维系这种社会体系的最重要原则。正如他所说：

> 达摩，就是法律，它可以使人的权利和义务结合在一起，并且通过这些相互的权利和义务结合成一个社会。在这个社会中，所有的人一起进步，互相合作，朝着认定的目标前进。人们依靠的是从属于集体利他主义的、有节制的、相互平衡的利己主义，他们不是在极端利己主义的驱使下在盲目的、自杀性的竞争中相互倾轧。①

这种社会组织把人的一生分为四个阶段：第一阶段是接受教育，增长知识的阶段；第二阶段是成家立业，生儿育女，创造社会财富的阶段；第三阶段是退出社会竞争生活，搞公益事业，进行精神追求的阶段；第四阶段是抛弃一切世俗义务，潜心于精神修炼，直至达到精神解脱的阶段。正是这四个生活阶段，才使一个人的权利与义务、利己主义和利他主义、物质追求和精神追求

---

① Edited by S. Radhakrishnan, *Contemporary Indian Philosophy*, New Delhi: S. Chand Press, 1982, p. 219.

相互协调，平衡发展。

除此之外，在这个社会体系中，又划分出四个主要的职能部门：（1）教育组织，这个组织由有智慧和有学问的人所组成；（2）保卫组织，由勇敢、果断、有决策能力的人所组成；（3）经济组织，由管理物质财富生产和分配的人所组成；（4）劳动组织，由有专门技术的各种劳动者所组成。薄伽万·达斯认为，这种社会分工可以使各种不同天赋素质的人因才任用，有机地结合起来，构成一个统一和谐的社会。

实际上，薄伽万·达斯所谓的"行为科学"，就是一种把我们所说的伦理学、法学和社会组织学糅合在一起的综合科学，也可以说是一个大杂烩。他赞赏的"法规"和伦理标准，就是古代印度教倡导的"达摩"观念。他所认定的最好的社会组织，也不是什么新的东西，只不过是用现代科学术语对古代印度教种姓制度的重新解释而已。

三　人生的最终目的

印度的新吠檀多主义哲学虽然对古代吠檀多进行了大量的革新，融合了许多现代科学的内容，但是万变不离其宗，其根本目的仍然是要实现传统吠檀多的最高目标——精神的解脱。薄伽万·达斯作为一个新吠檀多主义者，也毫不例外。他研究"个体自我的科学"，即心理学的最终目的，就是要帮助和促进人们加速实现人生的最高理想——解脱。他在论述人生目的时指出，人生的目的是双重的：一是要满足外在肉体的欲望，二是要满足内在精神的欲望，最终达到至高至善的精神境界。外在肉体的欲望，可以简称为"情欲"；内在精神的欲望，则简称为"解脱"。在他看来，养育子女、积累财富、履行义务和遵守法律，是人前半生的基本法则，而人的后半生则是以实现精神解脱为主要目标。他强调说：

> 在人的后半生中，至善的解脱应当占据优势。在这种情况下，人完全超越了个人主义和分离主义，达到利他主义和集体主义的最高点。[1]

薄伽万·达斯着重论述了人生的最终目标——解脱。他承袭了传统吠檀多的观点，也把解脱分为两种：一种称"事解脱"，一种称"心解脱"。"事解脱"，是指一个人能摆脱世俗社会的各种事务，在活着的时候就获得某种精神自由，在这种情况下他对肉体的死亡已经不感到恐惧。"心解脱"，是指一个人真正证悟到"普遍的自我"或"无限的自我"，认识到自己的"个体自我"与"普遍自我"是同一不二的，从而使自己的生活与社会生活，甚至与宇宙万物达到和谐统一，获得彻底的精神自由。这种自由，又称为"意识自由"，是不受个人主义和分离主义[2]限制的、最完善的自由。如何实现解脱呢？按照薄伽万·达斯的观点：前一种解脱需要通过艰难的"生理—心理瑜伽"来实现；后一种解脱则通过坚持不懈的"内省—直觉瑜伽"来实现。

无论薄伽万·达斯所说的"生理—心理瑜伽"，还是"内省—直觉瑜伽"，都是为了证悟自我。在他看来，人的内在精神——个体自我或灵魂，与宇宙最高本体——"绝对精神"或"无限自我"，在本质上是同一不二的。个体自我之所以是有限的，是由于受到肉体和肉体情感的限制；个体自我要从有限变成无限，

---

[1]　Edited by S. Radhakrishnan, *Contemporary Indian Philosophy*, New Delhi: S. Chand Press, 1982, p. 220.

[2]　在薄伽万·达斯看来，人与人、人与社会、人与宇宙万物，在先天本质上，是同一不二、和谐统一的。但是，由于人肉体的自私欲望，就会产生与社会、与宇宙的某种分裂或分离的倾向，比如，一个人与其他人的对立和纷争，人与自然的对抗和斗争等，都属于他所谓的"分离主义"范畴。

就必须抑制肉体性；要抑制肉体，就必须通过瑜伽修行。这种瑜伽修行可分为两步：第一步是通过生理—心理瑜伽，克制肉体情感，抛弃自私欲望，超脱物质追求，为实现下一步瑜伽做好准备；第二步则通过内省—直觉瑜伽，直接证悟"无限自我"或梵，最终达到"梵我同一"的境界。此时，一个人便认识到自己与他人、与社会，甚至与宇宙万物在本质上是同一的，因此他的生活与整个社会生活、与自然界的生活都会达到天然的和谐和统一。凡是达到"梵我同一"境界的人，他的个体自我便从有限变成了无限，人的精神也实现了完全的自由。其实，以上两个步骤不是别的，都是证悟自我的过程。为了强调证悟自我的重要性，薄伽万·达斯说：

比一切真理和义务更伟大的真理和义务，就是"证悟自我"，因为它肯定能带来永生。一切宗教仪式的最终目的和本质、一切美德和牺牲、一切自制和善行、一切仁爱以及一切研究，都是为了通过瑜伽来证悟自我……①

一切生物最内在的真理和最主要的目的和责任，过去是，现在是，将来也永远是，通过日益深化的瑜伽—吠檀多，更完全彻底地领悟永恒自我的无限光辉。②

综上所述，薄伽万·达斯的"关于'自我'的科学"，是对传统吠檀多学说的革新和发展，也是现代吠檀多主义的一种典型形式。这种学说早已被印度进步的思想界和舆论界所接受，为推动印度思想文化的进步做出了自己应有的贡献。薄伽万·达斯学说的进步意义主要表现在以下三个方面。

---

① Edited by S. Radhakrishnan, *Contemporary Indian Philosophy*, New Delhi: S. Chand Press, 1982, p. 227.
② Ibid. , p. 226.

一则，它将印度传统吠檀多的基本思想与现代自然科学和社会科学的内容有机地融合在一起，构成了一个新的思想体系。在这种融合中，它几乎把所有的自然科学和社会科学的学科和门类都包容了进来，其融会的程度在现代印度哲学中是罕见的。虽然许多印度现代哲学家都把现代科学的某些内容吸收到他们的体系中，将宗教与科学调和起来，但是都没有达到薄伽万·达斯这样的程度，把如此多的自然科学和社会科学的学科和门类同时调和在一个体系中。

二则，这种学说虽然继承了传统吠檀多中许多宗教内容和神秘主义因素，但是它反对印度宗教中那些否定现实世界，蔑视人生意义的悲观厌世思想，充分肯定人生的价值和现世生活的意义，号召人们正视现实世界，通过现实生活的不断努力来实现人生的最高理想。它反对古代宗教所宣扬的死后解脱，主张人们通过不懈的努力在现世中、在活着的时候就可以达到精神的自由。

三则，在实现人生理想的道路上，薄伽万·达斯除了重视人们的道德完善之外，还格外强调社会完善的重要性。他主张，只有建立一个健全完美的社会组织体系，才能使人们的权利与义务、合作与竞争、个人利益与社会利益有机地结合起来，相互制约，平衡发展，从而达到人与人之间、人与社会之间的和谐和统一。这种对社会完善的强调，往往是其他现代印度哲学家所忽视的。因此说，薄伽万·达斯的新吠檀多论是一种进步的学说，它对印度社会的发展和完善以及思想现代化都会产生重要的影响。

第三篇

印度独立之后的哲学

第十九章　独立后印度的社会变革与意识形态斗争

1947 年 8 月 15 日，印度宣布独立，从此摆脱了近 200 年的英国殖民统治，揭开了印度历史的新篇章。独立后，印度政府实施一系列新的方针政策，使国内政治、经济、社会和文化发生了天翻地覆的变化。在新的历史条件下，伴随着马克思主义哲学和各种西方现代哲学思潮的涌入，印度哲学也在不断地更新、变化和发展，出现了许多新的思想体系和新的特点。

一　独立后政治经济的变革

独立后，印度政府在尼赫鲁总理的领导下立即开始制定新宪法的工作。1950 年 1 月 26 日，印度新宪法制定出来并正式生效。按照新宪法的规定，印度结束了自治领的地位，成为独立的共和国。在政治体制方面，实行联邦制和议会民主制。联邦的立法权力机关由总统、联邦院和人民院（上下两院制）构成。联邦院（上院）的议员从各邦立法院的议员中选举产生，名额按照各邦人口的多少来确定，任期 6 年。人民院的议员由全国公民普选产生，任期 5 年。总统是国家最高元首，由议会两院议员和各邦立法院的代表所构成的选举团选举产生，任期 5 年。总统的行政权力是名义上的，实际行政权力由以总理为首的部长会议来行使。总理由总统任命，他组建的部长会议也由总统批准。联邦最高司法机构是最高法院，法官由总统任命。印度联邦下属的各邦的政治体制与联邦基本一致，各邦立法权力机关是邦长和立法院，以首席部长为首的邦部长会议行使行政权力。新宪法对联邦和各邦的职权做出了明确的划分，规定了各自和共同的权力范围。印度是一个多民族、多宗教、多元文化的国家，而且各个地区的政治和经济发展不平衡。实行这种联邦制，完全适合印度多元化社会的复杂形势，既有利于调动各邦发展的积极性，也有利于巩固国家的统一和团结。

新宪法规定印度实行议会民主制，这个制度在联邦和邦两级实施。凡是满18岁的公民，不分性别、信仰、种姓、财产多少和社会地位，一律具有选举权。人民院的选举工作由总统下属的联邦选举委员会主持。选举在按人口比例划分的各个选区进行，各选区的候选人由各个政党提名，独立候选人也可自我推荐。在人民院选举中，获得多数议会席位的政党，组成联邦政府。经总统授权后，该党的领袖组建联邦部长会议，并担任总理。各部部长由总理提名，总统任命。部长会议必须对议会负责，一旦不被人民院信任，应当立即辞职。各邦立法院的选举也是按人口比例划分选区，选举方法与人民院选举相同。各邦的部长会议，由邦立法院选举中获得多数席位的政党组成。这种议会民主制，一方面调动了各个政党参政议政的积极性，另一方面也使广大下层民众真正享有选举权和各项民主权利，这在印度历史上还是第一次。新宪法规定公民具有一系列的基本权利，如法律面前人人平等，享有言论、集会、迁徙、选择职业的自由，禁止一切以宗教、种族、种姓、性别为由而产生的歧视行为，任何人都有担任公职人员的机会，等等。宪法还取消了不可接触制，并规定对一些弱势群体，如列表种姓（贱民）和列表部落（边远山区的落后部落）

给予特殊的照顾等。这些规定保护了下层群众的利益，提高了他们的社会地位，促进了他们建设国家的积极性。1955年1月，尼赫鲁领导的国大党通过了《建设社会主义类型社会的决议》并开始实施。印度政府实行的这种社会主义，主要内容有三点。

一是，实行"混合经济"，即公营经济和私营经济并举。独立初期，印度政府从英国殖民者手中接收了铁路、邮电、港口和军火等企业，这是最早的公营经济。另外，政府还用高额补偿金的办法将一些私人企业收归国有，组成一定规模的公营经济。公营经济主要集中在投资大、周转期长的基础工业、重工业、交通运输、军火和金融企业等。在发展公营经济的同时，政府还大力扶植私人经济的发展，尤其是私人大财团经济的发展，以弥补公营经济的空缺和不足。

二是，实行计划经济，协调各方面发展。在尼赫鲁的建议下，政府成立了计划委员会，他亲自担任主席。为了促进经济发展，1951年政府制订并实施了第一个五年计划（1951—1956年）。在第一个五年计划期间，印度国民经济平均年增长率为3.6%，工业生产增长25%，农业生产增长22.2%，为以后的经济发展打下了坚实的基础。此后，印度政府又制订并实施了第二个和第三个五年计划（1956—1966年）。[①]

三是，公平分配财富，保证社会平等。尼赫鲁深知，印度是一个贫穷落后的国家，而且存在着严重的社会差别和不平等。他认为，要想解决这个问题，必须通过社会主义的道路。因为社会主义实行公有制，消除依靠土地和资本获利的特权集团，所以它能够公平地分配社会财富，缩小差距，保证平等。因此，他在许多场合一再强调要给予每一个公民以平等的就业和学习机遇，要公平地分配社会财富，以消除社会的差别。

---

① 孙士海、葛维钧编：《列国志—印度》，社会科学文献出版社2003年版，第203页。

独立后，印度政府在农村实行了土地改革。土地改革的内容主要包括三项：

一则，废除柴明达尔土地所有制。所谓"柴明达尔土地所有制"，是在莫卧儿王朝时期形成的，当时的政府为了增加国库收入，便把国家的土地承包给一些商人或高利贷者，他们必须向政府缴纳规定的税金，然后再把土地出租给农民，向农民征收多少租金，完全由他们自行决定。他们中的许多人长期承包土地，并具有土地的世袭权，这些人被称为"柴明达尔"。柴明达尔成了国家与农民之间的"中间人地主"，有点儿类似于中国人说的"二地主"。独立后，印度政府规定，以给予补偿金的办法接管柴明达尔地主的荒地、森林和耕地的一部分，然后有代价地分给农民。到了50年代中期，印度全国大约有38%的土地取消了柴明达尔，政府付给柴明达尔的补偿金高达62亿卢比。

二则，租佃改革。从1953年起，各邦实行租佃改革方案，即保证租金公正合理和正常稳定的租佃关系。各邦政府规定了地租的数额，要求地主不得驱逐佃户，农民耕种土地六年者将取得永租权，允许佃农购买土地等。

三则，规定持有土地的最高限额。从50年代末，印度各邦政府先后宣布，实行土地持有的最高限额法，规定超出限额的土地由国家进行分配，并给予土地所有者一定的补偿金。

印度实行的土地改革，虽然具有资产阶级的改良主义性质，但是它废除了柴明达尔土地所有制，限制和削弱了封建大地主的势力，在一定程度上保护了农民的利益，调动了农民的生产积极性，促进了农业的发展。

二　社会的矛盾与冲突

独立以后，由于政府采取了各种利国利民的新政策，所以，从整体上说，印度社会欣欣向荣、经济迅速发展、人民安居乐业。但是，印度作为一个多民族多宗教多种文化并存的国家，本身的矛盾就多，再加上几千年一直处于分裂状态和近 200 年的殖民主义统治，印度社会长期积淀下来的、复杂的矛盾不可能一下子得到解决。因此，建国之后，印度国内的各种民族矛盾、教派矛盾、种姓矛盾、政党矛盾不断出现，社会冲突时而发生。与此同时，代表社会各种政治势力的思想斗争也异常激烈。

独立后，印度政府首先遇到的就是如何按语言划分行政区的问题。印度是一个多语言的国度，没有一种语言为大多数居民所使用。殖民统治时期，殖民当局采取"分而治之"的策略，故意把行政区域划得很凌乱，让说不同语言的民族居住在同一个区内，以削弱他们的反英力量。摆脱殖民统治以后，各个民族强烈要求政府，按照语言重新划分行政区域。有的民族（如居住在东南部的泰卢固族）甚至把这种要求发展成群众运动或骚乱，给社会安定造成了威胁。1956 年，迫于群众的压力，印度政府做出重新划分和调整行政区域的决定，按照语言把全国划分为 14 个邦和 6 个直辖区，从而使这个问题得到解决。

按照语言建立行政区域，应当说，是地方民族主义的一个胜利。这个问题的解决，促使各地的地方民族主义思潮进一步增长。地方民族主义的主要表现形式是要求地方自治，具体地说，各民族居住区的政府要求自己管理自己的事务，如各地方政府有权安排财政拨款，有权制订和实施本地区的经济发展计划，有权开发利用本地区的自然资源，有权处理税收和外汇收入等。印度中央政府对这种地方自治的要求持否定态度，担心这样做会削弱对地方政权的控制，甚至会损害国家的统一和团结。因此，中央政权与地方民族主义的矛盾和斗争逐渐尖锐。例如，1964 年，南部的泰米尔纳杜邦就要求缩小中央权力，扩大各邦的自主权，除国防、外交、交通和货币外，其他职权均由各邦自行掌握。1966 年，西北部的旁遮普邦也提出同样的要求，甚至要求有制定邦宪法的权力，以保护本民族的特殊利益等。从独立以后，印度国内这种中央与地方自治的矛盾持续不断。

印度是多种宗教并存的国度，教派之间的冲突一直是印度社会的痼疾。早在独立前，由于教派主义组织的鼓动和宣传，印度教徒与穆斯林之间的流血冲突就常发生。1947 年 8—9 月，"印巴分治"激起了印度教徒与穆斯林的宗教狂热，他们相互驱赶和仇杀，造成了印度历史上空前的大流血。许多城镇和村庄一下子变成了废墟，到处是难民和无家可归的人。据统计，这次事件至少造成 50 万人丧生，1200 万人流离失所。独立以后，尼赫鲁政府非常重视教派冲突问题，宣布建立世俗主义的国家，坚决打击教派主义，主张各宗教一律平等，保证宗教信仰自由。50—60 年代，由于尼赫鲁政府所采取的一系列政策，印穆之间的教派斗争一直处于平静状态，没有发生大的冲突。70 年代以后，随着国内外形势的变化和国大党政府政策的一些失误，教派主义的势力又重新抬头，教派之间的冲突也逐渐增加。例如，1984 年，锡克教徒与印度政府和印度教徒之间的斗争白热化。政府军队攻占了锡克教的金庙（在阿姆利则）并杀死了许多锡克教徒，严重地伤害了锡克教徒的宗教感情。同年 10 月 31 日，两名锡克教卫士出于宗教报复，在总理府打死了英迪拉·甘地总理。此事发生后，激起了印度教徒的极大愤怒，点燃了印度教徒与锡克教徒的大仇杀。在此次事件中，大约有 5000 名锡克教徒在暴力中丧生。与此同时，印度教徒与穆斯林之间的矛盾也日趋激化。1992 年 12 月 6 日，大批印度教徒聚集在阿约迪亚，捣毁了位于这里的巴布里清真寺，挑起了一场全国性的印度教徒与穆斯林之间的流血冲突。在这次事件中，至少有 1200 人死亡，数千人受伤。

贱民问题也是印度社会的一大弊病。贱民是几千年来印度教种姓制度的产物，贱民又称为"不可接触者"，是种姓制度中最受压迫、最受歧视的阶层。独立以后，印度政府采取各种措施保护贱民的利益和权利，印度宪法也禁止一切种姓歧视。尽管如此，由于传统观念的根深蒂固，印度社会中（特别是在农村）对贱民的迫害和歧视现象仍然接连不断。与此同时，广大贱民起来反对迫害、反对歧视的斗争也层出不穷。为了反抗不平等的种姓制度，脱离印度教、改信其他宗教——就成了贱民主要的选择和斗争方式。1956 年 10 月 4 日，在贱民领袖安培德卡尔的领导下，大约有50 万贱民在那格浦尔市举行了皈依佛教的盛大仪式。此后，贱民集体皈依佛教的活动在各地愈演愈烈，据 1961 年印度国情普查报告，皈依佛教的贱民已经达到 320 多万人，十年间增长了 18 倍。另外，还有大量的贱民改信伊斯兰教和基督教。

此外，还有许多其他的社会问题，如妇女问题、童婚问题、贫穷问题、失业问题，等等。

三　意识形态斗争与哲学的发展

独立以后，印度的政治、经济和社会都发生了天翻地覆的变化。新宪法的制定、联邦制和议会民主制的确立、社会主义计划经济和土地改革的贯彻实施，大大调动了各阶层民众建设国家的积极性，推动了经济和社会的发展。在经济和社会发展的同时，印度国内的思想和意识形态的斗争也出现了新的变化和发展。除了印度传统思想之外，许多新的思想和思潮也从国外传入印度。

从 20 世纪 20 年代起，马克思主义思想就传到了印度，印度涌现出许多共产主义小组，印度共产党也随即成立。经过一段时间的发展，许多运用马克思主义立场、观点和方法的思想家和哲学家也成长起来。大约在 20 世纪 50 年代以后，一批马克思主义的哲学家登上了印度哲学研究的舞台，他们运用历史唯物论和辩证唯物论的方法考察和研究印度思想和哲学的发展历史，陆续产出了许多科研成果。这批马克思主义哲学家异军突起，作为一支新兴力量，对推动印度哲学和思想的繁荣起了巨大的作用。

印度独立之后，欧美各国流行的各种现代哲学流派也不同程度地传入了印度。例如，英国的语言分析哲学、德国和法国的现象学和存在主义，以及美国的哲学等。这些西方现代哲学不仅流行于大学哲学系的课堂上，而且也对一些印度哲学家的思想和研究方法产生了较大的影响。到五六十年代，印度出版了不少研究和评介西方现代哲学的著作，以及按照这些观点阐述哲学问题的专著。

伴随着各种新思想的传入，印度社会的意识形态领域也出现了激烈的斗争。

在印度意识形态领域的斗争中，基本上有三种势力：一种是代表印度各宗教传统势力的保守思想家，他们反对和抵制各种外国思想的影响；一种是主张革新变革的思想家，他们主张在继承印度优良传统思想的基础上，吸收外国思想的精华和优点，以创造出新的思想体系；还有一种是马克思主义的思想家，他们既批判印度传统宗教的保守落后思想，也批判西方资产阶级的立场和方法，而主张以一种全新的立场和方法来重新诠释印度的历史与文化。这三种思想势力的斗争是错综复杂、相互纠缠和相互交叉的，因此，这种斗争反映在哲学界，反映在哲学研究上，也使印度哲学呈现出新的局面。

在这种形势下，独立后的印度哲学出现了许多新的学派、新的学说和新的特点。

第一个特点是，出现了一个主张融合东西方思想的学派，这一派的代表人物是 S. 拉达克里希南。他不仅创立了一个新型吠檀多哲学体系，而且在沟通和融合东西方哲学方面做出了卓越的贡献，被人称为"东西方比较哲学的大师"。他对西方哲学和印度传统哲学进行了深入的探索和研究，写出了许多卓有建树的比较哲学著作。他以大量的史料说明了东西方文化并不是孤立发展的，而是相互促进和影响的。西方文化的许多内容来自东方，如古希腊思想中就渗透着东方尤其是印度的宗教思想；而东方文化（包括印度文化）中，也融会着许多希腊和西方的思想。因此，东方文化和西方文化都是人类精神财富的一部分，东方文化，无论过去还是现在，都对世界文化的发展做出了重要的贡献。另外，拉达克里希南还创立了一个综合东西方思想的新的哲学体系。他把印度的吠檀多不二论与黑格尔的绝对唯心主义学说综合起来，建构了一个新型的吠檀多论。在这种吠檀多论中，最高本体被称为"梵"，又称为"绝对"，这个本体既具有吠檀多的特点，又具有绝对唯心主义的性质。可以说，拉达克里希南的吠檀多代表着独立后印度哲学的一种发展方向——在继承传统哲学的同时，吸收西方哲学的内容和方法，将两者融合为一个新的体系。

在这方面，表现比较突出的还有 P. T. 拉哲（Pulla Tirupati Raju）。他的哲学也是把传统吠檀多不二论与西方绝对唯心论综合在一起，与拉达克里希南的哲学有许多相似的地方。另外，他也像拉达克里希南一样，对印度哲学和西方哲学进行了深入的比较研究，被人称为独立后比较哲学研究的代表人物。除了 P. T. 拉哲以外，T. 马哈德万（Telyaram Mahadevan）在综合乐西方哲学方面，也表现得很典型。他把现代西方流行的"价值论"或"价值哲学"吸收过来，并且用这种价值论的方法和概念来说明传统吠檀多的思想与文化，创立了别具特色的"吠檀多价值论"。

独立后印度哲学的第二个特点是，主张印度传统思想与科学的结合。这方面的代表人物是斯瓦米·吉纳那南达。他本人是一个虔诚的印度教信徒，又是一位物理学家、科学工作者，他在欧美工作多年，回国后创立了一种新型吠檀多论，称之为"哲学的宗教"。他主张，哲学必须充分利用科学的方法和成果，必须与科学相结合，只有这样，哲学才能跟上时代的步伐。在他看来，没有科学与哲学的结合和统一，就不可能有真正的认识和智慧，也不可能有真正的哲学。

独立后印度哲学的第三个特点是力图使宗教哲学——吠檀多世俗化，其代表人物是斯瓦米·兰伽纳塔南达。他创立了一种名为"综合的永恒达摩"的学说，在这种学说中他把人放在中心的位置上，主张实现人的自由、幸福和完善是其学说的最终目标。他反对传统吠檀多把人局限于神秘的瑜伽修行中，主张人应当参加社会实践，并在社会实践中证悟自己的本性。他还把实现人类理想的希望寄托在青年人身上，认为只有掌握了自然科学和社会科学的青年人，才能承担起建造现代世界大厦的重任。另外，他还重视国家公务员在实现人类理想中的作用。他认为各级国家公务员在这个事业中具有特殊的地位和作用，主张公务员必须在思想和行动上为公众作出榜样和表率，像灯塔一样，照亮群众前进的道路。兰伽纳塔南达的这些观点一反传统吠檀多的方向，不是引导人们消极遁世，而是引导人们积极入世，积极参加社会实践，并且特别重视青年人和国家公务员在其中的作用。这说明，在世俗化方面，独立后的吠檀多比近代吠檀多哲学更前进了一步，更接近人的世俗生活。

独立后印度哲学的第四个特点是，一批代表传统保守势力的思想家反对各种西方思想对印度的影响，在他们看来，无论是资本主义思想还是社会主义学说都不适应印度国情，因此他们主张用印度传统的治国理念来管理国家。在这方面，最突出的代表是P. D. 乌帕迪雅耶（Pandit Deendayal Upadhyaya）。他认为，一个民族之所以能长期存在和发展，就是因为它在发展中形成了自己的一种"民族精神"或"民族意识"，只有发扬这种"民族精神"，才能振兴自己的国家。在他看来，独立以后印度社会出现的各种乱局，就是因为受到西方传来的各种思想或"主义"的影响。因此，他主张，要排除西方思想的影响，要大量弘扬印度民族传统的"达摩精神"，才能使印度社会和谐统一，才能使印度兴旺起来。

独立以后印度哲学的第五个特点是，一批马克思主义哲学家开始活跃在印度哲学的舞台上。他们共同的特点是运用马克思主义历史唯物论和辩证唯物论的方法来考察和研究印度哲学思想发展的历史，挖掘古代哲学遗产中的精华，发扬印度文化中的优良传统，以振兴民族精神和捍卫民族尊严。在这方面，最有代表性的哲学家是恰托巴底亚耶。他的《顺世论——古印度唯物主义研究》一书出版后，受到了国内外学者的好评。在该书中，他以大量的史料论证了印度自古以来就有唯物主义和无神论的传统，并且在印度历史上唯物主义和唯心主义两条路线的斗争也是异常激烈的。因而，他的论证彻底打破了一些西方学者所宣扬的印度自古就是唯心主义和神秘主义的故乡而没有唯物论和无神论思想的偏见。

印度独立以后，各种新的哲学学说的出现，不同类型哲学家的表现，恰恰代表着当代印度哲学发展的特点，也反映出印度哲学领域出现了一个百家争鸣、百花斗艳的新局面。

第二十章　尼赫鲁的哲学与民主学说

　　贾瓦哈拉尔·尼赫鲁（Jawaharlal Nehru，1889—1964）不仅是一位杰出的政治家，也是一位具有丰富哲学思维和多方面文化修养的思想家。他的哲学观点在印度现代哲学史上也占有重要的位置，对印度现代思想的发展起着不可忽视的作用。

　　1889 年 11 月 14 日，尼赫鲁出生于印度北方邦的阿拉哈巴德市。祖上属于印度西北部克什米尔婆罗门种姓，18 世纪迁至京城德里，后定居于阿拉哈巴德。其家族地位显赫，世代为官。曾祖父曾任英国萨克尔公司驻德里皇帝宫廷的首席代表，祖父担任过德里市长。其父莫蒂拉尔·尼赫鲁是国大党的元老，曾任阿拉哈巴德高级法院律师。尼赫鲁从小接受西方教育，曾请英国家庭教师教他英文和自然知识。1905 年赴英留学，就读于哈罗公学，后入剑桥大学三一学院攻读法律。1912 年回国，在阿拉哈巴德高级法院任律师，并投身于民族运动。1916 年与圣雄甘地相识，积极协助甘地开展非暴力不合作运动。1929 年，首次当选国大党主席，从此成为印度独立运动的重要领袖。在多年的反对英国殖民统治的斗争中，9 次被捕入狱，在狱中度过了近 10 个春秋。1947 年印度独立后，他担任印度首任总理兼外交部部长。1954 年，他与周恩来总理在中印联合公报中共同提出著名的和平共处五项原则。

他还是亚非万隆会议和不结盟运动的主要倡导者和领导人。

其主要著作有：

《尼赫鲁自传》（*An Autobiography*，1936）

《世界历史的一瞥》（*Glimpses of World History*，1939）

《印度的统一》（*The Unity of India*，1942）

《印度的发现》（*The Discovery of India*，1946）

《印度：今天与明天》（*India*：*Today and Tomorrow*，1966）

尽管尼赫鲁不是专业哲学家，也没有系统的哲学专著，然而他对哲学有着浓厚的兴趣，并且经常在他的各种文章、讲演和著述中讨论哲学及与哲学相关的问题。他探讨过印度教六派正统哲学的发展和历史作用、佛教哲学的起源和兴衰、奥义书和吠檀多的深奥哲理及影响、古希腊哲学与印度传统哲学的联系、西方现代的实证哲学和实用主义哲学、马克思主义的唯物论和辩证法、各种宗教哲学、人生哲学以及真理与实践的关系等问题。他是以一个政治家或国家领导人的视角来关心和看待哲学的。他思考和研究哲学问题，并不是为了哲学而哲学，而是力求透过社会的各种表面现象，揭示社会发展的一般规律、社会前进的方向和决定性因素，找到完善人性、提高人们道德修养的方法，探索促进社会和谐、民族团结、国家发展的途径，等等。因此，他把他的哲学观点看作其社会实践活动的指南、制定国家政策的理论基础以及他自己必须遵循和坚守的基本原则。

一 哲学必须为社会现实服务

尼赫鲁对各种哲学学说进行了大量考察之后，他得出一个结论：哲学思想来源于社会实践，因此，它也必须为社会实践服务。换言之，哲学的目的，就是要为社会的现实生活服务。故而，他有一句名言：

> 一种现代哲学，必须解答今天的问题。[①]

尼赫鲁反对那种认为哲学是纯粹思想自我发展结果的观点，他认为，任何一种哲学都是人类社会实践以及当时历史条件的产物。当他研究了印度传统哲学之后，他发现，从表面上看印度的一些形而上学理论，如吠檀多不二论，似乎只追求某种永恒不变的实在，而不涉及社会和人生中各种变化的东西。但实际上，创造这些哲学理论的哲学家们都生活在一定的生活环境中，他们所创造的哲学也必然受到当时历史条件和社会实践的限制和影响。因此，他说：

> 不可避免地，这些形而上学的理论和推测也是它本身环境中的产物，也是怀着这种理论和推测的人类思想发展状态中的产物。[②]

他还进一步把哲学产生的社会条件归因于创造这种哲学的民族的特殊性。在这方面他提出了印度的"民族世界观"，这种"民族世界观"就是印度哲学传统在数千年的发展过程中所形成的特殊的民族思维方式。由于印度历史发展和社会环境的特殊性，印度人创造出一种独具一格的"民族世界观"，这种世界观使印度人民具有一种特殊的心理状态和思维方式。尼赫鲁说：

---

① ［印］贾瓦哈拉尔·尼赫鲁：《印度的发现》，齐文译，世界知识出版社1956年版，第23页。
② 同上书，第225页。

在印度，哲学，在它的高级领域中虽然局限于少数特定的人士，但是它的普及性却比其他任何地方都大；在形成民族的见解和培养某种特殊心理上，它一直有过强有力的影响。①

尼赫鲁把哲学分为两种类型：一种是哲学理论家经过严格理性分析的系统的哲学体系；另一种则是一般常人所具有的世界观或人生观。哲学家的哲学，可以说是人类对自然和社会发展规律的创造性的分析和总结。而一般人的哲学，则是一个人对人生态度的自觉理解，或者是不自觉地受他人思想影响的结果。前者往往高深莫测，只被少数人所理解；而后者却通俗易懂，被大多数人所掌握，并给人以生活的智慧和信心。尼赫鲁讲，他自己对一些高深莫测的形而上学理论并不感兴趣，有时候甚至感到厌恶。如他所言：

> 我并不曾被形而上学吸引过；事实上，我对含混的思索怀着某种厌恶。可是我有时在试着了解古代或现代形而上学和哲学思想的严谨体系的时候，我感到某种理智上的沉醉。但是，我从来未曾感到心安理得，并以一种慰藉的心情从它们的魔力中逃脱出来。②

实际上，尼赫鲁最感兴趣的不是那些理论深奥、严谨的哲学体系，而是那些与民众息息相关的，能够指导民众生活和行动的大众化哲学。因为尼赫鲁是一位政治家、国务活动家，所以他所关心的是社会的现实问题——如何改善人民的物质生活，如何提高民众的道德和文化水准，如何调整国内各个社会集团之间的关

---

① ［印］贾瓦哈拉尔·尼赫鲁：《印度的发现》，齐文译，世界知识出版社 1956 年版，第 225 页。

② 同上书，第 18 页。

系，如何解决国际事务中的各种矛盾和冲突，等等。为了认识复杂的人生现象以及人与社会的关系，为解决社会现实问题而找到理论依据，尼赫鲁对大众的人生哲学倍感兴趣，为此花费了很大的精力。在这方面，他有明确的表述：

> 我所关心的根本是现世和今生，并非什么别的世界或来生。是否有象灵魂这样的东西，或是否死后还有生存的东西，我不知道；这些问题虽然重要，但丝毫未使我有一点烦心。①
>
> 因此，我的整个倾向就是不要将那些似乎力所不及的基本疑问考虑过多，而宁可集中精力于人生的问题，在较严密而更直接的意义上来了解什么是该做的，以及如何去做。②

正因为尼赫鲁是一位社会实践家，他把哲学看作指导人们言行和社会活动的理论根据，所以他主张：哲学理论必须与现实生活相结合，为人类的社会实践而服务。在这种思想的指导下，他一直坚持理论思维与社会实践相结合的原则。在他看来，哲学的理论必须不断地发展变化，以适应时代和社会生活的需要。倘若一种哲学被过去的教条弄得僵化了，它就不能发展，不能适应人们不断变化的生活需要，亦不能解决现实的问题。尼赫鲁经常批评那些理论与实际相脱节的人，他认为无论过去或现在都有一些哲学家，他们"专心致志于寻求宇宙之谜的解答"，这使得他们"避开了当前的个人和社会的问题"，当他们不能解决那个谜的时候，他们"就感到失望而陷入消沉无为和浅薄庸俗，再不然就到武断的教条里去寻求安慰"③。如何才能保证理论和实际相结合

---

① ［印］贾瓦哈拉尔·尼赫鲁：《印度的发现》，齐文译，世界知识出版社1956年版，第18页。

② 同上书，第21页。

③ 同上。

呢？尼赫鲁的回答是：

> 我们必须常常坚持精确的客观知识，通过理性的试验，尤其是要通过实验和实践；同时我们必须常常警惕，不要陷在空洞理论的汪洋大海中，那些理论是和日常生活问题及男男女女的需求无关的。一个现代的哲学，必须解答今天的问题。①

尼赫鲁哲学思想的出发点，就是要解决人生问题和社会的现实问题。按照他的话说：

> 在我看来，真正的问题依然是个人生活与社会生活的问题，如何过和谐的生活，如何保持个人精神生活与物质生活的均衡，如何调和个人间和团体间的关系，如何继续不断地改善和提高个人和社会的生活，如何使社会发展，如何使人类毫不停留地勇往直前。②

尼赫鲁作为一个政治家，他一生都在探索着一条如何保持社会和谐统一、如何促进人类完善发展的道路。为了寻求这样一条道路，他钻研哲学、求助于哲学，试图从哲学研究中找到解决这个问题的理论根据和思维方法。这也正是尼赫鲁关心哲学、探讨哲学的最终目的。

二　积极进取的人生哲学

20 世纪 30 年代末，美国一家出版社曾邀请尼赫鲁写一篇有关

① ［印］贾瓦哈拉尔·尼赫鲁：《印度的发现》，齐文译，世界知识出版社 1956 年版，第 23 页。
② 同上书，第 22—23 页。

其人生哲学的文章，当时他欣然答应了。但是后来，他迟疑起来，越思考越感觉到这个问题的复杂性，而最终没有写成这篇文章。然而，到了40年代，尼赫鲁在撰写《印度的发现》的时候，他专门列出一节，设标题为"人生之哲学"，来阐述他对人生和各种人生学说的看法。这表明，他那时对人生哲学已经进行了深刻的研究，并有了较为成熟的见解。

尼赫鲁考察了人类历史上出现的许多人生哲学或人生观点，并对其中一些典型的学说或对他自己有过较大影响的学说，进行了深刻的论述和评价。

对于各种宗教的人生观，尼赫鲁基本上持否定的态度。在他看来，现在在印度和世界上流行的各主要宗教，无论是印度教、伊斯兰教，还是佛教、基督教，都有许多"教条的信仰和迷信的仪式"。它们对人生问题的理解方法是"不科学的"，"含有巫术的成分"，是"一种盲从的轻信，对超自然力的信赖"。[1] 例如，在印度教和佛教的人生哲学中，"业报轮回"的法则起着关键的作用，对广大教徒有着深刻的影响。尼赫鲁认为，这种与来世相关的因果报应理论是没有科学根据的：第一，人死后是否有灵魂的问题，这完全是一种假设，并没有得到科学的证明；第二，主宰着生命行动的因果论是否准确，善必有善报、恶必有恶报，这也令人怀疑。对于业报轮回理论，他这样评论道：

> 作为一个宗教信仰，我不相信任何这些或其他的理论和假想。它们不过是对于我们几乎全不了解的未知领域的理智的探索。它们并未影响我的生活，不管后来证明出它们正确或错误，对我都没有多大关系。[2]

---

① ［印］贾瓦哈拉尔·尼赫鲁：《印度的发现》，齐文译，世界知识出版社1956年版，第16页。

② 同上书，第18页。

对于宿命论的人生观，尼赫鲁是坚决反对的。他认为，生命在于行动，人的生命就是通过人的思想和行动表现出来的。那种教人只相信命运的安排，而不相信自己行动的人生学说是完全错误的，它只能使人甘心于现状，甘愿忍受屈辱和压迫。如他说：

> 在我看来，信仰绝对的宿命论似乎不可避免地导致无为，导致生命的死亡。我对生命的一切看法都是反对这种信仰的。①

谈到甘地主义的人生观，尼赫鲁称它为"一种以伦理学为根据的人生哲学"。这种人生哲学的核心是非暴力，非暴力包含两个方面的意义：一个是消极的方面，一个是积极的方面。从消极的或被动的方面讲，非暴力是指"戒杀生""不使用暴力""不伤害他人感情"等；从积极的方面讲，非暴力是教人去"爱"、去"行善"，这才是它积极的、主动的方面。这种学说是以伦理学为依据的，它相信每个人的人性中都含有神圣的善性因素，这种善性因素往往由于私欲的遮蔽，而不能显现出来；一旦这种内在的善性因素被唤醒，即使是恶人也可以转化为善人。所谓"非暴力"，就是要人们通过"爱"的精神力量，通过自我牺牲和忍受痛苦的行为，去感化他人，启迪和唤醒他人内在的善性或神性，从而使人改恶从善、改邪归正。另外，甘地还强调手段和目的的关系，他认为"手段就是一切"，手段高于目的，手段是第一位的。他所说的"手段"就是指非暴力，这意味着他试图用"非暴力"或"爱"的手段来解决一切社会问题。要实现人类的任何理想或目的，都必须采取非暴力的手段；否则，就是违背非暴力的原则。尼赫鲁曾受到这种人生哲学的很大影响，并给它以较高的

---

① ［印］贾瓦哈拉尔·尼赫鲁：《印度的发现》，齐文译，世界知识出版社 1956 年版，第 10 页。

评价，但是他也怀疑这种学说的科学性，特别是在这个只考虑目的而不择手段的世界上，他更怀疑非暴力的可行性。在评价甘地的人生学说时，他说：

> 一种依伦理学观点对人生的理解，对我有其强烈的吸引力，但是，要用逻辑的方法来证明其合理，我看还有困难。甘地先生强调用正当手段以达到目的的这种主张很打动了我，而我认为这种强调就是他对我们公共生活的最伟大贡献之一。这概念并无新奇之处，但是将一个伦理的教义应用于大规模的群众活动上，的确是新奇的。然而，这样做是困难重重的，而且也许目的与手段不是真正分得开，而是共同形成的一个有机的整体。在一个几乎专考虑目的而不择手段的世界，强调手段就仿佛是奇特而惊人的了。它在印度究竟成功到什么地步，我还不能说出。但是他曾在多数人民心中产生了深刻而持久的印象，则是无疑的。①

马克思主义的人生哲学也曾对尼赫鲁产生过较大的影响，但是他对这种哲学并不十分满意，觉得它也有许多缺点和不足。对此，他这样评论说：

> 我能够毫不困难地接受马克思主义者的很多哲学观点：它的一元论与精神和物质的一致性，物质的运动与通过作用和相互作用、因果关系、正反合而完成的发展和飞跃的不断变化的辩证法。可是它还没有使我完全满意，也没有解答我心中所有的问题……②

---

① ［印］贾瓦哈拉尔·尼赫鲁：《印度的发现》，齐文译，世界知识出版社1956年版，第20页。
② 同上书，第20—21页。

尼赫鲁虽然接受了马克思主义的一些辩证唯物论的哲学观点，但是他也不止一次地指出，马克思主义主张暴力的手段、强调过度组织化、压制个性发展的种种观点是他所不能接受的。印度独立后，担任总理的尼赫鲁经常从民主或人道主义的观点批评马克思主义，认为马克思主义不符合他的社会理想、道德观念、民主和人性解放的原则等。

从以上尼赫鲁对各种人生哲学的评述中可以看出，他对人类历史上出现过的主要人生哲学以及影响过他的一些人生哲学都感到不满意。那么，尼赫鲁自己的人生哲学是什么呢？他对生命的本质、人生的价值、人生的目的以及人的一生应当如何度过等问题，是怎样看待的呢？

人生哲学的核心是生命的本质问题。生命的本质问题一旦弄清楚了，其他的问题即可迎刃而解。首先，我们来看看尼赫鲁是如何看待生命的本质的。关于这个问题，他从两个方面进行了解释。

第一，生命的本质在于行动，人的生命乃是"思想与行动的相互循环"。

在尼赫鲁看来，思想和行动是人生的基本要素，是生命的表现形式或存在形式；两者相互作用，相互转化，是相辅相成的。思想产生行动，又在行动中得到完善；行动也可以反作用于思想，促进思想更充分地理解事物。思想与行动的相互转化、相互循环，便构成了人的生命；这种循环并不是周而复始的，而是螺旋上升的，因此思想和行动能够不断地提高。尼赫鲁从思想与行动关系的角度来论述生命的本质，应当说，是比较新奇的，也具有一定的辩证法因素。对于思想与行动的关系，他说：

> 行动的呼唤长时期以来就常在我心中；并不是行动从思想分离，而宁可说是从思想中溢漾出来并且互为循环……思

想导致行动，并在行动里得到完成；行动又返回到思想中，去造成更充分的理解——于是我就体会到生命的充沛，以及在那生存的刹那中鲜明活跃的强度了。①

尼赫鲁虽然从思想与行动这两个方面论述生命，但是实际上他更强调行动的重要性，因为从本质上说，思想也属于行动的一种形式。他认为，行动是生命的本能，要求行动乃是生命本能的表现；没有要求行动的热情，则意味着生命力的消失。他还进一步论述了任何个人的一种有力的或新的行动都是出自生命的深处，经过长期的心理准备，甚至包含着其遗传因素、文化传统和教育的影响和潜意识的要求等。如他所说：

> 一切强有力的行动皆发源于生命的深处。所有个人的甚至种族的悠久过去，都为那行动的一瞬间准备了心理背景。种族的记忆，由于遗传、环境和教养的影响，潜在意识的要求，从幼年和童年时期开始的思想、梦想和行动，这一切奇妙而强有力地交织起来，就必然推向一种新的行动……②

第二，生命的本质在于变化，人生是"过去""现在"和"未来"等因素的组合。

尼赫鲁还从时间的角度来论述生命的本质，他认为人生不是固定不变的，而是不断发展变化着的。在他看来，"过去""现在"和"未来"等时间因素都是生命的表现形式，三者是相互依存、相互联系的。"现在"介于"过去"与"未来"之间，起一个桥梁作用；"现在"既是"过去"的产物，又是"未来"的起点和源头。

---

① ［印］贾瓦哈拉尔·尼赫鲁：《印度的发现》，齐文译，世界知识出版社1956年版，第10—11页。

② 同上书，第9页。

按照尼赫鲁的观点：一个"现在"的人，必须了解"过去"；了解了"过去"，就可以更好地认识"现在"；认识好"过去"和"现在"，就可以更好地展望"未来"，对"未来"充满信心。他说：

> "现在"是由"过去"逐步导致的，而"未来"则是由"现在"行动的瞬息中流出来的；这三者是纠结难解，并且相互关联的。①

> 我们之所以是我们，以及我们所有的一切，都是从"过去"而来的。我们是"过去"的产物，而且我们是沉浸于"过去"中来生活的。不了解"过去"，不感觉到"过去"是我们心灵中的一种活的东西，就是不了解"现在"。将它和"现在"结合起来，并将它扩展到"未来"去……使这一切成为思想和行为震颤悸动着的资料——那就是生命。②

以上，是尼赫鲁对生命本质的论述。下面，我们来看看他的人生哲学。有关尼赫鲁自己的人生哲学，他并没有做系统的全面的阐述。但是，通过对各种有关资料的考察和研究，不难看出，他的人生哲学有如下几个特点。

其一，反对迷信和愚昧，主张科学地解释人生。

尼赫鲁自己说：

> 我起初对人生问题的理解多少是科学性的，带着十九世纪和二十世纪初期科学的轻易的乐观主义。我所拥有的安定舒适的生活以及精力和自信，更增加了那乐观的情绪。③

---

① ［印］贾瓦哈拉尔·尼赫鲁：《印度的发现》，齐文译，世界知识出版社1956年版，第12页。

② 同上书，第9页。

③ 同上书，第16页。

确实如此，他之所以反对各种宗教的人生哲学，就是因为它们对人生问题的理解是不科学的，他认为，许多宗教对人生的解释含有巫术的成分，缺乏理性分析，充满着盲目的轻信和对超自然力量的信仰。因此，他主张，对人生问题的解释必须采取科学的方法。他所谓的"科学方法"，就是通过实践和试验的方法，包括客观的观察、精确的试验、亲身的体验和审慎的推理，等等。例如，把生命的本质看作"思想与行动的相互循环"，在他看来，这就是用科学的方法来阐释人生，因为他是用客观观察和亲身体验的方法才得出这样的结论的。他曾说：

> 这种行动的要求，这种通过行动来体验生命的愿望，影响了我的全部思想和活动。[①]

他认为，只有用科学的方法观察和解释人生，才能克服和消除宗教人生观给人们带来的各种愚昧、偏见、迷信和消极影响，才能正确地、积极地、乐观地对待人生。

其二，反对悲观厌世，主张乐观享受。

尼赫鲁反对宗教的人生观，还因为大多数的宗教人生观都是悲观厌世的。它们往往认为，人生就是一堆苦难，人活着就是要忍受各种痛苦；苦海无边，回头是岸，只有脱离现实世界，达到彼岸天堂，才能彻底摆脱苦难。尼赫鲁批判这种否定生活意义、悲观失望的人生哲学，反对禁欲主义和苦行僧主义，主张人生是美好的，人们应当乐观地面对人生，享受生活。如他所说：

> 我不喜欢苦行者对生活的看法，我不喜欢否定生活，或逃避生活的快乐和刺激。我没有有意识地放弃任何我真正看

---

① ［印］贾瓦哈拉尔·尼赫鲁：《印度的发现》，齐文译，世界知识出版社1956年版，第12页。

重的东西，但是看重的观念也在改变。①

　　生活中的爱美吸引了我，我希望把生活过得更有意义，不要过庸俗的生活，但是尽量利用生活，使生活过得丰富。我享受生活，不愿把生活看作是一个罪恶问题。②

　　其三，反对消极逃避，主张积极奋斗。

　　从某种意义上说，这第三点的含义与第二点似乎有些重叠；但是，从更深层的意义上看，尼赫鲁不仅反对悲观厌世，主张乐观享受，而且主张积极进取、奋发工作，来改变人生、改造社会。因为尼赫鲁是印度民族运动的领袖，他不仅为印度的独立，而且为印度的繁荣和富强奋斗了整整一生，所以他对人生的态度不同于一般人，不仅是积极上进的，而且是勇敢战斗的。他说：

　　　　人生好比是一条平静的河流，慢慢地流入大海……但是，我很明白，我的命运和他们不同，注定要在暴风骤雨中度过一生。对我来说，人间根本找不到一个避难所，因为我内心的激动正如外面的狂风暴雨那样猛烈。假如我偶然发现自己在一个安全的海港里，不再受到狂风的袭击，难道我在那里会心满意足吗？③

　　尼赫鲁从青年时代起，就认定自己的一生是战斗的一生，是在暴风骤雨中度过的一生。他为国家、为民族不怕牺牲、英勇献身的精神来自何方呢？用他自己的话说：

　　　　真的，我在肉体和精神方面都具有一定的勇气，可是

---

① 《尼赫鲁自传》，张宝芳译，世界知识出版社1956年版，第232页。
② 同上书，第23页。
③ 同上书，第308页。

产生这种勇气的背景是自尊心——个人的自尊心、团体的自尊心、民族的自尊心——和不愿意被人威逼作任何事情。①

到了晚年，尼赫鲁总结一生之经验，曾用最精辟的语言，概括出他自己人生哲学的真谛，回答了"什么是真正的人生目的?""什么是真正的人生欢乐?"等问题。例如，1957 年 10 月 8 日，他在日本东京大学的一次讲演中这样说：

> 什么是人生的目的，什么是人生的欢乐呢？这是一个很难回答的问题。但是，我可以告诉你们这样一点：人生的真正欢乐，乃是你与伟大的目标结合在一起，全心全意地投身于这个目标，忘掉你自己的小我，忘掉你个人渺小的苦痛和悲哀，尽自己最大的努力，为实现这个目标而工作。即使当你耗尽了自己的全部精力的时候，你被当作废物而丢掉，也在所不惜。你毕竟完成了你自己的工作。我从来不抱怨人生的不幸或其他的痛苦，而过一种牢骚满腹的生活。②

在尼赫鲁看来，一个人首先应当选定一个正确而伟大的目标并决心为它而努力工作，然后在这种过程中破除私我，树立起全心全意、任劳任怨、不计较个人得失的工作态度，只有这样，他才能感受到人生的真正价值，享受到人生的真正欢乐。当然，这是人类最崇高的一种人生价值和欢乐。

---

① 《尼赫鲁自传》，张宝芳译，世界知识出版社 1956 年版，第 231 页。
② 萨维帕里·高帕尔编：《尼赫鲁文选》，德里：尼赫鲁纪念基金会出版 1980 年版，第 644 页。

三　哲学与科学、宗教的关系

尼赫鲁哲学思想的核心是要解决人生的问题、社会的现实问题，为人类寻找出一条完善发展的道路。在他看来，社会的根本问题是如何保持个人和社会团体的和谐发展。具体地说，包括三个方面：第一，保持个人精神生活与物质生活的协调发展；第二，保持个人与他所在的社会团体的协调发展；第三，保持各种社会集合体之间的协调发展。那么，如何才能保持个人和社会集合体的健康和谐发展呢？作为一个政治家和国家领导人，尼赫鲁一生都在探索和研究这个问题。经过他一生的寻求和探索，其最后的结论是：要保持社会的完善发展，光靠哲学的方法则不行，必须使哲学的方法与科学和宗教的方法结合起来，走一条哲学与科学、宗教相结合的道路。

要保持社会的完善发展，为什么光靠哲学的方法不行呢？尼赫鲁认为，哲学虽然在指导人生、探索人与自然及社会的关系中曾起过重要的作用，但是它也有自己的缺陷。在他看来，哲学，尤其是印度传统哲学，只关心人生的终极目的，而不关心人的日常生活和具体问题；哲学只善于通过一系列复杂的思辨，探讨一些玄而又玄的真理，而不愿涉及普遍的、民众所关心的社会现实问题；哲学常常被关在象牙宝塔中，成为少数哲学家的宠物，它脱离广大群众，变成人们所不理解的、不切合实际的东西。在讨论哲学的缺点时，尼赫鲁说：

> 哲学曾经避免了许多这样的陷阱，并且鼓舞了思维和探讨。可是它通常是在它的象牙之塔里面，与人生和它的日常问题相隔绝，专心致志于那些终极目的，而未能把这些目的与人生结合起来。逻辑和理性是哲学的向导，并且在许多方

向使哲学有所发展，但是那逻辑是太偏于思想方面而不切合
实际了。①

如何弥补哲学的缺陷呢？在尼赫鲁看来，要弥补哲学的不足，
就必须使哲学的方法与科学的方法结合起来。他认为，科学与哲
学不同，科学具有的特点往往与哲学相反。如果说哲学只关心人
生的终极目的，而忽视日常的实际问题的话，那么科学则只探索
自然界和社会的实际问题，而不考虑什么人生的终极目的。科学
是以一种理性的精神、实验的方式，研究和探索人们所面临的每
一个具体的问题，凡是经过理智的思考和实验证明了的东西，才
相信其是真理；否则的话，就应当将其抛弃。由于科学具有这种
注重实际的客观探索精神，所以它推动了世界文明的发展，也大
大提高了人类改造和征服自然的能力。当然，科学也不是没有缺
点的，因此，科学的方法应当与哲学的方法结合起来，两者才能
发挥更大的作用。他说：

> 科学的进展是没有止境的，如果给予它以进展机会的话。
> 然而，科学的观察方法也许不是经常可以适用于所有多种多
> 样的人类经验，并且也不能越过我们四周的那未经勘察过的
> 海洋。靠了哲学的帮助，科学的成就或许会更大一些，并且
> 甚至敢于冒险到惊涛骇浪中去。②

尼赫鲁认为，即使哲学与科学结合起来，也不是世上的什么
问题都能解决，因为哲学和科学都是依靠人们的理智能力去考察
问题，世界上确实有许多问题超越人的理性，是理智所达不到的。

---

① ［印］贾瓦哈拉尔·尼赫鲁：《印度的发现》，齐文译，世界知识出版社1956年
版，第678页。
② 同上书，第679页。

因此，他说：

> 当科学和哲学两者都无法解决的时候，我们只得依靠那
> 些我们可能拥有的其他领悟能力。[①]

那么，这里所说的"我们可能拥有的其他领悟能力"是指什
么呢？实际上，他指的是宗教方法所经常依赖的人的那种直觉能
力，即人的那种超越感性和理性的直觉顿悟能力。换言之，在他
看来，要解决世上的各种问题，不仅需要哲学和科学的方法，而
且需要宗教的方法。

尼赫鲁对宗教的态度是相当复杂的，在这里我们不妨多说几
句。总的说来，尼赫鲁对待宗教尤其是印度传统宗教，是持批判
态度的。他虽然承认：

> 宗教在人类的发展上曾有过重大的贡献。它们树立了一
> 些价值和标准，并且提出了一些指导人类生活的原则。[②]

但是，他基本上是把宗教视为一种阻碍社会发展的保守势力。
他认为，宗教有如下几个主要缺点：（1）宗教总是把真理束缚于
某种固定的形式和教条中，阻止了人们的好奇心和思维能力，阻
碍了人们对未知世界的探索。（2）它鼓励各种烦琐的教仪和礼节，
使人们沉迷于这些固定不变的仪礼之中，限制了人们的自由行动。
（3）它教人们服从造化、服从信仰、服从现存的一切社会秩序，
从而阻止人们改变现实社会的各种努力。（4）许多官方的宗教组
织，都发展成为追求自私利益的组织，它们不可避免地变成了阻

[①] ［印］贾瓦哈拉尔·尼赫鲁：《印度的发现》，齐文译，世界知识出版社1956年
版，第679页。

[②] 同上书，第678页。

碍社会进步和社会改革的障碍。在评论印度的各种宗教时，他说：

> 印度是一个信奉宗教的国家，印度教徒、穆斯林、锡克教徒以及其他信奉宗教的人各自夸耀他们的宗教，为了维护自己宗教的真理，有时不惜打得头破血流。印度以及其他地方的宗教——或者至少是有组织的宗教——所表现的这种现象，引起我极大的厌恶，我常常加以谴责，而且想把它一扫而空。宗教似乎经常倡导盲从和反动，主张教条和顽固、维护迷信、剥削和既得利益。[①]

应当指出：虽然尼赫鲁曾经严厉地批判过宗教，但是他并不是一个无神论者。他一方面反对那些鼓吹盲目信仰的各种形式主义的宗教，而另一方面又认为，人类确有保持某种精神信仰的必要性。在他看来，偶像神灵的崇拜是荒谬的，但是他并不否定对某种超自然的、抽象的精神存在的信仰和追求。

实际上，他所谓的"精神性"，就是指古代印度教哲学流派——吠檀多论所宣扬的人内在的"自我"或"灵魂"。他继承了吠檀多哲学的"梵我同一"学说，认为人内在的"精神"，即"自我"，就是"宇宙精神"——"梵"在人世间的显现。这种内在的"精神"是人的真、善、美本性的代表，它与"宇宙精神"在本质上是同一的。一个人只要证悟到这种内在的精神性，并且以"梵我同一"的真理看待万物，那么他就能与周围的人相和谐，他的生活也能与社会的生活相协调。后来，他在解释这种"精神性"时曾说：

> 我不想成为一个宗教信徒，但是我相信某种东西——不

---

① 《尼赫鲁自传》，张宝芳译，世界知识出版社1956年版，第425页。

管你愿意称它为宗教或者其他什么——这种东西可以使人超越自己一般的水平，并且能使人格具有新型的精神品格和道德标准。①

既然这种"精神性"可以使人超越自己的水平，并给予人格以新的精神品格和道德标准，一旦证悟到这种精神，则可以使一个人的生活与社会生活相和谐，那么，到底用什么方法才能认识或证悟到这种精神呢？按照尼赫鲁的观点，这需要采取一种与科学方法完全不同的方式，即宗教的方式。他认为，人内在的这种"精神"，即"自我"，是人生来俱有的天性，它们是"宇宙精神"——"梵"在人体中的显现，它们在本质上与"梵"是同一的。因为每一个人都具有这样的天性，所以人与人之间的本性也是相同的。因此，一个人只要证悟到自己的"自我"，那么他也能领悟到别人的"自我"，并且认识到人与人在本性上是相同的，从而力求使自己的生活与其他人的生活达到和谐和统一。然而，由于人的"自我"是"宇宙精神"的显现，因此它超出了人的理智所能理解的范围。要想证悟到它，则不能依靠人的理智，而必须依靠人的直觉能力，即印度古代宗教所推崇的那种直觉顿悟方法。尼赫鲁说：与科学的方法相比，"宗教的方法就迥然不同了。它既然主要是只与那些超越客观探索方法以外的领域有关，它有赖于感情和直觉"②。

这种依靠直觉去证悟人内在"精神"的方法，被尼赫鲁称为"宗教的方法"。在他看来，这种方法对于提高人们的道德和精神水平，对于调整人的物质生活与精神生活的统一，对于整个社会

---

① R. K. Kananjia, *The Mind of Mr. Nehru*, London: George Allen and Unwin Ltd., 1960, p. 33.

② ［印］贾瓦哈拉尔·尼赫鲁：《印度的发现》，齐文译，世界知识出版社 1956 年版，第 681 页。

的和谐发展，都是不可缺少的。尤其是在物欲横流、道德败坏、生存竞争激烈的现代社会中，这种追求精神完善的方法就更为重要了。他强调说：

> 某种对于自然界以外的精神上事物的信仰，某种对道德、精神和理想主义概念的信仰，也似乎是必要的；要不然的话，我们在人生中就没有归宿，没有目标或意义了。[1]

在尼赫鲁看来，要使人的"心灵与肉体有创造性地融合一致"，要使人们的物质追求与精神追求相平衡，要使个人的生活和社会生活相协调，就必须创造出一种综合的方法，即把哲学的理性思维方法与科学的客观探索方法、宗教的精神证悟方法结合在一起。只有这种综合的方法，才能导致社会的和谐统一，促进人类的进步。尼赫鲁把用这种综合方法对待万事万物的人生态度，称为"整体人生观"。如他所说：

> 因此，我们面临人生，就必须使科学的精神和手段与哲学相结合，并且还要以虔诚的心情来对待一切不可企及的东西。这样，我们才能扩展一种在它的广阔范围内包罗上下古今的整体人生观，而以宁静沉着的态度瞻望未来。[2]

哲学与科学的结合，这是容易理解的；而科学与宗教的结合，往往令人费解，因为一般人都认为这两者是对立的。但是，尼赫鲁到了晚年，则更加倾向于科学与宗教相结合的观点。1959 年，他在与记者 R. K. 卡兰吉亚的谈话中曾明确指出：

---

① ［印］贾瓦哈拉尔·尼赫鲁：《印度的发现》，世界知识出版社 1956 年版，第 681 页。

② 同上书，第 682 页。

正如你所知道的，四种大的宗教过去都影响过印度，并且现在继续影响着我们，但我们却在技术和工业化的领域中大大地发展了，并没有发生任何在科学与宗教之间的明显冲突。把科学与宗教结合起来，这可能一直是印度的最高专利权。①

四　倡导"综合哲学"

从三十几岁起，尼赫鲁就担任国大党的领袖，领导印度民族解放运动；印度独立之后，又一直担任政府总理，亲自处理各种国务活动和外交事务。在他的一生中，他的绝大部分时间和精力都花费在各种社会实践活动中，而很少有时间进行哲学理论的总结和概括。那么，尼赫鲁的社会实践哲学是什么呢？换句话说，指导他的各种社会实践活动的基本原则是什么呢？

到了晚年，尼赫鲁曾对自己的实践哲学做了简要的总结。1959 年，他在会见记者 R. K. 卡兰吉亚时明确指出：他的实践哲学可以称为"综合哲学"（Philosophy of Synthesis）。卡兰吉亚提问："您所说的一切有关我们的遗产及其发展问题，提出了要用一种全面的'综合哲学'来取代那种'对抗的原则'。我这样理解，对吗？"他回答说："对，就是一种综合哲学。"②

什么是尼赫鲁所谓的"综合哲学"呢？对此，他并没有做系统、详细的论述。但是，我们从他的谈话中可以分析出，"综合哲学"包含着两层含义：其一，从本质上看，"综合哲学"是力求在两种对立或冲突的因素中，建立起某种桥梁或联系的纽带，使

---

① R. K. Kananjia, *The Mind of Mr. Nehru*, London：George Allen and Unwin Ltd. , 1960, p. 34.

② Ibid. , p. 76.

它们的关系协调起来，能够共存于一个统一体中。其二，从方法论上看，"综合哲学"竭力避免暴力的手段，力求用和平、合作、非暴力的方式来解决一切社会矛盾。在解释这一点时，他说：

> 在不否认或拒绝阶级矛盾的同时，我们想用一种和平的、合作的方式解决社会问题，以缓和逐渐增长的社会冲突，力争说服人们不要用打倒或消灭的方法相威胁。甘地可能还不知道，我和他所理解的这个阶级斗争的方面。但是，他的解决方法对于我们的时代，特别是我们的国家越来越合适。①

尼赫鲁所谓的"综合哲学"，实质上，就是一种调和的哲学、共存的哲学。这种哲学力图把社会上各种对立的、矛盾的事物调和在一起，找出它们的某些共同的东西，求同存异，使它们共存于同一体之中。在处理社会的各种矛盾和斗争中，尼赫鲁实际上是把马克思的阶级学说与甘地的非暴力学说结合起来，以构成他自己的"综合哲学"。首先，他接受了马克思的阶级学说，承认现代社会存在着阶级和阶级矛盾，但是他又不主张用暴力的、流血的阶级斗争方式来解决现代社会的阶级矛盾。他认为马克思的阶级斗争理论已经过时了，因为在马克思所处的时代中，"还没有民主、公民权和工人阶级运动，除了斗争以外根本没有其他的手段来解决不平等，使社会平等化"②。但是在现代社会中，情况则不同了。特别是在印度独立之后，印度制定了新宪法，人民有了民主和平等的权利，所以他更加倾向于甘地的非暴力学说，主张用和平、合作、非暴力的方式来解决一切社会矛盾。如他所说：

---

① R. K. Kananjia, *The Mind of Mr. Nehru*, London: George Allen and Unwin Ltd., 1960, pp. 76 – 77.

② Ibid. , p. 76.

因此，一切问题都可以用甘地的方法来解决。[1]

现在，社会上还存在着各种阶级。这些阶级显然处在冲突之中，他们的利益是相互冲突的，因而产生斗争。这种斗争不能被否定。但是，关键的问题是：为了结束阶级斗争，你是否通过冲突和暴力来强化它，解决它，还是消除它。首先，我的基本态度是尽可能地解决冲突，而不使用暴力。这就叫不否认阶级斗争，但是又要用除冲突和暴力之外的其他手段来消除阶级斗争。[2]

应当指出，尼赫鲁对甘地非暴力学说的认识，是有一个发展过程的。早在20世纪30年代，年轻的尼赫鲁作为一位具有激进思想的民族主义者，是不完全赞同甘地的非暴力原则的。在这个问题上，他与甘地的分歧在于：（1）甘地认为，非暴力是改变印度现状、实现印度独立的唯一正确的方法，其他的方法则不行；而尼赫鲁认为，非暴力并不是实现印度独立的唯一方法，除此之外还可以使用其他的方法。（2）甘地认为，非暴力是可以普遍应用的、用来解决一切社会问题；而尼赫鲁认为，非暴力并不是可以普遍应用的、百分之百保险的方法。（3）甘地认为，非暴力的应用是无条件的，甚至在对方使用暴力手段的时候也可以应用；而尼赫鲁认为，非暴力的应用是有条件的，只有在一种对自己有利的环境或条件下才能应用。1934年，尼赫鲁在《自传》中就他与甘地的分歧写道：

从这里我们可以引导出这样的结论：非暴力方法并不是在一切场合都适用的方法，并不是可以普遍应用，百分之百

①　R. K. Kananjia, *The Mind of Mr. Nehru*, London: George Allen and Unwin Ltd., 1960, p. 79.

②　Ibid., p. 78.

保险的方法。这种结论是甘地所不能容忍的，因为他坚决相信非暴力方法是放之四海而皆准，百无一失的方法。因此，他认为就是在外面情况不利的时候，甚至在发生冲突和暴力的时候，也应当采取非暴力方法。[①]

由此可见，30 年代尼赫鲁对甘地的非暴力原则是持某种批评态度的。但是，在印度独立之后，尤其是在五六十年代，他则越来越倾向于甘地的非暴力方法。究其原因：一则是他的地位发生了变化，他已经由一个为民族独立而奋斗的革命者转变为一个大国的政府首脑和领袖。二则是国际和国内形势发生了变化，特别是原子弹的出现，使他对战争和阶级斗争的观念发生了根本的转变。他曾说：

> 现在，当原子能为人类进步展现巨大希望的时候，原子弹也以其一次、两次或三次的爆炸威胁着人类的文明。这种毁灭性武器的出现使战争或冲突——无论是阶级斗争的形式，还是资本主义与社会主义对抗的形式——都会成为灾难，以至于根本不能想象用暴力的形式来解决社会问题。因此，从任何观点看，在这个不仅国家，甚至集团或个人都可能掌握巨大毁灭性武器的时代里，阶级斗争或战争的观念已经过时了，太危险了。所以，我们必须赞同并遵循甘地的这种综合、合作、共存、逐步平等的解决方法。[②]

尼赫鲁的这种"综合哲学"，即用和平、合作、非暴力的解决矛盾的方法，在他担任印度总理期间得到了广泛的应用。他在制

---

① 《尼赫鲁自传》，张宝芳译，世界知识出版社 1956 年版，第 237 页。

② R. K. Kananjia, *The Mind of Mr. Nehru*, London：George Allen and Unwin Ltd.，1960，p. 77.

定各种方针政策、处理国内和国际事务时，一般都遵循这种哲学原则。譬如，印度独立后，尼赫鲁所领导的政府在实行土地改革中，就奉行了这种和平的非暴力原则，并取得成功。在经济建设中，尼赫鲁一直实行"混合经济"的政策，即允许公营经济与私营经济同时发展的政策。这种"混合经济"也体现了尼赫鲁"综合哲学"的原则。而赫鲁在对外政策中所倡导的"和平共处五项原则"，最明显、最典型地反映出这种"综合哲学"的精神。1954 年 6 月，他与周恩来总理在《中印两国总理联合声明》中，正式宣布将"互相尊重主权和领土完整、互不侵犯、互不干涉内政、平等互利、和平共处"五项原则，作为指导两国关系的基本原则。这"五项原则"表明：国家不分大小、强弱，一律平等；国与国之间的矛盾，不能通过战争或暴力的方式来解决，只能用和平、合作的方式来解决；在不同社会制度和生活方式的国家之间，应当互相尊重、互相理解、求同存异、和睦相处。"五项原则"现今已经成为防止世界战争、维护世界和平的一个新的国际关系准则。

五　民主学说

研究尼赫鲁的哲学，就不能不涉及他的民主学说。他有一套独具特色的民主理论，这种理论也是其政治哲学的重要组成部分。

尼赫鲁作为一位伟大的民主主义者，他虽然受到西方民主政治的深刻影响，但是他并不拘泥于各种教条之中，而是在社会实践中对民主的概念有所发展。他在继承西方民主观念的同时，吸收印度传统文化的民主因素，并且根据印度的具体国情，对民主概念做出了新的解释。在对"民主"的阐释上，他有一个逐步发展的过程。在民族独立运动期间，"民主"对他来说，主要是"印度自治"或摆脱外来统治的"民族自由与平等"。但是，印度独立之后，他作为一个国家领导人，则从不同的方面解释这个词，并赋予它以新的内涵。如他所说：

> 民主不仅是政治的，不仅是经济的，而且是某种思想上的东西……它包含着所有的人在政治和经济领域中的机会均等。它包含着每个人都有发展的自由和充分发挥自己智慧和才能的自由。它包含着对他人的宽容，甚至宽容他人与你不同的观点……民主是能动的，而不是静止的东西……最终，它还是一种对待我们政治和经济问题的心理态度。①

对尼赫鲁来说，民主不只是一种政治制度、一种经济制度，而且是一种生活方式、一种社会状态、一种精神状态和一种行为道德。

下面，我们从四个方面阐述一下尼赫鲁的民主观。

（一）民主是实现个人的自由与发展

尼赫鲁从实现个人的价值方面论述民主。他一向对个人的自由和发展给予极高的重视。他认为，一个民主的国家必须建立一种良好的社会结构，以保障个人的自由发展并促进其人生价值的实现。他在其名著《世界历史的一瞥》中，多次论述到人的思想自由、写作自由和意识自由。1946 年 12 月 13 日，尼赫鲁在印度制宪会议第一次会议上提出了著名的《目标决议》，这个决议确定了印度宪法的基本方向和目标。他在这个决议中强调指出，印度将成为"主权的共和国"，这个"共和国"将保证全体人民思想、言论、信仰、崇拜、结社、集会和行动的自由。

个人自由与社会生活是什么关系呢？在这个问题上，尼赫鲁

---

① M. Neeraj, *Nehru and Democracy in India*, Dehli: Sage Publishers, 1972, p. 34.

的态度是明确的。他虽然强调个人的自由发展，但是他所说的自由，绝不是无限制的自由或绝对的自由。他认为，在一个民主社会里个人的自由并不是无限的，这种自由要受到某种限制，以使它不会干扰其他人的自由。一个人的自由要和其他人的自由，甚至和整个社会生活相互协调、相互平衡，只有这样，社会才会是和谐统一的。1951 年，他在一次议会会议上讲：

> 在一个民主的社会中，个人自由的观念必须与社会自由、个人与社会群体的关系相互均衡。一个人的自由不应当侵犯其他人的自由。①

另外，尼赫鲁还特别强调限制自由的必要性，他说：

> 我是一个过分的个人主义者和个人自由的信仰者，以至于不喜欢过分的组织化。然而我看得很清楚，在一个复杂的社会机构里个人自由必须有所限制；而且也许达到真正个人自由的唯一道路，就是在社会范围内要有一些这样的限制。为了较大的自由的利益起见，较小的自由往往是需要受到限制的。②

如何使个人的自由与社会相和谐呢？尼赫鲁认为，只有通过法律的手段才能使两者相和谐。个人的自由需要法律的保护，但个人的自由也必须限制在法律允许的范围之内；一旦个人的自由超出了法律的范围，那他就要受到法律的制裁。法律可以制止那

①　1951 年 5 月 18 日尼赫鲁在议会上的讲话，转引自《尼赫鲁言论集》，牛津大学出版社 1954 年版，第二卷，第 499 页。

②　［印］贾瓦哈拉尔·尼赫鲁：《印度的发现》，齐文译，世界知识出版社 1956 年版，第 20 页。

些极端利己主义者的行为，以维护社会的正常秩序。

（二） 政治的自由平等是民主的基础

尼赫鲁从政治的角度论述民主。他认为，政治的自由和平等是人民最基本的权利。政治的自由和平等是基础，其他的平等都是建立在政治平等之上的。他着重从如下几个方面阐述政治的民主。

民众主权

尼赫鲁强调人民的主权在民主社会中的作用。他认为，在一个民主的国家里国家的权力是属于人民的，国家和政府使用权力的目的最终是为着人民的意志和利益。

那么，人民的权力如何体现出来呢？尼赫鲁认为，表达印度人民愿望的最重要的途径，就是通过制宪会议来制定一部体现人民意志和权利的新宪法。首先，通过民众选举的办法选举出制宪会议的代表；然后，必须组织好制宪会议，最大限度地代表民众，制定出一部体现人民意志的宪法。在他看来，通过制宪会议来制定新宪法，就是通过民主的方式解决印度政治和社会问题的唯一途径。1946 年 12 月印度制宪会议在新德里成立，经过三年的努力，1949 年 11 月 26 日宪法草案被制宪会议正式通过，从此印度新宪法诞生。

民众的主权还表现在人民有权对政府的行为进行监督，当然，人民的这种权力只能通过他们选举出的代表来表达。按照印度新宪法的规定：国会的议员是人民选举出来的，国会有权修改宪法并有权监督政府。政府的一切重大政策一定要得到国会的批准，政府各部部长有责任就重大问题向国会报告，并回答议员的质询。国会有权通过对政府的不信任案，迫使不负责任的政府辞职。在尼赫鲁看来，在一个民主的社会中政府必须按照人民的意愿行事，它只是"人民意志的反映者";如果政府不能反映人民的意志,人民就有权改变他们的政府。

成人选举权

尼赫鲁认为:"选举是民主政治程序中重要而不可分的一部分,是不能舍弃不用的。"① 在他看来,人民参政的权利只有靠选举来体现,通过选举可以反映出全体选民对国家重大事务的观点,也可以使选民选出他们信任的代表。政治的民主就是建立在人民对国家大事、对选举代表的浓厚兴趣之上的。

尼赫鲁知道选举也有其弊病,并不是每一次选举人们都能成功地选出反映自己意愿的代表。那么,如何克服选举中的弊病呢?他认为,克服弊病的一个重要方法,就是扩大选举人的范围,采取成人选举制。他所谓的"成人选举制",就是说,凡是成年人,不分男女,不受任何财产资格和教育程度的限制,一律都具有选举权。在他看来,由于财产少和教育程度低而剥夺一批人的选举权是不合理的,那些不识字的农民可能比受过教育的知识分子在农村的问题上更具有发言权。对此,他有一段很生动的话:

> 我对于放宽选举名额比对于根据财产资格或教育程度而受到限制的选举名额更加信任。根据财产的资格无论如何是不好的;至于根据教育程度自然合乎愿望而且必要,但是我没有在一个学者或稍受教育的人身上发现任何特殊的品质,可以比一个健壮不识字的然而在一定范围内充满着常识的农民更有资格值得尊重。无论如何,在农民的主要问题上,他们的意见是更重要的。我是最相信成年人选举权的,男男女

① ［印］贾瓦哈拉尔·尼赫鲁:《印度的发现》,齐文译,世界知识出版社1956年版,第68页。

女都应该有……①

负责任的政党

尼赫鲁认为，在民主政治中政党的作用是不能忽视的。一个组织良好、对人民负责任的政党，无论对于政府，还是对于选民，都是不可缺少的。因为民选的政府都是通过政党来组织，并通过政党来行使权力的，所以一个对人民负责任的政党对于组织好政府、管理好国家是十分必要的。各个政党在竞选之中把自己的纲领公布于众，并且宣传自己纲领的优点以及其他政党纲领的不足，这样就可以帮助选民做出自己的选择，并促使他们监督各政党纲领的实行。因此，尼赫鲁强调政党在民主政治中的重要性。他说：

> 个人，无论有多大的能力，都不能代表或联系人民，而一个组织良好的政党，只要其发挥政党的作用，就能与广大民众相联系，它就能够指导人民，影响人民的思想，反过来它也受人民思想的影响。②

此外，他还认为，一个社会中有各种不同的观点和意志，这些观点和意志只有通过多个政党才能充分表达出来。因而他赞成多党制，认为当一个政党执政时，其他政党进行监督是完全必要的。

（三）民主包含着经济与社会的平等

尼赫鲁亦从经济和社会的角度论述民主。他虽然认为政治上的自由平等是重要的，但是他又指出，要实现真正的民主，光有

---

① ［印］贾瓦哈拉尔·尼赫鲁：《印度的发现》，齐文译，世界知识出版社 1956 年版，第 68 页。

② M. Neeraj, *Nehru and Democracy in India*, Dehli: Sage Publishers, 1972, p. 45.

政治上的自由平等，是远远不够的。如果一个人没有经济上的平等权，那么这种政治平等也会伴随着投票的结果而化为乌有。他说：

> 在那些绝对贫穷的地方，自由就变得无足轻重了……如果由于贫穷或其他原因，你甚至没有能力使生活过得有价值，那么一切其他的自由就更不算数了。①

这段话表明：在尼赫鲁眼里，经济的平等与政治的平等同样重要，没有经济上的平等，政治上的自由平等就毫无意义。因此，他的结论是：

> 真正的自由不仅仅是政治的，而且必须是经济的和精神上的。只有到那个时候，人才能够发展并实现自己的尊严。②

为了实现经济上的平等，他主张把民主政治与社会主义的经济平等结合起来，建立"民主社会主义"的社会。

尼赫鲁还谈到社会平等的重要性。他认为，人的平等权利包含生活的各个方面——政治的平等、经济的平等、社会的平等和文化的平等，等等。生活是一个整体，生活的各个方面是相互影响的；假如一个人在社会方面享受不到平等的权利，那么也会影响到他在政治和经济方面的平等权利。因而，在民主的概念中，社会的平等也是不可忽视的。尼赫鲁所追求的"社会平等"，就是指"机遇均等"，即每个人不分民族、宗教、种姓和肤色的差别，

---

① 1962 年 3 月 5 日尼赫鲁在新德里的一次讲话，转引自《尼赫鲁言论集》，牛津大学出版社 1954 年版，第四卷，第 182 页。

② 1952 年 12 月 15 日尼赫鲁在议会的讲话，转引自《尼赫鲁言论集》，牛津大学出版社 1954 年版，第二卷，第 86 页。

都能获得充分发展自己的同等机遇。在他看来，当时的印度社会中还存在着许多社会差别和歧视，如教派之间的歧视、种姓之间的歧视以及对山区部落民族的歧视，等等，这些社会的不平等严重地阻碍着印度的民主进程。他批判印度教的种姓制度是一个阻止社会平等和进步的障碍。他说：

> 在今天的社会组织中，种姓制度及其相关的许多东西是完全不协调的，对立的，局限的，并且是进步的障碍。在它的体制之内是不可能有地位上和机会上的平等的，也不可能有政治上的民主，更不可能有经济上的民主了。[①]

为了促进印度的社会平等，尼赫鲁领导的政府采取了各种措施，以消除社会差别和歧视，保护低级种姓和落后民族的地位和利益。

（四）民主也是公众的自我修养

尼赫鲁还从道德的角度论述民主。他认为，民主最终乃是实现人生价值的一种手段或方法，因此在民主的概念中除了包含个人自由、政治和经济的平等之外，还应当包含广大民众的自我教育和自我修养。他所说的"自我修养"，是指广大民众都必须接受必要的教育，自觉地进行训练和修养，从而提高全社会的道德和精神水平。在他看来，民主在本质上需要高质量的人，需要自我修养高的人；在一个道德水平不高的社会中，是不可能实现真正的民主的。因此，高尚的道德和精神修养乃是民主社会不可缺少的东西。例如，在意见不统一的情况下，经过讨论以后，少数人的观点应当服从多数人的观点，这就是高尚道德修养的表现。所

---

① ［印］贾瓦哈拉尔·尼赫鲁：《印度的发现》，齐文译，世界知识出版社 1956 年版，第 329 页。

以，他说：

> 你可以从一百个方面给民主下定义，但是其中肯定有一个定义就是民众的自我修养。被迫的训练和自我的修养越充分，民主的发展水平就会越高。①

通过尼赫鲁对民主概念的解释，我们可以看出，他的民主观是以人道主义思想为基础的，它既包含西方资产阶级的"自由、平等、博爱"和民主政治的内容，也吸收了社会主义的消灭贫穷、保证经济平等的因素，还掺入了印度传统文化中自我修养和自我净化的思想。所以，他的民主观是一种融会东西方思想、社会主义和资本主义的综合型民主观。

具体地说，尼赫鲁的民主观有如下几个特点。

首先，民主是一个综合的概念。

尼赫鲁的民主观是以个人为核心的。他相信，真正民主的社会，能够保证每个人的自由与平等，能够给每个人以充分发挥自己才干的机会。因此，他的民主观念包含在人生的各个方面中，如政治、经济、社会、文化上的民主等。在他看来，政治的民主，意味着每个公民都有选举和被选举权，都有参政的权利等；经济的民主，意味着公正地分配社会财富，保障民众的物质生活福利等；社会的平等，意味着人与人之间没有以民族、种姓、信仰、财产、地位为基础的差别，人人都能享受到同等的发展机遇；文化的民主，意味着人人都能接受教育、掌握文化知识，每个人都能严于律己，宽以待人，提高自我修养和道德的水平。各个方面的民主是一个整体，相互关联，相互影响，缺一不可。所以，尼赫鲁的民主概念是一个综合的全面的概念，民主对他来说，不仅

① Vishnoo Bhagwan, *Indian Political Thinkers*, New Delhi: Atma Ram & Sons, 1976, p. 153.

仅是一种政治制度或经济结构，而且是一种社会形态、一种生活方式、一种精神道德状态。

其次，民主是一个发展的概念。

尼赫鲁是从辩证的观点解释和运用民主的，他认为民主是一个发展变化的，而不是静止的概念。一个有生命力的真正的民主，必然能适应时代和环境变化的需要。在他看来，时代变了，19世纪的一些民主概念已经不适用了。随着科学技术的发展和民众对物质福利的追求，现在的民主制度绝不是简单的议会民主，它必须能够解决广大民众的贫穷、饥饿、失业以及文盲的问题；如果不能解决这些问题，这种民主就是空洞的、毫无意义的。另外，随着地点的变化，民主的概念也有所变化。尼赫鲁自己虽然深受西方民主思想的影响，但是他并不是把西方的民主原封不动地搬到印度来，而是根据印度的国情，因地制宜地运用民主的概念。例如，印度是一个多种宗教并存、教派斗争异常激烈的国家。多数派宗教和少数派宗教经常为一些意见分歧而发生冲突。在这种情况下，尼赫鲁认识到少数服从多数的民主概念就不完全适用了，他主张应当保护少数派宗教和少数民族的地位和利益。因此，他说：

> 在一个像印度这样巨大和多样性的国家内，把全部权力交给一个多数派，在一切事情上抑制或否定各少数派集团的主张——这种简单类型的民主制度，即使能够建立起来，也不是令人满意的或值得向往的。[1]

最后，民主是保持社会平衡的最好方法。

尼赫鲁把民主制度看作维持社会和谐、调整矛盾冲突的最好

---

[1]　[印] 贾瓦哈拉尔·尼赫鲁：《印度的发现》，齐文译，世界知识出版社1956年版，第384页。

途径。他认为，在民主社会中，人人都具有较高的自我修养、道德水准和社会责任感，整个社会中充满着合作的精神、宽容的精神和相互理解的精神。每个人都知道个人权利和社会义务的关系：一个人既有享受自由平等的权利，也有遵守纪律、为社会做贡献的义务，两者相辅相成、缺一不可。他们懂得个人的自由必须与社会的自由相协调，个人的利益必须与团体的利益相平衡，个人的权利必须与他所尽的义务相一致。随着人们修养和道德水准的提高，社会的矛盾和冲突也逐渐减少。即使出现了矛盾和冲突，民主社会所依赖的解决方法，也是通过法律和和平的手段，而不是通过暴力的手段。在尼赫鲁看来，通过法律和和平的手段要比通过暴力的手段好得多，因为通过暴力的手段只能加大双方的仇恨和冲突，而不能真正地解决问题。所以，他说：

> 对我来说，民主就是试图通过和平的手段解决问题。在我的思想中，如果没有和平的手段，也就不会有民主。①

综上所述，我们可以得出结论：尼赫鲁不仅在理论上，而且在实践上都是一个伟大的民主主义者。他对民主的最大贡献就在于，他不仅对民主的观念和价值做出了新的解释，而且把这些观念应用于印度的社会实践中，使这个刚刚独立的国家初步建立起民主的体制。正如《尼赫鲁和印度的民主》一书的作者尼拉嘉所说：

> ……毫无疑问，如果没有尼赫鲁，印度的民主制度就不可能形成今天这样清晰的模样。在种姓主义、教派主义、贫穷、饥饿、疾病、无知泛滥这种最不利的条件下，他能够转

---

① 1956 年 2 月 25 日尼赫鲁的讲演，引自《尼赫鲁言论集》，牛津大学出版社 1954 年版，第三卷，第 139—140 页。

变印度社会的保守观点，创造出有利于社会改革的新气候，能够通过议会迎来计划发展的新时代，能够保持言论、思想、表达的自由，能够允许各种不同的政党以民主的方式发挥作用，能够促进消除文盲的祸根、把知识的曙光传播到印度的各个黑暗的角落，能够使五亿人民有能力管理好自己。[①]

确切地说，在印度的民主化进程中，尼赫鲁的主要功绩还不是表现在他对民主观念的解释上，而是表现在他如何冲破各种阻力，将民主的观念转化成各种法律和政策，贯彻到印度社会的各个领域中。尼赫鲁担任了十七年的印度总理，在这十七年中他一直想通过民主和法治来治理国家。因此，他竭尽全力将自己的民主思想应用于印度的各个方面——政治、经济、社会和文化教育等领域。例如，在政治领域，在他的领导下印度制定出新宪法，确立了议会民主制、成人普选制及民众的各种自由权利等。在经济领域，实行土地改革、"混合经济"、"经济计划"等，以促进生产力的发展、保障民众的经济民主。在社会领域，推行各种世俗主义的政策，以消除各宗教、种姓和民族之间的差别，保证民众的社会平等权利等。独立初期，印度是一个经济和文化上都十分落后的国家，各种封建残余、宗教仇恨、种姓歧视、社会偏见严重地阻碍着印度的民主化进程。在这种情况下，尼赫鲁能够克服各种艰难、排除一切责难和阻力，在印度推行和贯彻他的民主思想，并在印度初步建立起民主制度。仅从这一点而言，尼赫鲁在印度历史上也是功不可没的。

综上所述，我们不难看出，尼赫鲁的哲学思想不仅具有印度传统文化的印记，而且受到西方资产阶级哲学和马克思主义思想的深刻影响。从青年时代，他就具有一种乐观向上、积极进取的

---

① M. Neeraj, *Nehru and Democracy in India*, Dehli: Sage Publishers, 1972, p. 262.

人生态度。作为一位政治家，他主张哲学必须为现实社会服务，现代的哲学必须能够解答现代的问题。在他的民主学说中，他强调广大民众的政治自由、经济和社会的平等是民主政治的基础，没有民众在经济和社会上的平等，就谈不上民主。另外，他也认为，没有民众的自我修养和道德水平的提高，也不可能建成真正的民主。到了晚年，他提倡一种"综合哲学"，即一种"和平、合作、非暴力的哲学"，并在他的领导实践中运用这种哲学来解决各种社会问题。总之，尼赫鲁的哲学不是学术哲学，而是一种政治家的实践哲学。这种哲学比学术哲学更具有现实意义，更富有社会影响力。因此，尼赫鲁的哲学不仅对印度民众有深刻的影响，而且也对世界，尤其是对广大发展中国家有着广泛的影响。

第二十一章　拉达克里希南的哲学与"精神宗教"

S. 拉达克里希南（Sarvepalli Radhakrishnan，1888—1975）是印度现代著名的哲学家、社会活动家家，1962—1967 年曾当选印度总统。他在印度现代哲学史上占有极为重要的地位，对印度现代哲学的发展做出了杰出的贡献。其哲学的最大特点，是在继承印度传统吠檀多思想的基础上，批判性地吸收西方哲学之精华，把东西方哲学融会起来，建构起一个新型的综合哲学。他精通东方（尤其是印度）和西方两种伟大的传统，力图比较和沟通这两种思想，充分肯定两者的历史作用。因此，人们称赞他为"东西方比较哲学大师"。西方学者 C. E. M. 乔阿德在评述拉达克里希南的学术成就时说：

> 今天，拉达克里希南所起到的唯一作用，就是联络官的职能。他力求在东方传统知识和西方新的知识和活力之间架起一座桥梁。①

---

① C. E. M. Joad，*Counterattacks from the East*，London：George Allen and Unwin Ltd.，1933，p. 38.

一 沟通东西方哲学的一生

1888 年 9 月 5 日，拉达克里希南出生于南印度马德拉斯市西北 40 英里处的一个名为"提鲁塔尼"的小镇。父母都是泰卢固族的婆罗门，信仰正统的印度教。他的童年是在家乡提鲁塔尼和附近的提鲁帕提度过的，这两个地方皆为著名的印度教圣地，充满浓郁的宗教气氛。童年所受到的影响和熏染，使他自然而然地对宗教产生了极大的兴趣。他承认从那时起就开始相信不可见世界的实在性，而且这种信仰以后从未被抛弃过。

8 岁时，他被送到一所德国教会学校读书。五年后，到威罗尔的沃尔希斯学院求学（1901—1905），接着又考入马德拉斯基督教学院。青少年的拉达克里希南接受的是教会学校的教育，在这个时期他通晓了西方文化和基督教教义，并了解基督教传教士对印度教的尖锐批评和讽刺。这种批评和讽刺刺痛了这位爱国青年的民族自尊心，促使他下决心钻研印度教经典，力求从中找出有生命力的东西。因此，他选择"吠檀多伦理观"作为自己硕士论文的题目。在这篇论文中，他驳斥了西方人认为吠檀多体系没有伦理思想的观点，指出吠檀多论并没有损坏道德，而是把道德原则看作认识最高实在的必不可少的前提。此论文也是他的第一部哲学著作，于 1908 年出版，当时他年仅 20 岁。

1909 年毕业于马德拉斯基督教学院后，拉达克里希南应邀担任马德拉斯省立学院哲学讲师，1916 年提升为正教授。1918 年，他出任迈索尔大学哲学系教授。在以后的三年中，他完成了自己最初的两部著作：《拉宾德拉纳特·泰戈尔的哲学》（1918 年出版）和《现代哲学中的宗教势力》（1920 年出版）。在后一部著作中，拉达克里希南站在印度人的立场上考察和研究了西方哲学。他批判了莱布尼兹、沃德、柏格森、詹姆士、倭铿以及罗素等西方哲学家，指出许多伟大的西方哲学家都不自觉地被宗教偏见所左右，反对一元论和理性主义。他主张，哲学应当服从理性，并通过理性去发现真理，而不要被宗教、情感或政治的考虑所干扰。这部书使他在哲学界获得盛名，从而引起加尔各答大学副校长穆克吉的关注。1921 年，在穆克吉的保荐下，拉达克里希南受聘为加尔各答大学心理—伦理哲学系的英王乔治五世讲座教授——这是当时印度最高的哲学教授职位。在加尔各答大学，他完成了一部著名的综合性著作，名为《印度哲学》（1923 年出版第一卷，1927 年出版第二卷）。这部书最显著的特点是运用西方哲学的术语、范畴和概念，并在与西方哲学的纵横比较中，重新说明和评价了印度传统宗教哲学的价值和观念，把印度哲学看作一个不可分割的整体和一个不断发展的过程，把它放到整个人类思想发展的历史背景中去考察和评述。正如他在该书"序言"中所说的：

> 我的目的与其说是叙述印度观念，不如说是说明它们，以便使它们纳入西方思想传统的焦距之内，在两种思想体系之间进行类推和比较……①
>
> 吠陀诗人质朴的言辞、奥义书神奇的启示、佛教徒绝妙的心理分析和商羯罗惊人的体系，从文化的观点看，都像柏拉图和亚里士多德，或者康德和黑格尔的体系一样相当有趣，并富于教益。只要我们既不轻视过去的东西，也不蔑视外国的东西，以真正科学的精神研究它们，情况必然如此。②

《印度哲学》一书，是拉达克里希南哲学思想从前期向后期转化的标志，也是他后期在更广的范围内和更高的层次上对东西方

---

① S. Radhakrishnan, *Indian Philosophy*, London：Oxford University Press, 1923, preface.

② Ibid..

哲学进行比较研究的奠基石。

随着拉达克里希南学术成就和声望的提高，许多著名的外国大学都纷纷邀请他出国讲学。1926 年，他应邀到英国牛津大学曼彻斯特学院，为乌普顿讲座做每年一次的讲座，最初的讲题是"印度教的教义和生活方式"。同年 8 月，他访问美国，在芝加哥大学的哈斯克尔讲座讲授比较宗教学。此时，也正是他哲学著作的高产时期。1927 年，他的乌普顿讲座讲义在伦敦出版，题为《印度教徒的人生观》。1928 年，他出版了《我们需要的宗教》。1929 年，又发表了《基尔卡，文明的前途》。1929 年秋，他继续在牛津大学主持乌普顿比较宗教讲座，讲义题为"东西方宗教"（1933 年该讲义出版）。同年，他还被邀请在牛津大学希伯特讲座讲学，题目为"理想主义的人生观"（1932 年）。该讲座出版后受到哲学界的高度评价。许多学者认为，这是拉达克里希南最重要的哲学著作，为研究宗教思想做出了创造性的贡献。在这部书中他考察了基督教、印度教、佛教、伊斯兰教和道教等，分析了各种宗教的精神本质，指出真正的宗教应当是以人和世界在精神本质上相同一为基础的一种"精神宗教"。只有这种宗教，才能指导人们全面地观察自己的一生，促使同一精神渗透到每个人的身体、情感和灵魂之中，从而使个人生活与社会生活和谐统一，把人从各种痛苦中解脱出来。1931 年，由于拉达克里希南在东西方哲学比较研究上的卓越成就，他被英王乔治五世授予爵士爵位。下半年回到印度，出任安德拉大学副校长。1936 年，被聘为牛津大学新设立的斯波尔丁东方宗教和伦理学讲座教授，同时亦任加尔各答大学哲学教授。他兼任这两项职务，直至 1939 年第二次世界大战爆发，此后他不能再每年赴英国讲学。1938 年，他曾应英国学会的邀请，为该学会作题为"大师心智"的讲座，讲义于 1939 年出版，命名为《乔达摩——佛陀》，他也因此成为该学会的第一个印度成员。1939 年，为庆祝甘地七十诞辰，他编辑了《圣雄甘地——有关其生平、著作的回忆与论文》一书。同年，他的斯波尔丁讲座的讲稿，以《东方宗教与西方思想》为题公开出版。该书是东西方文化比较研究的杰作，它从世界文化发展的大视野详细地阐述了东西方政治、文化和宗教的演化，旁征博引了东西古今许多大思想家的观点，以大量的史料说明了东西方文化的发展不是彼此孤立的，而是相互促进和影响的。西方文化的许多内容来自东方，如古希腊思想和中世纪基督教思想中都渗透着东方尤其是印度的宗教思想；而世界各种不同的种族、宗教和文化又汇集于印度，在印度这块土地上相互融合、并存发展。他还进一步论述了古希腊文化和欧洲的文艺复兴思想是人类共同文化遗产的一部分，而东方文化，包括印度的古代宗教哲学，也是人类精神财富的一部分。东方文化，无论过去还是现在，都为世界文化的发展做出了不可磨灭的贡献。

1939 年，拉达克里希南出任贝那勒斯印度教大学副校长。1941 年，他在该校主持印度文化和文明的讲座，同时辞去了担任 20 年的加尔各答大学乔治五世讲座的教授职务。但是第二年，他又应邀到加尔各答大学讲学，题为"宗教与社会"（1947 年正式出版）。1944 年，他被邀请来中国讲学，连续做了十二次演讲，讲义汇编成《印度与中国》一书，于当年出版。此书论述了中国的教育思想、中国的宗教——孔教和道教、中国与印度的关系以及战争与世界安全等问题，共六章。1948 年，他辞去印度教大学副校长一职，就任独立后印度新政府成立的大学委员会主席。50 年代开始，拉达克里希南虽然身居政府要职，但是仍然坚持哲学创作，写作并编辑了不少的学术专著。如《关于东方和西方的一些反思》（1955 年）、《信仰的复兴》（1955 年）、《梵经——精神生活的哲学》（1960 年）、《一个变化世界中的宗教》（1963 年）、《宗教与文化》（1968 年）、《当前信仰的危机》（1970 年）等。他编辑的著作有：《东西方哲学史》（1952—1953 年出版）、《印度哲学资料》（1957 年）等。

除了创作出大量哲学专著之外，拉达克里希南对印度现代哲学的发展所做的另一个重要贡献是，他在 1925 年与泰戈尔共同倡导并创建了印度哲学大会。第一届印度哲学大会的主席由现代印度伟大诗人、哲学家泰戈尔担任。这是一个固定的哲学研究团体，有相应的组织机构，每年召开一届年会，一直延续至今。哲学大会的成立为印度哲学研究和讨论奠定了组织基础，为促进印度现代哲学的繁荣做出了重要的贡献。1950 年，印度哲学大会在加尔各答召开，隆重庆祝建立 25 周年。当时任驻苏联大使的拉达克里希南，应邀回国参加大会，被选为大会的名誉主席。在会上，他专门做了有关印度哲学与西方哲学比较研究的讲演，受到与会者的高度赞赏。苏联学者阿尼凯耶娃，在评述这次演讲时说：

> 如果说泰戈尔在印度哲学大会成立大会上讲演的主旨，是强调印度哲学为世界文化作出了不可估量的贡献，指出印度哲学的永恒价值，并赞颂它的举世无双和它在现代文化之林中的独特地位的话，那么，拉达克里希南在这次大会上强调的则是，印度哲学和西方哲学相互融合的可能性。[1]

拉达克里希南不仅是一位享誉世界的哲学家，而且是一位著名的政治家和社会活动家。早在 20 年代他就已经声名远扬，成为印度最知名的人士和渊博的学问家。随之，他的各种荣誉也接踵而至。他在以后的各个时期，曾担任一个又一个重要的职务。从 1931 年起，他一直担任国际联盟文化合作委员会的委员。1946 年，联合国成立后，他出任联合国教育、科学和文化组织的印度代表团团长和该组织的执委会委员，1948 年被选为该组织的副主

---

[1] 阿尼凯耶娃：《印度哲学与西方哲学》，《哲学问题》1983 年第 7 期。

席。1947 年，担任起草印度宪法的印度议会议员。1949 年 7 月，出任印度驻苏联首任大使，1952 年曾与斯大林进行过如他所说的"一次非常坦诚的讨论"。1952 年 5 月，正式当选为印度副总统（1952—1962）。同年 11 月，在联合国教科文组织的第七届大会上，被选为大会主席。1962 年，荣任印度共和国总统（1962—1967）。

其主要哲学著作：

《印度哲学》（*Indian Philosophy*）

《印度教徒的人生观》（*The Hindu View of Life*）

《理想主义的人生观》（*An Idealist View of Life*）

《东方宗教与西方思想》（*Eastern Religion and Western Thought*）

《东方与西方》（*East and West*）

《东西方宗教》（*East and West in Religion*）

《信仰的复兴》（*The Recovery of Faith*）

《宗教在现代哲学中的主导地位》（*The Reign of Religion in Contemporary Philosophy*）

《宗教与社会》（*Religion and Society*）

二　综合吠檀多不二论与绝对唯心论

拉达克里希南毕生从事东西方哲学与宗教的比较研究。他从小受到南印度浓厚的宗教神秘主义的熏陶，青少年时代又受到基督教教会学校所灌输的西方文化的洗礼，这种教育背景使他既通晓东方尤其是印度的知识，又熟知西方的思想。他钻研过印度教的经典《奥义书》《薄伽梵歌》《梵经》和商羯罗的《梵经注》，同时也大量阅读了欧洲古代和近现代的哲学著作，其中柏拉图、普罗提诺、康德、布拉德莱、柏格森的思想对他的影响尤深。因此，他有能力有条件对东西方哲学进行比较研究，将两种传统调和起来，创立出一种综合性的新型哲学。从总体上看，一方面这种哲学深深地扎根于印度传统，其基本概念来源于古代吠檀多学说；另一方面也具有西方哲学的一些形式和特色，并吸收了许多西方先进的思想内容。因此，人们都称拉达克里希南的哲学为"新吠檀多哲学"。

拉达克里希南"新吠檀多哲学"的最大特点是，综合印度的吠檀多不二论与西方的绝对唯心主义哲学。在这种哲学中，他有时称宇宙最高本体为"梵"，有时又把它称为"绝对"。他像吠檀多论者那样，认为梵是"唯一"存在；也像绝对唯心主义者那样，认为世界万物都是"唯一"的必然方面。在他看来，梵是"纯意识、纯自由，并具有无限的可能性"[①]。所谓"纯意识"，是因为梵是一种不可名状的、永恒存在的纯粹精神实体，宇宙万物都不能不与它相联系。所谓"纯自由"，是因为梵不受任何事物的限制和干扰，能够自由自在地行动。所谓"具有无限的可能性"，则是因为梵包含着取之不尽的、用之不竭的潜在力，它能够创造无穷无尽的事物，而我们所居住的宇宙仅仅是梵创造的一种可能性。

拉达克里希南认为，最高本体梵是超越宇宙万物的、超越感觉经验的、有意识的精神实在。在他看来，唯物主义者的观点不能真正解释宇宙现象。他说：

> 他们把世界看作一种以盲目而无规则的方式不断运动的自动机械。他们把时间世界归于无意识的力量，并把生命、意识和价值变成了这种力量的附属品。他们认为，为了便于

---

① S. Radhakrishnan, *An Idealist View of Life*, London: George Allen and Unwin Ltd., 1947, p. 343.

理解必须把这个世界分割成许多碎片。[①]

按照拉达克里希南的观点，唯物主义的解释是以时间的实在性为基础的，仅仅局限于暂时的现象中，而认识不到超越时间的必要性。另外，这种解释虽然力求揭示自然界的秩序和规律，但是却忘记了自然秩序不是机械的，是不能用盲目的物质力量所确定的。因此，拉达克里希南极力在物质世界之外，寻找一种不同于物质力量的东西来作为宇宙的根本。他继承了吠檀多的唯心主义传统，把宇宙的根本看作一种有意识的"精神"，这种"精神"是世界的本源和基础，万事万物都是由它显现出来的。他说：

> 同一个"绝对"显现于一切相互有差别的事物之中。最终实体是在石头中沉睡，在植物中呼吸，在动物中感觉，在人体中唤醒自我意识。[②]

这句话告诉我们，世界万物都是宇宙最高本体梵或"绝对"的显现物，它不仅显现为万物，而且寓居于万物之中，并作为它们的精神本质，如在石头中、在植物中、在动物中，甚至在人体之中。由于寓居于各种事物中的梵是同一的，因此各种事物在精神本质上也是同一的。拉达克里希南对这种"绝对"一元论的强调，说明他已经认识到万物在发展过程中所表现出的统一性，宇宙的各种变化不是偶然的、孤立的，而是相互联系的统一过程。由此可见，拉达克里希南的学说虽然或多或少带有泛神论的色彩，但是在本质上，它一直摇摆于泛神论与一神论之间。

---

① S. Radhakrishnan, *An Idealist View of Life*, London: George Allen and Unwin Ltd., 1947, p. 314.

② S. Radhakrishnan, *The Reign of Religion in Contemporary Philosophy*, London: Mcmilan Press, 1920, p. 43.

虽然拉达克里希南承袭了古代吠檀多不二论的基本原理，但是他反对吠檀多不二论所宣扬的"摩耶论"，即"世界虚幻说"。他在《理想主义的人生观》《印度哲学》等著作中，不止一次地说明了自己对物质世界的看法。

首先，他反对"摩耶论"，认为物质世界是真实的存在。他说：

> 这个世界不是幻觉，它不是虚无。因为它是由"绝对"的意志决定的，"绝对"是真实的，因此世界也是真实的。世界的真实性不是在它自身中，而是在造物主的思想和存在中。①

其次，他认为世界是一个不断发展变化的过程。世界上的各种物质都有其三重性：物质性、时间性和空间性。它们的存在，不是某一种性质的单独存在，而是三种性质的统一或同时并存。他说：

> 变化是存在的本质。实在的经验之流，其基本单位既不是空间的一点，又不是时间的一瞬，也不是物质的微粒（质点）。它们是具有三维特征的事物，是在一瞬时间占有一点空间的一个具体的内涵。②

最后，他认为世界的发展变化是有一定规律的。世界的发展过程是一个有目标、有方向的运动，或者说，是向着某种固定目标前进或进化的过程。拉达克里希南在讨论世界进化的各个阶段

---

① P. A. Schilpp ed. , *The Philosophy of Sarvepalli Radhakrishnan*, New York: Tudor Publishing Company, 1952, p. 41.

② Ibid. , p. 27.

时说：公元前 8 世纪成书的《泰迪利耶奥义书》，曾把宇宙进化的过程分为五个阶段，包括物质（anna，食物）、生命（prana，气息、呼吸）、本能的感情意识（manas，心、意）、反映的意识（vijnana，智、识）和心灵的意识（ananda，极乐、上智）。今天，人们把宇宙进化的顺序排列为：物质、有机物、动植物、人类、最高精神状态。拉达克里希南指出，宇宙进化的最终目标是永恒精神王国的实现。但是，这不意味宇宙进化的其他过程是不必要或低级的，因为每个进化过程都有精神的活动，世界是一个统一的整体，任何事物，无论物质还是生命，在它自己的位置上都有其价值和作用，它们与其他事物的关系是不可分割的。

从总体上看，拉达克里希南的哲学是客观唯心主义的，他坚持梵或"绝对"是宇宙的最高本体，世界万物皆是它的显现或创造物。梵是"唯一"、有"无限自由"，而其他万物则是从属的、派生的，它们的变化和发展也受到梵的制约和控制等。但是，拉达克里希南毕竟是生活在 20 世纪科学高度发展的时代，他自己也是一个知识渊博的大学者，因此他不能不面对现实，不能不抛弃古代传统哲学中那些反科学的东西，承认世界是真实的存在，重新解释"摩耶"（幻）的含义，并肯定物质存在的三维性以及物质运动的内在规律等。由这里可以看出，拉达克里希南的哲学有其不可避免的内在矛盾，在他的唯心主义体系中又包含着许多唯物主义的因素和内容。

在认识论方面，拉达克里希南既继承了古代吠檀多的直觉认识观，也吸收了西方近现代哲学的许多内容，将两者融合起来，建构起他自己的认识论。在他看来，考察知识的来源是一个十分重要的问题，因为历史上的每一个哲学体系都是以概括知识途径的认识论为基础的，而他自己的体系也要求人们确信一种特殊的认识方式。

拉达克里希南认为，人类的认识有三个途径：感觉经验、理性思维和直觉证悟。他所言的"感觉经验"，与心理学所说的感官知觉没有什么差别，其功能就是收集来自外界和人体内部的各种印象，为进一步的理性思维提供充分的材料。理性思维是一个进行分析和综合的认识过程。理智分析了感官所提供的材料，从而产生一种新的综合。拉达克里希南虽然承认感觉和理智在认识过程中的作用，但是却认为这两者都是有缺陷的、不完善的。感觉经验只能认识事物的表面特征，触及不到事物的本质；感觉也不是始终可靠的，它产生的错觉和幻觉往往会欺骗我们；感觉印象本身有时也是相互矛盾的，从不同的角度观察同一事物得出来的印象也有所不同。理性思维的缺点在于，它是以主客体的二元性为前提的，必须把认识者和被认识者区分开之后才能进行认识；它总是把各种事物先分离，然后再进行综合，才获得事物的统一性，而这种综合却不能恢复事物所固有的内在统一；它只能通过各种符号或象征，即各种概念来进行认识，离开了符号就不能认识。因此，拉达克里希南得出来的结论是，无论感觉经验，还是理性思维，都不能认识宇宙的最高本体——梵或"绝对"。

他认为，要认识最高真理只能通过第三种认识途径——直觉证悟。直觉比感觉和理智更优越，它能直接证悟其认识的对象。直觉不是依靠符号或象征，而是在瞬息间达到高潮的直接认识。在直觉证悟中，主体和客体、认识者和被认识者的差别完全消失了，两者的二元性全部泯灭。拉达克里希南虽然强调直觉的重要性，但他与印度古代哲学家不同，认为直觉与感觉和思维并不是完全对立的。他在描述直觉的性质时说：

> 直觉只是最高级的理性阶段，即摆脱了分离性和非实在性的理性阶段。当直觉从理性的偏见中解放出来时，它能使我们的理性结论达到一种更高的综合。它不是不自然和不可思议的过程，而是一种更深刻的经验。这种经验弥补了我们

有限的理智能力，并扩大了我们的视线……直觉使我们能够获得最圆满的经验，它是虔诚的心灵在精神升华和宗教禅静的刹那间所得到的一种经验。①

尽管拉达克里希南力图把直觉与感觉经验和理性思维联系在一起，并且认为直觉是比理智更高级的一种理性阶段，但是他对直觉重要性的这种强调，不可避免地使他的哲学增加了某种神秘主义因素，涂上了一层神秘的宗教色彩。

三　哲学是行动的指南

拉达克里希南在研究了印度古代哲学遗产和西方哲学思想之后，力图构建自己的哲学体系。他想构建的哲学体系应当是什么样的呢？在他看来，一种理想的哲学必须具备以下三个特点。

其一，哲学必须符合时代的需要。在他看来，历史上各种优秀的哲学学说都是依据当时的社会条件和人们的精神需求而产生出来的，因此它们能符合时代的要求。独立以后，印度进入了一个全新的时代，在这个时代，人民需要一种能够适应历史发展新阶段的新型哲学。这种新型哲学应当跟上时代的步伐，应当是独创的、有新意的，符合现代社会要求的。如他所说："现今的哲学应当适合于现在的时代，而不是过去的时代"，"它在形式和内容上都应当有创新"。②

其二，哲学必须紧密地联系生活。拉达克里希南认为，印度传统的哲学虽然有许多唯灵论和神秘主义的内容，但是它是与人

---

① S. Radhakrishnan, *The Reign of Religion in Contemporary Philosophy*, London: McMilan Press, 1920, p. 439.

② A. G. Litman, *Contemporary Indian Philosophy*, Moscow: Thought Press, 1985, p. 269.

民的生活和精神需要联系在一起的，它没有脱离广大民众的生活。他指出：

> 印度哲学更关心的是人的生活，而不是脱离实际的形式。它起源于生活，通过各种学派的学说，又返回于生活……各种哲学体系的创始人都努力使自己的哲学满足于国家社会——精神的需要。①

为了使哲学密切联系人民的生活，他还进一步指出：今天的哲学"应当是生活的调控器和行动的指南。哲学掌握着方向盘，指挥着我们的行动……"②

其三，哲学必须与科学相结合。拉达克里希南生活在 20 世纪，对自然科学所取得的成就以及科学对人们思想和生活的影响有深刻的了解，因此他主张，现代哲学的任务之一就是要与自然科学知识结合起来，依靠科学技术所获得的成果，来创造新的学说，以指导人们的生活和行动。他曾说：

> 未来的哲学理论都应当力求使自己与自然科学和心理学的成果结合起来。③

从以上三个特点可以看出，拉达克里希南虽然继承了印度古代的吠檀多哲学传统，但是他绝不固守传统，而是在批判性地吸收传统哲学的基础上，不断地改革和创新，尽量汲取西方哲学的精华和自然科学的内容，力求使自己的哲学能够跟上时代的发展，

---

① A. G. Litman, *Contemporary Indian Philosophy*, Moscow: Thought Press, 1985, p. 268.

② Ibid. .

③ Ibid. , p. 269.

密切联系人们的生活，解决生活中的问题，而成为人们生活和行动的指南。让"哲学成为人们行动的指南"——这种提法充分地显示出，拉达克里希南作为一个印度新吠檀多主义者的伟大的现实主义态度和为社会服务的奉献精神。

他在展望印度未来新型哲学的前景时说：

> 今天，摆在印度哲学面前的问题是：哲学是把人们引导到仅仅局限在形式上的那种宗教崇拜而没有什么东西可以运用于现代社会呢？还是它应当变为有生命的和现实的，能够把特殊情况下产生的知识、现代科学与古代印度哲学的理想结合起来，而成为人类进步过程中一种伟大的创造性因素呢？一切迹象表明，未来的哲学肯定是这两种情况之一。[①]

尽管拉达克里希南这样提出问题，但是他对未来的哲学仍然充满信心，认为将来的哲学一定是有生命力的、一定能够与现代科学和古代的理想相结合，而促进人类的进步和发展。

四　"普遍解脱"的人生观

拉达克里希南虽然确定宇宙的最终精神本性，但是与古代吠檀多论者不同，他对世界和人、生命的价值和人类的命运都采取一种现实主义的态度。他把人分为两个方面：有限的方面和无限的方面。有限的方面是指人的肉体和生理方面；无限的方面则是指人内部的那种与宇宙最高本体梵相同一的"精神"，又称为"自我""灵魂"或"心灵"等。印度古代的许多哲学家强调，人的肉体、肉体感情和欲望等都具有虚幻性，要充分显现人内在

---

①　A. G. Litman, *Contemporary Indian Philosophy*, Moscow: Thought Press, 1985, p. 269.

"精神"或灵魂的真正本性，就必须想方设法使肉体性质完全断灭。与此相反，拉达克里希南却承认肉体生命的价值和作用，他认为肉体是构成"精神"的一部分，人的内在"精神"并没有割断与肉体生命的联系，否则的话，就破坏了人生命的整体性。他甚至说，肉体就是"精神的圣殿"。

那么，人的精神方面都表现在哪里呢？在他看来，作为肉体方面的人总想超越自身，这种愿望推动人向上发展，并逐步超越肉体方面。这种自我超越的愿望和能力，就代表人的精神方面。这个方面不同于感觉经验，远远高于感觉经验。他也像吠檀多论者那样描述人的内在"精神"：

> 在人的自身，在他的存在中心，有着某种比理智更深奥的东西，这种东西与至高者同属一类。①
>
> 人与神的同体精神是确信一切心灵智慧的基础，这不单是推理的结果。在精神体验自身的过程中，自我和最终实在之间的障碍消失了。在自我进入顿悟的极盛时刻，它不仅意识到它自己的存在，还注意到它是一个无所不在的精神存在，两者就像是一个焦点。②

按照他的观点，人的内在"精神"——灵魂或"自我"与宇宙最高精神本体——"梵"是同一不二的，只要通过直觉的方式证悟到这种内在的精神，人就能认识到"梵我同一"的真理，他就能与外部世界达到和谐统一，与其他的人，甚至与整个社会相协调，从而达到一种自由欢乐、幸福美满、尽善尽美的理想境界。

拉达克里希南继承吠檀多的传统，主张人生的目的就是实现

---

① S. Radhakrishnan, *An Idealist View of Life*, London：George Allen and Unwin Ltd., 1947, p. 103.

② Ibid., pp. 103 - 104.

解脱。解脱就是证悟每个人内在的"精神",以实现"我"与"梵"的统一,或人与神的结合。但是,在具体论述解脱的问题时,他却与古代吠檀多论者不同,他强调人在肉体状态,即在有生命的状态下就可以获得解脱。一个已经获得解脱的人并不需要摆脱再生,他还要继续生活在这个世界上。他与未解脱者的区别,就在于完全从情欲、自私、利己和恋生的羁绊中解放出来。

在拉达克里希南的人生哲学中,最重要的一点是,他认为个人的解脱并不是人的最终命运,在其他人尚未解脱的状态下,一个人的解脱是不完善的,也是不持久的。因此,他主张"普遍解脱"或"一切解脱"(Sarvamukti)。当一个人达到解脱后,他还要生活在人世间,去超度他人,去启迪和帮助其他的人也能及早地获得解脱。只有当世上的一切人都实现解脱时,整个社会才能真正达到和谐统一,人类才能彻底地从各种痛苦和烦恼中解放出来。显然,拉达克里希南的这种"普遍解脱"的观念受到了大乘佛教"普度众生"思想的影响。

从拉达克里希南的人生哲学中,不难看出,印度现代哲学家早已改变了古代宗教思想家那种轻视人的作用、蔑视生命价值的悲观论点,开始以一种乐观进取的态度对待人生和人类未来,并赋予人和生命以重要的意义和价值。

五 普遍之爱的"精神宗教"

如何实现人类的最终命运或最高理想呢?拉达克里希南认为,只有通过宗教的道路,通过他所提倡的一种"精神宗教"。

什么是宗教?宗教的本质是什么呢?对于这两个问题有各种不同的回答:有的人认为宗教就是对上帝或神灵的信仰和崇拜,如果没有这种信仰,也就不会产生宗教。有的人认为宗教就是按时参拜教堂、举行神圣仪礼或进行祈祷和礼拜,至于内心是否虔诚并不重要。也有人认为宗教是对现实世界的逃遁，他们把现实世界看成是一堆烦恼和苦难，对宗教的追求就是极力想从这痛苦的世界中解脱出来，达到无限欢乐的彼岸天堂。对于以上各种观点拉达克里希南都不赞成，他认为这些观点是不确切或不完善的，虽然它们也有部分的正确性，但是它们只是表述了宗教的某一些特点，根本不能概括宗教所具有的共同本质。

关于宗教的本质，拉达克里希南有他自己独特的见解。在考察世界各种宗教的过程中，他发现所有的宗教都有一种基本的统一性，这种统一性，在他看来，就是宗教的本质，就是宗教的根本价值。他说：

> 宗教并不是什么信条或法则，而是对实在的证悟。①
>
> 宗教不接受学究式的抽象或祭仪式的庆典，而是一种有生命的体验。它是对实在本质的证悟（见）或是对实在的体验。这种体验不是感情的激动或主观的幻想，而是整个人格的响应，使自我和终极实在相结合。宗教是某种特定的自我状态，尽管它通常与理性信仰、崇拜仪式和道德价值相混淆，实际上它只是一种意识形态……②

他认为，人体内部存在着一种与宇宙最高实在相同一的"精神"（自我或灵魂），它作为人存在的秘密根据，并且构成了连接人的有限方面和无限方面的桥梁。证悟这种"精神"，或者说，证悟最高实在，就是一切宗教的本质。在他看来，只要证悟到这种"精神"，就能使人认识到"梵我同一"的真理，就能改变人性，使人与世界达到和谐统一。所以，他断言：

---

① ［印度］巴萨特·库马尔·拉尔：《印度现代哲学》，朱明忠、姜敏译，商务印书馆 1991 年版，第 317 页。

② S. Radhakrishnan, *The Hindu View of Life*, Oxford University Press, 1926, p. 15.

宗教是一种能改变人性，并显现出人内在神性的生活方式或修行。①

拉达克里希南提倡通过一种"精神宗教"来实现人类的理想。他所谓的"精神宗教"，就是一种以古代吠檀多哲学为基础的"证悟精神"的宗教。具体地说，人内在的精神——"我"和宇宙的最高精神——"梵"在本质上是同一不二的，人们通过证悟自己内在的精神，就可认识到自己与宇宙最高精神的同一性，从而使自己与社会、与宇宙达到和谐和统一。这种通过"证悟精神""体验精神"，从而实现人与世界"精神统一"的宗教，就是拉达克里希南所说的"精神宗教"。

拉达克里希南认为，通过"精神宗教"获得解脱并不是一个容易的过程。这个过程包含着一种内部的斗争，一种反对内心情感、错觉和私欲的斗争。他把这个过程分为两个阶段。

第一阶段是道德修养的阶段，即准备阶段。在这个阶段中，他强调抑制情感、克服私欲，因为情感能使我们误入歧途，私欲则使我们陷入无知，而无法享受普遍精神的欢乐。通过此阶段的努力，对宗教的忠诚将代替人的情感，丰富的知识将代替愚昧无知，普遍之爱将代替自私欲望。这样，人们便可以进入第二阶段。

第二阶段是反省、冥思、证悟内在精神的阶段。拉达克里希南描述这一阶段的性质时说：

是禅思而不是推理，是冥想而不是祈求，导致一个人的存在的扩大、提高和转化……我们只要闭上眼睛，通过冥想

---

① P. A. Schilpp ed., *The Philosophy of Sarvepalli Radhakrishnan*, New York: Tudor Publishing Company, 1952, p. 59.

和禅思，就能够改变自己的内在性质。①

他宣称，凡是达到禅思、证悟阶段的人都表现出一种不同的生活态度，他们能够以普遍之爱的精神，以自由、无私和公正的方式去对待社会上的一切人，并履行自己的义务。

在第一个阶段，即道德准备的过程中，拉达克里希南强调消除自私性，培养自我牺牲和"普遍之爱"精神的重要性。他指出：

> 每一个人都必须压抑自身有助于固执己见的各种意识，骄傲必须让位于谦虚，怨恨必须让位于宽恕，狭隘的家庭迷恋必须让位于普遍之爱。②

所谓的"普遍之爱"，就是所爱的对象不应只限于某些人，而应当不断地扩大范围，使之成为对所有人的爱。拉达克里希南宣扬的这种"普遍之爱"，实质上，是西方人道主义思想与东方宗教中的宽容精神相融合的一种产物。

此外，他还强调树立"非暴力"思想的重要性。他认为，"爱"的原则与"非暴力"的原则是不可分割的，两者相辅相成，互相促进。一个人只要有了对他人的"爱"，就能在处理人与人的关系中实现"非暴力"的手段；只要实行"非暴力"的手段，就可以增强人与人之间的"爱"。但是，在"爱"与"非暴力"之间，"爱"则是根本和基础。他说：

> 如果我们相信每个人都具有神性，那么人与人之间就应

① S. Radhakrishnan, *An Idealist View of Life*, London: George Allen and Unwin Ltd., 1947, p. 113.

② S. Radhakrishnan, *Indian Philosophy*, London: Oxford University Press, 1927, Vol. 2, p. 614.

当没有罪恶的关系。非暴力就是否定仇恨。无疑，一切摆脱仇恨的人……将会在爱和同情的精神下行动……爱是一切文明的基础。①

又说：

我们这个世界不可能靠暴力来维持，因此需要建立一个非暴力的原则，我们必须始终不渝地遵循非暴力的原则。②

在拉达克里希南看来，一个人只有经过道德修养阶段，才能进入精神证悟阶段，到那时他便能够证悟到自身的"内在精神"，认识到人与人、人与自然在精神本质上的同一性，进而实现人与人、人与社会、人与自然的和谐和统一。

总之，拉达克里希南是印度现代哲学史上一位非常有影响的人物。他运用比较研究的方法，探讨了东西方哲学在历史上的作用和价值，并在继承印度传统思想的基础上，吸收西方思想的精华，创立了一个综合性的哲学体系。他的哲学体系虽然具有浓郁的宗教神秘主义色彩，但是也包含着许多合理和进步的内容。他在传播印度文化、吸收西方先进思想、增进东西方思想文化交流和相互了解等方面，都做出了不朽的贡献。

---

① S. Radhakrishnan, *Occasional Speeches and Writings*, Series 3, Delhi：Cambridge University Press, 1963, p. 263.

② Ibid. , p. 223.

第二十二章　拉哲的"绝对唯心主义"

　　拉哲（Pulla Tirupati Raju，1904—1992）是印度现代著名哲学家、新吠檀多主义者。他青年时代在加尔各答大学读书，毕业后一直从事哲学研究和教育工作，不仅系统地研究过印度古代各哲学流派，而且也对西方近现代哲学进行过深入的探索。他在印度现代哲学史上占有重要的地位，其主要贡献有两个方面。

　　一则，他是印度独立后在印度哲学与西方哲学比较研究领域的代表人物。有人称他引导了东西方对印度哲学思想研究的第四个阶段，即相互评价和吸收的阶段。第一个阶段是以《东方圣书》为代表的翻译印度哲学的阶段；第二个阶段是以斯瓦米·维韦卡南达为代表的向西方介绍印度哲学的阶段；第三个阶段是以拉达克里希南为代表的对印度哲学与西方哲学进行比较研究的阶段。①

　　二则，他在继承印度传统吠檀多不二论的基础上，吸收黑格尔哲学的方法和内容，最终建立起一个"绝对唯心主义"的体系。他被人描述为"至今还活着的、论述吠檀多不二论

---

　　①　K. Satchidananda Murty，*Philosophy in India-Traditions*，*Teaching and Research*，Oxford University Press，1985，p. 105.

的主要权威"①。

主要哲学著作有：

《思想与实在——黑格尔主义与吠檀多不二论》（*Thought and Reality. Hegelianism and Advaita*）

《印度唯心主义思想》（*Idealistic Thought of India*）

《比较哲学导论》（*Introduction to Comparative Philosophy*）

《印度唯心主义与现代的挑战》（*Indian Idealism and Modern Challenges*）

《印度哲学传统》（*The Philosophy Traditions of India*）

一　哲学是生活的指南

作为一个现代哲学家，拉哲对哲学的意义和作用有自己明确的看法。他认为，哲学不能脱离现实生活，哲学必须与人们的生活相联系，如果哲学脱离了生活，哲学就失去了意义和作用。早在 1937 年，他在学习黑格尔哲学并研究吠檀多与黑格尔体系的关系时，就提到了哲学与生活相联系的必要性。他说：

> ……如果我们的哲学不与生活联系在一起，那么这种哲学就不是活的，而是死的。②

后来，他不断地发展这种思想，提出了哲学应当指导人们的

---

① K. Satchidananda Murty, *Philosophy in India-Traditions, Teaching and Research*, Oxford University Press, 1985, p. 105.

② P. T. Raju, *Thought and Reality. Hegelianism and Advaita*, London: Routledge Revivals, 1937, p. 21.

社会生活。他明确指出："哲学是生活的指南。"①

　　既然哲学在本质上是"生活的指南"，那么哲学的研究对象就应当是人们的生活本身。在拉哲看来，至今为止世界上已经出现了各种各样的哲学学说，这些学说探讨了宇宙的本源、自然发展的规律、人与自然的关系、人与人的关系、生命的本质和人生的目的，等等，但是所有这些学说都属于世界观的学说，既然是世界观的学说，就不可能脱离人的生活。因此，他说：

　　　　一切有关世界观的学说都力求研究世界观的本质，这些学说可以在各个方面、利用各种方法来进行探索，但是，在所有的情况下，摆在它们面前的都只有一个目的、一个对象——这就是人的生活。②

　　这句话是他在 1962 年出版的《比较哲学导论》一书中所写的，此言足以说明他对哲学与生活之间关系的深刻认识，有这种认识在印度现代吠檀多哲学家中是比较少见的。

　　确定了哲学的目的和意义，那么哲学家的职责是什么呢？拉哲认为，哲学家的任务就是要深入社会现实中，了解人们的日常生活，创造出一个能够满足人们日常生活需要的哲学体系。1957年，他在一篇题为《工业化和技术对印度哲学的影响》的文章中甚至提出，现代印度哲学家必须要了解国家的经济发展情况，考虑到工业生产，考虑到印度共和国经济发展五年计划的任务和目标，这样他们创造出来的哲学才能具有更大的社会价值，才能成为"生活的指南"。③

---

　　①　P. T. Raju, *Idealistic Thought of India*, Cambrige University Press, 1953, p. 23.

　　②　P. T. Raju, *Introduction to Comparative Philosophy*, Lincoln: Ninian Smart Press, 1962, p. 286.

　　③　P. T. Raju, "Influence of Industrialization and Technology on Philosophies of India", *Prabuddha Bharata*, 1957, Vol. 62, No. 7, 8.

　　任何一个哲学家在创造新的哲学学说的时候，都会遇到一个不可回避的问题：如何对待自己民族的传统文化和外来的文化呢？在这个问题上，拉哲强调，必须采用批判的态度重新审视印度的传统文化和外来的西方文化，去其糟粕，取其精华，吸收兼容，相互补充，以创造出新的适应现实生活的哲学体系。他说，批判不是目的，而是为了提出解决生活问题的新的原则和手段，"批判是一种促进进步的方法"。还说：

　　　　标新立异，不仅能找到解决老问题的新方法，而且也能运用这些方法和原则来对待新问题。①

　　他首先把这种批判的态度运用到自己的哲学中。他在《印度唯心主义与现代的挑战》一书中始终贯穿一个基本思想：印度的唯心主义必须改变，以适应现代哲学思想的发展水平，因此不应当固守过去的民族传统，同时也不应当教条地照搬西方的模式。他写道：

　　　　如果唯心主义为了适应现代的需要，必须发展自己的原理的话，那么，它就既不能是西方学者所理解的那种唯心主义，也不能是从商羯罗和罗摩奴阇那里继承的唯心主义。②
　　　　比较哲学研究的目的，应当不仅指出东西方哲学的相似之处，而且还要指出它们的独特之处，以使东西方哲学适当地注意到对方的特点，从而尝试新的综合而向前发展。③

---

　　① P. T. Raju, *Idealistic Thought of India*, Cambridge University Press, 1953, pp. 25 - 27.

　　② P. T. Raju, *Indian Idealism and Modern Challenges*, Cambridge University Press, 1961, p. 81.

　　③ S. Radhakrishnan ed., *Indian Contemporary Philosophy*, Oxford University Press, 1982, p. 508.

这说明，拉哲不是一个保守主义者，也不是一个崇洋媚外者，他力求以批判的方法对待民族传统文化和外来文化，取其精华，兼收并蓄，来创造适合现实需要的新的哲学体系。他的这种批判性方法，毫无疑问，是符合辩证法的。

二　以"绝对"取代梵

拉哲对古代印度各种哲学流派都进行了深入的研究，但是最使他感兴趣的还是吠檀多哲学，尤其是奥义书和商羯罗的吠檀多不二论。他认为，吠檀多论从奥义书的时代开始已经流传了两千多年，至今还影响着人们的思想和生活，这说明今天的吠檀多论是有生命力的，是活着的哲学。他甚至说：

> 在印度，人们相信吠檀多论是能够治疗现代世界各种疾病的唯一哲学。①

但是，在他看来，传统吠檀多论并不是没有缺陷的，它要想能适应现代社会的需要，就必须经过改造和发展。因此，他在改革传统吠檀多不二论的基础上，大量吸收西方现代哲学的方法和内容，特别是黑格尔的哲学和辩证法，创立了他自己的"绝对唯心主义"体系。

传统吠檀多不二论把"梵"作为宇宙的唯一基础，认为"梵"是世界万物的本源，也是维持万物存在的动力和万物发展的最后旨归。"梵"这个术语，在吠檀多哲学中是不可缺少的。但是，拉哲拒绝使用"梵"这个术语，他用西方哲学中的"绝对"概念来取代"梵"。在他看来，"绝对"这个概念比

---

① P. T. Raju, *Idealistic Thought of India*, Cambridge University Press, 1953, p. 17.

"梵"更抽象，用"绝对"作为万物的基础和本源更恰当。那么，他是如何解释"绝对"的呢？他认为，"绝对"是无形的，不明确的。但是，为了让别人能明白"绝对"的性质，他又不得不做一些说明。在传统吠檀多哲学中，"梵"被描述为"真·智·喜"或"存在·智慧·欢喜"三位一体的，"梵"是这三者的集中体现。但是，他指出，单有这种三位一体还是不够的，还应当有"真理·美丽·善良"或"真·美·善"的三位一体。而他哲学中的"绝对"，就是这两种三位一体的体现。他说：

> "绝对"是这一切的总和，但是，如果我们从不同的经验水平接近它，那么我们也会从不同的角度理解它。从逻辑学的观点看，它就是真理；从美学的观点看，它就是美丽；从认识论的观点看，它就是意识，等等。[1]

在拉哲的哲学中，"绝对"与世界是什么关系呢？他认为，"绝对"是世界的最高本体或本源，它创造了世界万物，从这个角度看，它不同于世界；"绝对"是真实的，世界万物是它的表现，因此，世界万物也是真实的；"绝对"是最高的实在，世界一开始与"绝对"不处在一个水平上，但是经过进化或演变，世界能够达到"绝对"的水平，故而，世界又是能够与"绝对"相同一的。因此，他说：

> 世界是真实的，因为它表现出了"绝对"的实在性……"绝对"包容一切的性质说明，世界经过变化能够逐渐达到"绝对"的水平，它能够变得与"绝对"相同一，而不是一

---

① 　P. T. Raju, *Idealistic Thought of India*, Cambridge University Press, 1953, p. 424.

开始就与"绝对"同一。①

从以上的分析可以看出，拉哲是从客观唯心主义的立场出发，认为"绝对"是第一位的，世界是第二位的；"绝对"作为一种永恒、完美、不变的精神实体，是世界的创造者，是世界万物的根本基础。

其实，他的这种"绝对唯心主义"只不过传统吠檀多哲学的一种演变，确切地说，是传统吠檀多与西方绝对唯心主义的一种综合。在拉哲的哲学中，一是用"绝对"取代了梵。用"绝对"的"真·智·喜"加上"真·美·善"来取代梵单纯的"真·智·喜"三位一体。二是肯定世界的真实性。因为"绝对"是真实的，所以世界也是真实的。三是世界万物都是"绝对"的显现，世界万物经过进化和发展，最终还能够归于"绝对"，达到与"绝对"相同一。由此可见，拉哲的"绝对唯心主义"也只是一种新型的吠檀多哲学。

三 揭示人的内在本性

按照拉哲"哲学是生活的指南"的观点，其哲学的中心议题必然也就是人和人的生活。尽管他经常谈论物质和精神的概念，但是他认为哲学的核心概念应当是人，而不是物质和精神。他写道：

> 物质的概念不能解释精神，精神的概念也不能解释物质，只有人的概念才能既可以解释物质，又可以解释

---

① P. T. Raju, *Idealistic Thought of India*, Cambridge University Press, 1953, pp. 435 – 436.

精神。①

因为人是物质和精神的综合体，只有在人的身上才能既包括物质，又包括精神。他说：

> 哲学的使命就是分析这种物质与精神的整体性，并且说明人具有这种整体性……人应当成为理解和评价各种哲学传统的核心概念和共同标志。②

在比较研究了世界上的各种哲学传统以后，拉哲得出一个结论：绝对唯心主义体系（例如黑格尔的学说）的缺点之一，就是力图说明世界的一切都是从一个"绝对的精神"或"绝对的理念"中产生出来的，这种"绝对的理念"很容易导致极权主义，从而压制人的自由和尊严。他说：

> 无论物质的或精神的"绝对"，都在中国和欧洲导致出隶属于国家或社会的极权主义。在这种极权主义的条件下，个人的尊严和价值就成了牺牲品，个人也变成了国家的简单工具。③

拉哲在自己的哲学体系中力图克服绝对唯心主义的这种缺点。他主张，哲学应当表现出人在宇宙中的真正地位。人不同于其他的事物，也不同于动物植物，他是物质和精神的综合体。因为人具有思想和精神，人必须保持自己的尊严和自由，人必须信仰某

---

① P. T. Raju, *Introduction to Comparative Philosophy*, Lincoln: Ninian Smart Press, 1962, p. 3.

② Ibid. , p. 6.

③ Ibid. , pp. 317 –318.

种道德原则和精神理想，并且力求实现它。他认为，人生活的意义就在于此。没有道德和理想，没有尊严和自由，人生就失去了意义和价值。

人如何实现自己的精神理想呢？在这个问题上，拉哲又回归到传统吠檀多的立场上。传统吠檀多"梵我同一"学说的基本原理是：

一是，梵是世界的本源，它的本性是"真·智·喜"。

二是，人的本质或本性，称之为"我"或"阿特曼"；"我"只是梵的一种显现，它寓居于人体之中，在性质上"我"与梵是同一不二的。

三是，梵具有"真·智·喜"的本性，故"我"也具有"真·智·喜"的本性。

四是，人的各种私欲产生于肉体，肉体私欲遮盖了人的真正本性，只要经过瑜伽修炼，证悟到"我"，人就可以揭示或显现出内在真正的"真·智·喜"本性。

五是，一旦一个人揭示出这种本性，并让这种本性控制和主宰自己的思想和行动，那么，他就能体认到人与人在本质上都是同一、平等的，就能与其他的人和睦相处，与整个社会和谐统一。

拉哲继承了传统吠檀多的这些基本原理，并且以此为基础对吠檀多有所发展、有所创新。他用"绝对"取代了梵，认为"绝对"不仅具有"真·智·喜"的特性，而且还具有"真·美·善"的本性。按照他的逻辑：既然"绝对"具有"真·善·美"外加"智慧·欢喜"的本性，那么人的内在本质"我"也同样具有这样的本性，一旦人证悟或揭示出这种本性，人与人之间就会相亲相爱、亲如兄弟，社会就会安定和谐。到那时，人的精神理想、人的尊严和自由就能实现。因此说，证悟人的本质"我"，无论在传统吠檀多中还是在现代吠檀多中都是无比重要的，原因就在于此。

在证悟"我"的问题上，拉哲也同其他现代吠檀多论者一样，认为光靠感觉和理智是不够的，必须依靠一种带有神秘主义色彩的直觉体验。他说：

> 最高的经验，不是感觉经验，也不是理智，而是直觉。直觉不是哲学的方法，而是认识的方法。直觉在印度哲学中占有着信仰在西方宗教思想中所占有的那种位置。①

虽然拉哲认为直觉在认识人的本性过程中是重要的，但是他并不否定感觉和理智的作用，它们在直觉的帮助下，也可以作为认识人的本质的一种补充。他指出："当达到精神本质的一定深度时，理性可以被作为整体经验的直觉所吸收……"一旦理性被直觉吸收以后，它就加入到认识人的本质的过程中，起到它应起的作用。②

拉哲作为一个新吠檀多主义者，其哲学中许多唯心主义和神秘主义的观点（包括对直觉的看法），对于我们来说，是完全可以理解的。但是，随着社会的发展和对印度哲学的深入研究，拉哲本人深深地感到印度哲学中的唯心主义、直觉主义和神秘主义越来越受到唯物主义、理性主义和怀疑论的冲击，并且意识到唯物主义和理性主义将来在印度可能逐步占据上风。1971 年，拉哲在《印度哲学传统》一书中，谈到了印度现代哲学与唯物主义的关系问题。他说："一些受共产主义哲学影响的青年哲学家眼睛看着西方，为的是使印度人从印度传统哲学中解放出来。他们认为，印度文化的落后性束缚着我们对自己文化遗产的理解，为了进步，印度必须接受新的、唯物主义和怀疑论的哲学，作为自己生活的

---

① P. T. Raju, *Introduction to Comparative Philosophy*, Lincoln: Ninian Smart Press, 1962, p. 272.

② Ibid. , p. 329.

指导。"接着又说：这些青年哲学家"在将来的印度哲学的圈子里可能占据上风"。①

这句话说明，到了20世纪六七十年代，印度的马克思主义哲学与各种唯物主义哲学已经相当发达，这种形势已经使得那些坚持唯心主义的新吠檀多主义者感觉到威胁。拉哲看到了这种趋势并且承认，唯心主义、直觉主义和神秘主义的哲学在现代印度正在逐步失去主导地位，取而代之的将是唯物主义、理性主义和人道主义的哲学，这些先进的思想会越来越强大。

总之，拉哲的吠檀多论在现代吠檀多哲学中也是一种新的类型，它的主要特点：

一是在广泛研究欧洲哲学的基础上，吸收西方绝对唯心主义（尤其是黑格尔哲学）的思想与方法，重新改造传统吠檀多的客观唯心主义学说，用"绝对"取代梵，赋予梵以"真·善·美"的本性，并强调世界万物可以进化到"绝对"的水平，以使传统吠檀多能跟上时代的发展，具有现代哲学的特色。

二是它强调哲学的社会功能，主张哲学应当与人们的生活联系在一起，哲学应当成为"生活的指南"，哲学家必须深入社会现实生活中去。

三是主张批判性对待印度传统文化和西方哲学，取其精华，去其糟粕，并提倡兼收并蓄，融会东西方哲学之所长，以创造出新的哲学体系。这些特点在新吠檀多主义哲学中颇具代表性，对推动现代印度哲学的发展大有裨益。

---

① P. T. Raju, *Philosophical Traditions of India*, Motilal Banardass Publishers, 1985, p. 219.

第二十三章　兰伽纳塔南达的"综合的永恒达摩"

　　斯瓦米·兰伽纳塔南达（Swami Ranganathananda，1908—2005）是印度现代著名的宗教—社会活动家，亦是新吠檀多主义哲学的积极鼓吹者。

　　他于 1908 年 12 月 15 日出生于南印度喀拉拉邦特里邱尔市府的一个小村庄。青年时代就加入迈索尔地区的罗摩克里希那传教会①，遵循罗摩克里希那和斯瓦米·维韦卡南达的教导，潜心研究并大力推广新吠檀多思想。印度独立后，他长期担任罗摩克里希那传教会文化学院院长一职。该教会于 1938 年在加尔各答建立了文化学院，内设大的公共图书馆、儿童图书馆、研究和出版印度传统文献的机构、梵文研究所、外国语言专修班、音乐研修班，等等。学院建有一个设备良好的大会堂，每星期都开设各种专题的讲座，如宗教哲学、社会科学和文化方面的专题等。为帮助贫困学生听课，它还建立了一个"一日制宿舍"，允许学生在此住宿，并免费提供饭食。兰伽纳塔南达在担任文化学院院长期间，不仅加强了学院的建设和管理工作，而且认真地从事哲学研究和创新，出版了大量的学术专著。他经常应邀出国作学术讲演，为

---

　　① 1897 年，斯瓦米·维韦卡南达在加尔各答创建罗摩克里希那传教会，旨在传播其导师罗摩克里希那的宗教改革和新吠檀多思想。

印度文化和吠檀多哲学在海内外的传播做出了突出贡献。1988年，由于他持续宣传罗摩克里希那的宗教和解思想，获得了"甘地民族团结奖"；1999年，还获得"甘地和平奖"。

在学术研究上，他创立了一种新吠檀多学说，称之为"综合的永恒达摩"。其主要著作有：

《世尊佛陀与我们的遗产》（*Bhagavan Buddha and Our Heritage*，1958）

《我们崇拜的基督》（*The Christ We Adore*，1960）

《斯瓦米·维韦卡南达论科学与宗教的综合》（*Swami Vivekananda's Synthesis of Science and Religion*，1964）

《吠檀多与科学》（*Vedanta and Science*，1966）

《奥义书的教导》（*The Message of the Upanisads*，1968）

《适用于变化世界的永恒价值》（*Eternal Values for a Changing Society*，1971）

《科学与宗教》（*Science and Religion*，1978）

一 什么是"综合的永恒达摩"

为什么斯瓦米·兰伽纳塔南达把自己的新吠檀多论称为"综合的永恒达摩"（Synthetical Sanatana Dharma）呢？"综合的永恒达摩"到底是什么意思？应当说，这是其哲学体系中最关键的问题。要回答这个问题，必须分三个层次来加以解释。

其一，要了解什么是"达摩"（Dhrma）。"达摩"在中国佛教典籍中翻译为"法"或"法则"。这个词的词根为"dhri"，最早出现在《梨俱吠陀》中，原初的意思是"支撑""维持""事物内在固有的秩序"等。以后，其意义不断扩展。到了公元前3世纪的阿育王时代，这个词出现在阿育王石碑上，开始与道德伦理概念联系在一起。当时，阿育王任命的主管社会道德的官员被称为"达摩—摩诃摩德罗"（Dharma-mahamatra），可译为"道德部长"，其正确的含义是"主管社会公正的高级官员"。到了《摩奴法典》时代（公元前2世纪至公元2世纪），"达摩"不仅包含道德的意义，而且还有政治法律的含义。现在，概括地说，"达摩"一词至少具有三种意义。

（1）基本含义是指"事物内在的本质或固有的秩序"，"维持事物存在和发展的内在法则或规律"。所以，一般把它翻译为"法"，多指法则、规律等。印度学者 C. 巴德里纳特说：

> 达摩是能够维持一切形式的生命和秩序的那种东西，如宇宙的生命和秩序、人的生命和秩序、动物的生命和秩序、神的生命和秩序等。①

在印度人看来，宇宙万物都有自己的"达摩"，即内在的本质或发展规律。如，水有水的"达摩"、火有火的"达摩"、鸟有鸟的"达摩"、人有人的"达摩"。

（2）道德伦理的意义。印度人谈起"人的达摩"时，一般指人的行为规范、道德准则和社会义务等。如，不同种姓有不同的"达摩"：婆罗门的"达摩"是传授吠陀，替他人祭祀；刹帝利的"达摩"是学习吠陀、保护百姓；吠舍的"达摩"是学习吠陀、经商、务农、畜牧；首陀罗的"达摩"则是为以上三个种姓服务。

（3）法律的意义。在《摩奴法典》中，当讨论到国王的"达摩"时，详细地规定了国王应当用什么刑罚来惩治恶人和罪犯，如囚禁、镣铐、肉刑和死刑等。在这里，"达摩"显然具有现代法

---

① Chaturvedi Badranath, *Dharma*, *India and the World Order*, Edinburgh: Saint Andrew Press, 1993, p. xi.

律的意义。

其二，要知道什么是"永恒的达摩"（Sanatana Dharma）。梵文"sanatana"是"永恒"的意思，"永恒的"和"达摩"加在一起，则表示"一种能够永远支撑或维持人的存在和生活的规律或法则"。在古代，印度人把自己信仰的宗教就称为"永恒的达摩"。这就是说，他们认为自己的宗教信仰乃是"一种能够支持他们存在和生活的永恒法则"。因此，"达摩"，也包含着"宗教"的意思。例如，印度教徒曾把自己的宗教叫作"Arya Dharma"（神圣的达摩）、"Vedic Dharma"（吠陀的达摩）或"Sanatana Dharma"（永恒的达摩）等。

印度前总理尼赫鲁在解释"永恒的达摩"时说：

> "永恒的达摩"是古代宗教的意思，也可以适用于任何一种古代印度信仰（包括佛教及耆那教在内），但是，现在这个用语多少被一些印度教徒中声称信奉古代信仰的正统宗派所专有。①

这说明，"永恒的达摩"在古代不仅指印度教，而且也指佛教和耆那教，只是到了后来，才被一些印度教的正统派别所专用。

其三，了解了以上两点，就不难理解兰伽纳塔南达为什么称自己的哲学为"综合的永恒达摩"了。这里的关键词是"综合"，所谓"综合"，就是把各种不同的因素融会或混合在一起，而组成一个新的东西。换句话说，这个新东西也包容着组成它的各种不同因素。在兰伽纳塔南达看来，他的新吠檀多体系就是一种"永恒的达摩"（"永恒的宗教"），不过这种"达摩"具有"综合"

---

① ［印］贾瓦哈拉尔·尼赫鲁：《印度的发现》，齐文译，世界知识出版社1956年版，第81—82页。

的性质，包含着一切现存宗教的优点和美质，因此它能够适用于
一切现存的宗教。所以，他才把自己的学说称为"综合的永恒
达摩"。

到此，我们已经了解到兰伽纳塔南达新吠檀多学说名称的由
来。为了进一步理解这个学说，尚需解释一下他是如何说明自己
的吠檀多论能适用于一切宗教的。

兰伽纳塔南达指出，吠檀多是一个"包容一切的综合体"，它
与各种宗教信仰并不矛盾，相反能与任何一种宗教信仰相协调。
例如，他在《世尊佛陀与我们的遗产》一书中论述了佛教创始人
释迦牟尼的哲学和道德伦理思想，并且拿吠檀多与佛教相比较，
他的结论是这两者没有什么明显的区别，应当同属一个宗教—道
德体系。他认为，吠檀多完全适用于佛教和佛教徒。他把吠檀多
与基督教相比较，也得出类似的结论。他说：

> 在吠檀多哲学的指导下，印度的基督教会就能够实现一
> 种融合，通过这种融合印度的基督教会将成为一种最基本的
> 力量，依靠"包容一切的人类精神"中所具有的万通应变的
> 因素而自由地行动。[1]

实际上，他认为吠檀多也适用于基督教，在吠檀多哲学的指
导下基督教将会更自由地发展。他还断言，既然吠檀多是一种
"包容一切的统一哲学"，它所具有的价值和追求的目标与伊斯兰
教也是一致的。因此，吠檀多也适用于伊斯兰教，印度教徒与穆
斯林之间有和睦相处和相互合作的可能性。他强调，他追随的伟
大的宗教导师斯瓦米·维韦卡南达就是"伊斯兰教和基督教社会
和精神信条的崇信者，并且承认这两者在印度社会生活和思想中

---

[1]　Swami Ranganathananda, *The Christ We Adore*, Calcutta：Ramakrishna Mission Press, 1960, p. 47.

所具有的价值"①。

兰伽纳塔南达确信吠檀多是一种"无所不包的统一哲学",在这种哲学的指引下印度教徒一定能与其他宗教信仰者和谐相处。如他所说:

> 正是由于有了这种无所不包的统一哲学,印度不仅找到了科学与宗教之间的和谐,而且找到了宗教与宗教之间的和谐,同时也找到了为着一个共同目标而走不同道路的人们之间的和谐。因为目标是同一的,而通向这个目标的道路是多样的。②

斯瓦米·兰伽纳塔南达不是纯经院式的哲学家,而是一位密切关注社会发展的宗教学者。我们知道,1947 年"印巴分治"时,印度教徒与穆斯林之间发生了大规模的流血冲突,造成数十万人流离失所、无家可归;独立以后,印度各种宗教和派别之间的矛盾和争斗虽有缓解,但也连续不断,对社会的安定和人民的团结造成了巨大的威胁。正是在这个时候,他提出了名为"综合的永恒达摩"的新吠檀多体系,其目的非常明确:就是通过宣传这种新学说,来消除印度各宗教之间的分歧和矛盾,促进社会的安定与团结,并且力图树立新吠檀多哲学的威信,使之成为印度社会的主导思想。

二 宗教与科学的结合

斯瓦米·兰伽纳塔南达虽然是一位宗教学者,但是非常重视

---

① Swami Ranganathananda, *Eternal Values for a Changing Society*, Bombay: Ramakrishna Mission Institute of Culture, 1971, p. 269.

② Ibid., p. 683.

科学以及科学对社会的影响。为此，他专门写了两本书，一本是《吠檀多与科学》，一本是《科学与宗教》。他不仅主张宗教与宗教之间的和谐，而且主张宗教与科学之间的和谐。因此，宗教与科学的结合和统一，就成了他哲学体系的一个重要原则。

首先，看看他对宗教的态度。同其他印度宗教学者一样，兰伽纳塔南达认为，宗教是人类生活中最重要的、不可缺少的因素。他写道：

> 从历史的发展来看，宗教是构成我们个人和社会生活的最有生命的力量；即使今天，它仍然是如此。[①]

更有甚者，他认为，没有宗教，今天的文明社会就不能存在。为什么呢？

> 因为靠科学和民主而不断升华的文明结构，只有在宗教的高尚精神的促进下，才能变得更加强大；没有宗教，它将会因为出现阶段性的危机而动荡……没有宗教精神的影响，文明的结构将永远是不稳定的。[②]

这些话足以证明，宗教在他心目中是多么的重要。

他对宗教的态度一直是不变的，但是对科学的态度却有一个明显的变化过程。在20世纪60年代初，他承认科学技术的进步对人类社会产生了巨大的影响，不仅影响经济发展，而且影响了思想和文化。但是，他也像其他现代吠檀多论者那样，认为科学是有局限性的，只能认识人的情感世界之外的东西，而不能深入

---

① Swami Ranganathananda, *Eternal Values for a Changing Society*, Bombay: Ramakrishna Mission Institute of Culture, 1971, p. 637.

② Ibid., p. 646.

情感世界的内部，探索人最本质的"精神实在"。如他所说：

> 现在，科学只能认识与外界现象有关的事物，而不能认识在这些外界现象背后的实在。①

到了 70 年代中期，他对科学的态度有所改变，对科学的现代价值给予了更高的评价。在《科学与宗教》一书中，他写道：

> 科学是现代世界的缔造者，现代思想就是指科学的思想。科学的目的就是客观地研究自然界和人类的经验。②

他还说，利用科学能够消除迷信和偏见：

> 最近一百年的科学发展史就是自由研究精神战胜蒙昧无知的观念、没有根据的信条、偏见和教条的历史。这是人类精神所取得的伟大成就，在这丰硕的成果中不仅有思想的成果，而且还有物质的成果。③

在肯定科学成就的同时，他还积极宣传在国民教育中应当加强自然科学和技术的教育，以提高民族的科学素质。1976 年 5 月，他在罗摩克里希那传教会一个分部的会议上，做了题为"信仰与理性"的讲演。他在讲演中说：

> 现在，我们非常希望科学和科学的方法在现代印度得到

---

① Swami Ranganathananda, *Swami Vivekananda's Synthesis of Science and Religion*, Calcutta：Ramakrishna Mission Press, 1964, p. 5.

② Swami Ranganathananda, *Science and Religion*, Calcutta：Ramakrishna Mission Press, 1978, p. 5.

③ Ibid., p. 9.

发展。①

他呼吁在印度中小学的教育中扩大自然科学的内容，以唤起青少年对科学的兴趣和热爱。他说：

> 应当把科学的追求、批判性的观察力和对真理的热爱灌输到我们儿童的意识中，这必将在印度导致一场科学的、社会的和精神的革命。②

从这些话可以看出兰伽纳塔南达对科学的重视态度。即使在现代吠檀多学者中，这种高度重视科学的态度也是罕见的。实际上，他是继承了罗摩克里希那传教会创始人斯瓦米·维韦卡南达那种尊重科学的精神，并把它进一步发扬光大。

兰伽纳塔南达一方面认为宗教对于人类是不可缺少的，另一方面又认为科学对人类是极为重要的，那么宗教与科学之间是什么关系呢？他的回答是：科学与宗教之间没有矛盾，科学与宗教可以结合并统一起来；由于吠檀多是一个"无所不包的综合体"，科学与宗教能够在吠檀多的基础上达到统一。他在《吠檀多与科学》一书中，专门论述了科学与吠檀多的关系。他写道：

> "吠陀"意指知识，能够达到真理的准确的批判性的知识……"科学"也表示知识，通过对各种经验进行准确的批判性的研究而获得的知识。但是，"吠陀"一词包含更深刻的意义……③

---

① Swami Ranganathananda, *Science and Religion*, Calcutta: Ramakrishna Mission Press, 1978, pp. 148 – 149.

② Ibid., pp. 206 – 207.

③ Swami Ranganathananda, *Vedanta and Science*, Calcutta: Ramakrishna Mission Press, 1966, p. 8.

这个特点（引者按：指"吠陀"的特点）则使吠檀多具有包容一切经验的整体性……使吠檀多能够容纳科学，并且超出科学的范围……获得隐藏在最深处的真理。①

我们民族文化的根基就是吠檀多的那种永恒的洞察力和透彻见解……吠檀多经历了漫长的时间考验，至今还保持着自己的青春和力量，在今天人类历史这个高度文明的世纪中，它仍然演奏着它通晓真理的乐章。②

在兰伽纳塔南达看来，吠檀多是包容一切的，包含着科学，也包含着宗教，在吠檀多基础上宗教与科学能够结合并统一起来。在谈到科学与宗教结合的必要性时，他指出：

无论科学，还是宗教，都有一个丰富和提高人类生活的共同目的。没有科学，宗教是孤立无援的；没有宗教，科学也是危险的。③

在他看来，科学与宗教是不可分离的，两者为了共同的目标必须结合在一起，否则是无法达到目的的。那么，在科学与宗教之间哪一个更重要呢？兰伽纳塔南达确信，宗教是第一位的，在人的思想行动中宗教永远起着主导的作用。如他所言：

科学与宗教两者是相互补充的，但是宗教能够更深刻地渗透到人类的问题中，为人的一切活动和愿望确定方向。这个方向就是精神的方向，它表现在能使每一个男人和女人的

---

① Swami Ranganathananda, *Vedanta and Science*, Calcutta: Ramakrishna Mission Press, 1966, pp. 10 – 11.

② Ibid., pp. 2 – 3.

③ Swami Ranganathananda, *Eternal Values for a Changing Society*, Bombay: Ramakrishna Mission Institute of Culture, 1971, p. 683.

精神价值释放出来。宗教不仅为人确定了目标，而且还规定了实现目标的道路。目标就是精神的解脱，即从一切束缚中，包括身体和心理的、外部和内部的束缚中解脱出来……而实现目标的道路就是接受教育：认识束缚和限制人的自然界——通过科学的方法认识外部的自然界，也通过道德和宗教的方法认识人的内在的自然本性。[①]

对科学与宗教结合的前景，他是充满信心的：

> 如果说19世纪是科学与宗教相互冲突和分离的世纪，那么，经过科学界和宗教界的真诚努力，20世纪将是科学与宗教和解和统一的世纪。[②]

为此，他还提出一个"宗教科学"的概念，这个概念与"自然科学"是相提并论的。他认为"宗教科学"与"自然科学"在认识人的问题上必须结合起来。他说：

> "能被认识的人"，即人的身体和人周围的环境，是自然科学研究的对象，而"不能被认识的人"，才是宗教科学研究的对象。综合这两种科学，乃是印度人所理解的哲学的最高功能。[③]

这句话是什么意思呢？在这里，"能被认识的人"，是指人的身体和周围的生存条件；"不能被认识的人"，是指深藏在人内部

---

① Swami Ranganathananda, *Eternal Values for a Changing Society*, Bombay: Ramakrishna Mission Institute of Culture, 1971, pp. 683 – 684.

② Ibid. , p. 612.

③ Ibid. , p. 613.

的精神本性——"自我"和"梵性"。在他看来，印度人所理解
的最高哲学就是吠檀多哲学，吠檀多一方面能利用自然科学认识
人的身体和周围环境，另一方面也能利用宗教科学来认识隐蔽于
人体内部的精神本性——"自我"，吠檀多的最高功能就是把这两
种科学综合起来。

兰伽纳塔南达主张，吠檀多哲学具有综合宗教与科学的特
点。他发表文章和著作宣传科学在人类生活中的重要作用，并
鼓吹通过吠檀多哲学可以把科学与宗教结合起来，他这样做的
目的到底是什么呢？其实，他的目的很简单：就是力求把传统
吠檀多与现代科学联系在一起，使吠檀多能跟上时代的发展，
以适应科学日益发达的现代社会，满足深受科学影响的人民大
众的需求。

三　促进人的完善是理论的核心

兰伽纳塔南达在印度独立以后创立了一个新的吠檀多学说，
名之为"综合的永恒达摩"，其理论的核心就是促进人的道德和精
神的完善。人在他的学说中占有中心的地位，实现人的自由、幸
福和完善是其学说的最终目标。如他所说：

> 永恒达摩的根本目的，就是要帮助人们通过不断的努力
> 而达到完善，成为自由的人……①

和其他吠檀多论者一样，他也遵循"梵我同一"的原理，认
为梵是宇宙的本源，万物都是梵的显现。人也是梵的显现物，人
内在的本质或本性——"我"与梵是同一不二的。人身体的、生

---

①　Swami Ranganathananda, *Eternal Values for a Changing Society*, Bombay: Ramakrishna Mission Institute of Culture, 1971, p. 38.

物的和心理的功能都不能代表人的本性，只有人内在的"我"（或称"梵性""神性"或"精神性"）才能代表人的真正本性。人的真正本性就是指人天生的自然本性，这种天生的本性——"我"或"梵性"是真善美的，具有无限的智慧、善良、慈爱和欢喜等。只要把这种善的本性从隐藏的状态揭示出来、让它显现出来主宰人的思想和行动，这样人就可以与其他的人、与周围的社会达到和谐和统一，从而成为一个完美和自由的人。因此，认识和揭示人内在的本性——就成了吠檀多哲学永恒的主题。如何揭示人的内在本性呢？按照他的观点，认识人的本性不能靠以理性为基础的"唯物主义和实证主义哲学的方法"，而只能靠"宗教科学"的方式，即直觉的内省的证悟方式。由此看来，尽管兰伽纳塔南达十分重视科学的作用，但是在根本问题上他还是继承了传统吠檀多的基本原理。万变不离其宗，在本质上他仍然是一个不折不扣的吠檀多论者。

在兰伽纳塔南达的学说中，人的内在本性——"我""梵性"或"梵我同一性"也被称为"精神性"。这种"精神性"是人一生追求的最终目的，也是人的政治、社会、科学和其他一切活动的基础。"精神性"可以激发起人的高尚动机、仁慈的情感和博大的爱心，可以把人的知识和经验转化为争取幸福的智慧，也可以促进人与人之间的同情、友爱和团结。他说：

> 只有这种精神性才能使个人和团体严守社会的秩序和纪律，并保证整个人类的生活价值是追求自由、幸福、友爱和平等。[①]

作为人生最终追求的这种精神性，是印度哲学的永恒真理；它适用于我们今天科技进步的原子时代，正如两千年前

[①] Swami Ranganathananda, *Eternal Values for a Changing Society*, Bombay: Ramakrishna Mission Institute of Culture, 1971, p. 646.

它在印度出现时适用于奥义书时代一样。①

虽然兰伽纳塔南继承了传统吠檀多的基本原理，但是作为一个新吠檀多论者，他在论述如何揭示人的内在精神本性和实现人生理想的过程中，却与传统吠檀多论者有很大的差别。在这方面，他提出了许多令人耳目一新的观点。

首先，人应当积极参加社会实践。

他反对传统吠檀多把人局限在纯粹神秘主义的直觉证悟或瑜伽修行中，主张人应当参加社会实践，在社会实践中证悟自己的本性。他认为，人不是孤立的个体，而是"社会的成员"，人不能脱离社会而单独存在。人必须参加社会实践活动，才能体现出他的人生价值。在各种社会活动中，兰伽纳塔南达特别强调政治活动的重要性。他说：

> 我们作为社会的成员和组成部分，必须要为社会的整体利益而不断调整自己的态度、行为和活动。当我们在调整个人与个人、团体与团体之间的关系时，我们就进入了政治的领域。②

他对政治有自己独特的看法，认为政治不能脱离宗教，不能脱离科学，"社会政治"就是宗教、科学与民主的综合体。按他的话说：

> 宗教、科学和民主——三者结合的目的，就是要建造一个人类繁荣和社会富足的榜样。只有这三者结合起来，才能

---

① Swami Ranganathananda, *Eternal Values for a Changing Society*, Bombay: Ramakrishna Mission Institute of Culture, 1971, p. 687.

② Ibid. , p. 668.

保证人从外在的繁荣和进步发展到内在的富足和稳定，这种内在的富足和稳定可以使人体验到一个创造性的人生和圆满的人生。①

其次，把实现人类理想的希望寄托在青年人身上。

他提出"综合的永恒达摩"学说的最终目的，是要实现"人类的精神统一和世界的和谐"，实现整个人类的自由、平等和幸福。他认为，这是一个伟大而艰巨的使命，要完成这个使命，光靠克服各种私欲和恶习的精神修炼是不够的，还必须有一批为实现这个理想而不断奋斗的人。因此，他把实现人类理想的希望寄托在青年的一代。他说：

> 这项事业应当由那些不具有政治狂热和个人虚荣心的，而具有精神热情和高尚道德的、并掌握了有关人和社会各方面的科学的青年人来承担。只有他们建造起来的大厦，才能应对现代世界的无穷变化。②

最后，重视国家公务员在实现人类精神统一事业中的作用。

与其他现代吠檀多学者不同，兰伽纳塔南达不仅论述了一般人在实现精神统一事业中的作用，而且还论述各级国家机关的行政人员在这个事业中特殊的地位和作用。从 20 世纪 50 年代起，他就发表文章和讲演谈论公务员在印度社会生活中所应承担的责任和义务。1977 年，他在印度民事行政学院做了一个讲演，在这个讲演中他提出了一个概念——"公务员的哲学"。所谓"公务员的哲学"，按照他的解释，就是公务员应当相信"精神的价值和

---

① Swami Ranganathananda, *Eternal Values for a Changing Society*, Bombay: Ramakrishna Mission Institute of Culture, 1971, p. 653.

② Ibid., p. 678.

意义"，"从人的崇高尊严和人性价值中吸取力量和真理"，在思想和行动上为民众做出榜样和表率，这种哲学"就像一个灯塔，照亮我们向充满活力和劳动的世界前进的道路"。①

　　总之，兰伽纳塔南达的新吠檀多论是在印度独立以后产生的，这种哲学带有鲜明的时代特色和历史印记。兰伽纳塔南达主张，通过吠檀多哲学可以促使不同宗教信仰的人实现和睦和团结，也可以促使宗教与科学的和谐和统一。还主张，在实现人类理想的过程中人们应当积极参加社会实践活动，青年人应当成为建设社会的主力，各级国家公务人员在社会生活中应起表率作用等。显然，这些新的观点对建设独立后的印度社会，对维护国家的统一和民族的团结都具有重要的现实意义。

---

　　① Swami Ranganathananda, *Social Responsibilites of Public Administration*, New Delhi: Ramakrishna Mission Institute of Culture, 1978, p. 32.

第二十四章 乌帕迪雅耶的 "达摩之治"

P. D. 乌帕迪雅耶（Pandit Deendayal Upadhyaya，1916—1968）是独立后印度重要的政治家、哲学家。他长期担任印度人民同盟（印度人民党的前身）①的总书记，被尊称为该党的"理论家"。印度人民同盟反对西方思想文化对印度的影响，主张复兴印度传统文化，力图利用传统思想治理国家。乌帕迪雅耶的"达摩之治"说就是这种思想的典型，也可以说，是印度独立之后各种各样哲学类型的一个代表。

1916年9月25日，乌帕迪雅耶出生于斋普尔至阿贾莫尔铁路线旁的一个小村庄，名为"达那吉亚"。他的祖父和父亲都是火车站的站长。大学毕业后，他参加国民志愿服务团，决心献身于印度教的改革事业，后来成为该社团的重要领导成员。1951年，慕克吉在加尔各答创立了印度教的政治组织——印度人民同盟，主要从事政治活动。此时，许多热衷政治的国民志愿团的成员都纷纷加入印度人民同盟，乌帕迪雅耶就是其中之一。后来，他一直

① 印度人民同盟成立于1951年，创始人为慕克吉，该党主张在印度传统文化的基础上，把印度建设成一个具有现代政治经济的民主国家。1980年，印度人民同盟更名为印度人民党。1998年，印度人民党在印度大选中击败国大党，首次执政；2014年，该党再次击败国大党，再次执政。印度现任总理纳伦德拉·莫迪就属于印度人民党。

担任人民同盟的总书记。1968 年 1 月，他曾被选为该组织的主席，但是不久就去世了。在印度人民同盟内，他一直被人们奉为圣人、理论家等。乌帕迪雅耶大量的讲演和著述，被收集到三部著作集中陆续出版。

其主要著作有：

《国家生活的各种问题》（*The Problems of National Life*，1960）

《整体人道主义》（*Integral Humanism*，1965）

《国家生活的发展方向》（*The Direction of National Life*，1971）

乌帕迪雅耶的"达摩之治"学说产生于 20 世纪五六十年代，是印度独立之后五花八门哲学学说中一个有代表性的学说。在这种学说中，乌帕迪雅耶主要论述如何利用印度教传统文化和精神来建立一个理想的社会。他关心的是印度的各种政治、经济和社会问题，力图排除西方思想和文化对印度的影响，利用印度教传统文化的精华来武装人们的头脑，消除社会的各种弊病，建立一个美好的理想社会。人们把他的学说称为"达摩之治"（Dharma-rajya）或"整体人道主义"（Integral Humanism）。下面，从三个方面阐述这种学说。

一　实行"达摩之治"的必要性

乌帕迪雅耶认为，一个国家的存在，关键在于它是否具有一种独具特色的精神力量或意识形态。国家的兴衰，也与这种精神力量或意识形态能否充分地发扬或显现有关。每当这种精神力量或意识充分显现出来时，国家就兴盛；否则，国家就衰败。国家是这样，一个民族也是如此。在他看来，一个民族不单纯是历史上长期生活在一起的人群的集合，也不单纯是他们在地理空间上的聚集。一个民族除了有共同的语言、文字、文化、习俗等基本因素外，还要有一种强大的精神力量、自我创造力量。这种强大的精神力量，是这个民族与其他民族相区别的主要依据。这种精神力量正是一个民族或国家内在本质的真正表现。因此，他认为，印度要强大兴盛起来，就必须发扬和重建自己特有的精神或意识力量，即所谓的"达摩之治"。

印度现代各种社会问题的根源在哪里呢？乌帕迪雅耶认为，独立后印度社会仍然处于动乱、骚动和各种矛盾之中，其根本原因就在于，印度人自己把许多西方的思想和意识形态引进到印度政治和社会生活中，从而掩盖了印度民族的真正本性，阻碍了印度特有精神力量的发展。独立后的印度政治，反映的不是印度自己的真正意识，而是西方的这个主义或那个主义。印度的国家生活没有达到一种和谐统一的状态，而是进入了各种政治、经济和思想的冲突之中。①

乌帕迪雅耶批判了代表西方思想的几种印度人：例如，一些印度的马列主义者或社会主义者认为，生产的方式是社会发展的决定因素。他们把所有制和分配制度的好坏看作一切社会问题的根源，主张通过把私有制转化为公有制的办法来医治社会的弊病。他们认为，印度的政治生活必须以经济为基础，宗教和文化都是次要的、第二位的。另外一些人，主要以国大党人和政府当权者为代表，则把政治权力看作他们的最终目标。他们看待宗教、文化和经济问题都是从政治权力的角度考虑的，对他们权力有利的，他们就支持；对他们权力不利的，他们就反对。在乌帕迪雅耶看来，无论是印度的马列主义者还是国大党人，都不能从根本上解

---

① Chaturvedi Badranath, *Dharma*, *India and the World Order*, Edinburgh: Saint Andrew Press, 1993, pp. 303 – 316.

决印度的问题，因为他们忽视了印度的精神和文化，阻碍了印度真正精神力量和意识的发扬。

乌帕迪雅耶认为，只有排除西方各种"主义"的影响，真正重建或恢复印度固有的意识形态或精神力量——"达摩"，印度才能兴旺发达起来。

二　用现代思想解释"达摩"

什么是"达摩"呢？"达摩"（dharma）一词来自梵文，在中国佛教典籍中被译为"法"。"达摩"是印度传统文化中最基本的概念，它有许多含义。从广义上说，它是指事物存在的法则，或事物内在的必然性和规律性。从伦理学的角度说，它是指人们应遵循的行为准则和道德规范，以及应当履行的社会义务。古代印度教伦理哲学的一个重要特点，就是对不同的人规定了不同的"达摩"，要求每个人都必须严格按照自己的"达摩"行事，这样就可以使社会达到和谐统一。

乌帕迪雅耶是怎样解释"达摩"的呢？首先，他从否定的方面加以诠释。他说："达摩"不是一种礼仪，也不是一种礼仪体系；"达摩"不是在庙宇中必然看到的东西；"达摩"不是一种宗教，不是一种哲学观点，也不是一种精神道路。其次，他又从肯定的方面加以宣扬。他说："达摩"是指作为社会成员的每一个人，在人生的不同阶段，为实现人类最终目标而应当履行的"一切责任和义务的总和"。"达摩"是真正的"印度意识"。"达摩"是"支持一切有教化的生活的力量"。"达摩"是"印度文明中最有生命的推动力，生命气息"。尽管乌帕迪雅耶用了许多现代术语对"达摩"加以解释，但实际上他还是继承了古代印度教的基本观点，认为社会上的人应有不同的分工，从事不同工作的人应有不同的"达摩"，只要每个人都严格按照自己的"达摩"去行事，社会就会和谐统一。

在古代印度教社会中，人是分为不同种姓的，按照规定每一个种姓都有自己应履行的"达摩"，这种"达摩"就是指人的行为规范、道德准则和社会义务等。例如，婆罗门种姓的"达摩"，就是学习吠陀、传授吠陀、祭祀、替他人祭祀、接受布施等。刹帝利种姓的"达摩"，是学习吠陀、保护百姓、管理国家、布施等。吠舍种姓的"达摩"，是学习吠陀、经商、务农、畜牧、布施等。首陀罗种姓的"达摩"，是心甘情愿地侍奉以上三个种姓，为他们服务。在这里，"达摩"的观念既包含着不同种姓应当履行的道德原则，也包含着社会分工和社会分工后的职业道德，当然也包含着高级种姓与低级种姓之间不合理的社会分工和不合理的道德标准。乌帕迪雅耶只看到印度传统"达摩"观念中的合理内容：一个社会必须有不同的社会分工，分工后必须按照职业道德相互合作、相互协调，以达到社会的和谐统一；但是，他没有看到或者忽视了传统"达摩"观念中的不合理部分：这种社会分工和行为准则包含着等级差别和社会歧视，在有等级差别和歧视的前提下，要想实现真正的社会和谐是很困难的。

简言之，乌帕迪雅耶的"达摩之治"，就是把他所谓的"印度的真正意识"——"达摩"作为全社会的最高指导原则，用这种原则去治理国家，去指导每个人和每个团体的行动，消除人与人之间、团体与团体之间的各种矛盾与冲突，从而使社会达到和谐和统一。

乌帕迪雅耶为了突出其"达摩之治"学说的重要性，他甚至把"达摩"看作印度文明的生命。评论家 C. 巴德里纳特在《达摩、印度和世界的秩序》一书中评述说：

> 按照乌帕迪雅耶的观点，这些就构成了印度传统国家生活的理念，这些理念决定了印度意识，印度社会的根本力量、

印度存在的目的。所谓这些"印度意识"在"达摩"一词中都可以得到最清楚的表述，"达摩"就是印度一切文明生活的根本力量。"达摩"是印度文明中活着的动力，是印度文明正在呼吸的生命。它是印度历经几千年无数次兴衰所保留下来的最重要的观念，也是印度生活本身形形色色的形式中最有代表性的理念。①

乌帕迪雅耶认为，西方文化和印度文化在本质上是不同的，西方文化的核心是强调事物之间的冲突与竞争，而印度文化的核心是强调事物之间的和谐与统一。在他看来，西方人的世界观有一个共同的特点，就是认为人类生活中永远充满着矛盾和斗争。按照西方思想家的观点：在社会生活中个人与个人之间、团体与团体之间、个人与团体之间都存在着永恒不断的矛盾和冲突，因此竞争与斗争是不可避免的。西方人就是用这种方法去观察世界的，例如，达尔文以此观察了生物界，黑格尔以此观察了哲学，马克思以此观察了人类历史，等等。资本主义的哲学是把冲突与竞争看作永恒的真理，社会主义的哲学也强调矛盾与斗争，并鼓吹一个阶级消灭另一个阶级。乌帕迪雅耶认为，与西方文化不同，印度的民族精神产生于一种和谐的世界观。这种世界观主张：世界上的一切事物都是相互联系、相互依赖的，它们之间的和谐统一是第一位的。人类社会也是如此。在人类社会中，人与人、团体与团体、人与团体都是相互依存的，和谐统一是它们之间永恒的主题。个人的利益和价值，只能在为团体的服务中去实现；国家的利益和价值，也只能在为人类的服务中去实现。乌帕迪雅耶指出，印度的这种和谐世界观最集中地体现在传统印度教的"达摩"理论中，按照"达摩"论：社会上的每一个人都有自己的社

---

① Chaturvedi Badranath, *Dharma*, *India and the World Order*, Edinburgh: Saint Andrew Press, 1993, p. 311.

会分工和职责，每个人都应当各尽其职、各守其责，这样社会就可以达到和谐统一。

他所提倡的"达摩之治"，就是要恢复和重建印度传统的达摩精神，把达摩精神作为人与社会关系的根本法则，把一个人内部生理的、心理的、感情的和精神的力量都调动起来，去为他人和社会服务，以实现自我的价值，达到社会的"相互和谐状态"（interharmony）和"相互欢乐状态"（interagreeableness）。

三　如何实现"达摩之治"

乌帕迪雅耶批判尼赫鲁政府所制定的各种政治经济政策，认为这些政策只重视物质生产而忽视精神建设，过度引进西方思想而忽视本土文化和传统思想，等等。他主张发扬传统文化的精华，在印度重建"达摩之治"，消除各种动乱和冲突，实现全社会的和谐统一。如何才能建立起"达摩之治"？他提出了许多具体的措施和建议：

社会要确保为每一个能工作的人提供就业的机会，确保每个人都能获得最低的生活标准。

社会要想方设法提高人们的知识文化水平，保证每一个人都享有免费教育的权利，以利于发展整个社会的精神文明。

社会要大力发展卫生医疗设施，使每一个人都得到免费的医疗，确保人们的健康成长。

社会要不断地为每个人提供各种机会，以促使他们能按照自己的意志，为国家的进步和社会的发展多做贡献。

在政治方面，要分散权力。在一个社会中，政治和经济的功能都集中于一个权力之中，就会产生混乱。因此，政权必须分散，不同的政权中心只有靠达摩的精神相互联系、相互协调。

在政治和经济方面，都要自力更生，不要过分依赖外国。外国的思想和外国的东西，有很多都不适应印度的国情，印度人必须依靠自己的智慧和力量来建立和建设自己的国家。

乌帕迪雅耶坚信，只要在印度建立起"达摩之治"，印度社会就能够和谐统一，国家就能够兴旺发达。实际上，这种"达摩之治"，并不是什么新的理论，早在 20 世纪初印度民族主义激进派的领袖提拉克就曾提出"达摩之治"（Dharma-rajya）的思想，试图用印度教的传统思想来改造社会，建设国家。但是，乌帕迪雅耶的"达摩之治"与提拉克的"达摩之治"不同，他在继承传统观念的同时，吸收了许多人道主义思想的内容，把印度传统的"达摩"观念与现代人道主义思想融合在一起。其目的，是用这种学说来捍卫印度的传统文明和精神，抵御西方文化和思想的侵袭和影响。

第二十五章 吉纳那南达的 "哲学的宗教"

斯瓦米·吉纳那南达（Swami Jnanananda，1895—1977）是印度独立后一种新型吠檀多哲学家的代表。他本人既是著名的科学家，又是吠檀多哲学家，由于他具有浓重的吠檀多宗教世界观，又长期从事科学工作，所以在他的哲学著述中使用了许多科学元素来论述哲学与宗教的内容，把科学与吠檀多、科学与宗教有机地结合在一起，而形成一种新的吠檀多哲学。这类哲学家被人称为"科学家—吠檀多论者"。

吉纳那南达是一个虔诚的印度教信徒，在青年时代曾潜心修炼瑜伽，并在喜马拉雅山下长期隐居修行。三十几岁以后，决心献身于科学事业。他曾到欧洲和美国学习原子物理学，并在那里从事多年的研究工作，发表过许多有关真空理论和原子物理学的文章和著作，受到科学界的认可。晚年，他回到祖国，担任安得拉大学原子物理学系的教授和系主任，并兼任印度科学与工业研究委员会下属的原子能委员会委员，同时还是许多科学学会的重要成员。无论在美国，还是回国后，他在从事科学领域工作的同时，都坚持吠檀多哲学的研究，因此写了不少论述吠檀多哲学的著作。印度现代著名哲学家拉达克里希南，评价他是"印度伟大的思想家之一"。1964 年，印度安得拉邦政府赞赏他是"一个集瑜伽行者与学者于一身的人"。

其主要哲学著作有：

《哲学大论集》（*Darsanika Maha Pravachana*）

《经验主义、理性主义和先验主义的综合与最终目标》（*The Synthesis and the Ultimate Objective of Empiricism*, *Rationalism and Transcendentalism*）

《全经》（*Purna Sutras*）

《瑜伽哲学》（*The Philosophy of Yoga*）

一　何谓"哲学的宗教"

斯瓦米·吉纳那南达把自己所创立的吠檀多学说称为"哲学的宗教"（Philosophical Religion）。一般来说，哲学和宗教是两个不同的概念，哲学是从理论上阐述世界观和人生观的思想体系，而宗教虽然也有理论阐述，但是一种更偏重于实践的信仰体系。与其他哲学家不同，吉纳那南达则把哲学与宗教结合起来，创造出一种学说，名为"哲学的宗教"。用他的话讲：

> 我的这个体系是哲学，因为它是以先验的认识、以先见之明者和哲人的智慧为基础的……我研究的对象就是哲学，因为我的体系与这种智慧相关联并力求从理性上把握它，也就是从一般的理解能力或理智上来把握它。[①]

同时，又说：

[①] Swami Jnanananda, *Darsanika Maha Pravachana*, India: Ralanji Press, 1931, p. 5.

我的这个体系也是宗教，因为宗教也与这种智慧有关系，只是宗教是以感情的方式来把握它。①

从他的话可以看出，他所谓的"哲学"和"宗教"都与一种"智慧"相关联，也正因此才把"哲学"和"宗教"结合在一起，构成一个新的体系。

那么，这种"智慧"到底是什么呢？他说：

这是一种用理智、情感和直觉，即超情感的直觉来阐释的学说，这也是一种认识"神圣圆满存在"真正本质的"智慧"和最可靠的方式，因此我把这种学说或"智慧"称为"哲学的宗教"。②

从这句话中我们可以弄明白：他所谓的"智慧"，就是印度人说的"吠檀多哲学"。因为在他看来，只有吠檀多哲学，才能认识"神圣圆满存在"的真正本质，而且是最可靠的方法；只有吠檀多哲学，才是通过多种方式，即理智、情感以及直觉的方式，来阐释"神圣圆满存在"的学说。

另外，他所说的"神圣圆满存在"，也不是什么新的东西，正是指吠檀多哲学中的宇宙最高本体——"梵"。在传统吠檀多体系中，宇宙本体——"梵"与人的本质——"我"是同一不二的，一个人必须通过各种方式认识和证悟"梵我同一"的真理，一旦证悟到这种真理，他就能达到一种神圣圆满的存在状态或境界，从而实现人与"梵"的结合，也就是精神的解脱。因此，有的时候，吉纳那南达也按照传统吠檀多的方式解释他的体系，如他

---

① Swami Jnanananda, *Darsanika Maha Pravachana*, India: Ralanji Press, 1931, p. 6.

② Ibid. , pp. 6 - 7.

所说：

> 研究这种"神圣实在"（引者按：指梵），证悟这种"神圣实在"，并且成为这种"神圣实在"——所有这一切就构成了"哲学的宗教"。①

为了说明其体系是要认识"梵"和"梵我同一"的真理，他还强调：

> 我们的目的就是获得真理，因此我们的学说，即"哲学的宗教"学说也是普遍通用的。"哲学的宗教"体系研究的对象只有真理，而不是真理之外的其他东西。②

其实，吉纳那南达所说的"哲学的宗教"，就是他创立的一种新型吠檀多哲学。他认为这种哲学也有宗教的功能或作用，因此他又称它为"宗教"。为了说明他所说的"宗教"不同于一般意义上的印度教，他指出："'哲学的宗教'从来不是多神论的。它只有一个神，唯一之神——'绝对'，即存在丁自然界和人类中的'真正实在'。"③在他看来，多神论是落后和愚昧的产物，多神论的信仰容易造成教派的矛盾、民族的分裂。因此，他是坚定的一神论者，他所创立的"哲学的宗教"也只崇信一种抽象的唯一之神——"绝对"。他认为，"绝对"不受任何教派的限制，不属于任何种姓或民族，也不依赖任何教义或学说，"绝对"具有普遍的意义，它代表的是

---

① Swami Jnanananda, *Darsanika Maha Pravachana*, India：Ralanji Press，1931，p. 83.

② Ibid.，p. 42.

③ Ibid.，p. 34.

最高的"神圣实在"。这种"绝对"是什么呢？说穿了，就是
吠檀多哲学中的最高本体——梵。

　　吉纳那南达的"哲学的宗教"体系既有哲学的一面，也有宗
教的一面。为了突出其宗教的一面，他解释说：

> 　　正确认识"最高实在"是我们内在、我的内在和一切可
> 见的自然物内在的真正本质——这就是宗教。认识蕴含在人
> 和自然界中的那种神圣本质——这就是宗教。显现出包含在
> "我"中的神圣本质或实在性——这就是宗教。通过不断的认
> 识，通过我们一切无私的行为，通过纯净而高尚的爱，通过
> 培养和训练良好的身体习惯而真正证悟到万物中的神圣统一
> 性——这就是宗教。通过认识并且实现这种神圣的统一性而
> 建立和创造一个和谐的世界——这就是宗教。[①]

　　了解现代吠檀多哲学的人都知道，他的这句话，简单地
说，至少包含三层意思：第一，像其他现代吠檀多论者那样，
吉纳那南达也认为，哲学就是要认识和证悟人和自然万物中的
神圣本质——"梵我同一"的真理；第二，认识到"梵我同
一"的真理，就能认识到人与人之间、人与自然万物之间的神
圣统一性；第三，认识到这种神圣统一性，就能建立和创造一
个统一而和谐的世界。吉纳那南达进一步认为，认识人和自然
万物内在的神圣本质，并通过这种认识来创造一个和谐的世
界——这不仅是哲学，而且也是宗教。因此，按照他的逻辑，他
建立的新型吠檀多论不仅是一种哲学，也是一种宗教，故称之为
"哲学的宗教"。

---

　　① Swami Jnanananda, *Darsanika Maha Pravachana*, India: Ralanji Press, 1931, pp. 142 – 143.

二　"绝对"与对"绝对"的认识

从本质上说，吉纳那南达的"哲学的宗教"体系就是传统吠檀多不二论的一种现代化形式。吉纳那南达也像古代吠檀多不二论者那样，从彻底的唯心主义一元论出发，主张一种抽象的精神实体——梵是宇宙的最高本体，万事万物都是梵的显现，万物统一于梵。但是，在语言表达上，他与古代吠檀多论者则不同。有的时候，他也把最高本体称为"梵"，而更多的时候，他则使用现代哲学术语，把最高本体称为"绝对""绝对的实在""唯一""唯一的实在"，以及"真正的存在""神圣的存在"，等等。正如他所说："整个自然界、物质、我、你们与一切现象，都是'绝对'，都是唯一之梵。"①亦强调说："在世界上存在的只有唯一的'绝对'，所以世界上只有'唯一的存在''唯一的实体''唯一的生命''唯一的圆满''唯一的人类''唯一的神'，进一步说，也只有唯一的兄弟情谊、唯一的和谐与唯一的统一。"②

吉纳那南达作为一个科学家，他力图使自己的哲学接近现代科学，以跟上时代的发展，因此他经常利用科学的成果和资料来说明自己的唯心主义观点。例如，他认为，现代物理学的电子论就是一个重要的发现，它说明了物质的构造和能量产生的道理。但是，他对电子论有自己独特的解释：

> 科学告诉我们，到现在为止人们发现的最终的看不见的粒子就是电子……但是，这只是一个物质的定理，这个定理不包含真理的界线，因为它没有明显的秩序，也没有真正的

---

① Swami Jnanananda, *Darsanika Maha Pravachana*, India：Ralanji Press, 1931, p. 140.

② Ibid., p. 36.

逻辑证据。①

　　在他看来，电子同其他微观世界的成分一样，不仅具有物质微粒的性质，而且还具有波动的性质。这种波动的性质不是物质性，而是非物质性。这样一来，电子的物质性与波动性（非物质性）之间就产生了一种无法克服的矛盾，这种矛盾则证明物质理论是站不住脚的。此外，他还认为在电子论中存在一个矛盾，即"电子是两种秩序现象——时间的连续性与空间的同时性——中的一个冲突"②。吉纳那南达反对辩证唯物主义"关于物质的间断性与持续性的对立统一"的原理，因为他提出了"时间与空间是主观性的"观点。在1962年2月召开的第一届国际哲学科学院会议上，他在"关于数学与物理学中的哲学问题"的小组会上发言说："空间和时间只是人的主观意识所直觉到的先验的形式"，"它们（时间与空间）既不具有客体的性质，也不可能成为主体本身"。③

　　因此，他的结论是"时间与空间是主观性的"。在这里，吉纳那南达用"时间空间的主观性"来否定电子的物质性，以此说明他的唯心主义一元论——世界上的一切现象都是"绝对"或精神实体梵的显现，最终统一于梵。实际上，他强调"时空的主观性"与他主张的以梵为基础的客观唯心主义观点也存在着矛盾。

　　如何认识梵或"绝对"——这是传统吠檀多论最重要的议题之一。在这个问题上，吉纳那南达也不例外，他花了许多笔墨阐述了对梵或"绝对"的认识。按照他的描述，"绝对"不是一般的实体，而是具有神秘主义性质的实体。因此，他提出的认识手

---

①　Swami Jnanananda, *Darsanika Maha Pravachana*, India: Ralanji Press, 1931, pp. 94 – 95.

②　Ibid. , pp. 136 –137.

③　Swami Jnanananda, *The Synthesis and the Ultimate Objective of Empiricism, Rationalism and Transcendentalism*, India: Waltair Press, 1965, pp. 22, 32.

段也具有神秘主义的性质。首先，他承认，要认识"绝对"，需要各种认识手段的帮助：例如，感性的认识、理性的推理、本能的领悟、超验的审美的直觉，以及"神秘的启示"，等等。他还强调，要达到认识的目的，必须借助上述各种手段，而不能忽视其中的这种或那种手段。

他是一个物理学家，他深知感性认识和理性推理在物理研究方面的作用，因此承认感性认识和理性推理是"我们认识客观存在的重要手段"。但是，吉纳那南达指出，在认识"绝对"的时候，感性知觉和理性推理只是初级认识，是远远不够的，还需要更高级的认识——直觉和"神秘的启示"。因此，他把主要注意力集中到高级认识手段——直觉和"神秘的启示"上了。关于直觉，他像其他吠檀多论者一样，把直觉看作证悟梵或"绝对"最重要的手段之一。他采用德国大哲学家康德的术语，把直觉称为"先验的审美形式"。他说：

> 没有概念的感悟是盲目的，而没有感悟的概念是空洞的。因此，需要直觉，特别是在以可靠论据为基础的哲学中，更需要直觉……①

除了直觉之外，他还推崇一种更高级的，带有神秘性质的认识手段，这就是他所谓的"神秘的启示"。他认为，"神秘的启示"是一种更有效的方式，它能够认识到其他认识手段所不能认识的对象——"绝对"。它还能把其他认识手段的真正本性调动出来，和它一起来共同认识或证悟"绝对"。如他所说：

> "神秘的启示"这种手段可以启迪出一切认识手段抽象的

---

① Swami Jnanananda, *The Synthesis and the Ultimate Objective of Empiricism*, *Rationalism and Transcendentalism*, India: Waltair Press, 1965, p. 6.

和真正的本性，就像感觉和理智是靠它的帮助而表现出来的那样。①

在阐述各种认识手段之外，吉纳那南达还论述了认识梵或"绝对"的认识过程。他认为，要利用各种认识手段，尤其是直觉和"神秘启示"的手段，就必须依靠印度传统的瑜伽。只有通过瑜伽的方式，才能使人的身体和情感上升到一定的状态或水平，才能发挥出直觉和"神秘启示"的作用，最终认识或证悟到"绝对"。为此，他专门写了一本书，题为《瑜伽哲学》。在此书中，他提到了印度传统的四种瑜伽——业瑜伽、智瑜伽、信瑜伽和王瑜伽。但是，他指出，通过这些传统瑜伽所达到的境界，并不是他所力求达到的目标，也不能实现他所力求认识的"绝对"。所以，为了实现他的目标，吉纳那南达提出了一种新的瑜伽形式，名为"全瑜伽"（purna-yoga）。他认为，这是一种圆满的、尽善尽美的瑜伽形式，它可以帮助人们实现证悟"绝对"与达到"神圣存在"的最高目的。其实，这种"全瑜伽"是一种比其他瑜伽更具神秘主义性质的形式。如他所说：

> 不管内部的动机多么迫切，全瑜伽是自然存在的……不管内部的证悟和随之而来的高级状态如何，全瑜伽实际上是自生的……全瑜伽的这种自生性表现在它并不知道任何教条，不了解任何信仰的对象，不了解任何专门的法典，不了解任何禁欲的信念。只有那些实现极为强烈的内部证悟的人，他们才会成为真正的全瑜伽者。②

---

① Swami Jnanananda, *Darsanika Maha Pravachana*, India: Ralanji Press, 1931, pp. 78 – 79.

② Swami Jnanananda, *The Philosophy of Yoga*, India: Ahmedabad Press, 1938, p. 20.

吉纳那南达还指出，真正的全瑜伽是很难实现的，能够实现这种瑜伽并达到他所追求的最高目标的人，只是少数的精神圣徒。

三 哲学、宗教与科学的统一

吉纳那南达并不是一般的吠檀多论者，他不仅是一个科学家，而且是一个哲学家和宗教活动家。他本人在现实生活中，就是科学家、哲学家和宗教活动家三者的统一体。因此，我们就不难理解，这样特殊身份的人在论述吠檀多哲学时，他所追求的最高原则自然也是哲学、宗教和科学的统一。他有关本体论和认识论的各种阐述，都是为论证这个最高原则即"哲学、宗教和科学的统一"而服务的。

关于哲学与宗教的统一，我们在第一部分中已经做了充分的阐述。吉纳那南达把自己的哲学体系称为"哲学的宗教"，其本意就是他的体系不仅仅是哲学，而且是宗教，是哲学与宗教的统一。在他看来，他创立的新型吠檀多论把梵或"绝对"看作宇宙的本体和万物的基础，梵与人的本质——"我"同一不二；人们只要认识到"梵我同一"的真理，就能认识到人与人、人与自然之间的神圣统一性；认识到人与人、人与自然的神圣统一性，就能建立起一个和谐和统一的世界。他把这种新吠檀多论不仅看作哲学，而且也看作宗教，因为它不仅有理论阐述的哲学部分，而且也有体验真理、实现真理的宗教实践部分。

如果说在他的"哲学的宗教"体系中哲学与宗教的统一是自然而然的事情，是符合印度宗教哲学传统的话，那么哲学、宗教与科学的统一却是一个需要解释的问题。这涉及吉纳那南达对科学的态度和看法。

吉纳那南达是一位科学家，长期从事物理学的研究和教学工作，他知道科学在人们认识世界和建设世界过程中的作用，也了解现代科学成果对人们的生活和思想的深刻影响。因此，他主张，他的哲学体系必须充分利用科学的方法和成果，必须与科学相结合。但是，另一方面，他又是一个忠实的印度教徒、吠檀多哲学的信仰者，所以当他论述哲学与科学的关系时，他就会从唯心主义的吠檀多哲学和神秘主义的瑜伽理论出发，认为科学的功能是有限的，而不是无限的。首先，他反对科学的唯物主义基础，他常常站在吠檀多唯心主义的立场上解释科学的问题，例如，他认为电子具有的波动性是非物质性的，从而否定电子的物质基础；认为时间和空间是主观的，否定了它们的客观性；等等。其次，他认为，科学的功能是有限的。在他看来，科学研究的对象是摆在我们面前的、通过我们的感官所感觉到的东西，科学只能说明这些靠经验得来的材料，而不能洞察它们背后的本质，尤其是不能说明生命背后的东西，不能解释"生死之谜"。他指出，在实验室的条件下用人工方法培育出有生命的细胞的说法，只是"唯物主义派别荒谬的教条"。①

　　吉纳那南达站在吠檀多的立场上，认为科学在认识世界方面虽然具有重要作用，但并不是最理想的认识工具，其功能是有限的，因此科学需要其他的认识方式来补充和充实。那么，靠什么方式来补充呢？他主张，科学需要靠哲学和宗教的方法来补充，科学必须与哲学和宗教相结合。为了使自己的学说符合科学、符合现代精神，他强调在他的哲学体系中要采用科学的认识方法——即经验论和实在论的方法，如果不使用这些科学方法，其体系的认识论就是站不住脚的、无说服力的。如他所说：

　　　　没有科学、形而上学、哲学和宗教的统一，就不可能产

---

① Swami Jnanananda, *Darsanika Maha Pravachana*, India：Ralanji Press，1931，p. 30.

生真正的认识和智慧。①

现在，我们要问：吉纳那南达所说的哲学和宗教的方法到底是什么呢？他宣布，要用"思辨的哲学方法"来补充"科学的经验论的方法"。但是，在具体解释这些方法时，他则把这些方法（思辨的方法、经验的方法等）最终都归结为一种内省式的瑜伽方法。他指出这种瑜伽方法不仅在我们今天的日常生活中没有丧失意义，而且对于现代科学也是必需的。他曾说：

内省是研究超心理状态或超意识状态的一种方法。②

到此，我们已经清楚，他说的哲学或宗教的方法就是传统吠檀多的瑜伽方法。这可以说是万变不离其宗：吉纳那南达虽然绕了一个大圈子，宣称把科学的方法与宗教、哲学的方法结合起来，但实质上，还是没有跳出吠檀多的范围，最终还是回到了传统吠檀多的瑜伽方法上来。

吉纳那南达声称，自己的哲学体系是一个创造性的"思辨哲学"体系，而不是"科学哲学"体系。他否定"科学哲学"的重要性。在他看来，"科学哲学"只是有限的经验论，其缺陷在于它只能以分析、综合和概括的方法来说明经验的材料，而不能看得更远，不能超出经验材料的界限。而他的"哲学的宗教"体系才是一种创造性的"思辨哲学"，这种哲学是把科学与哲学、宗教的方法结合起来，不是以经验为基础，而是以直觉为基础，对宇宙进行全面、整体的探索和研究。他指出：

---

① Swami Jnanananda, *Darsanika Maha Pravachana*, India：Ralanji Press, 1931, p. 151.

② Swami Jnanananda, *The Synthesis and the Ultimate Objective of Empiricism, Rationalism and Transcendentalism*, India：Waltair Press, 1965, p. 137.

经验论哲学（引者按：指科学哲学）只是对一些零散的、无相互关联的因素进行论述，并不能成为说明"物自体"的重要手段。而另一方面，思辨哲学才是那种包罗万象的思想体系的支柱，但是它的弱点在于过于解释细节。①

总之，吉纳那南达创立的"哲学的宗教"体系是一种新型吠檀多论，是传统吠檀多的一种现代形式。他力求把科学融入哲学，增加自己哲学的科学性，实际上是想使他的新吠檀多哲学跟上时代的发展，符合科学发达的现代社会的需要。另外，我们从他身上也可以看到一种世界观的矛盾性：作为一位科学家，他在物理学领域的著作是符合唯物主义观点和辩证思维方法的；但是作为一个吠檀多哲学家，他的观点又是宗教唯心主义的，他贬低科学的作用，力求使科学服从他的唯心主义和神秘主义的哲学。

---

①　Swami Jnanananda, *The Synthesis and the Ultimate Objective of Empiricism, Rationalism and Transcendentalism*, India: Waltair Press, 1965, pp. 13 – 14.

第二十六章 马哈德万的"吠檀多价值论"

戴里亚拉姆·马哈德万（Telyaram Mahadevan，1911—1983）是印度当代著名哲学家，亦是一位忠实的新吠檀多论者。他一生在大学里从事哲学教育和研究工作，在去世前一年，被印度政府授予"国家级教授"称号。他发表过许多有关吠檀多哲学的著作和文章，也翻译和注释了不少吠檀多经典，这些著述阐述了传统吠檀多与现代生活的关系，体现出一种新吠檀多思想。

马哈德万对新吠檀多哲学的主要贡献在于，他对欧洲流行的价值论发生了浓厚兴趣，力求运用西方价值学的方法和概念重新审视传统吠檀多哲学，使两者融合起来，从而创立一种独具特色的"吠檀多价值论"（Vedantic Axiology）。这种吠檀多价值论，是印度现代吠檀多哲学的一种新形式，也是传统吠檀多与西方哲学相结合的一个典型。

其主要著作有：

《印度教概要》（*Outline of Hinduism*）
《印度的圣贤》（*The Saints of India*）

主要论文有：

《印度哲学中社会、道德和精神价值的基础》（The Basis of Social, Ethical and Spiritual Values in Indian Philosophy）

《印度传统价值及其普遍作用》（Indian Traditonal Values. Their Universal Appeal）

《人的再发现》（Rediscovery of Man）等

一 "吠檀多价值论"的产生

19 世纪末 20 世纪初，西方哲学界出现一个新的学派——弗赖堡学派，此学派以德国哲学家文德尔班为首。当时担任德国弗赖堡大学哲学教授的文德尔班，聚积了一批志同道合的哲学家，形成了一个以复活康德哲学为主旨，以研究历史、文化及价值问题为中心的哲学流派，故称"新康德主义弗赖堡学派"。他们提出了一套关于价值的性质、构成、标准和评价的哲学理论，这套理论被称为"价值论"（Theory of Value 或 Axiology）或"价值哲学"。主要是从主体需要、客体能否满足主体需要以及如何满足主体需要的角度，考察和评价各种物质的和精神的现象，以及主体的行为对个人和社会的意义。以文德尔班为首的新康德主义的价值论是西方价值哲学的主要代表。文德尔班提出了一种"普遍价值"学说，认为除了一个人的特殊估价之外，还有一种共同承认的普遍价值，哲学就是这种普遍价值的学说。在文德尔班之后，西方的价值论迅速发展，出现了许多不同的派别和学说，如"客观价值"说、"主观价值"说、"兴趣价值"说、"实证价值"说、"实用价值"说，等等。

到了 20 世纪 50—60 年代，印度哲学家开始对西方价值论发生兴趣，他们研究西方的价值哲学，并且运用价值哲学的概念和观点来考察印度的文化和社会现象，因此产生出独具特色的印度价值论，马哈德万的"吠檀多价值论"就是其中一个典型的代表。

马哈德万在研究西方价值论的时候，力图建立一个具有印度民族特点的哲学体系。他对西方人宣传的"欧洲中心论"非常反感，并对这种观点进行深刻的批判。他不止一次地强调，西方学者对印度哲学的评价是片面的，根本是站不住脚的。他指出，从古代以来印度哲学就对人类思想的发展做出了突出的贡献。[1]为了说明印度古代哲学对人类思想的影响，马哈德万运用西方价值论的方法和概念来分析和评价印度传统文化和哲学，尤其是吠檀多哲学。他得出的结论是：

> 印度哲学，从本质上说，就是价值哲学。[2]

虽然马哈德万受到西方价值论的影响，但是他的价值论无论在概念上，还是在形式上，都与西方的价值论不一样。他完全站在吠檀多不二论的立场，即客观唯心主义的立场上来谈论价值，拒绝任何以主观唯心主义的方式解释价值的概念和范畴。在阐述自己的吠檀多不二论立场时，他说：

> ……印度价值论的哲学基础，就是奥义书中所确定的梵的概念。[3]

---

[1] T. Mahadevan, "India Influence Abroad. Oriental Studies", *Vedanta Kesari Press*, 1957, Vol. 44, No. 1, pp. 21 – 22.

[2] T. Mahadevan, *The Indian Mind. Essential of Indian Philosophy and Culture*, India: Honolulu Press, 1967, p. 152.

[3] T. Mahadevan, *The Basis of Social*, *Ethical and Spiritual Values in Indian Philosophy*, *Essays in East – West Philosophy*, India: Honolulu Press, 1951, p. 332.

在他看来，梵、神或"最高的我"就是最高的价值——这是"吠檀多价值论"的原则。为了防止主观唯心论对这个原则的解释，他指出：

真正的价值论学说，不主张"个体的我"是最高价值，而主张"非个体的我"是最高价值。这个"非个体的大我"的特征，应当被确认为"存在·意识·欢喜"。[①]

他在这里所说的"非个体的大我"，就是指吠檀多哲学中的最高本体——梵。

概括地说，马哈德万的"吠檀多价值论"具有如下三个特点：（1）利用西方价值论的概念和方法来说明印度传统吠檀多不二论的概念和原理。（2）最高的价值是梵（大我、最高的我），梵就是"存在·意识·欢喜"的化身。（3）他的价值论是以客观唯心论而不是以主观唯心论为基础的。梵是最高的实在，是不以人的主观意志为转移的，它就是先于人而存在的神。

二　宗教的价值

马哈德万分析了各种不同的价值问题，他把各种价值分为两大类：一类是宗教的价值，一类是道德的价值。在他看来，宗教本身就是最高的价值，因此他花费了很大的精力研究宗教在人类生活中的作用。

他专门撰写了一本论印度教的书，名为《印度教概要》，在这本书中对宗教的价值进行了详细的阐述。他认为，宗教在人类社会中具有巨大的价值。宗教信仰是人所独有的，其他的生物不可

---

① T. Mahadevan, "Value and Reality", *The Visva-Bharaty Journal of Philosophy*, 1965, Vol. 1, No. 2, p. 35.

能具有信仰。人永远不会与宗教信仰相分离，因为"宗教就是人的实际生活"。他对"宗教经验"给予很高的评价，认为人类在长期的宗教信仰中积累了丰富的"宗教经验"，这种"宗教经验"指导着人的行为和一切活动。他甚至说：

> 宗教经验在全世界都是同一的，宗教经验是人类在地球上生存所获得的完美成果和光荣桂冠。[①]

在人类的发展过程中出现了各种各样的宗教，这些宗教在信仰和形式上有很大区别，如何评价各种宗教的价值呢？对于这个问题，马哈德万采取了一种巧妙的方法，他不想贬低任何一种宗教在社会发展中的意义和作用。因此，他从人类宗教观念发展变化的角度来考察这个问题。他把宗教的起源和发展过程分为三个大的阶段：（1）部落的宗教（包括图腾崇拜、万物有灵崇拜、简单的崇拜仪式等）；（2）民族的宗教（一个民族或国家信仰的宗教）；（3）普遍的宗教（适用于许多民族和国家的宗教，如佛教、基督教等）。他认为，处于不同发展阶段的宗教，只是形式上不同，其本质是一样的，它们在各自的发展阶段中都对人类具有重要的价值。他特别指出，"普遍的宗教"与前两种宗教相比，它更适应现代社会，是现代人类生活的重要信仰。这种"普遍的宗教"是在一神论形成的过程中，即在各种宗教信仰统一的过程中产生的，因此它能适应现代人类社会要求统一的现实。他认为，"普遍的宗教"就是今天人们所说的"世界宗教"，其中包括佛教、基督教、伊斯兰教和印度教，它们都是现代社会的代表。在我们看来，世界三大宗教只有佛教、基督教和伊斯兰教，而不包括印度教。但是，马哈德万却主张把印度教看作世界四大宗教之一，因

---

① T. Mahadevan, *Outlines of Hinduism*, Bombay: Ramakrishna Mission Institute of Culture, 1956, p. 4.

为他认为印度教的信仰者遍布世界各地，而且人数众多。

在马哈德万看来，比起其他宗教来说，这些世界性宗教具有特殊的价值，因为它们不局限于某一个地区或某一个民族，而适用于任何地区和任何民族，具有无所不包、普遍通用的性质。他写道：

> 世界宗教的普遍性，就在于它们中间的每一种宗教都有自己的仪礼体系……都有促进人们向道德完善转化所需要的道德伦理体系……还有能够满足人们最高级精神需求，并以对"绝对"的直觉经验为基础的哲学体系。①

尽管马哈德万对四种世界宗教有极高的评价，但是他更重视印度教，认为只有印度教才是宗教最高价值的代表。印度教的最高价值表现在两个方面：一是它能够充分揭示人的本质，二是它能为人指明通往道德完善、精神圆满、幸福极乐的道路。他宣布："印度教是一切宗教中最古老，同时也是最具有生命力的宗教。""印度教不仅是一种宗教，而且是一种哲学；不仅是一种思想方式，而且是一种生活方式。"此外，他还特别强调印度教在促使人们道德完善的过程中所发挥的重要作用。他说：

> 一切印度教的派别，无论其教义如何，都把道德修养作为实现精神解脱的不可缺少的条件。②

他认为，印度教具有普遍的精神价值，这种精神价值不仅对于印度教徒，而且对整个人类都适用。他把这种精神价值概括为

---

① T. Mahadevan, *Outlines of Hinduism*, Bombay: Ramakrishna Mission Institute of Culture, 1956, p. 11.

② Ibid. , p. 16.

三点：首先，印度教所提出的一切道路和方式都通向神，通向代表最高精神的神；其次，印度教把精神追求和精神修炼放在最重要的位置上，置于一切事物之首；最后，印度教还提倡一种普遍之爱和无私奉献的精神，这种精神对社会的进步是有重要价值的。

三　道德的价值

近代以来，一些西方的欧洲中心论者常常指责印度教，认为"在印度教徒的思维中几乎没有道德的哲学"。这种指责受到了印度哲学家的坚决反驳，20 世纪 20 年代 S. 拉达克里希南就是反击西方这种观点的主要代表。到了 50 年代以后，马哈德万则勇敢地承担起这个使命，开始从更高的水平上反驳西方人的观点。他把欧洲价值学的观念引进来，创立了自己的吠檀多价值学，他的吠檀多价值学运用大量证据论证了印度人不仅有道德哲学，而且这种道德哲学还具有重要的社会价值和意义。

马哈德万认为，印度人的道德伦理学说构成了印度哲学不可分割的一部分。印度哲学的基本宗旨就是研究如何实现人的精神解脱，而解脱的实现都是与人的道德完善有机地联系在一起的，没有道德的完善，人就不可能证悟到神，也不可能获得解脱。因此，他说：

> 印度哲学永远强调，没有培养出良好的性格、严格的纪律和有道德的行为，就不可能达到哲学研究的目的。[1]

在他看来，道德学说与印度哲学是不可分割的，不研究道德问题，印度哲学的目的就不可能达到。

---

[1]　T. Mahadevan, "Indian Traditional Values. Their Universal Appeal", *Bulletin of the Ramakrishna Mission Institute of Culture*, 1962, Vol. 13, No. 5, p. 166.

马哈德万从各个方面探讨了道德的社会价值和意义。他认为，道德观念的培养在一个人世界观的形成中起着重要的作用。一个人从小接受了良好的道德教育，培养了良好的道德素质，就会做出有道德的行为，这种良好的道德素质和行为则有助于一种正确世界观的形成和发展。所以，良好的道德教育在一个人的成长过程中和世界观形成中是不可缺少的。印度人非常重视青少年的道德教育，原因就在于此。例如，印度教规定：8 岁到 18 岁的儿童和青少年人都要拜一个有高尚道德修养并有学问的圣者为宗教导师，他必须离开自己的家庭，到宗教导师那里学习宗教经典，接受各种宗教道德和仪礼的教育，过禁欲的生活，从而为今后漫长的人生道路奠定好道德基础。

马哈德万认为，道德不仅在一个人世界观的形成中起主导作用，而且在人们的政治活动中也起着决定性的作用。他说：

> 印度古代思想认为，道德应当是政治的基础。[①]

在他看来，古代印度人把道德看作至高的原则，这个原则是人们一切社会活动的基础，其中也包括社会政治斗争。为了证明这个观点，他引用了许多古代印度的故事。例如，他谈到《薄伽梵歌》中般度族王子阿周那率领大军与俱卢族军队对阵厮杀的故事。开战前，阿周那见敌军中有许多自己的亲友和师长，便产生了怜悯之心，无心再战。化身阿周那驭手的黑天大神，教导他不应考虑个人的荣辱得失，只有坚定不移地履行自己的职责，才是高尚的行为，才是对神的忠诚。在黑天大神的教诲下，阿周那终于抛弃个人的私情，重新以军队统帅的天职为准则，决心战斗，

---

　　① T. Mahadevan, "Indian Traditional Values. Their Universal Appeal"（论文《印度的传统价值及其普遍作用》），*Bulletin of the Ramakrishna Mission Institute of Culture*, 1962, Vol. 13, No. 5, p. 168.

并最终取得胜利。马哈德万指出，这个故事说明了道德在社会政治活动中起着关键的作用。一个人不考虑个人的荣辱和私情，一心履行自己的社会职责——这就是最高的道德原则，这种原则应当是政治的基础。他还指出，不仅古代是这样，就是在现代社会中也是如此。他引用了印度民族独立运动领袖——甘地的例子。他认为，甘地与其他政治家不同，一直坚持把"非暴力"和"坚持真理"原则运用到一切政治斗争中，实际上就是把道德的原则运用于政治中，从而使政治道德化。马哈德万非常推崇甘地政治道德化的观点，他说：

> 在我们的时代，最伟大的名字就是甘地的名字，因为这个名字与一种使政治充满崇高道德的实验相联系着。①

马哈德万还认为，尼赫鲁实行的不与军事集团结盟的政策，就是建立在印度古代宗教道德传统之上的。他在一篇研究印度不结盟政策的文章中写道：

> 只要从印度自古以来的哲学以及由此而产生的道德观点来看，对今天印度不结盟政策的理解，就不困难了。②

此外，马哈德万强调，道德的重要价值还在于它能克服当今世界人类面临的精神危机。1955 年 12 月，他在第 30 届印度哲学大会上作了主题报告，题目为"人类的新发现"。在这个报告中他指出，20 世纪中期以来人类社会虽然创造了物质文明的巨大成就，

---

① T. Mahadevan, "Indian Traditional Values. Their Universal Appeal", *Bulletin of the Ramakrishna Mission Institute of Culture*, 1962, Vol. 13, No. 5, p. 169.

② T. Mahadevan, "India's Policy of No-Alignment", *Indian Year Book of International Affairs*, 1953, p. 17.

但是人与人之间也出现了精神危机。当时，西方流行的各种哲学思潮，如存在主义、逻辑实证主义和其他流派，都不能使人类从精神危机中解放出来。只有印度传统的宗教道德原则，才能克服人与人之间的精神危机。在他看来，科学技术的发展和物质财富的增加并不能解决人类的精神问题，只有印度教倡导的在直觉体验基础上所产生的道德进步和道德完善，才是克服精神危机的唯一途径。因此，他强调：

> 那些西方的理论并不能使人类消除愚昧无知。为了消除无知，需要有直觉智慧的光辉……真正的幸福在人的内部。只有获得内在幸福的人，才不会因为对外部事物的观察而陷入错误的认识，他才能通过证悟自己的灵魂和揭示自己真正的自我，而达到消除无知的目的。[1]

既然道德具有重要的社会价值，那么马哈德万的道德价值体系到底包括哪些内容呢？为了充实他的道德价值体系，马哈德万把印度教的各种道德原则、仪礼规定、修行方式和人生目的等都纳入他的吠檀多价值学说中。其中包括：

（1）把印度教徒的"四个行期"理论列入吠檀多道德价值体系。印度教规定，每一个印度教徒的一生必须经历四个阶段：第一阶段为"梵行期"，指青少年时期必须要拜宗教导师，到导师家里学习吠陀经典，接受道德教育，过禁欲生活，这种禁欲生活被印度教徒称为"梵行"。第二阶段为"家居期"，指一个人进入成年后，要成家立业，结婚生子，履行社会职责和义务。第三阶段为"林栖期"，指人到了老年，就应当离开家庭，到森林里潜心静修，为解脱做准备。第四阶段为"遁世期"，指到了晚年，则走出

---

① T. Mahadevan, "Rediscovery of Man", *Presidential Address to the Thirtieth Indian Philosophical Congress at Nagpur on December 21*, 1955, p. 20.

森林，四处游化，超脱世俗，把生死置之度外，一心追求解脱。马哈德万认为，印度教的"四个行期"理论把道德修养、世俗义务、精神解脱密切地结合在一起，是完善人生的最好途径。

（2）把印度教实现解脱的方法——"三大瑜伽"归入吠檀多道德价值体系。三大瑜伽，包括智瑜伽、业瑜伽和信瑜伽。所谓"智瑜伽"，指通过学习宗教真理（如"梵我同一"的真理）、增长智慧的方式，来证悟神和梵。这种瑜伽主要从智慧增长的方面加强修炼，不断地扩大知识，克服无明，最终实现解脱。所谓"业瑜伽"，指通过无私的行动和忘我的奉献精神，来证悟神和梵。此种瑜伽主要从行动上加强修炼，克服贪欲和私心，通过无私和忘我的工作或劳动来实现解脱。所谓"信瑜伽"，指通过对神的无限忠诚和虔诚崇拜，来证悟神或梵。这种瑜伽主要从心理和感情上加强修炼，不断增强对神的崇拜以及对普通人的怜爱，以此达到解脱。马哈德万认为，这三种瑜伽都具有重要的道德价值，无论是让人增长知识、培养无私忘我的工作精神，还是教人增长博爱之心，都可以提升社会的道德水准，提高人们的道德修养，促进人与人之间的和谐。

（3）把印度教的"人生四大目的"也列入吠檀多的价值道德体系。印度教主张，人的一生应当完成四个目的：利（artha）、欲（kāma）、达摩（dharma）和解脱（mokṣa）。所谓"利"，就是要获得一定的物质财富，以保证个人和家庭生存的需要。所谓"欲"，就是要满足一个人的性爱情感，结婚生子，延续后代。所谓"达摩"，就是一个人要按照社会分工，履行自己应尽的社会义务和职责。所谓"解脱"，就是要通过精神修行，使人从生死轮回的痛苦中解放出来，以实现精神自由。马哈德万认为，这"四大人生目的"包含着重要的道德价值：前两个属于较低层次的价值，只是满足个人生存和延续后代的需要；而后两个才属于高层次的价值，"达摩"要求人们加强道德修养，严格履行社会的义务和职

责，"解脱"则是认识精神、证悟精神，使人的精神上升到极乐的
境界，从而实现精神的彻底自由。

综上所述，马哈德万的价值学虽然运用了许多西方价值学的
概念和方法，但是并没有跳出印度吠檀多不二论哲学的圈子。第
一，他主张通过"认识精神""证悟精神"的方式实现解脱，他
所谓的"精神"，就是指吠檀多哲学中的最高本体或最高精神——
梵。第二，他主张道德修炼是"证悟精神"的前提条件，换句话
说，一个人只有在提高道德修养的基础上，才能静心内观，才有
可能证悟到精神或梵。第三，他还主张把吠檀多的宗教价值和吠
檀多的道德价值结合起来，只有两者相结合，才能真正发挥吠檀
多的无限价值。

马哈德万在评价自己的价值学说时说：

> 在目前东方与西方的密切交流中，由于印度在传统上就
> 对人们所共知的最高价值无限忠诚，因此她能够在理性和精
> 神之间起到桥梁作用。[①]

在他看来，印度人对"精神"是高度重视的，西方人对理性
是高度重视的，而只有他的价值学说才把这两种"重视"真正结
合起来，故而能起到沟通理性与精神的桥梁作用。但是，从本质
上说，马哈德万的吠檀多价值学并没有什么新的东西，只不过是
从西方价值学的视角，运用西方价值学的方法和概念重新诠释传
统吠檀多哲学而已。

---

① T. Mahadevan, "Indian Traditional Values. Their Universal Appeal", *Bulletin of the Ramakrishna Mission Institute of Culture*, 1962, Vol. 13, No. 5, p. 170.

第二十七章　马克思主义哲学在印度

　　1917 年十月革命胜利后，马克思主义逐步传播到东方长期受殖民主义压迫的国家和民族中，包括中国和印度。马克思主义哲学在印度的传播，是与印度共产党的成立和发展同步的。1920 年 10 月，M. N. 罗易等人在苏联的塔什干创立了第一个印度共产党。此后，印度国内马德拉斯、孟买和加尔各答等城市相继建立起一些共产主义小组。1925 年 12 月，印度各地的共产主义小组代表在北方邦的康普尔市召开会议，正式成立印度共产党中央委员会。伴随着共产主义运动在印度的兴起，马克思主义哲学思想也在印度逐渐传播开来。

　　早在 20 世纪 20 年代，M. N. 罗易主编的《先锋队》《印度大众》以及 S. A. 丹吉主编的《社会主义者》等杂志，就开始宣传马克思主义辩证唯物主义和历史唯物主义的学说。当时，这种思想在印度广大民众中影响不大，仅在一些进步的作家和艺术家中间流传。直到 1949 年，印度才出现第一部运用马克思主义历史唯物论观点研究印度社会的著作，即 S. A. 丹吉所著的《从原始共产主义到奴隶制时期的印度——用马克思主义观点对古代历史的概要研究》。

　　从 50 年代起，印度的马克思主义哲学才真正兴起，随之也出现了一批运用马克思主义唯物主义史观分析印度历史文化的学者和专家。在他们中间有 R. 桑克里蒂亚耶、D. 恰托巴底亚耶、M. N. 罗易、D. D. 高善灾、薄瓦尼·森、R. B. 沙尔马、Sh. G. 萨尔德赛等。他们创作了一批具有较高价值的学术著作。

马克思主义哲学在印度的影响和突出成果，主要表现在一批马克思主义学者运用辩证唯物论和历史唯物论观点对印度古代思想史和文化史的科学分析和评价上，表现在他们对印度民族精神遗产的继承、捍卫和发展上。

一　对古代印度哲学的研究

独立以后，在印度社会科学领域中出现一股力图改变和消除西方人所宣扬的"欧洲中心论"的观点。西方殖民者鼓吹和散布"欧洲中心论"，有意识地贬低印度古代哲学遗产的价值，否定印度文明对世界文化和人类哲学发展的重要贡献。从 20 世纪 50 年代，印度的马克思主义哲学家对这种西方人的理论进行了深刻的批判。在批判"欧洲中心论"的同时，他们也注意到印度国内一些资产阶级学者在研究古代哲学方面的片面性——这些学者只注重古代印度唯心主义哲学和有神论的研究，而忽视和低估了唯物论和无神论在印度古代思想发展中的重要作用。因此，如何客观和科学地研究印度古代思想史，揭示历史上各种学说的本质，说明唯物主义和无神论思想在印度历史上的作用，则成为当时印度马克思主义哲学家所面临的一个重要课题。50 年代末 60 年代初，在以纪念释迦牟尼诞辰 2500 周年为中心的各种活动中，印度的马克思主义学者开展了一场有关如何运用马克思主义观点解释宗教，尤其是佛教哲学的大讨论。作为这场讨论的最终成果，他们出版了一部集体著作，名为《马克思主义对佛教的态度》。该书于 1970 年和 1973 年两次印刷，作者中有一些是著名的马克思主义学者，如 R. 桑克里蒂亚耶、D. 恰托巴底亚耶、巴拉拉马·穆迪、R. B. 沙尔马，此外还有一批进步的作家，如 M. R. 阿南达等。在佛教研究方面，印度资产阶级学者大多只注重佛教神秘主义学说的研究。与此相反，马克思主义学者则对早期佛教思想中所包含的朴素唯物主义，特别是自然辩证法因素进行了深入的考察和分析，并且肯定了早期佛教反对印度教种姓压迫和歧视，主张种姓平等，宣传人与人之间兄弟情谊的思想，强调了早期佛教所具有的平等和民主的观念。

不可否认，马克思主义学者在这方面的研究也不是没有缺陷的。在他们的著作中也经常出现一些简单化、不准确或过高评价佛教思想的结论。例如，巴拉拉马·穆迪在《马克思主义对佛教的态度》一书中说到，释迦牟尼作为印度最早的思想家之一，他已经揭示出世界永恒变化的规律、因果关系的法则和对立面相互斗争与统一的法则；并且认为释迦牟尼宣扬的平等观念在当时所起的伟大作用，正如法国资产阶级大革命时期所提出的"自由、平等、博爱"的口号一样。巴拉拉马·穆迪的这种评价，显然超出了历史事实，具有赞誉偏颇之倾向。另外，M. N. 罗易在他的《印度哲学史》中也过高地评估了佛教的作用，提出了一些不切实际的结论。譬如，他认为部派佛教时期的"说一切有部"提出了一些"接近于马克思和恩格斯的结论"，佛教的辩证唯物主义思想是"印度哲学思想的最高成就"。他还指出：

　　辩证唯物论真正是印度的，并且是印度的骄傲；它不是由外国输入到印度的，而是印度自己的财富。[1]

应当说，印度马克思主义学者对佛教的这些过誉评价，反映

---

[1]　M. N. 罗易：《印度哲学史》，莫斯科：思想出版社 1956 年版，第 342、261 页。

出他们在反对"欧洲中心论"这个极端的同时，又走上了另一个极端，故而影响了他们对印度传统文化作出完全科学的结论。70年代以后，印度的马克思主义学者开展了一场有关如何正确评价印度吠檀多哲学的辩论。吠檀多论是印度古代哲学派别中最重要的一派，它曾对印度思想发展的方向起过决定性的作用。实际上，独立以后印度马克思主义学者对吠檀多的研究一直是比较重视的，在他们出版的许多著作中，都对吠檀多体系进行了详尽的考察和科学的解释。

那么，70年代为什么又要开展有关评价吠檀多的辩论呢？这是因1974年出版了B. 戴什潘德的《吠檀多世界》一书所引起的。戴什潘德自以为用马克思主义方法分析和评价了吠檀多，而实际上他在《吠檀多世界》一书中提出了许多唯心主义的观点，盲目地赞美了吠檀多主义。例如，他认为吠檀多是印度"哲学智慧"的最高体现，称吠檀多是"高度科学的世界观"，并且宣布在几千年人类思想发展史上吠檀多是第一个包含着并表述了马克思和恩格斯辩证唯物论的古代思想体系。他还说吠檀多是科学思维的巨大飞跃，吠檀多不仅预见了科学的发展，而且揭示了当今科学的许多成就。如他所言：

> 不夸张地说，印度古代思想家在哲学领域科学思维的方面不仅是领先的，而且在某些方面甚至超过了以自然科学高度发展为基础的20世纪的认识。①

为了揭露一些资产阶级学者认为马克思主义不适用于印度的观点，戴什潘德又走上了另一个极端，他提出马克思和恩格斯的学说，从本质上说，就是复兴和重建了吠檀多学说。他写道：

---

① B. 戴什潘德：《吠檀多世界》，孟买：大众出版社1974年版，第18页。

因此，当吠檀多哲学仍然是深深陷于无知状态的印度人的财富时，卡尔·马克思却以自己伟大的天才……创造了自己的理论、辩证的法则和科学的世界观，而重新使吠檀多的旗帜扩展到全世界。①

《吠檀多世界》出版后，其反历史主义的观点引起了印度马克思主义学者的强烈反响，并纷纷发表文章对该书的观点进行尖锐的、有理有据的批判，由此产生了一场关于吠檀多的大讨论。参加这次讨论的不仅有上述的一些马克思主义的哲学家，还有一些印度共产主义运动的老战士，如 G. A. 卡里、Sh. G. 萨尔德赛、H. 穆克吉和 M. 法鲁克等。1975 年在德里出版了一本批判戴什潘德错误观点的论文集，题为《马克思主义论吠檀多》。在这部书中公布了有关这次大讨论的决议，决议中指出：戴什潘德的著作"粗暴地歪曲了马克思列宁主义的基础和一般科学的思维方式，忽视了我们文化和哲学中的真正成就，而过分地赞扬了其中所包含的消极特点，这些特点正是适应颓废的统治阶级和剥削阶级的需要和他们施加压力的结果……他的著作在客观上……起到了帮助阶级敌人反对马列主义的作用，贬低了印度共产党的威望，把某种思想上的混乱引到了共产党的队伍之中"②。

从这段话中可以看出印度马克思主义学者对待古代吠檀多哲学的态度，以及当时开展这场辩论的激烈程度。此外，在这个决议中马克思主义学者也确定了自己对待印度哲学遗产的基本立场：在这次大讨论中，"形成一种统一的意见：印度具有丰富而光荣的哲学和文化遗产。印度共产党为具有数千年历史的民族思想的大成就和观点而自豪，这些成就的真正继承者是印度工人阶级、劳动大众和一切民主的力量，他们的任务就是要使这些成就更加丰

---

① B. 戴什潘德：《吠檀多世界》，孟买：大众出版社 1974 年版，第 152 页。
② 《马克思主义论吠檀多》，德里：勒普瑞特出版社 1975 年版，第 291 页。

富。因此，我们必须坚持以批判的态度对待我们的历史，反对吹捧文化遗产中反映剥削阶级狭隘利益的方面……对力图篡改和歪曲我们文化遗产的反动者进行毫不妥协的斗争"。[①]

在研究古代印度哲学史的过程中，印度的马克思主义学者对吠陀、奥义书、各派哲学经典以及大史诗《摩诃婆罗多》和《罗摩衍那》也进行了科学的考察和全面的分析。在这方面成就最突出的，是 D. 鲍斯对古代印度教经典《薄伽梵歌》的研究。他于1981 年在德里出版了一本题为《薄伽梵歌与我们的民族运动》的著作。1982 年他又与 Sh. G. 萨尔德赛合作撰写了《马克思主义与薄伽梵歌》一书，并于当年出版。这两部专著系统地、全面地分析了《薄伽梵歌》在印度文化和发展史中的地位，评价了它在印度民族独立运动中所起到的重要作用以及对广大民众的巨大影响。

二　对印度近现代思想的研究

印度马克思主义学者在深入印度研究民族古代文化的同时，对近现代印度社会政治和哲学思想亦给予了极大的重视。他们认真地考察了印度近现代一些有重要影响的思想家的学说，分析了这些学说的思想本质和客观意义，揭示了它们的社会根源和阶级基础，并且把这种研究作为反对资产阶级意识形态斗争的一个重要的组成部分。

在印度近现代思想的研究方面，K. 达托达兰所写的《印度思想批判纲要》是其中重要的著作之一。该书于 1967 年在孟买出版。作者试图全面分析和解释印度哲学在各个历史阶段的发展过程，其中亦包括近代和现代阶段。他以马克思主义的方法论，把印度哲学视为以社会经济为基础的一种上层建筑形式，力图从社

---

① 《马克思主义论吠檀多》，德里：勒普瑞特出版社 1975 年版，第 291 页。

会政治经济的角度揭示每一种哲学学说或哲学概念的具体含义，因此使他的著述具有很强的社会现实意义。在谈及近现代哲学时，达托达兰以充分的历史事实阐述了它与民族独立运动发展的有机联系，论证了它作为民族独立运动的主要原则和理论根据在历史上所发挥的作用。除此，他也分析了马克思主义哲学在印度社会思想发展中所产生的影响。如他所言：“马克思主义虽然是缓慢的，但必然在印度逐步巩固起来”，因为“它符合社会发展的历史需要”。①

对印度近现代思想的研究；马克思主义学者则把注意力主要集中于某些哲学流派和思想家身上。譬如，他们对梵社及其创始人罗姆莫罕·罗易的研究成果最为突出。在此方面，A. 森、K. 纳拉哈尔、B. 高斯、S. 萨尔卡拉和 G. 哈尔达尔等人都出版了专著。这些学者从历史唯物论的角度分析了梵社产生的社会历史条件和宗教改革的纲领，力图说明梵社虽然以恢复奥义书哲学中的梵——一种抽象之神为主旨，实则是反对传统印度教的多神论和偶像崇拜，并且反击来自伊斯兰教和基督教的挑战和攻击。他们认为，正确地解释梵社的思想，有助于向印度民众进行无神论的教育。他们试图借用资产阶级的宗教改革思想来揭露宗教的幻想和蒙昧主义，捍卫唯物主义世界观。

在印度现代思想家中，甘地的思想受到马克思主义学者的格外重视。早在 1957—1958 年，在《新时代》杂志上就开展了一场有关甘地主义与马克思主义相互关系的讨论，此次讨论命名为“共同繁荣与共产主义”。在这次讨论中，马克思主义学者基本上肯定了甘地作为民族独立运动的著名领袖在历史上所起的作用，同时也从理论上揭示了他的历史和阶级局限性及其非暴力原则在政治上的软弱性和妥协性。伴随着此次讨论，1958 年 H. 穆克吉

---

① K. 达托达兰：《印度思想批判纲要》，孟买：大众出版社 1967 年版，第 458 页。

首先出版了有关甘地思想的学术专著《甘地研究》一书。由于甘地思想在印度民众中间有相当大的影响，故而这部专著的出版引起了社会的广泛关注。穆克吉在概括甘地思想的特点时说：甘地的世界观"与印度教传统哲学紧密相连，这一点决定了他思想的折中主义倾向"①。

他还指出，由于甘地虔诚地信仰印度各传统宗教哲学及其本人的阶级局限性，不可避免地使其世界观具有唯心主义和神秘主义性质。他写道：

> 在甘地一生的全部过程中，他的唯心主义思想不仅表现在他回避哲学唯物主义，而且表现在力图完全遵守某种道德价值观，即所谓的真理和非暴力……②

1969 年，在印度举行纪念甘地诞辰 100 周年的活动中，马克思主义学者发表了许多研究甘地问题的文章。同年，出版了一部名为《马克思主义论圣雄甘地》的论文集。这是一部用马克思主义唯物史观分析和解释甘地思想及其历史作用的重要著作。在这部论文集中载有许多著名的马克思主义学者的文章，如 Sh. G. 萨尔德赛、A. 森和 H. 穆克吉等。他们在肯定甘地在民族解放斗争中的重要作用的同时，也深刻地剖析了甘地主义的内在矛盾性。此外，他们亦对甘地的人道主义思想、甘地本人的高尚人格以及这种人格的巨大影响都给予了较高的评价。谈及甘地的民主倾向时，萨尔德赛说：

> 假若甘地不被暴徒的子弹杀害，那么他会做些什么呢？谁也不能回答这个问题。但是，有一点我是确信的：由于他

---

① H. 穆克吉：《甘地研究》，德里：玛诺哈尔出版社 1958 年版，第 198 页。
② 同上。

坚信爱，坚信宗教的原则和非暴力，他永远不会容忍富人对穷人的那贪得无厌和恬不知耻的剥削，他永远会站在穷人一边去反对富人。[①]

在涉及甘地的高尚品德时，H. 穆克吉写道：

> 虽然共产党人在观点上与甘地有很大的分歧。但是我们却以极其尊敬的心情来描述他。他没有实现我们的一切希望，但是他是一个不平凡的人，一个在印度从伟大的过去向更伟大的未来转化过程中以一种完全独特的方式代表我们印度的人。[②]

印度的马克思主义学者之所以如此重视甘地的研究，是因为他们认识到甘地的思想在当代印度仍然具有巨大的影响，他们的这种研究有助于他们与甘地主义信仰者保持对话，并以此提高印度民众的阶级意识和政治觉悟。

除甘地之外，印度马克思主义学者还对印度现代著名思想家奥罗宾多·高士、泰戈尔和尼赫鲁也进行了深入的研究。早在1955 年，薄瓦尼·森就在《新时代》杂志上发表文章，分析和评论奥罗宾多的哲学和社会思想。此文的重要意义在于，它是第一次用马克思主义的观点和方法分析奥罗宾多思想的尝试。这篇文章虽然批判了奥罗宾多的唯心主义和神秘主义的哲学，但是也肯定了奥罗宾多社会进化思想的进步作用。薄瓦尼·森认为，奥罗宾多在第二次世界大战期间强烈谴责帝国主义和法西斯，渴望建立和平统一的国际新秩序，这种思想无疑满足了劳动人民的进步要求，并且符合现代世界的需要。1961 年，H. 穆克吉发表了他研

---

① 《马克思主义论圣雄甘地》，德里：阿比纳夫出版社 1969 年版，第 53 页。
② 同上书，第 87 页。

究诗人泰戈尔的专著，题为《一个真正的诗人——拉宾德拉纳特·泰戈尔研究》。在此书中，穆克吉阐述了泰戈尔对印度文学以及人类文化的发展所做出的巨大贡献，分析了他的民族主义、国际主义和社会主义思想，揭示了泰戈尔世界观中所蕴含的强烈的自由、平等、博爱的人道主义精神。1964 年，H. 穆克吉又出版了他研究尼赫鲁的专著，名为《高尚的巨人——贾瓦哈拉尔·尼赫鲁研究》。这部书可以说是印度马克思主义学者第一次运用马克思主义观点，对印度当代领导人尼赫鲁的世界观和社会活动进行全面分析的学术著作。

三　最杰出代表——恰托巴底亚耶

恰托巴底亚耶（Debiprasad Chattopadhyaya，1918—1993）是印度马克思主义哲学家的杰出代表，也是一位有世界影响的哲学家。他以《顺世论——古代印度唯物主义研究》一书闻名于世，因此获得原民主德国科学院的院士和苏联科学院的名誉博士称号。恰托巴底亚耶的著作和思想在中国学术界也有较大的影响，其哲学专著很早就传入中国。他的《印度哲学》一书早在 1980 年就被我国学者黄宝生、郭良鋆译成中文，由北京商务印书馆出版；《顺世论——古代印度唯物主义研究》由我国学者王世安译成中文，1992 年商务印书馆出版。

其主要哲学著作有：

《顺世论——古代印度唯物主义研究》(*Lokāyata-A Study in Ancient Indian Materialism* ，1959）

《印度哲学》（*Indian Philosophy*，1964）

《印度无神论》（*Indian Atheism*，1969）

《印度哲学中活着的和死去的》（*What is Living and What*

is Dead in Indian Philosophy，1976）

《古代印度的科学与社会》（*Science and Society in Ancient India*，1977）

恰托巴底亚耶一生致力于印度哲学史的研究，他以马克思主义历史唯物论和辩证唯物论的立场和方法全面系统地探索了印度古代思想发展的历史，客观地评述了自吠陀时代一直到19世纪印度唯物主义和无神论思想与各种唯心论的斗争，以及它们在印度思想史中的价值与意义。因此，他与印度资产阶级哲学史家不同，对印度哲学的发展有许多科学而新颖的观点。德国研究印度哲学史的专家沃尔特·鲁本在评价恰托巴底亚耶时说：

> 德比普拉萨德·恰托巴底亚耶在国际印度哲学史家中负有盛名，尤其是作为《顺世论——古代印度唯物主义研究》的作者和《印度研究：过去和现在》的编者……作为一个思想改革家，他意识到他对他的人民所负有的重大责任，他们正生活在为民族觉醒而斗争的时期，生活在全世界进步、人道主义和和平力量向帝国主义和军国主义进行斗争的时期。因此，他写了这部书，以反对那种认为印度自古至今都是梦想者和神秘主义者故乡的陈旧观念。[①]

从整体上看，恰托巴底亚耶的学术成就主要有三个方面。

（一）以大量事实论证印度自古就有唯物主义和无神论思想

长期以来，许多西方研究印度思想史的专家都认为，印度自古以来就是唯心主义和神秘主义的故乡，充满着神话传说和悲观

---

① ［印度］德·恰托巴底亚耶：《印度哲学》，黄宝生、郭良鋆译，商务印书馆1980年版，第11页。

厌世的思想，根本没有唯物论和无神论，也没有乐观向上的人生态度。针对这种论调，为了捍卫民族的尊严和历史的科学性，许多印度现代思想家都对印度古代唯物主义思想进行了深入的探索和研究。但是，在这种研究中，恰托巴底亚耶是最突出的一个，也是科研成果最令人信服的一个。

恰托巴底亚耶以丰富翔实的史料（许多史料都是第一次出现在科学著作中），论证了印度的唯物主义思想早在吠陀时代就已经产生。吠陀时代印度人民的世界观，反映出对物质利益的追求和乐观主义的人生态度，并不是西方学者所说的印度精神文化的最初阶段就具有唯心主义和唯灵论的性质。他亦论述了在印度传统哲学中绝不只有一个学派，即顺世论，具有唯物论和无神论的思想，其他许多学派，如数论派、胜论派、正理论派、弥曼差派以及耆那教和佛教的一些派别都在不同程度上具有唯物论和无神论的思想。尽管后面这些派别的世界观总体上表现出唯心主义的倾向，但是它们都在某些问题和某种程度上否定了神的作用。譬如，对于以下三个问题：任何知识都能证明神的存在吗？神必然能够说明世界的起因和发展吗？神必然能够解释人的职责和人生目的吗？——它们的回答都是否定的，这就说明这些派别也具有无神论的倾向。在这方面，恰托巴底亚耶不仅论述了印度唯物主义传统发展的连续性和广泛性，而且也阐述了唯物主义从一产生就与宗教唯心主义展开了长期而不间断的斗争。

恰托巴底亚耶在研究顺世论的唯物论思想时，说：

> 我的目的不是企图详尽无遗地研究印度哲学中一切唯物主义的倾向；而是想着重研究古代经典中称之为"顺世论"的唯物主义，因此，例如胜论师和说一切有部佛教徒的原子论都包含有印度唯物主义的重要因素，但它不在本书的范围之内。然而，众所周知，有一个特殊原因致使顺世论的研究

非常困难。其他派别的主要经典都为我们保存了下来，而顺世论的一切原始著作都遗失了，没有任何可以重新发现的希望。我们实际剩下来的东西仅是顺世论少数零散片段的残篇，而所有这些又都是保存在它的敌对派、只想驳斥讥笑它的那些人的著作中。因此顺世论仍然有待于根据敌对派涉及它的材料来重新构造。①

这段话说明三个问题：一是印度的唯物主义传统不仅包含在顺世论中，而且也包含在其他哲学派别的思想中，如胜论、数论和佛教的一些派别中。二是由于印度的唯心论和有神论的势力太强大，在唯心论与唯物论的激烈斗争中，唯物论者的经典和有关资料几乎全部被销毁，现在能保存下来的甚少，即使保存到现代，也只是一些零星的片段，这就给研究顺世论带来极大的困难。三是顺世论的思想资料大都保存在它敌对派别的经典或文献中，在敌对派别的经典中所记录的，也往往是驳斥和批判顺世论的观点，或是双方辩论的情景或对话。因此，要研究顺世论，就只能从这些辩论的只言片语中去寻找顺世论的观点。实际上，恰托巴底亚耶就是在大量收集古代不同哲学派别的文献以及各个时代的历史资料的基础上，仔细分析对比，去寻觅顺世论的哲学观点。他曾考察吠陀时代的宗教、图腾崇拜、巫术和祭祀仪式，考察原始数论的内容和形式，考察印度教性力派和佛教密宗的性力信仰、仪式和他们的宇宙生成观，考察两大史诗《摩诃婆罗多》和《罗摩衍那》中的大量神话故事和传说，就是从这些考察中分析、判断和确认顺世论的本来思想。他指出：

因此，顺世论不仅表示人民的哲学，而且也是世俗的或

① ［印度］德·恰托巴底亚耶：《顺世论——古代印度唯物主义研究》，王世安译，商务印书馆1992年版，导言，第Ⅴ页。

为唯物主义的哲学。①

　　顺世论者否认直接感官知觉之外的任何知识来源的可靠性。所以他们除了具体感官对象事物之外否认其他一切的真实性。没有上帝，没有灵魂，人死后一无所存。这就自然得出顺世论者否认一切宗教和道德的价值，只关心感官快乐。②

在论述印度哲学中唯物主义和无神论传统的同时，恰托巴底亚耶并没有忽视印度宗教唯心主义的研究。他不仅科学地分析了宗教唯心主义的内容及其产生的历史条件，而且阐述了宗教唯心主义在印度哲学中占据的统治地位，这一点正构成印度古代哲学的特殊性。但是，他指出宗教唯心主义思想在印度社会的发展中只是起一种保守、落后或阻碍的作用，并不能起到引导和推动的作用。通过对印度唯物主义和唯心主义传统的大量研究，他得出一个重要的结论：科学唯物主义的世界观——马克思主义并不是与印度精神文化相矛盾或相对立的，相反，马克思主义在印度自身先进的哲学思想中可以找到它的坚实基础，并且能够在印度得到广泛的发展。

（二）提出正确对待印度哲学遗产的态度和方法

　　如何对待印度古代哲学遗产以及如何发挥哲学研究的社会功能——这是当代印度哲学界所面临的重要课题。1975 年在印度安得拉大学召开的题为"什么是印度哲学中活着的和死去的"的哲学研讨会，就是其中一例。在会上，与会者对判断印度哲学中"活着的"和"死去的"的标准展开了激烈的争论。有的学者认为，任何哲学传统或哲学流派如果失去了有意义的新鲜思想，不

---

　　① ［印度］德·恰托巴底亚耶：《顺世论——古代印度唯物主义研究》，王世安译，商务印书馆 1992 年版，导言，第 5—6 页。
　　② 同上书，第 13 页。

能为人和社会提供解决现实问题的方法，那么它就失去了生命力。活着的哲学总是能够非常敏捷地改变那些已经死了的或不适应社会发展的东西。也有学者持反对态度，他们认为要在某种具体的哲学中区分什么是活着的或死去的——这是超哲学的观点。如果我们将自己限制在哲学的思维中，那么就不会有什么东西是死去的。如果把哲学看作一种靠自身规律所支配的学科，那么在它之中也没有什么东西会死掉。这种观点还认为，凡是想区分哲学中什么是活着的或死去的人，都没有把哲学视为一种独立存在的学科，而是把它看作依靠外界而发展的学科。

面对印度哲学界的这种讨论，恰托巴底亚耶提出了自己的观点。他在 1976 年出版的《印度哲学中活着的和死去的》一书中，对如何对待印度古代哲学遗产的问题作出了科学的回答。他指出，哲学创作的目的，归根结底，是要促进社会的进步、理性和科学的发展。在印度古代哲学遗产中，只要是能够促进社会进步、理性主义和科学发展的思想和观念就是活着的。反之，凡是对社会进步，理性主义和科学发展起阻碍作用的思想和观念，就是死掉的。印度古代哲学是一个具有形形色色、各种各样思想和观念的大宝库，这些观念纠缠在一种复杂的、相互对立的关系之中。它们在历史上曾起过不同的作用，在今天的时代也不能具有同样的意义。如果说印度传统哲学中曾有大量的观念和思想是蒙昧主义、神秘主义和反科学的，那么在它之中也确有许多观念和思想是反对这些腐朽观念的，表达了人们对自由平等的追求，是有利于社会进步、理性和科学发展的。因此，他主张对古代哲学遗产要区别对待。

为此，他提出，今天印度哲学研究的基本职责在于：一是，要对传统哲学的各种观念和思想进行批判性的区分，尤其要注意每一种哲学观念的社会功能。二是，要抛弃过去哲学中已经僵死的观念和思想，和那些至今仍被反动阶级用来为社会政治目的服务的观念和思想。三是，要大力培育和宣传那些仍然活着的，至今对社会民主、科学和世俗主义有重要意义的观念和思想。他强调，哲学研究的这些职能一旦被人们所承认，印度哲学就会对社会进步产生巨大的影响。

（三）　在比较哲学研究方面也颇有建树

恰托巴底亚耶也是运用比较研究方法的高手，他在研究印度哲学史的过程中经常采取比较研究的方法，对比不同哲学流派的思想、差异、起源、作用和意义等。例如，他曾对比顺世论与密教的唯身论（即唯身体论）和宇宙生成观、顺世论与原始数论思想的异同、顺世论与阿修罗观、梵经与数论的唯心主义与唯物主义等进行比较研究。

除了在印度哲学研究方面，恰托巴底亚耶还在外国哲学研究方面运用比较研究的方法。1970 年，他在柏林召开的第八届黑格尔哲学大会上，宣读了一篇题为《赫拉克利特与黑格尔》的论文。在论文中，他认为，西方哲学中的辩证法思想是由古希腊哲学家赫拉克利特首先提出来的，这种辩证法是建立在唯物主义的基础之上的；后来，黑格尔的唯心主义辩证法代替了原始唯物主义的辩证法；继之，马克思和恩格斯又将辩证法从黑格尔唯心主义的虚幻中解放出来，恢复其唯物主义的面目，使之上升到一个新的水平。他指出，从 19 世纪开始的近代思想运动就是"从形而上学向辩证法，从唯心主义向唯物主义发展的运动"。从那时候起，"辩证法……已经成为最强大的武器，不仅对于说明历史，而且对于创造历史——创造不再需要任何幻想的，其中也包括黑格尔关于绝对或精神的幻想的环境"。① 恰托巴底亚耶的这篇论文是从一个大的视野，即从人类思想发展史的大背景中，去探索和讨论辩

---

① 恰托巴底亚耶：《赫拉克利特与黑格尔》，此论文是他 1970 年在柏林召开的第八届黑格尔哲学大会上的发言。

证法的发展趋向和社会意义的，因此给人许多新意，令人感到新颖和眼界开阔。

概括地说，恰托巴底亚耶作为印度马克思主义哲学家的杰出代表，他在印度哲学史的研究方面做出了突出的贡献。其贡献有三：其一，他是第一个运用历史唯物论的观点和方法研究印度古代哲学史的印度学者，他论证了印度自古以来就有唯物主义和无神论的传统，从而打破了把印度哲学与唯心主义和神秘主义等同起来的偏见。其二，他坚持运用唯物辩证法，从唯物主义与唯心主义两条路线相互斗争的角度来阐述印度哲学发展的过程。其三，他揭示了印度哲学发展与当时社会经济制度和人们社会实践的关系，证明了社会存在决定思想意识的马克思主义真理。

总之，马克思主义哲学 20 世纪 20 年代传入印度，50 年代以后逐步兴盛，犹如异军突起，迅速发展壮大，在印度哲学界和广大民众中产生了巨大的影响。印度的马克思主义哲学家在对古代印度文化遗产和哲学思想的挖掘、整理、科学的分析和评价方面都做出了杰出的贡献。虽然在他们中间也有个别人出现某种简单化、公式化和偏颇评价的倾向，但是在总体上他们能坚持唯物主义史观，以科学的态度对待本民族的文化遗产，取得了前人所未曾做出的成就。他们科学地揭示了印度哲学的客观发展过程，正确地解释和评估了唯物主义思想在印度社会发展中的历史作用，并且忠实地捍卫了民族文化中那些富于人道主义、平等民主的思想、促进理性和科学发展的优良传统。

第二十八章　现代西方哲学在印度

　　印度独立之后，欧美各国流行的各种现代哲学流派也不同程度地传入了印度。例如，英国的语言分析哲学、德国和法国的现象学和存在主义，以及美国的哲学等。这些西方现代哲学不仅流行于大学哲学系的课堂上，而且也对一些印度哲学家的思想和研究方法产生了较大的影响。到五六十年代，印度出版了不少研究和评介西方现代哲学的著作，以及按照这些观点阐述哲学问题的专著。在西方现代哲学各流派中，英国的语言分析哲学在印度影响最大，流传也较为普遍。

一　语言分析哲学

　　英国的语言分析哲学产生于20世纪初。从其一产生，就形成了以罗素为代表的"人工语言"和以摩尔为代表的"日常语言"两大学派。这两个学派的共同特点是否定研究思维与存在的关系等传统哲学问题，认为人们日常所使用的语言是含混的，意义不明确，这种语言上的混乱是一切哲学争论或错误的根源，因而主张哲学的根本任务是对语言进行分析，以阐明它们的意义。"人工语言"学派主张，哲学问题的解决必须通过逻辑技术，认为逻辑分析是哲学的本质。"日常语言"学派则主张，解决哲学问题不需要逻辑技术，只需要弄清所使用的日常语言的确切含义，从而弄清这些问题是怎样产生的。

早在 20 年代，以罗素和怀特海为代表的"人工语言"学派就已传入印度。这种哲学在印度的传播，主要是通过赴英留学的知识分子。他们在英国已不像他们父辈那样去阅读黑格尔和康德的著作，而热心去研究罗素、摩尔等语言分析哲学家的著述。直到 40 年代摩尔和维特根斯坦所创立的"日常语言"学派传入以后，语言分析哲学在印度才逐步形成一种思潮。五六十年代，印度哲学界已出现一批专门研究语言分析哲学的学者，并且出版了许多评价语言分析哲学的著作。例如，达雅·克里希那的《哲学的本质》（1955）、P. C. 恰特吉的《哲学分析导论》、达尔曼德拉·高耶尔的《本世纪中期的哲学概念》、M. 恰特吉的《我们对他我的认识》（1963）、C. 薄泰恰里耶的《哲学可选择的两种标准》（1953）和《哲学、逻辑和语言》（1965），等等。

英国语言分析哲学对印度的影响，主要表现在两个方面：一在哲学思维的方式上，印度哲学家也效仿英国语言分析哲学家的方法，把语言上的混乱看作一切哲学争论的根源，认为只有对语言进行逻辑分析，澄清其意义，才是哲学的唯一目的。二在研究的课题上，他们也同英国语言分析哲学家一样，否定存在与思维的关系这一基本哲学问题，不关心本体论和社会问题的研究，而一心沉湎于跟语义学有关的认识论问题上。

在印度哲学家中，达雅·克里希那是吸收和运用英国语言分析哲学方法最典型的一个。他在《哲学的本质》一书中，完全以语言分析哲学家的口吻，回答了什么是哲学的问题。他说：

> 哲学问题的提出，是内于概念的混乱，为了解决这种混乱，哲学必须进行概念的分析。无论是过去还是现在，这都

是哲学思维的本质。①

　　既然哲学的本质是进行概念分析，因此，他主张哲学家的职责不是说明或解释客观世界及其发展规律，而只是澄清我们生活中所产生的各种语言和概念的混乱。故有人称他的哲学为"澄清混乱的哲学"。一般印度哲学家则认为，哲学是与宗教相结合的。哲学论证是为了解决世界的本原、人生的道路，以及人如何证悟神灵和最终获得解脱的问题。达雅·克里希那反对这种传统的观念，他主张哲学纯粹是为了哲学，哲学不必与宗教相结合。他说：

　　　　现在哲学家应当消除那种普遍的观念，即他们与根本的实在有一种神秘的关系，他们能与绝对和至上的神相沟通。哲学家不要戴上祭司或先知这样虚假的桂冠。如果他以自己的职业为耻，那么他最好放弃它，而不要用不属于自己的职责去欺骗人。②

　　那么，哲学与宗教是什么关系呢？他指出：

　　　　使一切经验逐步表达清楚，这是科学的任务；使经验不断地深化和扩展，这是宗教的任务；而哲学则是介于科学与宗教之间的监视者。③

　　通过达雅·克里希那这种对哲学的态度，可以看出他已经完全摆脱印度传统哲学的束缚，而成为一个地地道道的分析哲学家。

---

　　①　达雅·克里希那：《哲学的本质》，加尔各答：普拉奇·普拉卡善出版公司1955年版，第229页。
　　②　同上书，第233页。
　　③　同上书，第232页。

达尔曼德拉·高耶尔所著的《本世纪中期的哲学概念》一书，主要介绍和评述了英国语言分析哲学的各种观点和历史作用。一般认为，语言分析哲学能够澄清具有共同意义的词汇，避免使用上的混乱，并使不同的概念趋于一致；另外它还能够消除范畴使用上和逻辑推理上的错误，防止空洞的描述和虚假的观点。高耶尔对于此种观点并不完全赞同，他虽然肯定语言分析哲学所运用的主要工具——数理逻辑为哲学研究开辟了新的天地，但是他没有像其他哲学家那样过分夸大语言分析哲学的作用，认为语言分析哲学并不能使我们从语言和概念的错误中完全解放出来。

值得一提的是 M. 恰特吉所写的《我们对他我的认识》，该书会使人马上联想起罗素的著作《我们对外部世界的认识》。虽然这两本书所讨论的问题不完全相同，但是恰特吉显然是利用语言分析哲学的方法，并结合印度传统哲学的特点，对人与人、认识者与被认识者的关系进行了深刻的阐述。她认为，过去的哲学对认识自然和认识"自我"进行了大量的讨论，但是对认识和理解他人或其他的"自我"却探讨甚微。今天，我们正处于一种认识者与被认识者相互影响、相互改变的时代，因此认识"他我"的问题便成为哲学不可缺少的主题。她采用语言分析哲学的方法，论述了人与人交往中"句子的使用"以及"个人语言和公共语言的关系"所起的重要作用。因此，她主张在我们这个世界上应当正确地使用语言和句了，不要让感情干扰思维逻辑，不能把主观的东西强加于客观的实在。最后她指出：认识他人的过程也是揭示"自我"的过程，在这个过程中除了语言的作用外，还包含着历史的内容、道德的价值，以及人与人的相互关系等。

二　现象学与存在主义哲学

第二次世界大战以后，盛行于德、法两国的现象学和存在主义哲学也逐步传播到印度。虽然其流传的范围和影响的深度远不如英国的语言分析哲学，但是到六七十年代印度也出现了一批专门研究现象学和存在主义的哲学家，并出版了不少研究现象学和存在主义的学术著作，如 J. L. 梅赫塔和他的专著《海德格尔的哲学》（1967），R. 希纳里及其著作《存在主义中的理性》（1966）和《形而上学的观点与印度哲学》（1973）等。

在今天的印度哲学家中，J. L. 梅赫塔是介绍和评论德国哲学最突出的一个，《海德格尔的哲学》是他的代表作。在该书中他全面地论述了海德格尔存在主义哲学的产生、发展和社会影响，并且引用大量的传记材料说明了神学和主观唯心主义学说对海德格尔的影响。他认为，海德格尔的哲学采用了一种带有神秘主义的超理性的方法去理解存在和现实，试图在科学和有体系的哲学之外去寻找生存的意义，表现出一个徘徊者和彷徨者的心理状态。他具体地评论道："在《存在和时间》中，海德格尔的方法是从现象的和'存在'的东西到现象逻辑的和'存在'的东西，从经验的事实到揭示经验产生可能性中的一种先期条件，从'有实体的东西'到'本体论的东西'。"① 他把海德格尔的这种方法称为"垂直的度量"。因此，他认为：

> 海德格尔的哲学尚不是一种完善的体系，不属于批判性的终极研究……由于它只是探讨"方法"，所以它仅仅为进一步的思维揭示出一种无法考察的"方法"。②

尽管梅赫塔认为海德格尔的存在主义并不是一种完善的思想体系，但是他自己却在海德格尔思想的影响下产生了悲观厌世的

---

① J. L. 梅赫塔：《海德格尔的哲学》，瓦拉纳西：印度教大学出版社 1967 年版，第 53 页。

② 同上书，第 528 页。

观点。他认为社会的进步是虚幻的，人的生活不可能进一步改善，理性哲学的发展毫无意义。梅赫塔写了许多介绍德国现代哲学的著作和文章，其目的是促进印度思想的西方化。如他所言：

> 地球和人类的欧洲化已不再是一种威胁，而成为一种严峻的事实。当这种思想方法进入形而上学的、理性的、科学技术的大多数方面并被这种普遍的趋势所支配的时候，有思想的印度人正面临着一种以前从未遇到过的挑战，他将被迫地、不可抗拒地和无法逃避地从属于这种结构的"唯一世界"，即被西方虚无主义哲学遗产所包围的"唯一世界"。①

除梅赫塔之外，另一位研究现象学和存在主义哲学的著名印度学者是 R. 希纳里。他在《存在主义中的理性》一书中，对存在主义哲学的思想内容和整个发展过程作了详尽的历史说明，从存在主义的先驱克尔凯郭尔的反理性主义开始，一直论述到德国的海德格尔、雅斯贝尔斯，以及法国的萨特、马塞尔和卡缪的思想。希纳里对存在主义哲学基本上持批判的态度。他认为，存在主义是在两次世界大战灾难和痛苦的时代中，人们为了追求生存而产生的哲学，这种哲学把人类社会的一切形式都看作对人的个性的桎梏，因此它要求"没有计划，没有教义，没有方法，没有公式"②。他明确指出：

> 认识存在主义，就是认识 20 世纪人们以极大的心理病痛去追求生存而产生出来的哲学体系。③

---

① J. L. 梅赫塔：《海德格尔的哲学》，瓦拉纳西：印度教大学出版社 1967 年版，第 527 页。

② R. 希纳里：《存在主义中的理性》，孟买：大众普拉卡善出版社 1966 年版，第 3 页。

③ 同上。

希纳里亦从理论上剖析了存在主义，认为存在主义至少有三大缺点。

首先，作为一个哲学体系，存在主义是不完整的，因为它回避本体论的探讨，只论述个人主义与存在的关系，而没有论述什么是本体。在这里，希纳里谈到自己对本体的观点，他说：

> 从本体论的角度看，我们认为，存在就是人的意识追求有关本体的不可抗拒的经验的那种不断的冲动。①

其次，存在主义者虽然宣布存在是非理性的，但是他们并没有真正摆脱以理性的态度来论证自己的主张。这种矛盾正是他们内心矛盾的外在表现。希纳里在分析这种矛盾产生的原因时说：

> 他们所谓的非理性主义以及这种非理性主义的出现，实际上是在追求他们理性心灵的最终满足。②

最后，存在主义过分强调人生的痛苦和悲惨，使人丧失生存的信心和勇气，这对人类的进步和社会的发展是极为有害的。

尽管希纳里对存在主义哲学进行了批判，但是这种批判是不可能彻底的，因为他本人就接受了存在主义的许多观点。他也像其他存在主义者一样，把人的心理意识视为最真实的存在，并由此出发去研究人生问题，解决思维与存在关系等哲学问题。

---

① R. 希纳里：《存在主义中的理性》，孟买：大众普拉卡善出版社 1966 年版，第240 页。
② 同上书，第 241 页。

三 激进的人道主义

西方的人道主义思想伴随着西方资本主义生产方式早在近代就已传入印度。在印度形成了形形色色的人道主义观点，如奥罗宾多的"精神人道主义"，甘地的"非暴力人道主义"，泰戈尔的"普遍和谐的人道主义"，以及拉达克里希南的"普遍之爱的人道主义"等。这些人道主义观点大都与哲学家或政治家的思想体系融会在一起，并非自成体系。但是，在第二次世界大战后，印度出现了一种自成体系而又独具特色的人道主义思潮，即"激进的人道主义"或称"新人道主义"，其创始人为 M. N. 罗易（M. N. Roy，1889—1954）。M. N. 罗易生于加尔各答附近的乌尔巴利阿村，原名为纳伦德拉·纳特·巴塔查尔亚，其父为梵文教师。他青年时代接受民族主义思想，投身于反英斗争。俄国十月革命后，在世界革命潮流影响下，于 1919 年在墨西哥参加了社会党，不久退出社会党，创立了墨西哥共产党。1920 年他以墨西哥共产党代表团团长身份出席了共产国际第二次代表大会，并担任民族殖民地问题委员会委员。同年，他在塔什干建立了最早的印度共产党组织。1926—1927 年，作为共产国际代表曾到过中国。1929 年，因他与德国布兰德勒集团有关系，被开除出共产国际。1930 年回到印度，后加入国大党。1940 年退出国大党，创立了自己的政党——激进民主党。1948 年，他又宣布该党自动解散。罗易的一生充满了五光十色、波澜起伏、复杂而又矛盾的社会经历。

第二次世界大战即将结束时，罗易深深地感到战争给各国人民带来的巨大痛苦和灾难，开始设想在世界上建立一个和平、安定、自由和平等的国际新秩序。但是，他认为无论资本主义还是社会主义——这两种社会结构都不能实现这种理想。他预见，战后的世界必然围绕着美苏两极而旋转。为了避免这两极之间的冲突，他提出了一种试图超越资本主义和社会主义的新的意识形态或政治哲学，即所谓的"激进的人道主义"或"新人道主义"。1946年12月，在孟买召开的激进民主党大会上，讨论并通过了他的"新人道主义"的构想。会上讨论了22篇论文，罗易受大会委托并根据这22篇论文的主要观点，草拟了一个声明——《新人道主义宣言》。《新人道主义宣言》一书，于1947年8月正式出版。罗易及其激进民主党的新人道主义学说，主张建立"没有任何政党的政治"，认为政党只能成为实现自由和民主的障碍。因此，1948年12月激进民主党在加尔各答举行会议时，宣布该党自行解散，但号召该党成员积极倡导和开展新人道主义运动。此后，罗易创办了《激进的人道主义》杂志，并撰写大量文章，宣传新人道主义思想。1952年，出版了他论述新人道主义的著作《理性、浪漫主义和革命》和《激进的人道主义》。

何为"激进的人道主义"呢？罗易在《理性、浪漫主义和革命》中指出：

> 在用人道主义解释文化史的基础上，本书力图概括说明一种把社会和政治实践同理性与伦理的科学形而上学联系起来的综合哲学。[①]

由此可见，这种学说不是什么纯学术哲学，而是一种把理性思维与社会政治实践相结合的哲学。罗易的新人道主义学说是以个人为核心的，他强调个人在人类历史和社会发展中的作用。他认为，人是世界的创造者，人是有思想的动物。大脑是人进行思维的工具，而大脑是属于个人的。每个人都有自己思维的大脑，它不被集体所占有。个人的发展乃是社会进步的标准，集体只能

---

① M. N. 罗易：《理性、浪漫主义和革命》，加尔各答：复兴出版社1952年版，序言第2页。

以个人的存在为基础，集体的繁荣和幸福也是以个人幸福为前提的。如果把集体或集团的利益强加于个人，实际上就意味着个人的牺牲。

追求自由、探索真理乃是人类进步的根本要求。追求自由是人的理智和情感发展的结果，亦是人生存斗争的一种继续。真理是人们认识自然现象和社会环境的最高体现，随着人们对真理的探索和知识的增长，人们将不断地摆脱自然界和社会对自身的压制。如罗易所说：

> 人类一切理性活动（不论个人的或集体的）的目的，就是要逐步地获得自由。自由正是阻碍个人潜能发展的一切限制的逐渐消失。人并不是社会组织机器上的一个齿轮。因此，个人的地位是衡量任何集体努力和社会组织进步和自由意义的尺度，集体努力的成功与否必须由组成它的个人所获得的实际利益来衡量。①

罗易认为，单纯用经济的观点解释历史是错误的。人的意志和观念也是决定历史的重要因素。一旦人的观念形成，它们就靠自身而存在，由自身的法则所支配。观念的运动与社会的进化过程是平行发展的，而又相互影响的。排除特殊的情况，历史的发展与观念的运动有着直接的因果关系。社会中的文化模式和道德价值不单是经济关系中的最高结构，而且也是由观念运动的历史逻辑所决定的。

罗易指出，他所构想的新社会将以理性和科学为基础，以个人的自由为前提。要实现这个新社会，就必须在政治、经济和文化上都能保障人们的民主权利。在他看来，西方的议会民主是虚

---

① M. N. 罗易：《新人道主义宣言》，新德里：进步出版社 1981 年版，第 53—54 页。

伪的，社会主义国家是靠强大的政治机器来维持一种机械的民主，这种民主也不能保证人们的自由。因此，他主张通过公众教育的方式，来提高人们的精神和道德水平，使人们达到精神的自由。只有人们在精神和道德上获得自由，才能实现政治上的民主；只有实现政治上的民主，才能实现经济上的民主。

罗易格外重视公众教育的作用，把公众教育看作实现其理想社会的唯一途径。他说：

> 归根结底，公众教育是改造社会使其有利于共同进步与繁荣，而不侵犯个人自由的必要条件。新人道主义提倡通过精神解放了的有道德的人们的通力合作，来对世界进行一番社会改造，使其成为自由人的联邦和友爱社会。[①]

他还预见：

> 新人道主义是世界性的。一个由精神自由的人们所组成的世界性的联邦将不受民族国家——资本主义的，法西斯主义的，社会主义的，共产主义的或其他任何类型国家的疆界的限制，因为在20世纪人类复兴的冲击下，这些国家将逐渐消失。[②]

罗易一生思想演变的过程是以民族主义为开端，中间曾投身社会主义运动，后又背叛马克思主义，最终以"激进的人道主义"宣布结束。他的"激进的人道主义"学说，虽然试图建立一个超越资本主义和社会主义的思想体制，但实质上是将西方资产阶级

---

① M. N. 罗易：《理性、浪漫主义和革命》，加尔各答：复兴出版社1952年版，第2卷，第310页。
② 同上。

"自由、平等、博爱"的思想，与马克思主义的"政治和经济平等"的观点和印度传统文化中"精神自由""道德自我完善"的观念相综合的产物。这种学说忽视了物质生产在社会发展中的作用，而过分夸大了精神和道德的重要性，因此，他所设想的理想社会只不过是一种乌托邦而已。

第二十九章　印度现代哲学的
特点与发展趋势

印度现代哲学，主要指印度民族独立运动时期和独立以后的印度哲学。它发端于 20 世纪初，兴盛于 20 世纪中叶，以后不断发展，一直延续至今。

进入 20 世纪，印度人民与英国殖民者和依附殖民者的封建势力的矛盾日益尖锐，掀起了一次又一次的反英斗争和社会改革运动。为了适应民族解放斗争和社会改革运动的需要，印度先进的思想家和民族运动的领袖们在继承印度传统哲学的基础上，大量吸收西方现代思想和自然科学的内容，创立出种种新的哲学学说。1947 年印度独立后，随着经济发展和社会进步，这些新兴哲学学说不断地充实和提高，日趋走上完善，在印度现代意识形态中一直占据主导地位，对广大民众曾产生深刻的影响。

20 世纪初，亚洲人民日益觉醒。印度人民争取民族独立的运动，也已经由少数人的狭小范围扩大到广大的工农民众。1905—1908 年，孟加拉人民首先掀起了声势浩大的"反分治"运动，此运动不久扩展到全国，形成了印度第一次民族解放运动的高潮。1920 年以后，甘地成为印度国大党的领袖，他用非暴力主义和"坚持真理"的学说动员和指导广大群众，又进一步把民族运动推向高潮。在甘地与尼赫鲁的领导下，印度人民进行了多次非暴力不合作运动、文明不服从运动和其他各种形式的斗争，直至 1947年 8 月印度获得独立。

随着印度民族主义运动的高涨，印度现代哲学也得到充分的发展。这个时期产生的哲学学说大都与民族运动紧密结合，为争取民族的独立和复兴制造理论根据，作为鼓动和团结民众进行斗争的思想武器。在这一时期，最有代表性的哲学家和哲学学说有：提拉克的"行动哲学"、甘地的非暴力主义和"坚持真理"学说、泰戈尔的"普遍之爱"的人道主义和"人的宗教"学说、奥罗宾多的"整体吠檀多"和"人类统一"学说、伊克巴尔的"自我"学说和重建伊斯兰教的思想、尼赫鲁的民主学说，等等。除了这些民族运动的领袖外，还有一批学院式的哲学家，他们的哲学虽然与民族运动没有直接联系，但是他们大都利用西方的理性主义、人道主义和科学精神来革新传统哲学，批判宗教蒙昧主义，鼓励人们尊重人生、重视生命价值、面对现实、积极进取。这些学院派哲学家的代表学说有薄泰恰里耶的"认识论型的吠檀多"学说、薄伽万·达斯的"心理学型的吠檀多"学说、拉达克里希南的"普遍解脱"和"精神宗教"的学说，等等。

一 印度现代哲学的基本特点

印度现代哲学是印度新兴民族资产阶级意识形态的集中反映。印度现代哲学家由于阶级地位、心理状态、政治要求以及所接受的思想渊源基本上是一致的，所以他们在哲学内容的表述上也有许多共同的特点。这些基本特点包括以下几个方面。

（一）在复兴传统哲学的基础上，大量吸收西方哲学和自然科学的内容，将东西方哲学融为一体

为了实现民族独立的愿望，对抗西方殖民主义的文化侵略，动员民众投身民族解放的斗争，印度现代哲学家一般都从古代文化遗产中寻找自己需要的思想武器。他们挖掘和宣传古代奥义书、《薄伽梵歌》和吠檀多哲学中的精华，把传统的精神财富视为民族的骄傲和国家的尊严，把复兴古代文化作为表达爱国主义和民族意识的一种重要手段。

但是，印度古代文化是以奴隶制、封建制的生产关系和唯心主义的宗教观念为基础的。尽管它一直被印度人民所珍视，但毕竟不是以近代大工业和先进科学技术为基础的西方文化的对手。印度思想家想以印度古代文化为武器对抗西方文化的侵略，显然是力不从心的。他们一开始就意识到这一点，因此注意学习、研究和吸收欧洲的先进思想。另外，从生活经历来看，几乎所有的现代哲学家都受过西方文化的教育或熏陶——有的在国内受英国式的教育，有的长期赴英留学，有的甚至自幼侨居英国，这在客观上也为他们研究和吸收西方先进思想提供了条件。

现代印度思想家在论述自己的哲学体系时，无一不去摄取西方近现代哲学、政治学和自然科学的内容。在这方面，奥罗宾多、薄伽万·达斯和薄泰恰里耶很具有代表性。奥罗宾多在继承古代吠檀多哲学的同时，吸收了达尔文的生物进化论思想，创造了他自己的"精神进化论"学说。他把宇宙万物，无论有生命或无生命的存在，都视为"精神"的等级，认为宇宙的进化就是从低等级的"精神"向高等级的"精神"不断进化的过程，进化的最终顶点乃是"真·智·乐"的神圣境界。

薄伽万·达斯则把印度教古代瑜伽派的心理学说与西方实证论的心理学说结合起来，建立了一种新型的心理学体系。在吸收西方思想营养的时候，印度思想家有一个特点：他们并不是机械地照搬，而是运用西方哲学的原理和科学方法去改造和革新印度传统哲学的内容，使传统思想适合于时代的需要。这样一来，传统观念和外来思想、唯心主义和唯物主义、宗教与科学的内容便常常融合在同一个体系中。

　　薄泰恰里耶把康德哲学中的认识论学说与古代吠檀多中"自我证悟"学说综合起来，创立了他自己的吠檀多认识论。拉达克里希南和拉哲都把黑格尔哲学的"绝对精神"与传统吠檀多不可言表的"梵"结合起来，创立了他们的绝对唯心主义学说。

（二）客观唯心主义的本体论和"普遍和谐"的人生理想

　　大多数现代哲学家都是客观唯心论者，尽管他们的学说各有差异，但是都继承了传统吠檀多不二论哲学的本体论观念，把一种永恒的、绝对的、纯粹精神实体——梵看作上宇宙的本源、万物的始基。在他们看来，梵有两个方面：一方面是本体，因为它是绝对唯一、永恒无限、无形无性、无始无终、超越时空、包摄一切的；另一方面又是现象，世上万物皆为它的显现，一切生物和非生物都是它的派生物，因此它又是相对具体、千差万别、存在于时间和空间中的。但是，现代哲学家一般都借用现代哲学术语给这个精神实体以各种新的名称，而实质上却是同一个东西。譬如，泰戈尔称它为"无限人格"或"无限自我"，奥罗宾多称它为"宇宙精神"，拉达克里希南称它为"绝对"，甘地甚至叫它为"真理"，等等。现代哲学家认为，梵虽然是绝对的精神，但并不是不可知的，人们可以通过直觉证悟的方法认识它、体验它。

　　这种本体论的说明与他们的人生理想观是紧密相连的，或者说，是为他们的人生理想观制造理论根据的。现代哲学家在继承吠檀多不二论的本体说的同时，还承袭了"梵我同一"的思想。按照他们的观点，作为宇宙最高本质的"梵"和作为人的本质的"我"是同一不二的。"梵"和"我"同源同体，属于同一精神。因此，他们认为，人与人、人与整个世界在本质上都是同一的，有一种天然的和谐和统一。只要人们通过精神修炼，认识到自身内在的"我"，就可以抛弃各种私欲，跳出个人的小圈子，使自己与他人乃至与整个社会达到普遍的和谐和统一，即实现"梵我同一"的最高人生理想境界。奥罗宾多在这方面的表述最有代表性，他在《社会进化论》一书中专门论述了人生理想问题。他设想，当一个人通过精神进化的道路证悟到自己内在的精神本质，就可以"使自己的生活与社会集合体的生活协调一致"。这样的人被称为"精神化的人"或"超人"，当所有的人都成为"精神化的人"，那么人类就会出现一个统一和谐、无限美好的"精神化社会"。泰戈尔在谈到人生理想时也说，人的最终命运是在人自身中去证悟内在的"无限人格"，即通过自身修炼去揭示和显现"宇宙精神"。一旦显现出这种代表真善美的"无限人格"或"宇宙精神"，那么这个人就会与他人、与社会、与大自然达到和谐和统一。

（三）认识论上的双重真理观

一般地说，印度现代哲学家在认识论上是矛盾的。他们一方面承认人的感觉经验和理性思维在认识自然界中的作用，承认感觉是外界事物作用于人的感官的结果，理性是进一步整理感官所提供的材料并使之系统化。在这一点上，他们似乎很接近唯物论的反映论。但是，另一方面，他们又宣称人具有一种天赋的认识能力——直觉，这种超理性的直觉能力是证悟最高本体——梵，达到"梵我同一"境界的唯一途径。与此相适应，他们把真理也分为两种：一种是自然界的真理，可以用感觉经验、理性思维或科学方法去认识；另一种是心灵的真理，即"梵我同一"的真理，只能靠神秘主义的直觉方法去证悟。泰戈尔有一句名言：

> 我们探求自然领域里的真理是通过分析和科学渐进的方法，然而我们要了解我们心灵里的真理则是用直接的方法，

即通过直接的直觉。我们不能用逐渐所得到的连续的认识，去证悟至高无上的心灵，因为心灵是唯一的，不是由许多部分凑合而成的。①

奥罗宾多也把真理分为两种：一种是"事物的实用真理"，指事物表面、暂时、有限的方面，即我们所说的各种有关自然界规律的真理；另一种是"事物的真实真理"，指事物内在、永恒、无限的方面，即吠檀多哲学的那种超理性的真理——"梵我同一"的真理。在他看来，人的感觉和理智属于低级认识，只能了解"事物的实用真理"；而人的直觉能力才是高级的认识，才能证悟"事物的真实真理"。

（四）强烈的自由、平等、博爱的人道主义倾向

从 19 世纪以后，欧洲文艺复兴时期的人文主义和法国大革命时期的人道主义思想就逐渐传入印度。对于长期处于宗教神学统治和封建等级制度下的印度人民来说，这些新思想是很容易被接受的。一般来说，印度现代哲学家的著作都带有强烈的人权意识和人道主义思想。主要表现在如下几个方面。

一是，针对印度中世纪以神为中心、贬低人的价值的神学蒙昧主义，他们提出了以人为中心、人即是神的思想。

二是，针对宗教神学所宣扬的超世论、禁欲主义和悲观厌世思想，他们提倡世俗教育、强调世俗生活和世俗行为的意义，号召人们通过现世的努力来获得人生的幸福；针对等级森严的种姓制度、陈腐的宗教仪礼和教规，他们批判种姓歧视、反对寡妇殉夫、多妻、童婚等野蛮的习俗，提倡种姓和妇女平等，为争取贱民和妇女的合法权利而斗争。

---

① R. Tagore：*Realization of Life*，London：George Allen and Unwin Ltd.，1931，p. 37.

三是，针对殖民统治和民族压迫，他们提倡自由、平等、博爱的人道主义精神，宣传独立和自由是每个国家的天然权利，等等。

在这方面，印度思想家有一个特点；他们在论述人文主义和人道主义这些新思想时，往往借助传统宗教的术语，与"神""解脱"和"梵我同一"等观念联系在一起，力图让那些受宗教影响的广大民众也能够理解和接受。例如，甘地在宣传人与人之间应当平等、友爱和相互尊重时说：

> 对我来说，神就是真理和爱，神就是伦理和道德。①

泰戈尔反对禁欲主义，鼓励人们积极行动，享受世俗的欢乐。但是，他在阐述世俗的欢乐时，把享受这种欢乐与证悟"梵我同一"的真理联系在一起。他说：

> 正如诗人的欢乐在他的诗歌中，艺术家的欢乐在他的艺术中……圣贤的欢乐在他对真理的证悟中，欢乐永远在他们各自的活动中表现出来。亲证梵的人的欢乐，也同样在他每天的、全部的、或大或小的工作中，在真、善、美和守秩序的行动中得到无限的表现。②

尽管印度的人文主义和人道主义思想带有浓郁的宗教色彩，但它对于长期处于神学蒙昧主义和封建专制下的印度人民来说，的确起到了巨大的启蒙作用。它使那些被神学窒息了的人的智慧开始复苏，启发人们相信自己的力量，重视人生的价值，享受世

---

① 《青年印度》（甘地主编的报纸），1925 年 3 月 5 日。

② R. Tagore：*Realization of Life*，London：George Allen and Unwin Ltd. ，1931，p. 131.

俗生活的欢乐，鼓励人们为争取自身平等的权利和民族的自由而斗争。

（五）"人类宗教"的思想

自古以来，印度就是一个多宗教、多民族的国度。绝大多数人信仰印度教和伊斯兰教，除了这两大宗教外，还有耆那教、锡克教、佛教、基督教、拜火教和巴哈伊教等。英国人入侵之后，由于殖民当局采用"分而治之"的政策进行挑拨离间，印度各宗教和教派之间的矛盾和冲突日益扩大，已成为社会进步、民族团结的巨大障碍。

面对这个严峻的社会问题，印度现代思想家无一不为消除教派偏见、争取宗教联合和民族团结大声疾呼。早在 19 世纪中叶，罗摩克里希那为调和各种宗教矛盾，就提出了"人类宗教"的思想。他主张，世界上各种宗教所信仰的神，都是同一个实体，只是名称不同；各宗教的最终目的都是同一的——即实现"普遍的爱"和"美好的生活"，只是实现这种目的的道路和方法有所不同。因此，他认为各种宗教在本质上是一致的，没有什么区别和差异，因而也没有理由相互冲突和争斗。他所提倡的"人类宗教"，就是试图把世上各种宗教都包罗起来，联合在一起，以此办法来消除印度的教派冲突。后来，许多现代印度哲学家都继承这种思想，提出了各种"人类宗教"或类似于"人类宗教"的学说，以铲除教派矛盾，呼吁民族团结。奥罗宾多在论述他的"人类统一的理想"时，也提出建立一种包容一切的"人类宗教"，力图通过"人类宗教"的道路来实现人类的最终统一。甘地把"人类宗教"与民族解放运动联系起来，他认为各种宗教的最高形式就是爱，爱就是真理，就是神。从爱的原则出发，他号召各种信仰者联合起来，共同对敌。

泰戈尔也提倡建立一种"人的宗教"，拉达克里希南提倡建立

"精神宗教"。无论是"人的宗教",还是"精神宗教",都与"人类宗教"的思想大同小异,都是反对教派争斗,主张印度各种信仰者团结起来,为实现人类"普遍之爱"和"普遍和谐"的共同理想而奋斗。

综上所述,印度现代哲学是 20 世纪在印度这个特定的历史背景和社会环境中产生和发展起来的。它的内容和特征,既不是印度传统哲学孤立发展的结果,也不是单纯受外来文化影响的产物,而是印度现代特定的社会历史条件和民族资产阶级的性格所决定的。

二　印度现代哲学的发展趋势

纵览印度现代哲学的历史,再根据其发展的特点,以及整个世界哲学的发展潮流,我们可以判断,印度哲学在未来发展上将会出现以下几种趋势。

(一) 宗教倾向减弱,世俗化倾向加强

印度现代哲学家所复兴的古代哲学,主要是奥义书和传统吠檀多哲学。尽管绝大多数现代哲学家都反对传统吠檀多的"世界虚幻"说,但是他们却继承了吠檀多不二论的"梵我同一"的基本原理。无论是那些学院派哲学家,如薄泰恰里耶、薄伽万·达斯、拉达克里希南、拉哲等,还是那些非学院派哲学家,如甘地、泰戈尔、奥罗宾多等,几乎都是如此。在这里,我们必须指出,传统吠檀多哲学是一种典型的宗教哲学,是古代印度教六大哲学流派之一。它是为印度教的教义制造理论根据的,是以阐述如何实现精神解脱为根本宗旨的。因此,现代所产生的各种新型吠檀多论仍然保留着传统吠檀多的基本特征,如强调最高本体是一种超自然的精神实体,强调人内在的灵魂与宇宙本体的同一性等,

但是从总体上说，它们已经摆脱了宗教蒙昧主义的束缚，日趋明显地走向世俗化。

这种世俗化的倾向主要表现在如下几个方面：一是，在自然观上，新吠檀多论者无一不批判商羯罗所宣扬的"世界幻相论"，主张现实世界并非虚幻的，而是真实的存在，人在这个世界上是可以大有作为的。二是，在人生观方面，他们注意从西方人道主义思想中汲取营养，批判印度教以神为中心，贬低人生价值的神学蒙昧主义，倡导以人为中心，人即是神的思想；批判印度教所宣扬的超世论和禁欲主义，提倡世俗文化和世俗教育，强调世俗生活和世俗行为的重要性。三是，在人生理想方面，他们反对"业报轮回"和"死后解脱"的观念，号召人们相信自己的力量，通过现世的努力在人世间建立一个统一和谐、充满自由、平等和普遍之爱的理想社会。从新吠檀多哲学的发展趋势来看，今后这种世俗化的倾向还将进一步发展。

（二）神秘主义因素减弱，理性主义因素加强

吠檀多论在印度古代哲学中一直占据主导地位。古代吠檀多哲学家一般都强调一种带有强烈神秘主义色彩的直觉证悟方式的重要性，而贬低或否定人的感性和理性认识。他们认为，只有依靠直觉证悟的方法，才能认识吠檀多哲学的最高本体——梵，而这种直觉证悟，则必须通过具有神秘主义性质的瑜伽修炼才能获得。到了现代，印度哲学家则改变了这种观点。在认识论方面，他们虽然不否认直觉内省在认识最高真理中的作用，但是更强调感觉经验和理性思维在认识客观世界过程中的重要性。与古代吠檀多论者不同，他们认为自然界的真理只有靠感性和理性认识才能获得。换句话说，他们不再强调那些古代吠檀多中的神秘主义因素，而强调认识客观世界的感觉经验和理性思维的重要性。而且，这种发展趋势到了现代越来越明显。

进入 20 世纪以后，随着自然科学的迅速发展以及科学成果对人民思想和生活的巨大影响，许多现代哲学家提出哲学必须与科学结合起来，才能获得更大发展。他们认识到再像传统吠檀多那样一味地强调神秘主义的直觉，而否定人们的理性思维和科学方法，吠檀多哲学在现代社会中就会被抛弃。因此，他们强烈主张，吠檀多哲学与科学是统一的，吠檀多必须与科学相结合。例如，现代哲学家斯瓦米·兰伽纳塔南达在《科学与宗教》一书说：

> 科学是现代世界的缔造者，现代思想就是指科学的思想。[①]

另一位现代吠檀多哲学家吉纳那南达指出：

> 没有科学、形而上学、哲学和宗教的统一，就不可能产生真正的认识和智慧。[②]

（三）传统宗教功能减弱，为社会服务的功能加强

传统吠檀多哲学属于宗教哲学，它的主要功能是为宗教服务的，它的一切论证都是为印度教教义制造理论根据的。但是，到了现代，经过新吠檀多哲学家的不断改造和革新，吠檀多哲学的功能逐渐扩大，它不仅能为宗教服务，而且也能为社会大众服务。因此，新吠檀多哲学已经不单单是一种宗教哲学，而正在成为一种普世的哲学。譬如，泰戈尔的"人的宗教"和"普遍和谐"学说、奥罗宾多的"神圣人生"论和"人类统一"学说、

---

① Swami Ranganathananda, *Science and Religion*, Calcutta: Progress Publishers, 1978, p. 5.

② Swami Jnanananda, *Darsanika Maha Pravachana*, India: Ralanji Press, 1931, p. 30.

拉达克里希南的"精神宗教"学说等，都主张破除宗教偏见、消除教派分歧，各种信仰者应当相互尊重、和睦相处，为一个共同的目标——"人与神的结合"和"普遍之爱"而努力。而且，有的学说甚至主张，打破一切宗教、民族和国家的界限，不同民族和国家的人应当平等相待、相互学习、自由发展，最终实现"人类统一"的理想。应当说，这些印度现代学说都带有普世哲学的功能。

另外，许多现代哲学家都淡化吠檀多的传统功能，而强调它必须与民众的生活相联系，为现实的社会服务。拉达克里希南是一位东西方哲学比较的大师，他在广泛研究东西方哲学的基础上，竭力主张吠檀多哲学必须符合时代发展的需要，必须紧密联系人民的生活，必须与科学相结合。他指出：今天的哲学应当是我们"生活的调控器"和"行动的指南"，它掌握着方向盘，指挥我们的一切行动。斯瓦米·兰伽纳塔南达在他的"综合的永恒达摩"学说中，反对传统吠檀多把人局限在神秘主义的直觉证悟中，主张人必须参加社会实践活动，在社会的生产和生活中不断地调整自己与社会的关系，调整自己的心理和行动。他还提出，人类的理想就是要实现精神的统一和社会的和谐，这是一项非常艰巨的任务，为此每个人都要付出努力，做出牺牲。他特别指出，国家公务员应当首先在这方面做出表率，成为民众学习的榜样。无疑，这些学说已经充分显示出它们为现实社会服务的功能。

总之，印度现代哲学代表着现代印度一种进步、革新的思想潮流，它是对印度传统文化的一种改革和发展。这种哲学在促进印度传统文化走向现代化和世俗化的道路上已经做出了不可磨灭的贡献，可以预见，它还将会做出更大的贡献。今天，印度现代哲学作为一种重要力量活跃在印度意识形态的舞台上，正在对印度人民的思想和生活产生着巨大的影响。

参考书目

主要英文书目

B. C. Robertson, *Raja Rammohan Roy-The Father of Modern India*, Oxford University Press, 1995.

B. K. Goyal ed. , *Thoughts of Gandi*, *Nehru and Tagore*, Dehli: CBS Publishers and Distributors, 1984.

Basant Kumar Lal, *Contemporary Indian Philosophy*, Delhi: Motilal Banarsidass, 1978.

Chaturvedi Badranath, *Dharma*, *India and the World Order*, Edinburgh: Saint Andrew Press, 1993.

Dev Raj Bali, *Modern Indian Thought-Rammohan Roy to M. N. Roy*, New Delhi: Sterling Publishers PVT Ltd. , 1980.

Debendrananth Tagore, *An Autobiography*, Calcutta: Progress Publishers, 1909.

D. M. Datta, *The Philosophy of Mahatma Gandhi*, Calcutta: University of Calcutta Press, 1968.

Dale Riepe, *Indian Philosophy Since Independence*, Calcutta: Research India Publications, 1979.

Edited by S. Radhakrishnan, *Contemporary Indian Philosophy*, London: George Allen and Unwin Ltd. , 1952.

Jawaharlal Nehru, *The Discovery of India*, Oxford University Press, 1988.

Jawaharlal Nehru, *An Autobiography*, Oxford University Press, 1988.

K. C. Bhattacharya, *Studies in Philosophy*, Calcutta: Progress Publishers, 1958.

K. Satchidananda Murty, *Philosophy in India-Traditions Teaching & Research*, Delhi: Motilal Banarsidass, 1985.

M. K. Gandhi, *Pathway to God*, Ahmedabad: Navajivan Publishing House, 1981.

M. J. Akbar, *Nehru-The Making of India*, New York: Viking Penguin INC. , 1988.

N. Jayapalan, *Indian Political Thinkers-Modern Indian Political Thought*, New Delhi: Atlanta Publishers, 2000.

Olga. V. Mezetseva, *Indeological Struggle in Modern India—Implication of Hinduism*, Calcutta: Vostok Press, 1988.

P. A. Schilpp ed. , *The Philosophy of Sarvepalli Radhakrishnan*, New York: Tudor Publishing Company, 1952.

Ramakrishna, *The Gospel of Shri Ramakrishna*, Calcutta: Ramakrishna Mission Press, 1936.

R. S. Srivastava, *Contemporary Indian Philosophy*, Delhi: Oriental Publishers and Booksellers, 1965.

Robert D. Bairt ed. , *Religion in Modern India*, New Delhi: Manohar Publicatons, 1981.

Swami Vivekananda, *Complete Works in English*, Calcutta: Advaita Ashram Press, 1962 – 1964.

Swami Abhedananda, *Philosophy and Religion*, Calcutta: Advaita Ashvam Press, 1951.

S. Bapate ed. , *Speeches and Wrritings of B. G. Tilak*, India: Poona

Press，1926.

Sri Aurobindo Ghose，*The Life Divine*，Pondicherry：Sri Aurobindo Ashram Press，1970.

Sri Aurobindo Ghose，*The Human Cycle*，Pondicherry：Sri Aurobindo Ashram Press，1949.

Sri Aurobindo Ghose，*The Ideal of Human Unity*，Pondicherry：Sri Aurobindo Ashram Press，1950.

S. Radhakrishnan，*An Idealist View of Life*，London：George Allen and Unwin Ltd.，1947.

S. Radhakrishnan，*The Hindu View of Life*，Oxford University Press，1926.

S. Naravane，*Modern Indian Thought*，New Delhi：Orient Longman Limited，1978.

S. Radhakrishnan and Charles A. Moore ed.，*A Source Book in Indian Philosophy*，Bombay：Princeton University Press，1957.

S. N. Dasgupta，*History of Indian Philosophy*，Cambridge University Press，1963.

Thomas Pantham，Kenneth L. Deutsch ed.，*Political Thought in Modern India*，New Delhi：Sage Publications，1986.

Unto Tantinen，*The Core of Gandhi's Philosophy*，New Delhi：Abhinav Publications，1979.

Vishnoo Bhagwan，*Indian Political Thinkers*，New Delhi：Atma Ram & Sons，1976.

Vision of India-Selections from the Works of Rabindranath Tagore，*Swami Vivekananda*，*Mahatma Gandhi*，*Sri Aurobindo*，*S. Radhakrishnan*，New Delhi：Indian Council for Cultural Relations，1983.

俄文书目

А. Д. Литман，*Современная Индийская Философия*，Издательство

Мысль，Москва，1985.

В. С. Костюченко，*Классическая Веданта и Неоведантизм*，Издательство Мысль，Москва，1983.

А. Д. Литман，*Философия В Независимой Индии*，Издательство Мысль，Москва，1988.

А. Д. Литман，*Общественная Мысль Индии—Прошлое и Настоящее*，Издательство Hayka，Москва，1989.

主要中文书目

［澳］A. L. 巴沙姆主编：《印度文化史》，闵光沛等译，商务印书馆 1997 年版。

［印］巴萨特·库马尔·拉尔：《印度现代哲学》，朱明忠、姜敏译，商务印书馆 1991 年版。

《薄伽梵歌》，张保胜译，商务印书馆 1989 年版。

《薄伽梵歌》，黄宝生译，商务印书馆 2010 年版。

［英］G. T. 加勒特：《印度的遗产》，陶红虹译，上海人民出版社 2005 年版。

［印］甘地：《自传——我体验真理的故事》，杜危、吴耀宗译，商务印书馆 1959 年版。

［印］贾瓦哈拉尔·尼赫鲁：《自传》，张宝芳译，世界知识出版社 1956 年版。

［印］贾瓦哈拉尔·尼赫鲁：《印度的发现》，齐文译，世界知识出版社 1956 年版。

［印］德·恰托巴底亚耶：《顺世论——古代印度唯物主义研究》，王世安译，商务印书馆 1992 年版。

［印］德·恰托巴底亚耶：《印度哲学》，黄宝生、郭良鋆译，商务印书馆 1980 年版。

黄心川：《印度哲学史》，商务印书馆 1989 年版。

黄心川：《印度近现代哲学》，商务印书馆 1989 年版。

黄心川：《印度近代哲学家辨喜研究》，中国社会科学出版社 1979 年版。

宫静：《泰戈尔》，台北：东大图书公司 1992 年版。

宫静：《拉达克里希南》，台北：东大图书公司 1996 年版。

《泰戈尔全集》，刘建等译，河北教育出版社 2000 年版。

刘建、朱明忠、葛维钧：《印度文明》，中国社会科学出版社 2004 年版。

林承节：《印度近现代史》，北京大学出版社 1995 年版。

刘放桐等编著：《现代西方哲学》，人民出版社 1982 年版。

陈峰君主编：《印度社会述论》，中国社会科学出版社 1991 年版。

［英］麦唐纳：《印度文化史》，台北：广文书局 1981 年版。

［英］罗素：《西方哲学史》上下卷，何兆武、李约瑟、马元德译，商务印书馆 1988 年版。

《奥义书》，黄宝生译，商务印书馆 2010 年版。

《五十奥义书》，徐梵澄译，中国社会科学出版社 1984 年版。

［印］室利·奥罗宾多：《神圣人生论》，徐梵澄译，商务印书馆 1984 年版。

［印］室利·奥罗宾多：《瑜伽论》，徐梵澄译，商务印书馆 1987 年版。

［英］尼尼安·斯马特：《世界宗教》，高师宁等译，北京大学出版社 2004 年版。

姚卫群编译：《古印度六派哲学经典》，商务印书馆 2003 年版。

朱明忠：《奥罗宾多·高士》，台北：东大图书公司 1994 年版。

朱明忠：《尼赫鲁》，台北：东大图书公司 1999 年版。

［印］泰戈尔：《人生的亲证》，宫静译，商务印书馆 1991 年版。